j o h n f o x e

O Livro dos Mártires

preparado por
W. Grinton Berry

traduzido por
Almiro Pisetta

MC
Editora Mundo Cristão
São Paulo

Publicação original da obra em latim: 1559
Primeira edição em língua inglesa: 1563
Preparação e organização do texto em inglês para esta edição: W. Grinton Berry

Os textos das referências bíblicas foram extraídos da versão Almeida Revista e Atualizada, 2ª ed. (Sociedade Bíblica do Brasil), salvo indicação específica.

Dados Internacionais de Catalogação na Publicação (CIP)
(Câmara Brasileira do Livro, SP, Brasil)

Foxe, John, 1516-1587.

O livro dos mártires / John Foxe; tradução de Almiro Pizetta. — São Paulo: Mundo Cristão, 2005.

Título original: Foxe's Book of Martyrs.
ISBN 85-7325-481-5 (capa brochura)
ISBN 85-7325-309-6 (capa dura)

1. Foxe, John, 1516-1587 2. Mártires cristãos 3. Mártires cristãos — Inglaterra — História 4. Perseguição — História 5. Perseguição — Inglaterra — História I. Título.

06-3445 CDD–272.092

Índices para catálogo sistemático:
1. Mártires cristãos: História: Cristianismo 272.092
Categoria: Biografia & Autobiografia

Publicado no Brasil com todos os direitos reservados pela:
Editora Mundo Cristão
Rua Antônio Carlos Tacconi, 79, São Paulo, SP, Brasil, CEP 04810-020
Telefone: (11) 2127-4147
www.mundocristao.com.br

1ª edição (capa dura): 2003
1ª edição (capa brochura): 2006
10ª reimpressão (capa brochura): 2013

Sumário

Prefácio

O USO MODERNO DA palavra *mártir* exige que iniciemos a apresentação desta obra com uma definição clara. Optamos pela acepção mais comum articulada no *Dicionário Houaiss* (2001): o mártir é uma "pessoa submetida à pena de morte pela recusa de renunciar à fé cristã ou a qualquer de seus princípios". Ou seja, no sentido mais tradicional, não se trata de um assassino-suicida que mata pessoas alheias com o intuito de vingar-se ou defender uma idéia. Pelo contrário: o verdadeiro mártir é sempre *vítima* de agressão e violência. O mártir cristão é aquele que prefere morrer a renegar seu Senhor e sua fé.

Acreditamos que um estudo sobre a postura dos mártires cristãos de todas as épocas pode nos levar ao cerne da fé. Entendemos que o martírio em si não legitima a fé nem justifica doutrinas por si só. Não é o ato de sacrificar-se em nome de uma convicção que transforma esta convicção em verdade. Porém, quando compartilhamos desta convicção, o que observamos no mártir nos leva naturalmente a uma reflexão a respeito da natureza da nossa própria fé.

O Livro dos Mártires é um clássico sem paralelo que reconta as vidas, os sofrimentos e as mortes triunfantes dos mártires cristãos da história. Iniciando-se com a história do primeiro mártir – o próprio Jesus Cristo – este relato histórico excepcional traça os caminhos da perseguição religiosa. Expõe os casos de mártires famosos como John Wycliffe, John Huss, William Tyndale, Thomas Cranmer e muitos outros.

O autor, John Foxe (1516-1587), nasceu na Inglaterra e estudou na Universidade de Oxford. Tornou-se professor dessa instituição e uniu-se aos reformadores ingleses. Quando a católica romana Mary Tudor assumiu o reinado do país, ordenou a perseguição dos protestantes reformadores. John Foxe conseguiu escapar e fugiu para a Alemanha. Durante seu exílio na Alemanha e na Suíça, começou a compilar informações sobre martírio e perseguição dos cristãos. A primeira edição desse livro foi publicada em 1559, em latim. Após a entronização da protestante rainha Elizabeth, Foxe voltou à Inglaterra. A tradução inglesa foi editada em 1563, sob o título *The Actes and Monuments of These Latter and Perilous Dayes*. No entanto, a obra tornou-se conhecida popularmente por *O Livro dos Mártires*, título que consagrou-se ao longo da história.

Não satisfeito apenas com as denúncias do livro original, o autor acrescentou ao manuscrito outros relatos e narrativas ao longo de sua vida, e supervisionou a edição de várias edições expandidas. Hoje há várias versões da obra, algumas com relatos acrescentados por editores após a morte de Foxe. A mensagem d'*O Livro dos Mártires* moldou a consciência religiosa e política da Inglaterra durante vários séculos.

A presente edição deste livro é uma tradução da versão em inglês, revista e reestruturada por W. Grinton Berry. A tradução – primorosa – foi empreendida por Almiro Pisetta, ex-professor de poesia inglesa e norte-americana na FFLCH/USP. Entendemos que o tradutor conseguiu destrinchar a sintaxe labiríntica de Foxe, produzindo um texto inteligível ao leitor brasileiro sem ferir as intenções do autor. O que é mais admirável é que a oportuna simplificação da prosa de Foxe não soa anacrônica, pois o tradutor teve o cuidado de manter traços da formalidade típica dos textos da época.

Para esta edição, encomendamos 16 gravuras do jovem artista plástico brasileiro Marcelo Moscheta. Comentando a sua opção ilustrativa, o artista escreveu:

> Somos pessoas do presente século e, como tal, leremos este livro com a mente deste século, procurando ser tocados pelo exemplo deixado por aqueles grandes homens de Deus. Nesse sentido, meu desejo foi fazer uma obra atual, contemporânea, representativa do que vivemos nestes últimos dias.
>
> A anatomia me traz a sensação de estar entrando na carne de alguém, sentindo suas dores, ouvindo cada batimento cardíaco. Todo o sofrimento destes homens de Deus foi na carne; toda a dor, todo o fogo que ardeu, queimou a carne somente. A proposta de fazer este ensaio optando por gravura em metal não foi à toa. As primeiras edições deste livro foram assim ilustradas, com cenas literais e realistas. Nesse contexto, acredito contribuir para a memória desta obra também. Além disso, a gravura em metal possui um processo interessante. Assim como as estampas que representa, a chapa de cobre (metal nobre) é cortada, limada e lixada várias vezes. Ela passa pelo fogo e pela corrosão de ácidos e mordentes. Sofre a ação de pontas e instrumentos cortantes até estar preparada para a impressão final.
>
> Considero a técnica do lavis (as áreas de mancha), que muitas vezes remete-me a uma radiografia, a parte "espiritual" destas estampas, como se pudéssemos enxergar o espírito deixando o corpo e todo o sofrimento para trás.

Nossa intenção ao lançar esta nova edição d'*O Livro dos Mártires* é provocar, em cada leitor, uma reflexão sobre a extensão e a profundidade da fé cristã.

– Mark L. Carpenter
Editora Mundo Cristão

O Livro dos Mártires

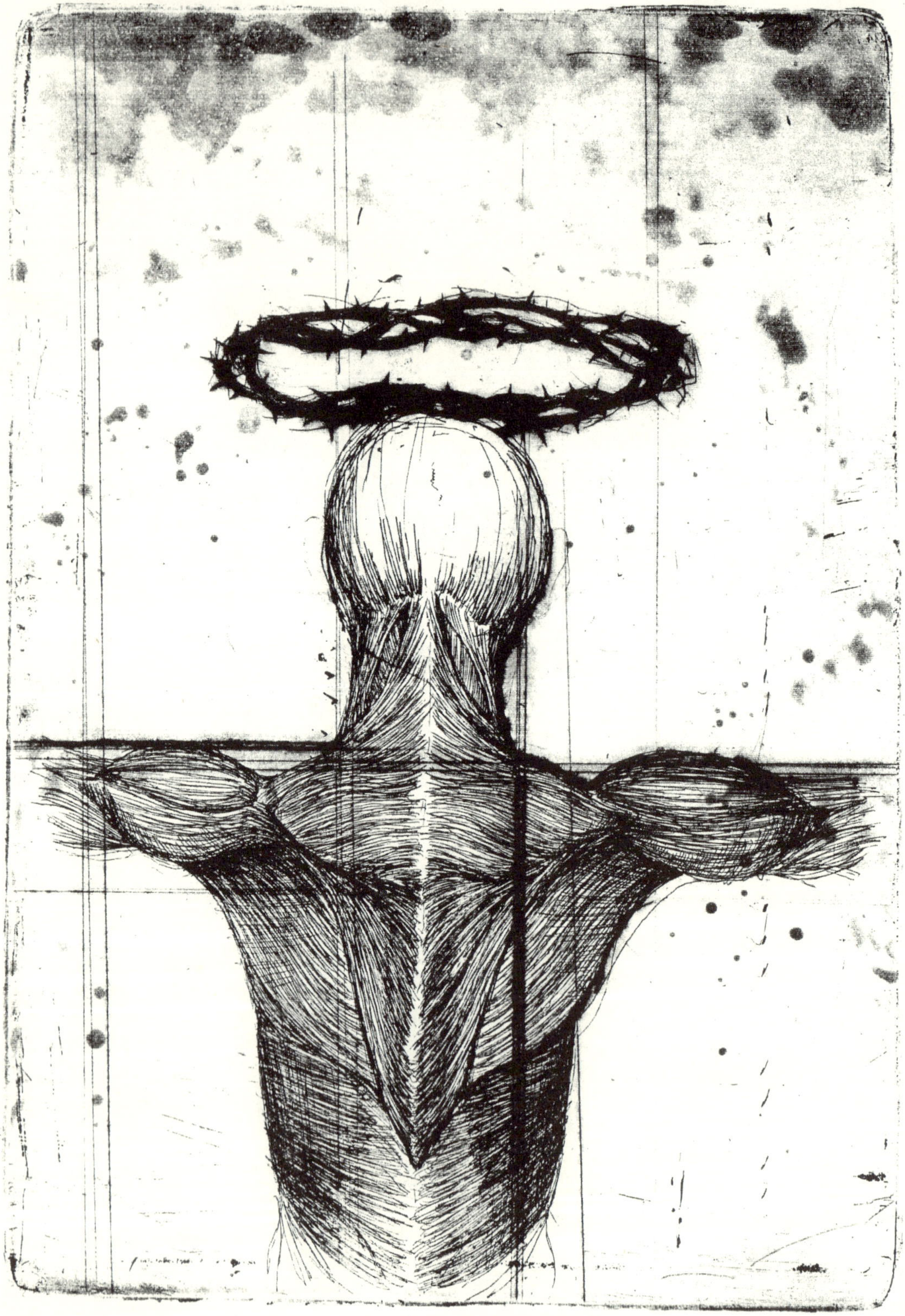

A Perseguição aos Primeiros Cristãos

CRISTO, NOSSO SENHOR, no evangelho de S. Mateus, ao ouvir a confissão de Simão Pedro, que, antes de todos os outros, abertamente O reconheceu como sendo o Filho de Deus, e pelo fato de perceber a mão secreta de Seu Pai, chamou-o (numa alusão ao nome dele) de pedra, sobre a qual Ele construiria a Sua Igreja tão forte que as portas do inferno não prevaleceriam contra ela. Nessas palavras há três pontos dignos de nota: primeiro, que Cristo teria uma Igreja neste mundo. Segundo, que essa Igreja seria fortemente combatida, não apenas pelo mundo, mas também pelas forças e poderes supremos de todo o inferno. E, terceiro, que essa Igreja, apesar de todo o esforço do demônio e de toda a sua malícia, continuaria.

A profecia de Cristo nós a vemos admiravelmente realizada, de tal modo que todo o percurso da Igreja até os dias de hoje pode parecer simplesmente a sua concretização. Primeiro, nem é preciso dizer que Cristo estabeleceu uma Igreja. Segundo, que exércitos de príncipes, reis, monarcas, governadores e dirigentes deste mundo, juntamente com seus súditos, pública e privadamente, com toda força e astúcia, voltaram-se contra essa Igreja! E, terceiro, como essa Igreja, apesar de tudo isso, sempre resistiu e preservou o que é seu! As tormentas e tempestades por ela superadas formam um quadro admirável. A fim de apresentar esses fatos de modo mais evidente, eu preparei este livro de história, com o objetivo de, primeiro, pôr em evidência as maravilhosas obras de Deus na Sua Igreja para a Sua glória; e, segundo, para que, mediante a continuação dos anais da Igreja publicados de tempos em tempos, mais conhecimento e experiência possam deles resultar, em proveito do leitor e da edificação da fé cristã.

No início da pregação de Cristo e da chegada do evangelho, quem senão os fariseus e escribas daquele povo que detinha a Sua lei deveria tê-lo reconhecido e recebido? No entanto, quem O perseguiu e rejeitou mais do que justamente eles? Qual foi a conseqüência? Eles, recusando Cristo como seu Rei e escolhendo serem súditos de César, pelo próprio César foram com o tempo destruídos.

O mesmo exemplo do irado castigo de Deus deve ser igualmente visto nos próprios romanos. Pois quando Tibério César, ao tomar conhecimento, por cartas de Pôncio Pilatos, dos feitos de Cristo, dos Seus milagres, ressurreição e ascensão ao céu, e de como Ele foi recebido como Deus por muitos, tendendo o próprio imperador para essa crença, aconselhou-se ele sobre o caso com todo o senado de Roma e propôs que Cristo fosse adorado como Deus; os senadores, não concordando com a proposta, recusaram-na porque, contrariando a lei dos romanos, Ele foi consagrado (disseram eles) como Deus antes que o senado de Roma O tivesse aprovado por decreto. Assim os vaidosos senadores (satisfeitos sob o reinado do imperador e não satisfeitos sob o manso Rei de glória, Filho de Deus) foram atormentados e apanhados em armadilhas pela sua injusta recusa, exatamente do modo que eles escolheram. Pois como preferiram o imperador e rejeitaram Cristo, assim a justa permissão de Deus atiçou contra eles os seus imperadores de tal sorte que os próprios senadores foram quase todos destruídos e toda a cidade foi afligida do modo mais horrível pelo espaço de quase trezentos anos.

Em primeiro lugar, o mesmo Tibério, que, durante grande parte do seu reinado foi um príncipe discreto e tolerável, tornou-se depois um tirano severo e cruel, que não favoreceu nem mesmo a própria mãe, nem poupou os seus sobrinhos ou os príncipes da cidade que eram seus conselheiros pessoais, preservando a vida de apenas dois ou três de vinte que eram. Suetônio relata que Tibério era tão duro por natureza e tão tirano que num único dia ele registrou o nome de vinte pessoas que deveriam ser conduzidas ao local da execução. Durante o seu reinado, por justo castigo de Deus, Pilatos, sob o qual Cristo fora crucificado, foi preso e enviado para Roma, deposto, depois banido da cidade para Vienne, em Dauphiny, onde acabou se matando. Agripa, o velho, também foi atirado na prisão por Tibério, mas em seguida foi-lhe restituída a liberdade.

Depois da morte de Tibério, sucederam-se Calígula, Cláudio Nero e Domício Nero. Esses três foram igualmente flagelos do senado e do povo de Roma. O primeiro ordenou que ele mesmo fosse adorado como deus, que se erigissem templos em seu nome. Costumava sentar-se no templo entre os deuses, exigindo que imagens dele fossem expostas em todos os templos, inclusive no de Jerusalém. Tal fato causou grande confusão entre os judeus, e então a abominação da desolação de que se fala no evangelho começou a se estabelecer no lugar santo. A crueldade do seu caráter, ou então o seu descontentamento com os romanos, foi tal que ele desejava que todo o povo de Roma tivesse apenas um pescoço, para que ele, a seu bel prazer, pudesse destruí-lo coletivamente. Por esse mesmo Calígula, Herodes Antipas, que assassinou João Batista e condenou Cristo, foi condenado ao exílio perpétuo onde morreu miseravelmente. Também Caifás, que com malícia interrogou Cristo, foi na mesma época removido da sala do sumo sacerdote, e Jônatas tomou o seu lugar.

A ferocidade descontrolada de Calígula não cessou, não foi extirpada pelas mãos do tribuno e de outros cavalheiros que o assassinaram no quarto ano do seu reinado. Depois de sua morte foram encontrados no seu gabinete dois livrinhos, um intitulado a *Espada*, o outro, o *Punhal*. Neles estavam escritos os nomes dos senadores e nobres de Roma que ele pretendia levar à morte. Além disso, foi encontrado um cofre no qual estavam guardados diversos tipos de venno dentro de vidros e frascos, com a finalidade de destruir um espantoso número de pessoas. Mais tarde esses venenos, ao serem jogados ao mar, causaram uma grande mortandade de peixes.

Mas aquilo que Calígula havia apenas concebido, isso mesmo puseram em prática os outros dois imperadores que o sucederam; isto é, Cláudio Nero, que reinou durante treze anos com muita crueldade; mas especialmente o terceiro desses Neros, o chamado Domício Nero, que, sucedendo a Cláudio, reinou catorze anos com tal furor e tirania que assassinou a maioria dos senadores e destruiu toda a ordem da cavalaria de Roma. Tão prodigioso monstro da natureza era ele (mais parecendo um animal, ou melhor, um demônio do que um homem), que dava a impressão de ter nascido para a destruição da humanidade. Tal era a sua lamentável crueldade que o fez matar a própria mãe, o cunhado, a irmã, sua mulher e seus mestres, Sêneca e Lucano. Além disso, ordenou que Roma fosse incendiada em doze pontos, e assim a cidade ardeu durante seis dias e sete noites, enquanto ele, para ter o exemplo de como queimara Tróia, cantava versos de Homero. Para livrar-se da infâmia desse feito, pôs a culpa nos homens cristãos e os fez perseguir.

E assim continuou esse lastimoso imperador até que finalmente o senado, proclamando-o inimigo público dos seres humanos, o condenou a ser arrastado pela cidade e depois flagelado até a morte. Temendo essa punição, ele, escapando das mãos dos seus inimigos, fugiu no meio da noite para uma herdade de um de seus servos, no interior, onde foi forçado a matar-se, queixando-se de que não lhe sobrara nem um amigo e nem um inimigo disposto a fazer aquilo por ele.

Os judeus, no ano setenta, cerca de quarenta anos depois da paixão de Cristo, foram destruídos por Tito e por seu pai Vespasiano (que sucedeu Nero no império) num total de um milhão e cem mil, sem contar aqueles que Vespasiano matou ao subjugar a região da Galiléia. Dezessete mil foram vendidos e enviados para o Egito e outras províncias como vis escravos; dois mil Tito trouxe consigo para a celebração do seu triunfo. Destes, muitos ele entregou para que fossem devorados por animais selvagens, os restantes foram assassinados de outras formas cruéis ao extremo.

Como apresentei a justiça de Deus para com esses perseguidores romanos, assim exponho agora as suas perseguições realizadas contra o povo e os servos de Cristo, dentro do espaço de trezentos anos. Essas perseguições são geralmente consideradas dez no total, além das primeiras que foram provocadas pelos judeus, em Jerusalém e outros lugares, contra os apóstolos. Depois do martírio de Estêvão, quem padeceu em seguida foi Tiago, o santo apóstolo de Cristo e irmão de João. "Quando esse Tiago," diz Clemente, "foi trazido para o banco dos réus, quem o trouxe e foi a causa da sua aflição, vendo que ele seria condenado e sofreria a morte, sentiu-se tão comovido em seu coração e consciência que, a caminho da execução, confessou que ele também era cristão. E assim foram conduzidos juntos. Durante o caminho pediu a Tiago que perdoasse o que ele fizera. Depois de ponderar o caso por um instante consigo mesmo, Tiago voltou-se para ele e disse: — Que a paz esteja contigo, irmão — e beijou-o. Os dois foram decapitados juntos, em 36, d.C.

Tomé pregou aos pártios, medos e persas, e também aos carmânios, hircânios, báctrios e mágios. Padeceu em Calamina, uma cidade da Índia, sendo morto por uma flechada. Simão, irmão de Judas e de Tiago, o jovem (que eram filhos de Maria Clopas e de Alfeu), foi bispo de Jerusalém depois de Tiago e foi crucificado numa cidade do Egito no tempo do imperador Trajano. Simão, o apóstolo, chamado Cananeu e Zelotes, pregou na Mauritânia, na África e na Bretanha: ele também foi crucificado.

Marcos, o evangelista e primeiro bispo de Alexandria, pregou o evangelho no Egito e lá, amarrado e arrastado para a fogueira, foi queimado e depois sepultado num lugar chamado 'Bucolus', sob o imperador Trajano. Diz-se de Bartolomeu que também pregou aos indianos e que traduziu o evangelho de S. Mateus para a língua deles. Por fim, em Albinópolis, cidade da grande Armênia, após várias perseguições, foi abatido a bordoadas e depois crucificado. Em seguida, após ser esfolado, foi decapitado.

Sobre André, o apóstolo e irmão de Pedro, assim escreve Jerônimo: "André pregou no ano oitenta de nosso Senhor Jesus Cristo aos cítios e sógdios, aos sacas e numa cidade chamada Sebastópolis, agora habitada pelos etíopes. Foi sepultado em Patras, cidade da Acaia, depois de crucificado por Egéias, o governador dos edessenos. Bernardo e Cipriano mencionam a confissão e martírio do abençoado apóstolo. Baseando-nos em parte no que dizem eles e em parte no que dizem outros escritores, inferimos o seguinte: quando André, por meio de sua diligente pregação convertera muitos à fé em Cristo, o governador Egéias, sabendo disso, dirigiu-se a Patras, no intuito de forçar todos os que acreditavam que Cristo era Deus, com pleno consentimento do senado, a oferecer sacrifícios aos ídolos e prestar-lhes honras divinas. André, achando no início que era bom resistir aos perversos conselhos e atos de Egéias, foi ter com ele e dirigiu-lhe a palavra no seguinte sentido: "que convinha a quem era juiz de homens, primeiro conhecer o seu Juiz que mora no céu e depois de conhecê-lo, adorá-lo. E assim, na adoração do Deus verdadeiro, afastar a sua mente dos deuses falsos e ídolos cegos." Essas palavras disse André ao procônsul.

Mas Egéias, muito aborrecido com tal atitude, quis saber dele se era o mesmo André que derrubara o templo dos deuses e persuadira cidadãos a abraçarem a supersticiosa seita que os romanos recentemente haviam mandado abolir e rejeitar. André afirmou com franqueza que os príncipes dos romanos não entendiam a verdade e que o Filho de Deus, vindo do céu para este mundo, por amor dos homens, havia ensinado e mostrado como aqueles ídolos, que eles tanto honravam como deuses, além de não serem *deuses*, eram crudelíssimos *demônios*, inimigos da humanidade, que ensinavam ao povo apenas aquilo que ofende a Deus. E Deus, sendo ofendido, afasta-se e não lhes dá atenção. Assim, pelo serviço perverso do demônio, eles mergulham na maldade, e depois de sua morte nada deles sobra, exceto as suas maldades.

Mas o procônsul atacou-o e ordenou que André nunca mais ensinasse e pregasse essas coisas; caso contrário, deveria ser amarrado à cruz imediatamente.

André, permanecendo firme e constante em suas convicções, respondeu assim sobre o castigo com que fora ameaçado: "Que ele não teria pregado a honra e glória da cruz, se temesse a morte na cruz."

Depois disso, foi pronunciada a sentença de condenação: André deveria ser crucificado, por ensinar e promover uma nova seita e por abolir a religião dos seus deuses. Ao dirigir-se ao lugar do martírio e ao ver ao longe a cruz já preparada, André não mudou nem de semblante nem de cor, seu sangue não se retraiu, a voz não hesitou, o corpo não desfaleceu, a mente não se perturbou, o entendimento não lhe faltou, como sói acontecer com os homens. Sua voz, porém, falou extravasando a abundância do seu coração, e uma ardente caridade mostrou-se nas suas palavras como centelhas de fogo. Disse ele: "Ó cruz, extremamente bem-vinda e tão longamente esperada! De boa vontade, cheio de alegria e desejo, eu venho a ti, discípulo que sou daquele que pendeu de ti: pois sempre fui teu amante e sempre desejei te abraçar."

Mateus, também chamado Levi, primeiro publicano transformado em apóstolo, escreveu o seu evangelho endereçado aos judeus na língua hebraica. Depois de converter à fé a Etiópia e todo o Egito, Hircano, o rei deles, mandou alguém transpassá-lo com uma lança.

Filipe, o santo apóstolo, depois de muito ter trabalhado entre nações bárbaras pregando-lhes a palavra da salvação, no fim padeceu em Hierápolis, cidade da Frígia, onde foi crucificado e apedrejado até a morte. Lá mesmo foi sepultado, juntamente com suas filhas.[1]

Sobre Tiago, o irmão do Senhor, lemos o seguinte:

Tiago assumiu o governo da Igreja com os apóstolos, destacando-se entre todos os homens, desde o tempo de nosso Senhor, como alguém justo e perfeito. Não tomava vinho nem bebida alcoólica e não comia alimento algum de origem animal.

A navalha nunca lhe tocou a cabeça. A ele somente era permitido entrar no recinto sagrado do templo, pois não se vestia com roupas de lã, mas apenas de linho. Costumava entrar a sós e lá, caindo de joelhos, pedia perdão para o povo. Assim, pelo fato de se ajoelhar com tanta freqüência para adorar a Deus e implorar perdão para o povo, seus joelhos perderam o sentido do tato e ficaram entorpecidos e ásperos como os de um camelo. Ele foi, pela excelência de sua vida justa, chamado de "o Justo" e "a salvaguarda do povo."

---

[1] É preciso entender que os relatos dos martírios dos apóstolos provêm sobretudo da tradição.

Por isso, quando muitos dos seus homens importantes passaram a crer, houve um tumulto provocado pelos judeus, escribas e fariseus, os quais diziam: "Corre-se o perigo de que todo o povo venha a considerar Jesus como o Cristo". Reuniram-se, portanto, entre si e disseram a Tiago: "Nós te imploramos para refrear o povo, pois as pessoas crêem em Jesus como se ele fosse Cristo. Nós te rogamos para persuadir a todos os que vieram para a festa da Páscoa a pensarem corretamente sobre Jesus. Pois todos prestam ouvidos a ti e todo o povo atesta que tu és justo e que não aceitas a pessoa de qualquer homem. Portanto, persuade o povo para que ninguém seja enganado a respeito de Jesus, pois todo o povo e até nós mesmos estamos dispostos a obedecer-te. Por isso, fica de pé sobre o pináculo do templo, para que possas ser visto no alto e tuas palavras possam ser ouvidas por todos, pois todas as tribos e muitos gentios se reuniram para a Páscoa".

E assim os referidos escribas e fariseus puseram Tiago sobre as ameias do templo e dirigindo-se a ele gritavam: — Tu, homem justo, a quem todos nós devemos obedecer, este povo está se perdendo seguindo Jesus que foi crucificado.

E ele em voz alta respondeu: — Por que me perguntais sobre Jesus, o Filho do Homem? Ele está sentado à mão direita do Altíssimo e virá sobre as nuvens do céu.

Ouvindo isso muitos se persuadiram e glorificavam a Deus pelo testemunho de Tiago dizendo: — Hosana ao Filho de Davi.

Então os escribas e fariseus diziam uns aos outros: — Agimos mal ao provocar esse testemunho de Jesus. Vamos subir até ele e atirá-lo para baixo, para que outros, tomados de medo, venham a negar a fé. — E puseram-se a gritar dizendo: — Ei, cuidado! Esse homem também foi seduzido. — Por isso, subiram ao pináculo do templo a fim de atirá-lo lá do alto. Todavia, ele não morreu com a queda, mas, virando-se, pôs-se de joelhos dizendo: — Ó Senhor Deus, Pai, eu te suplico para perdoá-los, porque não sabem o que fazem. — E eles disseram uns aos outros: — Vamos apedrejar Tiago, o homem justo.

— E o conduziram para castigá-lo com pedras. Mas enquanto o apedrejavam, um sacerdote lhes disse: — Parem! Que estais fazendo? O homem justo orou por vós. — E um dos circunstantes, um pisoador, apanhou o instrumento que se usava para bater e apertar o pano e com ele golpeou o homem justo na cabeça, e assim terminou o seu testemunho. Sepultaram-no naquele mesmo lugar. Ele foi uma verdadeira testemunha de Cristo para os judeus e os gentios.

Tratemos agora das perseguições movidas pelos romanos contra os cristãos na era primitiva da Igreja, pelo espaço de trezentos anos. Nesse período causa admiração ver escritos os números incríveis de cristãos inocentes que foram torturados e mortos. Embora a natureza dos castigos fosse variada, a atitude constante de todos esses mártires sempre foi a mesma. Além disso, apesar da intensidade dos numerosos e variados suplícios e também da igual crueldade dos algozes, tão elevado foi o número desses persistentes santos torturados que, como diz Jerônimo: "Não há dia durante o ano inteiro ao qual não se possa atribuir o número de cinco mil mártires, com exceção apenas do primeiro dia de janeiro".

A primeira das dez perseguições foi desencadeada por Nero por volta do ano 64 do Senhor. A tirânica fúria desse imperador foi cruel contra os cristãos, "a ponto de — conforme registra Eusébio — encher cidades de cadáveres humanos, mostrando velhos jazendo ao lado de jovens e corpos de mulheres abandonados nus no meio da rua sem respeito algum por seu sexo." Muitos houve entre os cristãos daqueles dias que, vendo as obscenas abominações e a intolerável crueldade de Nero, julgaram que ele era o anticristo.

Nessa perseguição, entre muitos outros santos, o abençoado apóstolo Pedro foi condenado à morte e, segundo alguns relatos escritos, foi crucificado em Roma; muito embora alguns outros, e não sem motivo, duvidem disso. Hegessipo diz que Nero procurava fatos contra Pedro para condená-lo à morte. Quando o povo percebeu isso, rogaram a Pedro, com muita insistência, para que ele fugisse da cidade. Pedro no fim foi persuadido pelos importunos pedidos e preparou-se para a fuga. Porém, ao chegar ao portão da cidade, viu o Senhor

Jesus Cristo vindo ao seu encontro, a quem Pedro, adorando, disse: — Senhor, para onde vais tu? — Ao que Ele respondeu dizendo: — Estou voltando para ser crucificado. — Assim Pedro, percebendo que com essas palavras o Senhor se referia ao martírio do qual ele estava fugindo, voltou para a cidade. Jerônimo diz que ele foi crucificado, com a cabeça para baixo e os pés para o alto a pedido dele mesmo porque era — disse ele — indigno de ser crucificado do mesmo modo e jeito como o fora o Senhor.

Paulo, o apóstolo, que antes se chamava Saulo, depois da sua grande luta e trabalhos indizíveis na promoção do evangelho, padeceu também durante essa primeira perseguição de Nero. Abdias declara que, para a sua execução, Nero enviou dois de seus escudeiros, Ferega e Partêmio, para lhe comunicar a notícia de sua morte. Eles, quando chegaram e o viram ensinando ao povo, pediram-lhe que orasse por eles a fim de que pudessem vir a crer. Paulo lhes disse que em breve eles passariam a crer e seriam batizados sobre o seu sepulcro. Depois disso, os soldados se aproximaram e o conduziram para fora da cidade até o lugar da execução, onde ele, após fazer as suas orações, entregou o pescoço à espada.

A primeira perseguição cessou durante o reinado de Vespasiano que permitiu algum descanso aos pobres cristãos. Depois dele, logo veio a segunda perseguição desencadeada pelo imperador Domiciano, irmão de Tito. Agindo no início de forma branda e moderada, ele em seguida cometeu um ultraje tão grande em seu insuportável orgulho que ordenou a adoração de si mesmo como deus e mandou que em sua honra imagens de ouro e prata fossem erigidas no capitólio.

Nessa perseguição, João, o apóstolo e evangelista, foi exilado por Domiciano para a ilha de Patmos. Depois que o imperador morreu assassinado e o senado revogou as suas leis, João foi posto em liberdade e no ano 97 veio para Éfeso, onde permaneceu até o reinado de Trajano. Ali dirigiu as igrejas da Ásia e escreveu o seu evangelho. E assim viveu ele até o ano 68 depois da paixão de nosso Senhor, quando a sua idade era de aproximadamente cem anos.

Clemente de Alexandria acrescenta uma certa história relativa ao santo apóstolo, que merece ser lembrada por aqueles que têm prazer nas coisas honestas e proveitosas. A história é a seguinte: Quando João voltou para Éfeso procedente da ilha de Patmos, solicitaram-lhe que visitasse os lugares nas redondezas. Quando, ao fazê-lo, chegara a uma certa cidade e havia confortado os irmãos, viu um jovem de corpo robusto, belo semblante e espírito ardente. Fixando sério o recém-indicado bispo, disse João: — Eu, da maneira mais solene, entrego este homem em tuas mãos, aqui na presença de Cristo e da Igreja.

Quando o bispo havia recebido de João essa responsabilidade e havia prometido agir com fidelidade e diligência em relação a ela, João novamente dirigiu-lhe a palavra e lhe confiou a responsabilidade como antes fizera. Feito isso, João voltou para Éfeso. O bispo, recebendo o jovem entregue aos seus cuidados, trouxe-o para casa, cuidou dele, alimentou-o e finalmente o batizou. Depois disso, ele gradativamente relaxou sua atenção e vigilância sobre o jovem, confiando que já lhe dera as melhores salvaguardas possíveis ao marcá-lo com o selo do Senhor.

O jovem tinha então mais liberdade, e aconteceu que alguns de seus velhos amigos e conhecidos, que eram ociosos, dissolutos e endurecidos na maldade, passaram a fazer-lhe companhia. Inicialmente o convidaram para suntuosos e libertinos banquetes; depois o convenceram a sair com eles pela noite para furtar e roubar; em seguida, eles o tentaram a cometer maiores males e maldades. Assim, com o tempo veio o costume e pouco a pouco o jovem se tornou mais habilidoso e, sendo muito inteligente e de intrépida coragem, como um cavalo bravio ou indomado, abandonando o caminho reto e correndo solto e sem peias, foi levado de cabeça para as profundezas da desordem e do ultraje. E assim, esquecendo-se por completo da salutar doutrina da salvação que antes aprendera a ponto de rejeitá-la, foi tão longe no caminho da perdição que para ele avançar muito mais não era motivo de ansiedade. Desse modo, juntando-se a um bando de companheiros e colegas ladrões, ele assumiu o papel de cabeça e capitão entre os colegas, na perpetração de todos os tipos de assassínios e felonias.

Aconteceu que João foi novamente solicitado a visitar aquela região. Veio e, ao encontrar-se com o bispo a quem nos referimos antes, cobrou dele que prestasse contas do compromisso assumido na presença de Cristo e da congregação que estivera presente na ocasião. O bispo, algo surpreso com as palavras de João, supondo que se referissem a algum dinheiro posto sob sua custódia e que ele não recebera (mas mesmo assim não ousava desconfiar de João nem contrariar-lhe as palavras), não sabia o que responder. Então João, percebendo a sua perplexidade, expressando o que queria dizer de modo mais claro, explicou: — O jovem e a alma do nosso irmão posta sob a sua custódia, eu os exijo. — Então o bispo, lamentando e chorando em altos brados, disse: — Ele morreu. — E João indagou: — Como, qual foi a causa da morte? — Disse o outro: — Ele morreu para Deus, pois se tornou um homem mau e desregrado e acabou como um ladrão. Agora freqüenta a montanha em vez da Igreja, na companhia de malfeitores e ladrões iguais a ele.

Nesse ponto o apóstolo rasgou suas vestes e, lamentando muito, disse: — Que belo guardião da alma de seu irmão deixei aqui! Arranje-me um cavalo e arrume um guia que me acompanhe. — Feito isso, providenciados o cavalo e o homem, ele saiu às pressas da Igreja. Chegando ao lugar indicado, foi preso por ladrões que estavam à espreita. Mas ele, sem tentar fugir ou resistir, disse: — Vim até aqui com uma finalidade. Levem-me — disse ele — ao seu capitão. Assim que se cumpriu o seu pedido, o capitão, armado até os dentes, começou a examiná-lo de modo impiedoso. Logo em seguida, ao reconhecê-lo, foi tomado de confusão e vergonha e empreendeu uma fuga. Mas o velho o seguiu como pôde e, esquecendo-se da idade, gritava: — Meu filho, por que foges de teu pai? Um homem armado fugindo de um homem despojado, um jovem fugindo de um velho? Tem piedade de mim, meu filho, e não tenhas medo, pois ainda resta esperança de salvação. Eu responderei a Cristo por ti. Eu morrerei por ti, se for preciso. Como Cristo morreu por nós, eu darei a minha vida por ti. Acredita-me, foi Cristo que me enviou.

O capitão, ouvindo tais palavras, primeiro, como se estivesse confuso, ficou estático, e com isso a sua coragem se abateu. Depois jogou as armas ao chão e aos poucos começou a tremer, sim, e depois chorou amargamente. Em seguida, aproximando-se do velho, abraçou-o e falou com ele chorando (da melhor maneira que pôde), sendo novamente batizado no ato com lágrimas. Mas escondia a mão direita que estava encoberta.

Em seguida o apóstolo, depois de prometer que obteria o perdão de nosso Salvador, orou, caindo de joelhos, e beijou-lhe a mão direita assassina (que por vergonha ele antes não ousava mostrar), agora purificada pelo arrependimento, e o trouxe de volta para a Igreja. E quando havia rogado por ele com oração contínua e jejuns diários, e o havia fortalecido e confirmado a sua mente com muitas máximas, João o deixou novamente restaurado para a Igreja. Um grande exemplo de sincera penitência, prova de regeneração e um troféu da futura ressurreição.

As causas de tanta perseguição aos Cristãos por parte dos imperadores romanos foram principalmente estas: o medo e o ódio.

Primeiro, o medo, porque os imperadores e o senado, por ignorância cega, desconhecendo a natureza do reino de Cristo, temiam e desconfiavam que ele pudesse subverter o seu império. Por isso, buscaram todos os meios possíveis, como a morte e todos os tipos de tortura, para extirpar totalmente o nome e a memória dos cristãos.

Em segundo lugar, o ódio, em parte porque este mundo, por sua própria condição natural, sempre odiou e tratou com maldade o povo de Deus, desde o seu princípio. Em parte porque os cristãos, tendo uma natureza e uma religião contrárias às dos imperadores, servindo apenas ao Deus vivo e verdadeiro, desprezavam os seus falsos deuses, falavam contra adorações idólatras e muitas vezes detiveram o poder de Satanás que agia nos seus ídolos. Por isso, Satanás, o príncipe deste mundo, instigou os príncipes romanos e os idólatras cegos a nutrir contra eles um ódio e despeito cada vez maiores. Qualquer desgraça que acometesse a cidade ou as províncias de Roma, fosse carestia, peste, terremoto, guerras, assombros, desequilíbrios do tempo, ou fosse qualquer outro mal possível, tudo era imputado aos cristãos.

Os tiranos e órgãos de Satanás não se contentavam apenas com a morte para tirar a vida do corpo. Os tipos de morte eram tão diversificados quanto terríveis. Tudo o que a crueldade da invenção do homem pudesse conceber para castigar o corpo humano era posto em prática contra os cristãos – açoites e flagelos, estiramentos, dilacerações, apedrejamentos, lâminas de ferro em brasa aplicadas aos seus corpos, profundas masmorras, rodas de tortura, estrangulamentos nas prisões, os dentes de animais selvagens, grelhas, patíbulos e forcas, os arremessos sobre os chifres de touros. Além disso, quando eram mortos por esses meios, os seus corpos eram amontoados e junto a eles deixavam cães para guardá-los, a fim de que ninguém pudesse vir darlhes sepultura, e súplica nenhuma conseguia que eles fossem entregues para serem sepultados.

E contudo, apesar de todas essas contínuas perseguições e castigos horríveis, a Igreja crescia a cada dia, profundamente enraizada na doutrina dos apóstolos e dos homens apostólicos e abundantemente regada pelo sangue de santos.

Na terceira perseguição, Plínio II, homem erudito e famoso, tomado de compaixão diante do lamentável massacre de cristãos, escreveu ao imperador Trajano atestando que muitos milhares eram diariamente mortos, sem que nenhum deles fizesse coisa alguma que fosse contrária às leis romanas e merecesse perseguição. "Todo o relato de seu crime ou erro (como se queira denominar) consistia apenas nisto: eles tinham o hábito de reunir-se num determinado dia antes do amanhecer e juntos repetir uma forma estabelecida de oração dirigida a Cristo como Deus, e de assumir a obrigação — não realmente de cometer maldades, mas pelo contrário — de nunca cometer furtos, roubos ou adultério, nunca desmentir a palavra dada, nunca defraudar ninguém. Depois disso habitualmente se dispersavam e voltavam a reunir-se para partilhar de uma leve refeição em comum."

Nessa terceira perseguição padeceu o abençoado mártir Inácio, que é lembrado com notória reverência entre muitos. Inácio foi escolhido para o bispado de Antioquia sucedendo imediatamente a Pedro. Dizem alguns que ele, tendo sido enviado da Síria para Roma por professar a fé em Cristo, foi atirado às feras selvagens para ser devorado. Dele também se diz que quando passou pela Ásia, estando sob a mais rigorosa custódia de seus guardas, ele fortaleceu e confirmou as igrejas por todas as cidades ao longo do caminho, tanto com suas exortações como por sua pregação da palavra de Deus. Assim, ao chegar a Esmirna, escreveu à igreja de Roma exortando os cristãos a não lançar mão de meio algum a fim de livrá-lo do martírio, evitando de privá-lo daquilo que ele mais almejava e esperava. "Agora começo a ser um discípulo. Não me interesso por nada do que é visível ou invisível, para que possa apenas conquistar Cristo. Que sobrevenham a fogueira e a cruz, que venham as feras selvagens, que venham a quebra de ossos e a dilaceração dos membros, que venha a trituração do corpo inteiro, que assim seja. Quero apenas conquistar Cristo Jesus!" E mesmo quando ele foi condenado a ser atirado às feras, tão ardente era o seu desejo que, ao ouvir o rugido dos leões, disse: — Eu sou o trigo de Cristo: serei triturado pelos dentes de animais selvagens para poder ser considerado pão puro.

Depois da morte do discreto e brando príncipe Antonino Pio, veio seu filho Marco Aurélio, por volta do ano 161 de nosso Senhor, homem de natureza mais dura e severa. Embora fosse digno de louvor tanto pelo estudo da filosofia quanto pelo governo civil, contudo foi rígido e feroz com os cristãos. Por ele foi desencadeada a quarta perseguição.

Durante o reinado de Marco Aurélio um grande número dos que professavam a fé em Cristo sofreu crudelíssimos tormentos e castigos. Entre eles estava Policarpo, o digno bispo de Esmirna. Sobre o seu fim e martírio julguei que seria útil legar para a história aquilo que Eusébio declara ter sido extraído de uma certa carta escrita pelos membros da sua própria igreja (de Policarpo) para todos os irmãos espalhados pelo mundo.

Três dias antes de ser preso, enquanto estava orando à noite, ele adormeceu e viu num sonho o seu travesseiro incendiar-se e logo consumir-se no fogo. Acordando em seguida, imediatamente relatou a visão aos circunstantes e profetizou que ele seria queimado vivo por amor de Cristo. Quando as pessoas que andavam à sua procura fecharam-lhe o cerco, ele foi induzido, por amor dos irmãos, a retirar-se para outra aldeia. Para lá, porém, logo foram os perseguidores em seu encalço. E tendo apanhado dois rapazes que moravam na vizinhança, açoitaram um deles até que este os conduziu ao retiro de Policarpo. Os perseguidores, tendo chegado tarde da noite, descobriram que ele já fora para a cama no alto da casa. Dali, se quisesse, ele poderia ter fugido para o interior de outra casa. Mas recusou-se, dizendo: "Seja feita a vontade do Senhor".

Ao saber que os perseguidores haviam chegado, desceu e dirigiu-lhes a palavra com semblante alegre e agradável, de modo que eles, que nunca o haviam visto, ficaram maravilhados contemplando a sua venerável idade e gravidade e perguntavam-se por que deveriam se preocupar tanto com a captura de um homem tão velho. Ele imediatamente ordenou que uma mesa fosse posta, exortou-os a comer com apetite e pediu que lhe concedessem uma hora para orar sem ser molestado. Tão repleto estava ele da graça de Deus que os circunstantes ficaram assombrados ao ouvir-lhe as orações e muitos lamentaram que um homem tão venerável e piedoso devesse ser levado à morte.

Depois de terminar as orações, nas quais fez menção de todas as pessoas com quem entrara em contacto na vida, pequenas e grandes, nobres e comuns, e de toda a Igreja católica disseminada pelo mundo, chegada a hora de partir, eles o puseram sobre um jumento e o trouxeram para a cidade. Lá Policarpo encontrou-se com o irenarca Herodes e seu pai Nicetes, que, fazendo-o subir para a sua carruagem, puseram-se a exortá-lo dizendo: — Que mal há em dizer "Senhor César" e em oferecer sacrifícios e assim salvar a própria vida? — De início ele ficou em silêncio. Porém, ao ser forçado a falar, disse: — Não agirei de acordo com os seus conselhos. — Quando perceberam que ele não se deixava convencer, dirigiram-lhe palavras grosseiras e logo o empurraram para fora da carruagem de modo que ao descer ele machucou a canela. Todavia, imperturbável como se nada estivesse sofrendo, foi em frente exultante, escoltado pelos guardas, até o estádio. Lá, em meio a um ruído tão forte que poucos conseguiam ouvir alguma coisa, uma voz veio do céu dizendo: — Sê forte, Policarpo, e comporta-te como um homem. — Ninguém viu quem falou, mas muitos ouviram a voz. Quando ele foi trazido ao tribunal, houve um grande tumulto no instante em que a multidão percebeu que Policarpo estava preso. O procônsul perguntou-lhe se ele era Policarpo. Ao ouvir a confirmação, ele o aconselhou a negar a Cristo, dizendo-lhe: — Olhe para si mesmo e tenha pena de sua idade avançada. — E acrescentou muitas outras frases que eles costumam dizer, tais como "Jure pela fortuna de César", "Arrependa-se" e "Diga: 'Abaixo os ateus'".

Então Policarpo, com aspecto grave, contemplando toda a multidão no estádio e acenando-lhe com a mão, emitiu um profundo suspiro e, erguendo os olhos para o céu, disse: — Removam-se os ateus.

Então o procônsul insistiu com ele dizendo: — Jure, e eu o porei em liberdade; renegue a Cristo.

Respondeu Policarpo: — Há oitenta e seis anos eu O sirvo, e Ele nunca me faltou. Como então blasfemarei meu Rei, que me salvou?

O procônsul novamente insistiu: — Jure pela fortuna de César.

Respondeu Policarpo: — Uma vez que sempre em vão o senhor se esforça para me fazer jurar pela fortuna de César, como o senhor diz, fingindo ignorar o meu verdadeiro caráter, ouça-me declarar com franqueza o que sou. Eu sou um cristão, e se deseja aprender a doutrina cristã, marque um dia, e então poderá me ouvir.

Ouvindo isso, disse o procônsul: — Tenho feras selvagens. Se não se arrepender, eu o entregarei a elas.

— Mande trazê-las — replicou Policarpo — pois para nós o arrependimento é uma atitude ruim quando significa mudar do melhor para o pior, mas é uma atitude boa quando significa uma mudança do mal para o bem.

— Se não se arrepender, domarei você com fogo — disse o procônsul — uma vez que despreza as feras selvagens.

Então disse Policarpo: — O senhor me ameaça com um fogo que queima durante uma hora e logo se apaga. Mas o fogo do julgamento futuro e do castigo eterno reservado para os ímpios, esse o senhor ignora. Mas por que está se delongando? Faça tudo o que lhe agradar.

O procônsul mandou o arauto proclamar três vezes no meio do estádio: "Policarpo confessou que é cristão." Mal essas palavras foram proferidas, toda a multidão, tanto gentios quanto judeus que moravam em Esmirna, com fúria violenta se pôs a gritar: — Este é o doutor da Ásia, o pai dos cristãos e o destruidor dos nossos deuses, que ensinou muitos a não oferecer sacrifícios e a não adorar. — A esta altura pediam ao asiarca Filipe para que soltasse um leão contra Policarpo. Mas ele recusou-se, alegando que havia encerrado o seu espetáculo. Então puseram-se a gritar em uníssono que ele deveria ser queimado vivo. Pois sua visão precisava se cumprir — a visão que ele tivera quando estava orando e viu o seu travesseiro incendiar-se. O povo imediatamente apanhou lenha e outros materiais secos nas oficinas e nos banhos. Nesse serviço os judeus (com sua costumeira maldade) sentiram-se particularmente dispostos a ajudar.

Quando quiseram amarrá-lo na fogueira, disse Policarpo: — Deixem-me como estou. Não é preciso prender-me com pregos, pois aquele que me dá forças para suportar o fogo também me fará permanecer na fogueira sem eu querer fugir. — Assim ele foi amarrado mas não pregado. Disse ele então: — Ó Pai, eu te bendigo por me teres considerado digno de receber o meu prêmio entre os mártires.

Assim que ele proferiu a palavra "Amém", os oficiais acenderam o fogo. A chama, formando uma espécie de arco semelhante à vela enfunada de um barco, envolveu feito um muro o corpo do mártir que estava no meio do fogo não como carne queimando mas sim como ouro e prata sendo purificados na fornalha. Recebemos em nossas narinas um aroma semelhante ao que se evola do incenso ou de alguns outros perfumes preciosos. Finalmente, o povo maldoso, ao perceber que o seu corpo não poderia ser consumido pelo fogo, mandou que o carrasco se aproximasse e nele enterrasse a espada. Imediatamente, uma quantidade tão grande de sangue jorrou que o fogo se extinguiu. Mas o invejoso, maligno e despeitado inimigo do justo procurou um jeito de nos impedir de recolher o pobre corpo. De fato, algumas pessoas sugeriram a Nicetes para procurar o procônsul e pedir-lhe que não entregasse o corpo aos cristãos: — Para evitar — disseram eles — que, abandonando o crucificado, eles passem a adorar a *ele*. — Isso disseram depois de ouvir as sugestões e argumentos dos judeus, que também nos vigiaram quando queríamos retirar o corpo da fogueira. O centurião, percebendo a malevolência dos judeus, fez colocar o corpo no meio do fogo e queimá-lo. Recolhemos em seguida os seus ossos — mais preciosos que ouro e jóias — e os depositamos num lugar adequado.

Durante a mesma perseguição padeceram os gloriosos e mui constantes mártires de Lyon e Vienne, duas cidades da França, dando um retumbante testemunho e, para todos os cristãos, um espetáculo ou exemplo singular de fortaleza em Cristo nosso Salvador. A história deles é assim contada pelas suas próprias igrejas onde padeceram:

Empregou-se toda a fúria da multidão, do governador e dos soldados contra o diácono Santo de Vienne e Maturo, na verdade um recém-convertido mas também um magnânimo lutador em questões espirituais; contra Átalo de Pérgamo, um homem que sempre fora um pilar e suporte da nossa igreja; e finalmente contra Blandina, na qual Cristo mostrou que aquilo que parece feio e desprezível entre os homens é muito honroso aos olhos de Deus, graças ao amor ao Seu nome demonstrado com verdadeira energia e não com simulações afetadas e alardeadas. Pois, embora no nosso grupo todos temessem e, entre os demais, a sua patroa neste mundo (ela própria um integrante do nobre exército de mártires) tivesse muito medo de que ela não fosse capaz de testemunhar uma boa confissão, dada a fraqueza do seu corpo, Blandina revestiu-se de tamanha força que os seus torturadores, revezando-se da manhã até a noite, sentiram-se realmente extenuados e confessaram-se vencidos e exauridos com todo o seu aparato de torturas. Estavam abismados ao vê-la ainda respirando quando o seu corpo jazia dilacerado e aberto. A abençoada mulher recuperou novo vigor no ato da confissão e provou uma evidente anulação de todas as dores ao dizer: — Sou cristã, e entre nós não se comete nenhum mal.

Santo suportou de modo sobre-humano as mais bárbaras humilhações. Os ímpios esperavam extorquir dele algo injurioso contra o evangelho mediante o prolongamento e a intensidade dos seus sofrimentos. Mas ele resistiu com tal firmeza que não lhes revelou o seu nome nem o da sua nação ou estado e não permitiu que soubessem se era um homem livre ou um escravo. A cada pergunta respondia: — Eu sou cristão. — Isso, confessou repetidas vezes, era para ele seu nome, país, família, tudo.

Os fiéis avançavam com passo firme enquanto iam sendo conduzidos ao suplício. Seus semblantes brilhavam com muita graça e glória. Os grilhões eram seus mais belos ornamentos. Eles mesmos pareciam noivas enfeitadas em suas belas vestes, respirando a fragrância de Cristo. Eram submetidos à morte de várias maneiras: ou, em outras palavras, teciam uma grinalda de flores e perfumes diversos e a apresentavam ao Pai.

Maturo, Santo, Blandina e Átalo foram atirados como alimento às feras selvagens no anfiteatro, servindo de espetáculo grosseiro para os desumanos gentios. Foram expostos a todas as barbaridades que a multidão ensandecida exigia aos gritos, sobretudo à cadeira de ferro incandescente sobre a qual os seus corpos foram assados, emitindo um cheiro repugnante. Após permanecerem vivos por um longo tempo nessa condição, acabaram aos poucos expirando.

Blandina, pendurada num poste, foi exposta como alimento aos animais selvagens. Pôde ser vista suspensa na forma de uma cruz, entretida numa súplica ardente. A visão inspirou seus colegas de combate com muito entusiasmo. Com os próprios olhos corporais contemplavam na pessoa de sua irmã a figura daquele que por eles foi crucificado. Nenhuma das feras naquela ocasião a tocou. Ela foi retirada do poste e jogada novamente na masmorra. Por mais fraca e desprezível que pudesse parecer, todavia, quando vestida de Cristo, o poderoso e invencível campeão, ela venceu o inimigo numa série de batalhas e foi coroada com a imortalidade.

Átalo também foi exigido com veemência pela multidão, por ser entre nós uma pessoa de muita fama. Avançou com toda a boa disposição e serenidade de uma boa consciência. Cristão experiente, estava sempre pronto e atuante para dar testemunho da verdade. Foi conduzido ao redor do anfiteatro, enquanto uma tabuleta era carregada diante dele com a inscrição: "Este é Átalo, o cristão". A fúria do povo o teria despachado de imediato. Mas o governador, entendendo que se tratava de um romano, que poderia invocar o privilégio da sua cidadania, escreveu ao imperador e aguardou instruções. César expediu ordens para que os confessores de Cristo fossem levados à morte: os cidadãos romanos tinham o privilégio de morrer por degolação; os demais seriam expostos às feras selvagens.

Nessa ocasião o nosso Redentor foi enaltecido na pessoa daqueles que haviam apostatado. Eles foram interrogados à parte, como pessoas que logo seriam dispensadas. Mas, para surpresa dos gentios, confessaram a Cristo e foram se somar à lista dos mártires.

A abençoada Blandina foi executada depois de todos os outros. Qual mãe generosa que havia exortado os seus filhos, a quem na frente enviara vitoriosos ao Rei, recapitulando toda a série de torturas, apressou-se a prová-las ela mesma, jubilosa e triunfante em seu êxito, como se fosse alguém convidado a um banquete nupcial e não alguém a ser exposto às feras. Depois de ter suportado os açoites, a dilaceração das feras e a cadeira de ferro, ela foi presa numa rede e atirada a um touro. Depois de ser jogada para o alto por algum tempo pelo animal, mostrando-se muito superior aos seus sofrimentos pela influência da esperança, pela visão consciente dos objetos de sua fé e pela sua associação com Cristo, ela finalmente entregou o seu espírito.

Vejamos agora a história daquele extremamente constante e corajoso mártir de Cristo, São Lourenço, cujas palavras e obras merecem permanecer frescas e verdes nos corações cristãos como as folhas de um verdejante loureiro. Esta corsa sedenta, ansiando pela água da vida, desejoso de conquistá-la passando pela porta estreita da dura morte, quando em certa ocasião viu o seu vigilante pastor Sixto, bispo de Roma, sendo conduzido por perigosos tiranos como um cordeiro indefeso para a sua morte, gritou expondo sua voz e um coração invencível, dizendo: — Ó querido pai, para onde estás indo sem a companhia do teu filho? Que crime cometi que ofendeu a tua paternidade? Acaso mostrei-me desnaturado? Verifica agora, doce pai, se tu escolheste um ministro fiel ou não. Negas-lhe a consangüinidade? — Essas palavras proferiu Lourenço entre lágrimas, não para que o seu mestre sofresse, mas porque talvez não lhe fosse dado provar do cálice da morte que ele ardentemente queria beber.

Sixto então formulou a seguinte resposta para o seu filho: — Não estou te abandonando, meu filho. Eu te garanto que uma batalha mais dura te resta. Sou um velho frágil e debilitado. Por isso, corro uma prova mais leve e fácil. Mas tu és vigoroso e jovem e com mais vigor, sim, com mais glória, triunfarás sobre este tirano. O tempo se aproxima. Pára de lamentar. Daqui a três dias me seguirás. Por que desejas participar comigo da minha paixão? Eu deixo para ti toda a minha herança.

Aproximemo-nos da fogueira do mártir Lourenço para que os nossos corações nela se aqueçam. O impiedoso tirano, entendendo que ele não era apenas um ministro dos sacramentos mas também um distribuidor das riquezas da igreja, prometeu a si mesmo uma dupla recompensa com a apreensão de uma única alma. Primeiro, com o ancinho da avareza juntaria para si próprio o tesouro dos cristãos pobres; depois, com o cruel garfo da tirania de tal forma os arremessaria para o alto e os confundiria até deixá-los cansados da sua profissão. Com rosto enfurecido e semblante cruel, o lobo voraz indagou onde Lourenço havia guardado as posses da igreja. Este, pedindo um prazo de três dias, prometeu declarar onde seria possível encontrar o tesouro. Nesse ínterim, fez reunir um bom número de cristãos pobres. Assim, quando chegou o dia da sua resposta, o perseguidor terminantemente exigiu que cumprisse o prometido. Então o corajoso Lourenço, estendendo os braços sobre os pobres, disse: — Estes são o precioso tesouro da igreja. Estes são de fato o tesouro nos quais a fé em Cristo reina, nos quais Jesus Cristo tem a sua mansão. Que jóias mais preciosas pode ter Cristo do que aqueles em quem Ele prometeu habitar? Pois assim está escrito: "Tive fome, e me destes de comer; tive sede, e me destes de beber; era forasteiro, e me hospedastes." E novamente está escrito: "Vede, o que vós fizestes ao menor destes pequeninos, foi a mim que o fizestes." Que riqueza maior pode ter Cristo, o nosso Mestre, do que as pessoas pobres, nas quais Ele gosta de ser visto?

Ah, língua nenhuma saberia expressar a fúria e loucura do coração do tirano! Ele bufou e estrilou, mugiu e tugiu, como alguém que perdeu o juízo: os olhos se lhe incandesceram como fogo; a boca espumava como a de um javali; mostrava os dentes feito um cachorro. Podia-se dizer que já não era um homem racional, mas sim um leão a rugir.

— Acendam a fogueira! — gritou ele. — Não economizem lenha. Este vilão ludibriou o imperador? Fora com ele, fora com ele! Castiguem-no com açoites, façam-no pular com pauladas. O traidor quis brincar com o imperador? Belisquem-no com tenazes incandescentes, apertem-no entre lâminas em brasa, tragam as correntes mais fortes com espetos candentes e a cama com grade de ferro: ponham-na sobre o fogo. Amarrem o rebelde, mãos e pés. Quando a cama estiver em brasa, joguem-no em cima dela: que seja assado, grelhado, virado e atirado para o alto. Que cada um de vós, ó carrascos, cumpra o seu papel, sob pena da nossa grande irritação.

Mal a ordem fora dada e já era plenamente cumprida. Depois de muitos tratamentos cruéis, o manso cordeiro foi deitado, não digo sobre a sua cama de ferro incandescente, mas sim sobre um macio leito de plumas. Tão poderosamente operou Deus no seu mártir, tão milagrosamente temperou o Seu elemento, o fogo, que Lourenço não se deitou sobre uma cama de dor que mata, mas sobre um colchão que reconforta.

Albano foi o primeiro mártir da Inglaterra a padecer a morte pelo nome de Cristo. Foi no tempo de Diocleciano e Maximiano. Os imperadores haviam expedido suas cartas decretando que os cristãos fossem perseguidos com todo rigor. Albano, que na época era um infiel, recebeu em sua casa um certo clérigo que estava fugindo das mãos dos perseguidores. Depois de vê-lo sem cessar, dia e noite, perseverante em sua vigília e oração, de repente, pela grande misericórdia de Deus, Albano passou a imitar-lhe o exemplo de fé e de vida virtuosa. Depois disso, pouco a pouco, sendo ele instruído pela salutar exortação do clérigo e abandonando a cegueira da idolatria, acabou por tornar-se um perfeito cristão.

E depois que o clérigo ficou na sua casa por um certo tempo, informaram ao malvado príncipe que esse bom homem e confessor de Cristo (que ainda não fora condenado à morte) estava hospedado na casa de Albano ou muito próximo dela. Ao saber disso, o príncipe imediatamente incumbiu os soldados de fazerem a investigação mais cuidadosa possível da questão. Assim que eles chegaram à casa, Albano, vestindo-se com a indumentária do seu hóspede e mestre, entregou-se no lugar dele aos soldados, que o amarraram e o trouxeram imediatamente ao juiz.

Aconteceu que, na hora em que trouxeram Albano, o juiz foi encontrado junto aos altares oferecendo sacrifícios aos demônios. Assim que o viu, ele de imediato foi tomado de muita raiva, por ter Albano ousado, de livre e espontânea vontade, pôr a vida em risco entregando-se aos soldados como prisioneiro para proteger o hóspede a quem dera abrigo. Por isso, mandou que o trouxessem e o pusessem diante das imagens dos demônios a quem estava adorando, dizendo: — Pelo fato de teres preferido esconder e ocultar um rebelde a entregá-lo nas mãos dos oficiais a fim de que ele (na qualidade de desrespeitador dos nossos deuses) fosse castigado pela sua blasfêmia, hás de receber o mesmo castigo que ele receberia, se eu perceber em ti o mínimo sinal de revolta contra a nossa forma de adoração. — Mas o abençoado Albano, que por iniciativa própria havia revelado aos perseguidores que era cristão, não se intimidou ante as ameaças do príncipe. Armado com a couraça espiritual, abertamente declarou que não obedeceria às ordens recebidas.

Disse então o juiz: — De que família ou parentesco és tu? — Respondeu Albano: — Que importância tem para o senhor saber de que família sou? Se quiser ouvir a verdade sobre a minha religião, quero informá-lo de que sou cristão e a essa vocação me dedico plenamente. — Disse então o juiz: — Gostaria de saber o teu nome e trata de dizê-lo sem mais delongas. — Respondeu Albano: — Meus pais me deram o nome de Albano, e eu adoro o Deus vivo e verdadeiro, Criador de todo este mundo. — Disse então o juiz, cheio de raiva: — Se quiseres desfrutar a felicidade de uma vida longa, oferece sacrifícios aos deuses, já neste momento. — Replicou Albano: — Estes sacrifícios que o senhor oferece aos demônios não lhes servem de nada e não realizam os desejos e orações dos que apresentam as súplicas. — O juiz, ao ouvir essas palavras, ficou zangado ao extremo e ordenou que os algozes açoitassem o santo confessor de Deus, tentando derrotar com chibatadas a constância do seu coração, contra a qual ele nada conseguira com palavras. Albano foi cruelmente castigado, mas tudo suportou com paciência, ou melhor, até com alegria, pelo amor do Senhor. Depois, quando o juiz se deu conta de que com torturas ele não seria dobrado nem demovido da religião cristã, ordenou que fosse decapitado.

Deixemos agora a Inglaterra para voltar a outros países onde a perseguição grassava com maior veemência.

O impiedoso Galério com o seu grande prefeito Asclepíades invadiu a cidade de Antioquia no intuito de, pela força das armas, fazer todos os cristãos renunciar radicalmente à sua pura religião. Naquele dia os cristãos encontravam-se reunidos, e um certo Romano foi correndo anunciar-lhes que os lobos estavam por perto querendo devorar o rebanho cristão. — Mas não tenham medo — disse ele — nem deixem que esse iminente perigo os perturbe, meus irmãos. — Aconteceu então que, pela grande graça de Deus atuando em Romano, velhos e matronas, pais e mães, mancebos e donzelas, mostraram todos a mesma vontade e decisão, estando mais do que dispostos a derramar o próprio sangue em defesa da fé que professavam.

Chegou ao prefeito a notícia de que um pelotão de soldados armados não conseguiu arrancar o báculo da fé das mãos da congregação de cristãos, e tudo porque Romano os instigou com tal veemência que eles não hesitaram em oferecer a própria garganta, desejando morrer gloriosamente pelo nome de Cristo. — Encontrem o rebelde — disse o prefeito — tragam-no à minha presença para que ele responda por toda a seita. — Ele foi apreendido e, amarrado como uma ovelha conduzida ao matadouro, foi apresentado ao imperador, que, fixando-o com semblante irado, disse: — Como! És tu o autor da revolta? És tu a causa de tantos perderem a própria vida? Juro pelos deuses que tu hás de pagar caro por isso. Primeiro, na tua carne sofrerás as dores para as quais animaste o coração dos teus colegas.

Respondeu Romano: — A tua sentença, ó prefeito, eu a recebo com alegria. Não me recuso a ser sacrificado pelos meus irmãos, por mais cruéis que sejam os meios que tu possas inventar. No que se refere ao fato de que os teus soldados foram repelidos pela congregação cristã, isso apenas aconteceu porque era inadmissível que idólatras e adoradores de demônios entrassem na casa de Deus e poluíssem o lugar da verdadeira oração.

Então Asclepíades, absolutamente furioso com essa intrépida resposta, ordenou que Albano fosse amarrado com os braços presos ao corpo e depois eviscerado. Os próprios carrascos, que tinham um coração mais piedoso que o do prefeito, intercederam: — Não pode ser, senhor. Este homem é de uma família nobre. É ilegal submeter um nobre a morte tão ignóbil. — Respondeu o prefeito: — Que seja então flagelado com açoites com pontas de chumbo. — Em vez de lágrimas, suspiros e gemidos, ouviu-se a voz de Albano cantando salmos durante todo o tempo da flagelação, pedindo aos algozes que não o poupassem pela sua nobreza. — Não é o sangue dos meus progenitores — dizia ele — mas sim a profissão de fé cristã que me faz nobre. — As salutares palavras do mártir eram como óleo para o fogo da fúria do prefeito. Quanto mais o mártir falava, mais enlouquecido ele ficava, a ponto de ordenar que as ilhargas do mártir fossem perfuradas a faca até aparecer o branco dos ossos.

Quando Romano pela segunda vez pregou o Deus vivente, o Senhor Jesus Cristo, Seu Filho bem-amado, e a vida eterna por meio da fé no Seu sangue, Asclepíades ordenou aos carrascos que lhe esmurrassem a boca até que seus dentes fossem arrancados e sua pronúncia acabasse também afetada. A ordem foi cumprida: ele foi esmurrado, suas sobrancelhas foram rasgadas a unha e suas faces perfuradas a faca; a pele da barba foi pouco a pouco arrancada; finalmente, seu belo rosto estava todo deformado. Disse o dócil mártir: — Eu lhe agradeço, ó prefeito, por ter aberto em mim muitas bocas, com as quais posso pregar a Cristo, meu Senhor e Salvador. Veja, cada ferida que eu tenho é uma boca louvando e cantando a Deus.

O prefeito, assombrado com essa singular constância, ordenou que suspendessem as torturas. Ameaçou o nobre mártir com o fogo cruel, insultou-o e blasfemou a Deus dizendo: — O teu Cristo crucificado não é mais que um Deus de ontem. Os deuses dos gentios são de extrema antigüidade.

Nesse ponto Romano, aproveitando a ocasião, fez um longo discurso sobre a eternidade de Cristo, sua natureza humana, e sobre a sua morte e expiação pela humanidade. Em seguida , disse ele: — Dê-me, ó prefeito, uma criança de apenas sete anos, idade isenta de malícia de outros vícios com os quais a idade mais madura geralmente está infectada, e o senhor ouvirá o que ela tem a dizer. — Seu pedido foi aceito.

Dentre a multidão chamou-se um menininho que foi colocado diante do mártir. — Dize-me, filhinho — disse ele — se tu achas que há razão para que adoremos a um só Cristo, e em Cristo a um só Pai, ou então para que adoremos a muitos deuses.

Ao que o menininho respondeu: — Certamente Aquele que os homens afirmam ser Deus (seja o que for), deve ser um só; e o que lhe é próprio é único. Porque Cristo é único, Cristo é necessariamente o verdadeiro Deus, pois nós crianças não podemos acreditar que existam muitos deuses.

A essa altura o prefeito, tomado de puro espanto, disse: — Tu, jovem vilão e traidor, onde e de quem aprendeste essa lição?

— De minha mãe — disse a criança. — Com seu leite suguei a lição de que devo crer em Cristo. Chamou-se a mãe, e ela de bom grado se apresentou. O prefeito ordenou que a criança fosse pendurada e açoitada. Os condoídos espectadores desse ato impiedoso não conseguiam controlar as lágrimas. Apenas a mãe, exultante e feliz, a tudo assistia com as faces secas. Na verdade, ela repreendeu o seu doce filhinho por implorar um gole de água fria. Disse-lhe para ter sede da taça da qual outrora beberam os infantes de Belém, deixando de lado o leite e as papinhas de suas mães. Ela o encorajou a lembrar-se do pequeno Isaque que, vendo a espada com a qual seria abatido e o altar sobre o qual seria queimado em sacrifício, de boa mente apresentou o tenro pescoço ao golpe da espada do seu pai. Enquanto era dado esse conselho, o sanguinário algoz arrancou o couro do alto da cabeça do menino, com cabelo e tudo. Gritou então a mãe: — Agüenta, filhinho! Logo tu verás Aquele que te enfeitará a cabeça nua com uma coroa de glória eterna. — A mãe consola, a criança sente-se consolada; a mãe anima, o menininho sente-se animado e recebe os açoites com um sorriso no rosto.

O prefeito, percebendo que a criança era invencível e sentindo-se derrotado, mandou o abençoado menininho para a fétida masmorra e deu ordens para que as torturas de Romano, principal autor destas maldades, fossem repetidas e intensificadas.

Assim, Romano foi trazido outra vez para novos açoites, devendo os castigos ser renovados e aplicados sobre as suas velhas feridas. O tirano já não agüentava mais; era necessário apressar a sentença de morte. — É penoso para ti — disse ele — continuar vivo por tanto tempo? Não tenhas dúvida de que uma flamejante fogueira será em breve preparada. Nela tu e aquele menino, teu companheiro de rebelião, sereis consumidos e transformados em cinza. — Romano e o menininho foram conduzidos para a execução. Ao chegarem ao local escolhido, os carrascos arrancaram o filho da sua mãe, que o tomara nos braços. A mãe, limitando-se a beijá-lo entregou a criancinha. — Adeus! — disse ela — Adeus, meu doce filhinho. Quando tiveres entrado no reino de Cristo, lá no teu abençoado estado lembra-te da tua mãe. — E enquanto o carrasco aplicava a espada ao pescoço da criancinha, ela cantou assim:

Todo louvor do coração e da voz
Nós te rendemos Senhor.
Neste dia em que a morte deste santo
Recebes com muito amor.

Tendo sido cortada a cabeça do inocente, a mãe a envolveu em seu vestido e a segurou no colo. Do lado oposto, uma grande fogueira foi acesa na qual Romano foi atirado. No mesmo instante desabou uma grande tempestade. Finalmente o prefeito, sentindo-se confuso diante da força e coragem do mártir, deu ordens rigorosas para que ele fosse reconduzido à prisão, onde deveria ser estrangulado.

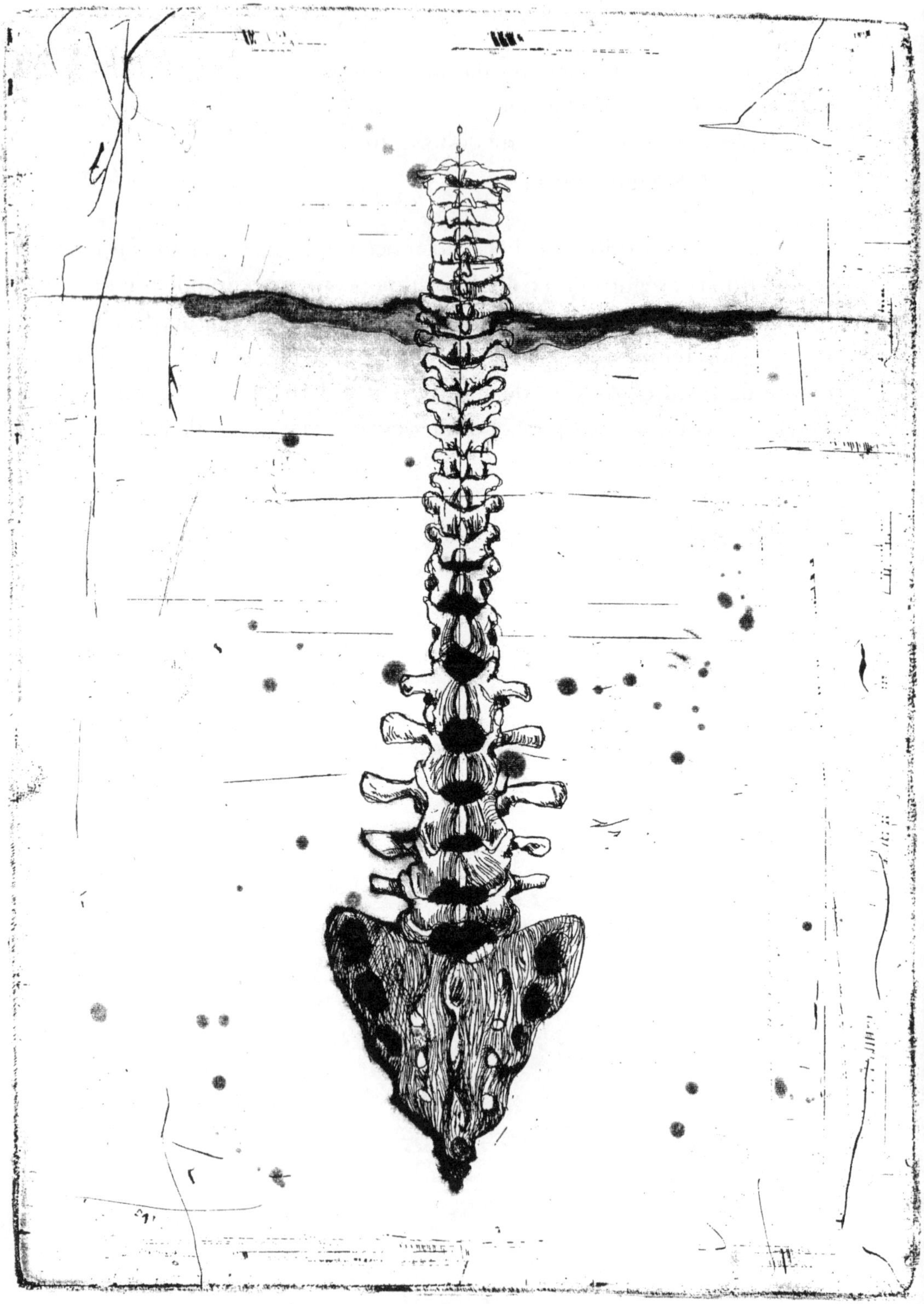

A História de Constantino, o Grande

NO INÍCIO DA DÉCIMA perseguição, Diocleciano, ao ser feito imperador, associou-se a Maximiano. Os dois, governando juntos como imperadores, escolheram dois Césares subordinados a eles, a saber, Galério e Constâncio, pai de Constantino, o Grande.

Assim Diocleciano reinou com Maximiano e no décimo nono ano do seu reinado iniciou sua violenta perseguição contra os cristãos, depois do que não durou muito tempo em seu ofício. Pois aprouve a Deus pôr tal bridão na boca do tirano que dois anos mais tarde fez os dois, ele e Maximiano, desistir de suas funções imperiais para viver não como imperadores, mas como cidadãos comuns.

Depois que eles foram desalojados, o domínio imperial ficou nas mãos de Constâncio e Galério, que dividiram entre si toda a monarquia, de modo que Galério governaria os países do leste e Constâncio as regiões ocidentais. Constâncio, porém, sendo um príncipe moderado, recusou a Itália e a África, contentando-se com a França, a Espanha e a Bretanha, por serem os outros reinos complexos e difíceis de governar.

Galério escolheu Maximiano e Severo como seus Césares. Da mesma forma, Constâncio escolheu Constantino, seu filho, como seu subordinado.

Entrementes, enquanto Galério e seus dois césares estavam na Ásia, os soldados romanos estabeleceram como seu imperador Maxêncio, o filho de Maximiano, o qual antes se demitira. Contra ele Galério, o Imperador do Leste, enviou seu filho Severo, que nessa missão foi morto por Maxêncio. Em seu lugar Galério colocou então Licínio.

Estes foram os imperadores e Césares que, sucedendo Diocleciano e Maximiano, deram prosseguimento à perseguição iniciada pelos seus antecessores pelo espaço de sete ou oito anos, isto é, até o ano de 313 de nosso Senhor, devendo-se apenas ressalvar que Constâncio e seu filho Constantino não tiveram grande participação no fato, sendo antes protetores e defensores dos cristãos.

Constâncio foi um excelente príncipe, civil, brando, gentil e liberal, que procurava fazer o bem àqueles que sob o seu domínio detinham alguma autoridade privada. Certa feita Ciro disse que ele conseguiu para si mesmo um tesouro quando enriqueceu os amigos. Da mesma forma se diz que Constâncio costumava repetir ser preferível ver a riqueza pública nas mãos dos seus súditos a tê-la nos seus próprios cofres. Ele também, por natureza, satisfazia-se com muito pouco, tanto assim que costumava comer e beber em vasilhas de barro (hábito considerado altamente recomendável pelo siciliano Agátocles); e se alguma ocasião especial exigia que sua mesa fosse embelezada, costumava pedir emprestadas as baixelas de prata e acessórios de seus amigos. Em conseqüência de suas virtudes, houve grande paz e tranqüilidade em todas as províncias.

A essas virtudes Constâncio acrescentou um ornamento ainda mais dignificante, isto é, a sua devoção, amor e afeição à Palavra de Deus. Guiado por essa Palavra, ele não promoveu guerras contra a piedade e religião cristã, nem colaborou em alguma promovida por outros, nem destruiu igrejas, mas ordenou que os cristãos deviam ser preservados, defendidos e mantidos a salvo de insolentes ofensas. E quando as igrejas foram molestadas com perseguições em outras partes do império, ele foi o único que liberou os cristãos para viver de acordo com o seu modo de vida e tradições.

Constantino, pretendendo numa certa ocasião provar como eram sinceros e bons os cristãos que ainda tinha no seu palácio, reuniu todos os seus oficiais e servidores, fingindo proceder à escolha daqueles que estariam dispostos a oferecer sacrifícios aos demônios, e deu a entender que apenas esses manteriam seus cargos e continuariam a morar no palácio. Os que se recusassem a fazê-lo seriam expulsos e banidos do local. Durante a reunião, todos os cortesãos se dividiram em grupos. O imperador observou bem quais eram os mais firmes e piedosos dentre os demais. Enquanto alguns disseram que estavam dispostos a oferecer os sacrifícios, outros aberta e corajosamente se recusaram a fazê-lo. Então o imperador duramente censurou os primeiros e os julgou como falsos traidores de Deus, considerando indignos de morar no seu palácio aqueles que traíam a Deus dessa forma. Imediatamente ordenou que fossem banidos dali. Mas ele grandemente elogiou os que se recusaram a oferecer os sacrifícios e confessaram a Deus, afirmando que apenas esses eram dignos de morar com o príncipe. De imediato ordenou que, a partir daquele momento, eles deveriam ser os confiáveis conselheiros e defensores tanto da sua pessoa como do reino. E disse muito mais, acrescentando que apenas mereciam ocupar seus cargos aqueles com quem ele pudesse contar entre seus amigos certos e que ele pretendia dar-lhes mais valor do que dava às riquezas do seu tesouro.

Constâncio morreu no ano 306 de nosso Senhor e foi sepultado em York. Depois dele veio Constantino, qual segundo Moisés enviado e estabelecido por Deus para libertar o Seu povo do seu triste cativeiro e dar-lhe a mais jubilosa liberdade.

Ele, Constantino, filho virtuoso e bom de um virtuoso e bom pai, nasceu na Bretanha. Sua mãe, chamada Helena, era filha do rei Coilo. Foi um príncipe bondoso e gracioso ao extremo, que desejava fomentar a aprendizagem e as belas artes e ele mesmo com freqüência costumava ler, escrever e estudar. Obteve êxito impressionante e aproveitamento enriquecedor em todas as coisas em que pôs as mãos, e na época se pensava (e com razão) que isso se devia ao fato de ser ele um grande protetor da fé cristã. Fé que, uma vez abraçada, ele sempre reverenciou com máxima devoção e religiosidade.

No tocante à sua disposição natural e inteligência, ele era muito eloqüente e bom filósofo, afiado e engenhoso nos debates. Costumava dizer que o imperador não devia recusar nenhum trabalho em prol do bem-estar comum. Um império era uma concessão de Deus com um propósito determinado. Quem o recebesse devia empregar os seus esforços a fim de poder ser considerado digno dele aos olhos do Doador.

Mostrei antes como Maxêncio, o filho de Maximiano, foi guindado em Roma à posição de imperador pelos soldados pretorianos. Fato ao qual o senado, embora sem dar o seu consentimento, todavia, por medo, não opôs resistência. Seu pai, Maximiano, que anteriormente se demitira, ouvindo isso, criou novamente coragem para retomar a sua dignidade, e esforçou-se para persuadir Diocleciano a fazer o mesmo. Mas, pelo fato de não conseguir convencê-lo, dirigiu-se para Roma, pensando em arrancar o império das mãos do filho. Mas quando os soldados não admitiram isso, com um propósito astuto, foi ao encontro de Constantino na França, sob o pretexto de apresentar-lhe queixas a respeito de seu filho, mas na verdade com o intuito de matá-lo. Sendo essa conspiração detectada por Fausta, filha de Maximiano, com quem Constantino se casara, este foi preservado por intermédio da graça de Deus, e Maximiano bateu em retirada: em sua fuga foi preso e executado.

Maxêncio durante todo esse intervalo reinou em Roma com intolerável tirania e maldade, muito se assemelhando a um novo Faraó ou a um Nero, uma vez que assassinou a maior parte de seus nobres e lhes tomou os bens. Às vezes em sua fúria destruía grandes multidões de cidadãos romanos pelas mãos de seu exército. E não houve ato de maldade ou de lascívia que ele não praticasse.

Ele era também muito viciado na arte da magia, atividade para a qual estava mais preparado do que para exercer a dignidade imperial. Com freqüência invocava secretamente os demônios e, de acordo com as respostas deles, procurava repelir as guerras que sabidamente Constantino preparava contra ele. Com a finalidade de poder melhor perpetrar seus maldosos e perniciosos atentados, no início do seu reinado fingiu ser um protetor dos cristãos e, julgando com isso obter amizade do povo de Roma, ordenou que a perseguição dos cristãos fosse interrompida. Ele mesmo, porém, praticou todos os tipos de opressões e insolências contra eles, até que no fim começou a mostrar-se como um perseguidor manifesto dos cristãos.

Os cidadãos e senadores de Roma, sentindo-se muito aflitos e oprimidos com a dolorosa tirania e indizível maldade de Maxêncio, enviaram suas queixas com cartas para Constantino, com muitos rogos e os mais sinceros pedidos, desejando que ele os ajudasse a libertar o país deles e a cidade de Roma. Ouvindo isso e entendendo a sua triste e comovente situação, sentindo-se com isso muito aflito, primeiro Constantino enviou cartas a Maxêncio, expressando seu desejo e exortação no sentido de que este contivesse seus atos corruptos e sua grande crueldade. Mas quando soube que suas cartas e exortações não surtiram efeito, no fim, lamentando o caso triste dos romanos, reuniu o seu exército na Bretanha e na França, para com ele reprimir a violenta fúria daquele tirano.

Assim Constantino, contando com uma força militar suficiente, mas sobretudo com a força de Deus, iniciou sua jornada deslocando-se para a Itália. Isso aconteceu por volta do último ano da perseguição, em 313 d. C. Maxêncio, sabendo do deslocamento de Constantino e mais confiando na sua arte diabólica da magia do que na boa vontade pouco merecida de seus súditos, não ousou aparecer fora da cidade, nem enfrentá-lo em campo aberto, mas com guarnições secretas armou-lhe ciladas em vários estreitos ao longo do caminho por onde ele deveria passar. Constantino enfrentou várias escaramuças e, pelo poder de Deus, foi sempre vencedor e obrigou o inimigo à fuga.

Apesar disso, Constantino ainda não se sentia muito confortável, mas ao aproximar-se de Roma tinha em sua mente grande preocupação e medo dos feitiços e encantos mágicos com os quais Maxêncio anteriormente vencera Severo, enviado contra ele por Galério. Por isso, sentindo-se em grande dúvida e perplexidade e revolvendo muitas coisas em sua mente, perguntando-se que ajuda poderia ter contra as forças de tais encantamentos, Constantino, já se aproximando da cidade e volvendo os olhos muitas vezes para o céu, na parte sul, por volta do pôr-do-sol, viu um grande brilho, aparecendo na forma de uma cruz, trazendo a seguinte inscrição: *In hoc vince*, isto é, "Com isto vence".

Eusébio Pânfilo atesta que ouviu o próprio Constantino muitas vezes relatar o fato e também jurar que era verdadeiro e certo, que ele viu com os seus próprios olhos e também os soldados que estavam com ele viram. Na ocasião Constantino ficou muito assustado com a visão do sinal e, consultando seus homens sobre o seu significado, eis que, durante a noite em seu sono, Cristo lhe apareceu com o sinal da mesma cruz que ele vira antes, ordenando-lhe para fazer uma imagem dela e carregá-la em suas guerras à sua frente, e assim obteria a vitória.

Nesse episódio deve-se notar, bom leitor, que o sinal da cruz e igualmente as letras da inscrição *In hoc vince* lhe foram dados por Deus, não para induzir qualquer avaliação ou adoração supersticiosa da cruz, como se ela em si tivesse algum poder ou força capaz de obter vitórias; ela apenas carregava o significado de outra coisa, isto é, o de ser uma admoestação para que ele procurasse o conhecimento e a fé nAquele que foi crucificado para a sua salvação e a de todo o mundo, nele se inspirasse, e assim difundisse a glória do Seu nome.

No dia seguinte ao da visão, Constantino mandou construir uma cruz de ouro e pedras preciosas para ser carregada diante dele em vez do seu estandarte. Assim, com muita esperança de vitória e grande confiança, como alguém armado pelo céu, avançou na direção do seu inimigo. Contra ele, Maxêncio, obrigado à força a sair da cidade, mandou que todo o seu exército se juntasse a ele além do rio Tibre. Ali astutamente destruiu a ponte chamada "Pons Milvius", fez construir outra ponte falsa sobre barcos e balsas amarrados e cobertos com tábuas e pranchas à guisa de ponte, pensando que com isso apanharia Constantino numa cilada.

Mas nesse ponto aconteceu o que está escrito no sétimo Salmo: "Ele cavou e fez um poço e caiu dentro do buraco que abriu; sua maldade há de recair sobre a sua cabeça, e sua violenta ação desabará sobre a sua nuca." O que, no caso de Maxêncio, se verificou perfeitamente, uma vez que, depois que os dois exércitos se defrontaram, ele, não conseguindo resistir à força de Constantino que lutava contra ele sob a cruz de Cristo, foi forçado a empreender uma tal fuga e a submeter-se a tal pressão que, batendo em retirada pela mesma ponte que ele havia preparado para Constantino (por causa da pressa, pensando chegar à cidade), foi derrubado pela queda do seu cavalo para o fundo do rio, no qual com o peso de sua armadura se afogou: e todo o seu exército pereceu no Mar Vermelho. O Faraó apropriadamente parecia apresentar uma imagem profética desse Maxêncio.

Pois, assim como os filhos de Israel passaram por uma longa escravidão e por perseguições no Egito, assim esse Maxêncio foi o último membro da monarquia romana a perseguir os cristãos, a quem Constantino, lutando sob a cruz de Cristo, venceu, dando liberdade aos cristãos, que antes haviam sido perseguidos em Roma pelo espaço de trezentos anos.

Nos tratados da história lemos sobre muitas vitórias e sobre a realização de grandes conquistas, mas jamais lemos, nem jamais leremos, sobre uma vitória tão salutar e abrangente, tão oportuna para a humanidade como a de Constantino, a qual pôs fim a tanto derramamento de sangue e conseguiu tanta liberdade e vida para o futuro de tantas gerações.

Assim, Constantino estabeleceu a paz para o futuro da igreja, de modo que, pelo espaço de mil anos, não encontramos escritos sobre nenhuma perseguição específica contra os cristãos, até o tempo de John Wickliff.

Tão gloriosa, tão feliz foi essa vitória de Constantino, denominado O Grande. Por causa do júbilo e alegria pelo acontecimento, os cidadãos que o haviam mandado chamar, em clamoroso triunfo o trouxeram para a cidade de Roma, onde ele foi recebido com as máximas honras e celebrado pelo espaço de sete dias seguidos. Além disso, expuseram no mercado a sua imagem segurando na mão direita o sinal da cruz com a inscrição: "Com este salutar sinal, a verdadeira prova da fortaleza, eu resgatei e libertei nossa cidade do jugo do tirano."

Constantino, com seu colega Licínio, logo fez publicar sua proclamação geral desobrigando qualquer homem de qualquer religião, mas concedendo a todos a liberdade, aos cristãos para persistir na sua profissão de fé sem risco algum, aos outros para associar-se livremente aos cristãos se assim o quisessem. O que foi muito bem recebido e altamente aceito pelos romanos e por todos os homens sábios.

Eu não duvido, bom leitor, de que no teu íntimo tu consideras muito bem a maravilhosa ação do grande poder de Deus. Contempla como tantos imperadores que, tendo sob o seu domínio a sujeição do mundo inteiro, juntaram-se contra o Senhor e Cristo, o seu Ungido, e concentraram toda a sua força e todos os seus recursos para extirpar o nome dEle e de todos os cristãos. Nesse esforço conjunto, o que não poderiam ter feito eles, se o poder do homem pudesse prevalecer? Ou então, o que poderiam ter feito que de fato não o fizeram? Que medidas ou recursos políticos não utilizaram? Que torturas ou dores mortais, que tormentos cruéis não inventaram? De que leis, éditos, solenes anúncios oficiais, escritos não somente em tábuas, mas também gravados em bronze, não se serviram? Tudo isso eles fizeram contra os frágeis cristãos. E no entanto, qual prova de que nenhuma conspiração pode resistir perante o Senhor, contempla também, bom leitor, como essas coisas se desvaneceram e, todavia, Cristo e sua Igreja permanecem.

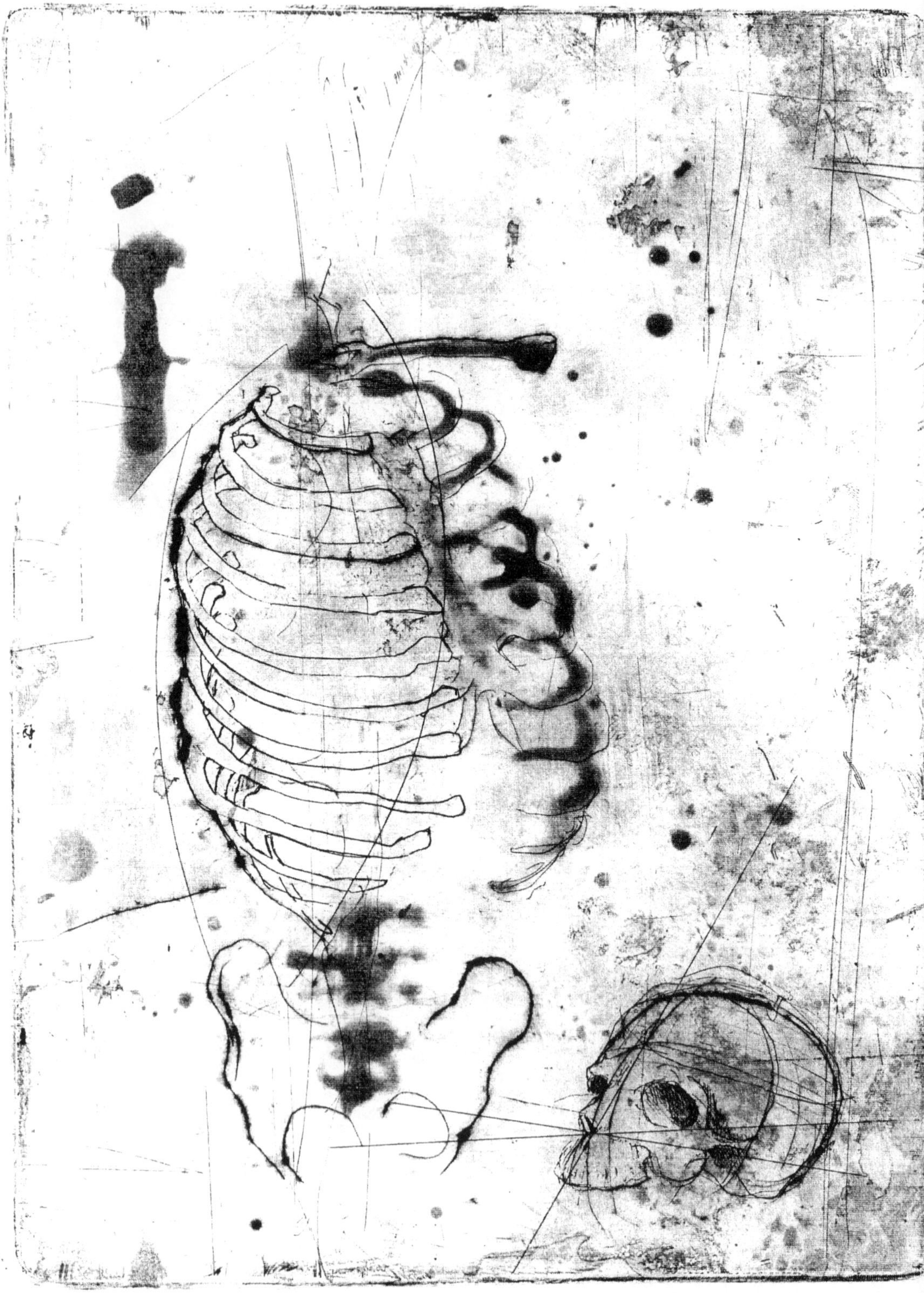

John Wickliff, a Estrela Matutina da Reforma

EMBORA SEJA UM FATO conhecido que antes dele diversos homens lutaram pela mesma causa e disputa de Wickliff, os quais de tempos em tempos o Espírito Santo fez surgir e inspirou na Igreja de Deus como algo para operar contra o bispo de Roma, para enfraquecer a perniciosa superstição dos padres para vencer e derrubar os grandes erros que diariamente surgem e prevalecem no mundo, embora esses homens não sejam muito numerosos nem muito famosos ou notáveis, começaremos com a história de John Wickliff, em cujo tempo o violento fogo da perseguição parece ter sua primeira origem e princípio. Por intermédio da providência de Deus, invadiu a arena o valoroso campeão da verdade, John Wickliff, nosso compatriota, que o Senhor fez surgir aqui na Inglaterra, para detectar do modo mais pleno e amplo o veneno da doutrina do Papa e a falsa religião.

Wickliff, sendo leitor de teologia na Universidade de Oxford, tinha, para a rude época em que viveu, muita fama como grande letrado e profundo escolástico, não sendo menos perito em todas as áreas da filosofia; o que aparece não apenas em seus textos eruditos mais famosos, mas também na confissão de Walden, seu mais cruel e encarniçado inimigo, o qual numa carta escrita ao Papa Martinho V diz "que ficou prodigiosamente espantado diante dos fortíssimos argumentos dele, com os trechos de autoridade que ele havia reunido, com a veemência e força dos seus arrazoados".

Parece que Wickliff surgiu por volta de 1371, d.C., quando Eduardo III reinava na Inglaterra. Não resta nenhuma dúvida de que, numa época em que o mundo se encontrava num estado extremamente desesperador e ignominioso, quando uma lamentável ignorância e escuridão em relação à verdade divina se espalhara por toda a Terra, esse homem surgiu como um valoroso campeão, ao qual com justiça se pode aplicar o que se diz de um certo Simão, o filho de Onias: "Exatamente como a estrela matutina no seio de uma nuvem ou como a lua cheia em seu percurso ou como os raios brilhantes do sol, assim ele brilha e cintila no templo e na Igreja de Deus".

Naqueles dias a religião se encontrava num estágio de total depravação e corrupção: apenas o nome de Cristo resistia a isso entre os cristãos, mas sua verdadeira e vivificante doutrina era tão desconhecida entre a maioria como o Seu nome tornara-se popular entre todos os homens. Quase não se ouvia falar da fé, do consolo, da finalidade e uso da lei, do ministério de Cristo, da nossa impotência e fraqueza, do Espírito Santo, da grandeza e força do pecado, das verdadeiras obras, da graça e justificação gratuita pela fé e da liberdade do cristão.

O mundo, abandonando o poder vivo da Palavra espiritual de Deus, era totalmente conduzido e ofuscado pelas cerimônias externas e tradições humanas. Nessas coisas fixava-se toda a esperança de salvação, de modo que quase mais nada se ouvia nos templos ou igrejas, pouco era ensinado ou comentado nos sermões ou finalmente visado ou procurado em todas as atividades deles, a não ser o acúmulo de muitas cerimônias clandestinas. E esse acúmulo não tinha fim.

A Igreja caiu nas garras de toda espécie de extrema tirania. O fato é que a pobreza e simplicidade de Cristo foram transformadas em crueldade e abominação de vida. Com quantas amarras e ciladas de cerimônias foram as consciências de homens, redimidos por Cristo para serem livres, apanhadas e emaranhadas! O povo cristão era, por assim dizer, conduzido pelo nariz, com meros decretos e constituições humanas, para onde aprouvesse aos bispos conduzi-lo, e não para seguir a direção da vontade de Cristo. As pessoas simples e sem instrução, por situarem-se muito longe de todo o conhecimento da santa Escritura, julgavam ser suficiente o conhecimento apenas daquilo que lhes era ensinado pelos seus pastores; e estes, por sua vez, de certo modo limitavam-se a transmitir apenas as instruções que provinham do tribunal de Roma, sendo que a maior parte delas visava o lucro da sua ordem mais do que a glória de Cristo.

Quando parecia que não sobrava nenhuma centelha de doutrina pura, pela Providência divina levantou-se o referido Wickliff por meio do qual o Senhor novamente começaria a despertar e a elevar-se num mundo que estava afundado e esmagado nas profundas correntes das tradições humanas.

Esse Wickliff, percebendo que a verdadeira doutrina do Evangelho de Cristo estava adulterada e maculada com invenções sujas e erros graves de bispos e monges, depois de longamente debater e deliberar consigo mesmo (com muitos suspiros secretos e lamentando em sua mente a ignorância geral de todo o mundo), já não podia aceitar esses fatos e no fim decidiu-se por ajudar a remediar aquilo que na sua visão estava perdido e extraviado.

Esse homem santo envidou grandes esforços, protestando, como dizem eles, abertamente nas escolas que seu principal objetivo era fazer a Igreja abandonar a sua idolatria, especialmente em relação ao sacramento do corpo e sangue de Cristo. Mas não foi possível tratar dessas questões sem grande sofrimento e dor para o mundo inteiro: pois, antes de mais nada, toda uma legião de monges e frades mendicantes ficou furiosa e enlouquecida; feito marimbondos com seus aguçados ferrões, atacaram o bom homem por todos os lados, lutando, como se diz, por seus altares, panças e barrigas. Depois deles, vieram os padres e bispos; depois deles, o arcebispo, que na época era Simon Sudbury, cuidou pessoalmente da questão e, pelo mesmo motivo, privou Wickliff de seu benefício em Oxford. Por fim, quando o poder deles pareceu insuficiente para opor resistência à verdade que irrompia, foram correndo apelar para os relâmpagos e raios do bispo de Roma, como se ele fosse o último refúgio de maior força e poder. Apesar de tudo, o referido Wickliff, tendo uma certa amizade e apoio do rei, agüentou a maldade dos frades e do arcebispo, contando com defensores como John de Gaunt, Duque de Lancaster, filho do rei, e Lorde Henry Percy.

As opiniões pelas quais Wickliff foi execrado eram as seguintes: o Papa não tem mais poder do que qualquer outro homem para excomungar. Embora seja concedido ao Papa, por qualquer pessoa, o poder de excomungar, o de absolver permanece nas mãos de qualquer sacerdote. Ele afirmou também que nem o rei nem qualquer autoridade temporal pode conferir perpetuidade à Igreja ou a qualquer pessoa eclesiástica; pois quando essas pessoas eclesiásticas habitualmente pecam, os poderes temporais podem, com justificativa, tirar deles o que lhes foi antes outorgado. E ele provou que isso fora praticado na Inglaterra por William Ruffus. — Se ele agiu legalmente — disse Wickliff — por que não se pode fazer agora a mesma coisa? Se ele agiu ilegalmente, então a Igreja erra, e age ilegalmente ao rezar por ele. Além dessas opiniões, ele começou a discutir algo particularmente atinente à questão da eucaristia, ao provar que no referido sacramento os acidentes do pão permaneciam mas não sem o seu sujeito, ou substância, e que a verdade pura e simples aparece nas Escrituras, às quais todas as tradições humanas devem se referir, quaisquer que sejam elas. A verdade, como diz o poeta com muita razão, gerou muito desagrado e ódio contra John Wickliff, especialmente entre os monges e os padres mais ricos.

Não obstante isso, contando com o favor e apoio do Duque de Lancaster e de Lorde Henry Percy, ele resistiu contra a feroz violência e crueldade deles, até que no fim, por volta de 1377, d.C., os bispos, sempre instigando e incitando o seu arcebispo Simon Sudbury (que antes privara Wickliff do seu benefício e depois o proibiu de tratar desse tipo de assunto), tinham conseguido, por meio de processo e intimação judicial, que ele fosse trazido à sua presença.

O duque, tomando ciência de que Wickliff deveria comparecer perante os bispos, temendo não ter ele, por ser apenas um, força suficiente para se opor à multidão, convocou, dentre as ordens dos frades, quatro bacharéis em teologia, um de cada ordem, para que se juntassem a Wickliff e assim ele tivesse maior garantia. Chegado o dia marcado para o comparecimento do depoente (uma quinta-feira, dia dezenove de fevereiro), ele se apresentou, acompanhado dos quatro referidos frades; com ele também estavam o Duque de Lancaster e Lorde Henry Percy, Marechal da Inglaterra. Lorde Percy foi à frente para abrir espaço e caminho por onde Wickliff deveria passar.

Assim Wickliff, estando suficientemente protegido pela Providência divina, aproximou-se do local onde os bispos aguardavam sentados. Ao longo do caminho, seus protetores o animavam e exortavam para que nada temesse e não recuasse um centímetro diante dos bispos ali presentes, pois todos eles eram pouco versados, diziam, em comparação a ele; também não precisaria temer a aglomeração de gente, pois eles o assistiriam e protegeriam para que não sofresse nenhum mal.

Com essas palavras e com a assistência dos nobres, Wickliff, de espírito cheio de coragem, aproximou-se da igreja de São Paulo, em Londres, onde a principal multidão se apinhava curiosa para ouvir o que se iria dizer e fazer. Tamanha era a aglomeração de pessoas que as autoridades, apesar de toda a energia do Grande Marechal, avançavam com muita dificuldade. Tanto assim que o Bispo de Londres, denominado William Courtney, vendo o tumulto que o Lorde Marechal suscitava entre as pessoas no interior da igreja, afirmou que se tivesse sabido antes que tipo de autoridade seria necessário ali, não lhe teria permitido entrar no recinto. Ouvindo tais palavras do bispo, o duque, muito aborrecido, respondeu que exerceria ali a sua autoridade, mesmo que o bispo lhe dissesse que não.

Finalmente, depois de muita luta, eles passaram pela multidão e chegaram à Capela de Nossa Senhora, onde os duques e barões aguardavam sentados na companhia dos arcebispos e outros bispos. Diante deles, Wickliff, seguindo o costume, ficou de pé para saber que acusação havia contra ele. Dirigiu-lhe a palavra inicialmente Lorde

Percy, ordenando-lhe que se sentasse, porque ele teria tantas coisas a responder e, portanto, precisava de um acento macio. Mas o Bispo de Londres, em quem essas palavras provocaram uma tremenda irritação, disse que Wickliff ali não se sentaria. Não era, disse ele, de acordo com a lei ou a razão que alguém intimado que fora a comparecer e responder perante o seu ordinário se sentasse durante o tempo do interrogatório e que, portanto, Wickliff deveria manter-se de pé. Com essas palavras, um fogo cruzado se iniciou entre eles, de modo que começaram a se acusar e insultar mutuamente. Toda a multidão perturbou-se com isso e causou grande confusão.

Então o duque, assumindo a defesa de Lorde Percy, com rápidas palavras também passou a atacar o bispo. Este, novamente, em nada inferior em restrições e censuras recriminadoras, desforrou-se dele e deu-lhe o troco na mesma moeda, mostrando-se porém tão superior na arte de xingar e censurar que o duque ficou vermelho e sentiu-se envergonhado, pois não sabia como superar o bispo em gritos e invectivas. Por isso, recorreu à simples ameaça, dizendo-lhe, não apenas em relação a ele, mas também a toda a prelazia da Inglaterra: — Tu te vanglorias tanto de teus pais, mas eles não poderão te ajudar; terão bastante trabalho para ajudar a si mesmos — disse ele; pois seus pais eram o Conde e a Condessa de Devonshire. Respondeu-lhe o bispo que depositava sua confiança não em seus pais, nem em homem algum, mas apenas em Deus.

Em seguida o duque, sussurrando aos ouvidos de quem estava ao seu lado, disse que preferia agarrar o bispo pelos cabelos e arrastá-lo para fora da igreja a aceitar o que estava acontecendo. Suas palavras não foram ditas em segredo, mas de tal modo que os londrinos as ouviram. Imediatamente ficaram furiosos e gritaram que não aceitariam o fato de seu bispo ser tratado com tanto desprezo. Preferiam perder a própria vida a vê-lo arrastado para fora pelos cabelos. Assim, a assembléia naquele dia foi interrompida por causa da intransigência e tumulto, sendo dissolvida antes das nove horas.

Depois do Rei Eduardo III veio seu filho Ricardo II, que não desaprovava nem o comportamento nem a doutrina de Wickliff. Mas os bispos, vendo agora que fora removido o velho rei com idade bastante avançada, todo o governo do reino dependia do Duque de Lancaster, e vendo que o duque, assim como Lorde Percy e o Lorde Marechal, renunciaram a seus ofícios e permaneciam em suas casas sem interferir, julgaram que o tempo lhes era propício para obter alguma vantagem contra John Wickliff, que até então, sob a proteção do referido duque e do Lorde Marechal, tivera algum descanso e tranqüilidade. Apesar de estar proibido pelos bispos de ocupar-se com questões doutrinais, ele ainda continuava a andar descalço com os seus colegas, vestindo longos hábitos de frisa, aplicando-se em suas pregações ao povo. Os seguintes artigos foram extraídos de seus sermões.

Artigos coletados dos sermões de Wickliff

A santa eucaristia, depois da consagração, não é o verdadeiro corpo de Cristo.

A Igreja de Roma não é, mais do que qualquer outra igreja, a cabeça de todas as igrejas; Pedro não recebeu, acima de qualquer outro apóstolo, poder algum conferido por Cristo.

O Papa de Roma não tem poder algum superior ao que qualquer outro apóstolo recebeu de Cristo em relação às chaves da Igreja.

O Evangelho é norma auto-suficiente para governar a vida de todos os cristãos neste mundo, não sendo necessária qualquer outra norma.

Nenhuma outra norma, seja por quais preceitos outros religiosos se guiem, compara-se em perfeição ao Evangelho.

Nem o Papa, nem qualquer outro prelado da igreja devem ter prisões para nelas punir transgressores.

Wickliff, apesar de receber ordens dos bispos e prelados para manter-se em silêncio, não pôde ser reprimido. Pelo contrário, com a veemência da verdade ele explodiu depois de modo muito mais violento. Tendo ele conseguido a boa vontade e o apoio de certos nobres, de novo ele tentou pregar sua doutrina entre as pessoas comuns. Em seguida, os fariseus começaram a lutar contra a luz do Evangelho, que começava a brilhar em todas as direções; nem o Papa ficou atrás em seu papel, pois nunca deixou com suas bulas e cartas de insuflar aqueles que, sob todos os outros aspectos, por sua própria iniciativa, já estavam mais do que furiosos e ensandecidos.

Assim, em 1377 d.C., o primeiro ano do Rei Ricardo II, o Papa Gregório enviou sua bula à Universidade de Oxford, censurando-a veemente e imperiosamente, no estilo de um papa, por permitir que a doutrina de John Wickliff criasse raízes durante tanto tempo e por não arrancá-la com a foicinha torta da doutrina católica. Em relação a essa bula, os supervisores e mestres da Universidade, reunidos para uma consulta, ficaram por muito tempo em dúvida, deliberando se deveriam recebê-la com honra ou recusá-la com vergonha.

Eis a cópia dessa bula, enviada à Universidade pelo papa, o qual demonstra o estado furioso em que se encontrava:

"Foi-nos dado a conhecer por muitas pessoas dignas de confiança que um certo John Wickliff, reitor de Lutterworth, na diocese de Lincoln, professor de teologia, atingiu tal grau de lamentável loucura a ponto de não ter medo de ensinar e pregar publicamente, ou melhor, de vomitar da imunda masmorra do seu peito, certas proposições e conclusões errôneas e falsas, com sabor até de depravação herética, que tendem a enfraquecer e destruir o *status* de toda a Igreja e até mesmo do governo secular. Essas opiniões ele as está circulando no reino da Inglaterra, tão gloriosa pelo poder e abundância de sua riqueza, mas ainda mais pela cintilante pureza de sua fé, e acostumada a produzir homens ilustres pelo seu claro e profundo conhecimento das Escrituras, maduros na gravidade de seu comportamento, conspícuos pela devoção, e destemidos defensores da fé católica. E alguns do rebanho de Cristo ele conspurcou com a sua doutrina e desviou do caminho reto da fé sincera para o poço da perdição. Por isso, não sendo nosso desejo sermos coniventes com uma peste tão mortífera, nós decretamos com todo o rigor que, por nossa autoridade, vós captureis ou mandeis capturar o referido John e que o envieis sob vigilância digna de confiança aos nossos veneráveis irmãos o Arcebispo de Cantuária e o Bispo de Londres, ou para um dos dois."

Tenho em mãos outras duas cartas do Papa sobre o mesmo assunto, a primeira determinando que, se Wickliff não fosse localizado, ele deveria ser avisado por meio de intimação pública para comparecer perante o Papa de Roma dentro de três meses; a segunda exortando os bispos para que o Rei e os nobres da Inglaterra fossem orientados a não dar crédito algum ao referido John Wickliff, ou à sua doutrina.

As cartas tendo sido enviadas pelo Papa fizeram com que o arcebispo de Cantuária e outros bispos muito se empenhassem. Instigados por elas e estimulados pela própria ferocidade e crueldade, causa admiração ver com que arrojo e disposição eles abertamente declararam, diante do conselho provincial, que, deixando de lado todo o medo ou proteção, pessoa nenhuma, fosse nobre ou não, iria freá-los. Pelo contrário, eles seguiriam a reta e correta justiça e eqüidade, sim, mesmo que isso lhes custasse risco de vida. Todavia, essas grandes fanfarronices e firmes promessas, com as misteriosas práticas desses bispos, que antes tinham tanta certeza, o Senhor, contra o qual nenhum desígnio humano pode prevalecer, por meio de um pequeno incidente, confundiu e derrotou. Pois quando veio o dia do interrogatório, um certo personagem do palácio do príncipe, que não era nenhum nobre de berço, chamado Lewis Clifford, intrometendo-se entre os bispos, ordenou-lhes que não proferissem nenhuma sentença definitiva contra John Wickliff. Ouvindo tais palavras, todos eles ficaram boquiabertos e suas cristas caíram tanto que eles emudeceram e já não tinham palavras. E assim, por meio da maravilhosa obra da providência de Deus, John Wickliff escapou pela segunda vez das mãos dos bispos.

Este bom homem continuou avançando em seu piedoso propósito, trabalhando como fizera no princípio. Foi-lhe também de grande ajuda e apoio o fato, permitido pela providência divina, de que, naquele mesmo ano, o mencionado Papa Gregório XI, o causador de todas as suas tribulações, morreu. Não foi pouca a alegria de Wickliff com essa morte, pois imediatamente depois dela aconteceu a grande dissensão entre os Papas romanos e os franceses, e o cisma decorrente durou cerca de trinta e nove anos, até o Concílio de Constança (1417, d.C.).

Por essa mesma época, cerca de três anos mais tarde, aconteceu na Inglaterra a cruel dissensão entre o povo comum e os nobres, o que muito perturbou e atribulou a comunidade inglesa. Nesse tumulto Simon de Sudbury, arcebispo de Cantuária, foi preso por pessoas rústicas e rudes e decapitado. Sucedeu-o William Courtney, que era igualmente diligente na erradicação de hereges. Apesar disso, a facção de Wickliff a cada dia ganhava mais força, até que William Berton, Chanceler de Oxford, por volta do ano de 1381 d.C., assumiu o controle total da universidade. Berton reuniu oito doutores monásticos e outros quatro e, apondo o selo oficial da universidade em certos escritos, publicou um édito declarando que nenhum homem, sob pena de severo castigo, deveria ter a coragem de associar-se com quaisquer dos cúmplices e defensores de Wickliff; e ao próprio Wickliff ele ameaçou com a máxima excomunhão e mais prisões, prometendo o mesmo aos seus protetores, a menos que, após três dias de admoestações e avisos canônicos e peremptórios (como eles os chamam), se arrependessem e emendassem. Wickliff compreendeu a situação, abandonou o Papa e todo o clero, pensou em apelar para a majestade do Rei; mas o Duque de Lancaster intrometeu-se e o proibiu de fazê-lo, dizendo-lhe que devia antes submeter-se à censura e julgamento do seu ordinário. Por isso, Wickliff, assediado por tribulações e aborrecimentos, como se estivesse no meio das ondas do mar, sentiu-se forçado mais uma vez a confessar a sua doutrina.

Neste ponto não se deve esquecer o grande milagre de admoestação e aviso de Deus. Quando o arcebispo e os bispos sufragâneos, com outros doutores de teologia e advogados, com um grande número de frades tagarelas e pessoas religiosas, estavam reunidos para uma consulta no tocante aos livros de John Wickliff, no convento londrino dos dominicanos chamado o *BlackFriars;* quando se preparavam para iniciar os trabalhos no dia de São Dunstan, depois do almoço, por volta das duas horas, exatamente no horário marcado para a abertura das atividades, um impressionante e terrível terremoto sacudiu toda a Inglaterra: imediatamente, diversos bispos sufragâneos, assustados com essa estranha e impressionante demonstração, não sabendo o que ela poderia significar, julgaram ser de bom alvitre abandonar o propósito estabelecido. Mas o arcebispo (na qualidade de capitão do exército, mais precipitado e destemido do que sábio), interpretando o acontecimento de modo que opunha-se diametralmente a outro significado ou propósito, confirmou-lhes e fortaleceu-lhes os corações e as mentes, já quase desanimados de medo, para que resolutamente avançassem em seu empreendimento programado. Eles então, discutindo os artigos de Wickliff, não segundo os sagrados cânones e as Escrituras, mas de acordo com as suas impressões pessoais e tradições humanas, decretaram que alguns deles eram pura e simplesmente heréticos, outros continham erro, outros iam contra a religião, alguns eram sediciosos e não consoantes com a Igreja de Roma.

Além do referido terremoto, ocorreu também um outro estranho e impressionante acontecimento, enviado por Deus e não menos digno de nota que o anterior, se for verdadeiro. Relataram-no os inimigos de John Huss. Esses inimigos, entre outros pontos importantes que lhe imputaram, também lhe fizeram a seguinte acusação no Concílio de Constança: que ele teria dito abertamente ao povo, em relação a Wickliff, que na hora em que um grande número de religiosos e doutores estavam reunidos numa determinada igreja para um debate contra Wickliff, de repente, a porta da igreja foi fendida por um raio, de tal sorte que os inimigos dele por pouco não se feriram. Esse acontecimento, embora exposto como objeção contra Huss pelos seus adversários, todavia, pelo fato de ele não o ter negado, e também levando-se em conta que ele não diria isso ao povo, se é que o disse, sem um fundamento ou motivo, eu pensei não ser de bom alvitre excluí-lo completamente destas memórias.

Igual crédito também merece o seguinte relato sobre Wickliff: quando ele se encontrava acamado em Londres, muito enfermo, certos frades foram visitá-lo para lhe dar conselhos. Depois de ouvir a lengalenga deles sobre a igreja católica, sobre o reconhecimento de seus erros pessoais, e sobre o bispo de Roma, Wickliff, provocado pelas bobagens e absurdos da conversa deles, com grande coragem recostou-se na cama e repetiu estas palavras do Salmo 118, versículo 17: "Não morrerei; antes viverei e cantarei as obras do Senhor".

Mandado do Arcebispo de Cantuária endereçado ao Bispo de Londres, contra John Wickliff e seus seguidores

Chegou aos nossos ouvidos a informação de que, conforme as sanções canônicas nenhum homem, estando proibido ou não sendo designado, deveria usurpar para si mesmo o ofício da pregação, privada ou pública, sem a autorização da sé apostólica ou do bispo local. Apesar disso, alguns, sendo filhos da perdição sob o véu de grande santidade, estão com a mente tão debilitada que assumem pessoalmente a autoridade de pregar, e não têm medo de dizer e ensinar, em geral, normalmente e em público, quer nas igrejas quer nas ruas, como também em outros lugares profanos da nossa província, certas proposições e conclusões que são heréticas, erradas e falsas, condenadas pela Igreja de Deus, e repugnantes às determinações da santa igreja. Eles também infectam com isso um grande número de bons cristãos, induzindo-os a errar lamentavelmente e a desviar-se da fé católica, sem a qual não há salvação.

Nós, portanto, admoestamos e avisamos para que, doravante, nenhum homem, de qualquer estado ou condição que seja, acredite, ensine ou defenda as heresias e erros mencionados acima, ou qualquer parte deles; para que não se escute ou preste ouvidos a qualquer pregador das referidas heresias ou erros, ou qualquer parte deles; para que não haja defesa dele ou adesão a ele, pública ou privadamente; mas para que imediatamente se fuja dele, evitando-o como se evita uma víbora que expele pestilento veneno, sob pena de maldição maior.

Além disso, nós ordenamos aos nossos co-irmãos que investiguem com cuidado e diligência tais atrevimentos e tomem contra eles medidas efetivas.

O chanceler de Oxford naquela época era o Mestre Robert Rygge, o qual, favorecendo, pelo que parece, a posição de Wickliff, tanto quanto lhe permitiam suas possibilidades e ousadia, muitas vezes dissimulou e escondeu certas questões e com freqüência (conforme a ocasião se apresentasse) ajudou a promover a causa do Evangelho, que na época corria muito perigo. Quando chegou o tempo em que era preciso pregar sermões ao povo, ele confiou toda essa tarefa a pessoas que sabia serem as maiores defensoras de John Wickliff. Os dois supervisores eram John Huntman e Walter Dish. Naquela ocasião eles defenderam a causa de John Wickliff, na medida de sua ousadia. De modo que, naquela mesma época e no mesmo ano, 1382 d.C, quando certos sermões públicos a serem pregados ao povo nas festas da Ascensão e de Corpus Christi, no Claustro de Santa Frideswide (hoje *Christ´s Church*), precisaram ser marcados segundo o costume pelo chanceler e seus supervisores, estes incumbiram dessa tarefa a Philip Reppyngdon e Nicholas Hereford.

Hereford, para começar, era conhecido por defender John Wickliff de forma explícita e por ser um homem fiel, bom e inocente, motivo pelo qual houve muito barulho e gritaria entre os frades. Depois de defender e apoiar a posição de Wickliff durante muito tempo, Hereford passou a despertar suspeitas entre os inimigos da verdade. De fato, tão logo ele se permitiu, de um modo um tanto liberal e livre, proferir qualquer palavra que tendesse para a defesa de Wickliff, imediatamente os carmelitas e todas as outras ordens religiosas caíram-lhe em cima e não foram poucas as heresias de que o acusaram, as quais foram arrancadas aqui e acolá de seus sermões pelo trabalho aplicado de um certo Peter Stockes, um carmelita inclinado à maldade, ao tumulto, ao debate e à dissensão, como se tivessem nascido unicamente para isso. Algo muito semelhante escrevem diversos autores sobre a natureza de certas aranhas: qualquer suco agradável que encontram em ervas, elas o sugam e transformam em veneno. Mas esses mercadores encapuzados superam em muito essas aranhas, pois tudo o que há de pior e mais pestilento no homem, isso é o que eles vão caçar e, por assim dizer, arrancam, até mesmo com os dentes; e opiniões que são boas e consoantes à verdade, eles as transformam em cismas e heresias.

Aproximava-se a festa de Corpus Christi, em cujo dia se aguardava o sermão de Reepyngdon, o qual nas escolas havia mostrado e declarado aquilo que durante muito tempo ficava escondido e dissimulado, protestando abertamente sobre várias questões morais, ele defenderia Wickliff. Mas no que se refere à eucaristia, ainda se manteria calado, aguardando o tempo em que o Senhor iluminasse os corações e as mentes do clero. Quando os frades se deram conta de que esse homem pregaria em breve, esses babilônios, temendo que ele lhes irritasse a bílis da sua religião de um modo pouco civil ou delicado, combinaram com o arcebispo de Cantuária que no mesmo dia, um pouco antes do sermão, as conclusões de Wickliff, que eram condenadas na esfera privada, seriam difamadas de forma explícita perante toda a universidade. Para essa tarefa foi designado Peter Stockes, um frade que era o porta-estandarte e principal guerreiro na luta contra Wickliff.

Assim que recebeu as cartas do arcebispo e percebeu a maliciosa iniciativa do carmelita, o chanceler da universidade sentiu-se fortemente irritado com o frade. Depois de se desentender com ele e seus pares (não sem motivo) por perturbarem a vida da universidade, disse que nem o bispo nem o arcebispo tinham, e jamais teriam, poder algum sobre aquela escola na definição de qualquer heresia. Em seguida, convocando os supervisores e outras autoridades e não-autoridades, ele abertamente afirmou que de modo algum auxiliaria o carmelita em sua tarefa.

Nesse contexto de atividades, na hora marcada, Reppyngdon proferiu o seu sermão, no qual se relata ter dito "que em todas as questões morais defenderia o Mestre Wickliff como um verdadeiro doutor católico. Mais ainda, que o Duque de Lancaster fora profundamente afetado e estava preocupado com essa questão, e que ele desejava que todos os que são como Wickliff fossem recebidos sob a proteção do duque". Além disso, Reppyngdon disse muitas outras coisas elogiando e defendendo a posição de Wickliff.

Terminado o sermão, Reppyngdon entrou na Igreja de Santa Frideswide, acompanhado de muitos amigos, os quais, segundo desconfiaram seus inimigos, traziam armas escondidas sob seus trajes. Frei Stockes, o carmelita, com medo de sair machucado, manteve-se no interior da igreja, sem coragem para botar a cabeça para fora. O chanceler e Reppyngdon cumprimentaram-se amigavelmente no pórtico da igreja e despediram-se do povo, de modo que cada um foi para a sua casa. Em toda a universidade houve grande alegria por causa daquele sermão. John Wickliff, após breve espaço de tempo, reapareceu, saindo talvez do desterro, ou talvez de algum outro lugar onde fora mantido em segredo, e voltou para a sua paróquia de Lutterworth, onde era pároco titular. Ali, discretamente partiu desta vida mortal e dormiu na paz do Senhor, no fim do ano de 1384, no dia de São Silvestre. Consta que estava bem velho quando partiu, "e que as mesmas coisas que lhe haviam agradado na juventude também lhe agradavam na velhice".

Wickliff, embora tenha tido muitos inimigos cruéis em sua vida, nenhum foi tão doloroso com ele quanto o próprio clero. Mas, apesar de tudo, ele tinha muitos bons amigos, gente não apenas de posição medíocre, mas também da nobreza, entre os quais deve-se enumerar John Clenbon, Lewes Clifford, Richard Stury, Thomas Latimer, William Nevil e John Montague, que retirou de sua igreja todas as estátuas. Além desses, houve o Conde de Salisbury, que, por seu desprezo demonstrado ao levar para a sua casa o sacramento da eucaristia, foi condenado por Ralph Ergom, Bispo de Salisbury, a fazer uma cruz de pedra na qual devia escrever toda essa história. E todas as sextas-feiras de sua vida ele deveria comparecer perante essa cruz descalço, em mangas de camisa e de cabeça descoberta, e ali, de joelhos, penitenciar-se por sua atitude.

Como apêndice, mostraremos de que crueldade eles se serviram, não apenas contra os livros e artigos de Wickliff, mas também na queima de seus ossos e restos mortais, que mandaram exumar muitos anos após seu sepultamento. Como se pode ler no decreto do Sínodo de Constança, de 1415 d.C.: "Este santo sínodo declara, determina e sentencia que John Wickliff foi um notório herege e que morreu obstinado em sua heresia, pelo que o sínodo igualmente amaldiçoa e condena a sua memória. Ali também se decretou e ordenou que seu corpo e seus ossos, caso se pudesse identificá-los entre os corpos de outros fiéis, deveriam ser desenterrados e jogados o mais longe possível do cemitério de qualquer igreja, conforme mandam os cânones e as leis". Essa maldosa e maliciosa sentença do sínodo exigiria aqui uma explicação cuidadosa, se não fosse tão maluca e vã, para não dizer bárbara, a ponto de parecer mais digna de riso e escárnio do que de refutação por argumentos.

Como não se riria Heráclito ou como não choraria Demócrito ao ver esses tão sábios e reverendos Catões ocupando suas cabeças no desenterro do corpo de um pobre homem, por tanto tempo morto e sepultado. E talvez eles nem tenham conseguido encontrar os ossos certos e acabaram desenterrando algum outro corpo, e assim de um católico fizeram um herético! Seja como for, neste ponto Wickliff teve algum motivo para ser-lhes grato, por ter sido poupado antes de morrer e também por lhe terem concedido um descanso tão longo após sua morte: quarenta e um anos[1] para descansar no seu sepulcro antes de ser desenterrado e transformado seu pó em cinzas que depois jogaram no rio. E assim eles o dissolveram em três elementos, terra, fogo e água, pensando que com isso extinguiriam e apagariam tanto o nome como a doutrina de Wickliff para sempre. O que não difere muito do exemplo dos antigos fariseus e guardas, que, depois de ter depositado o Senhor no sepulcro, tinham certeza de que ele jamais ressurgiria. Mas eles e todo o mundo devem saber que, como não há conspiração contra o Senhor, assim também não há como abafar a verdade: ela irromperá e sairá do pó e das cinzas, perfeitamente como aconteceu no caso desse homem. Pois, embora eles tenham desenterrado o seu corpo, queimado os seus ossos e afogado as suas cinzas, mesmo assim a Palavra de Deus e a verdade da sua doutrina, com seus frutos e sucesso, isso eles não conseguiram queimar.

---

[1] O decreto do sínodo não foi executado antes de se passarem vários anos da reunião.

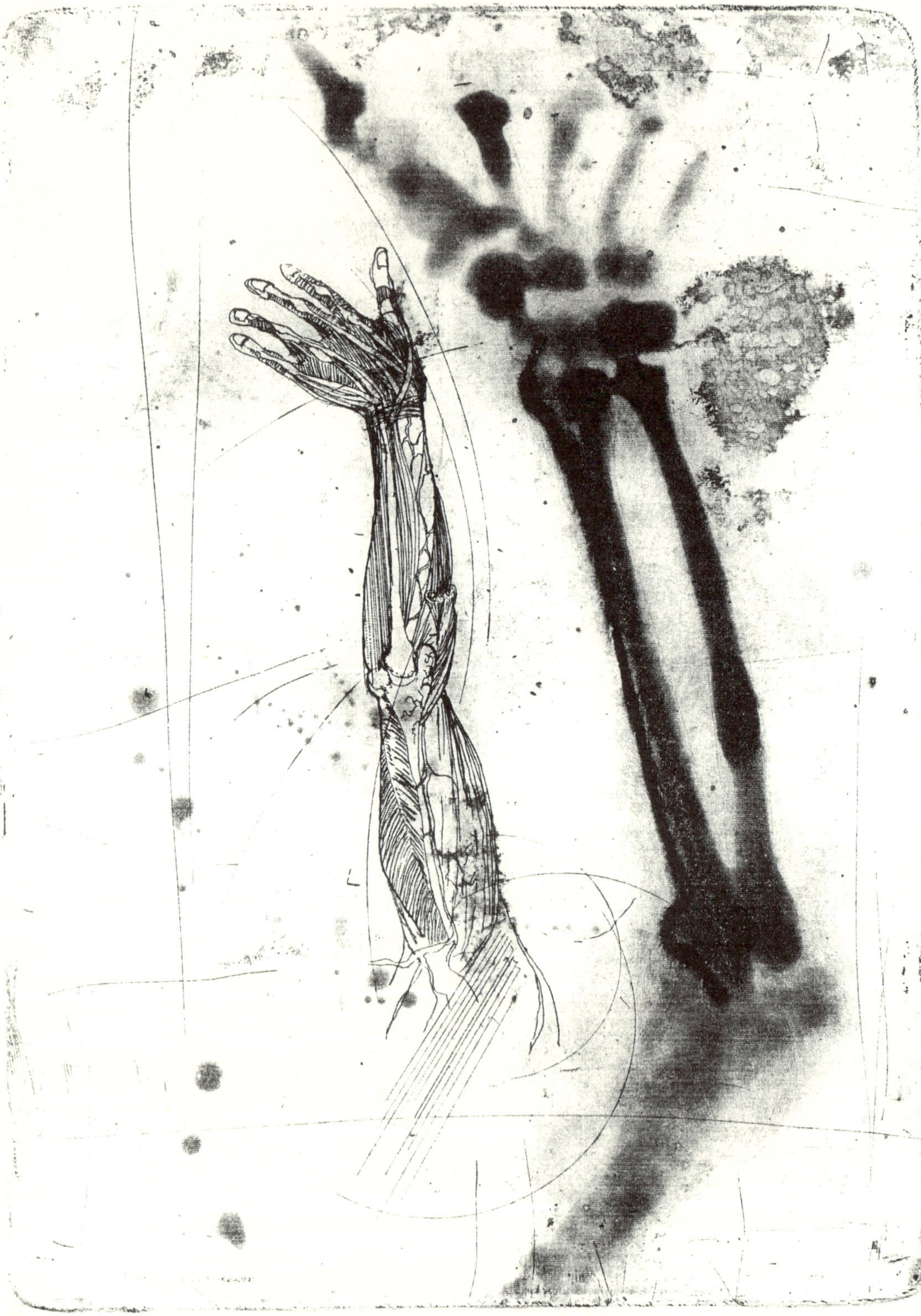

Um Líder dos Lolardos: As Tribulações e Perseguições do Valorosíssimo e Digníssimo Mártir de Cristo, Sir John Oldcastle, Cavaleiro, Lorde Cobham

DEPOIS QUE O VERDADEIRO servo de Jesus Cristo, John Wickliff, homem de excelente conduta e erudição, durante mais de vinte e seis anos, combateu com extrema valentia contra o grande Anticristo da Europa, ou seja, o Papa de Roma e seu exército de ungidos hipócritas disfarçados de várias formas, com o propósito de restaurar a Igreja devolvendo-lhe o estado puro que lhe deixou Cristo na sua ascensão, ele partiu deste mundo do modo mais cristão, nas mãos de Deus, no ano de 1384 d.C., e foi sepultado na igreja de sua própria paróquia de Lutterworth, em Leicestershire.

Não foi pequeno o número de piedosos discípulos que aquele homem bom deixou atrás de si para defender a humildade do Evangelho contra o excesso de orgulho, ambição, simonia, avareza, hipocrisia, sacrilégios, tirania, adoração idólatra e outros frutos imorais daqueles fariseus de nariz empinado. Contra ele, Thomas Arundel, arcebispo de Cantuária (violento como jamais foram o Faraó, Antíoco, Herodes ou Caifás), organizou, na igreja de Paulo, em Londres, um sínodo universal de todo o clero papista da Inglaterra, no ano de 1413 d.C. (como já fizera várias vezes antes), para opor resistência ao piedosíssimo empreendimento daqueles discípulos.

A causa principal daquele sínodo foi reprimir o crescimento e a difusão do Evangelho e, sobretudo, opor resistência ao nobre e digno Lorde Cobham, então conhecido como o principal defensor, curador e mantenedor daqueles que o bispo de Londres chamou de Lolardos; sobretudo nas dioceses de Londres, Rochester e Hereford, onde ele designava como pregadores pessoas que não haviam sido licenciadas pelos bispos e as enviava a pregar pela região. Lorde Cobham também sustentava e ensinava idéias sobre os sacramentos, as imagens, as peregrinações, a autoridade espiritual e a igreja de Roma, que eram incompatíveis com as determinações provenientes da Igreja Romana. Os papistas então concluíram que, sem perder mais tempo, era preciso abrir um processo contra o Lorde, como se ele fosse um perigosíssimo herege.

Alguns membros do grupo que, por experiência, eram mais astutos que os outros, julgaram que o melhor não era tratar a questão de modo muito precipitado, mas sim preparando-se antes para o caso: considerando que o referido Lorde Cobham era de origem muito nobre e desfrutava naquele tempo da proteção do Rei, seu conselho foi que se devia primeiro saber o que pensava Sua Majestade. O conselho foi aceito, e assim o arcebispo, Thomas Arundel, seus bispos e grande parte do clero, dirigiram-se imediatamente ao rei, que naquela ocasião estava em Kennington, e lá apresentaram gravíssimas queixas contra o referido Lorde Cobham, para sua grande infâmia e desonra, pois tratava-se de um homem perfeitamente piedoso. O Rei calmamente ouviu aqueles prelados sedentos de sangue, de modo nada condigno com sua autoridade principesca. Apesar de tudo, ele aceitou o pedido e no ato manifestou seu desejo de que eles, respeitando a nobre família do Lorde e o título de cavaleiro, o tratassem com benignidade; e que, se possível, evitando qualquer rigor excessivo ou tratamento extremo, o reconduzissem novamente à unidade da Igreja. O rei também lhes prometeu que, caso eles quisessem tomar alguma deliberação, ele próprio teria com o Lorde uma conversa séria sobre a questão.

Logo em seguida, o rei convocou Lorde Cobham em particular, aconselhando-o nessa conversa a submeter-se à sua mãe a Santa Igreja e, como filho obediente, reconhecer-se culpado.

Deu-lhe o cavaleiro cristão a seguinte resposta: — A vós, digníssimo príncipe — disse ele — estou sempre pronto e disposto a obedecer, pois sei que sois um rei cristão e um ministro escolhido por Deus, que carregais a espada para a punição dos que praticam o mal e para a salvaguarda dos que são virtuosos. A vós, logo abaixo do eterno Deus, devo toda a minha obediência e a vós submeto, como sempre fiz, tudo o que eu tenho, sejam bens de fortuna ou dotes naturais, sempre preparado para realizar tudo aquilo que vós, no Senhor, me ordenardes. Mas, no tocante ao Papa e aos superiores espirituais, não lhes devo nem vassalagem nem serviço, pois sei que ele, segundo as Escrituras, é o grande Anticristo, o filho da perdição, o adversário explícito de Deus e a abominação instalada no lugar santo.

Depois de ouvir isso e outras frases semelhantes, o rei não quis mais falar com ele e o abandonou de forma definitiva.

Quando o arcebispo voltou a procurar o Rei para ter uma resposta, este lhe conferiu plena autoridade para citá-lo judicialmente, julgá-lo e puni-lo de acordo com os seus diabólicos decretos, que eles chamam de "As Leis da Santa Igreja". Mas, como Lorde Cobham não compareceu no dia marcado, o arcebispo o condenou por extrema contumácia. Depois disso, ao ser falsamente informado pelos espiões que contratara e por outros bajuladores e adulões de que o referido Lorde Cobham rira-se dele, menosprezando seus atos, e mantivera suas velhas opiniões, desprezando o poder da Igreja, a dignidade episcopal e a ordem sacerdotal (de tudo isso ele foi então acusado), o arcebispo, em sua taciturna loucura, sem justa prova, publicamente o excomungou.

Esse fidelíssimo servo do Senhor e digníssimo cavaleiro, Sir John Oldcastle, o Lorde Cobham, contemplando a fúria turbulenta do Anticristo assim assanhada contra ele, percebendo que estava cercado de todos os lados por perigos mortais, pegou papel e pena e escreveu uma confissão de sua fé, que assinou e selou com seu próprio punho. Nesse documento, ele respondeu sobre os quatro artigos principais de que o arcebispo o acusara. Ato contínuo, apanhou uma cópia do texto e foi com ela até o rei, confiando encontrar nas mãos dele misericórdia e boa vontade.

O rei não quis de forma alguma receber o documento, mas ordenou que fosse entregue àqueles que deveriam ser seus juízes. Então, na presença do monarca, Lorde Cobham expressou o desejo de que cem cavaleiros e escudeiros pudessem comparecer com ele no dia da sua purgação canônica: tinha certeza de que eles o isentariam de qualquer heresia. Além disso, ofereceu-se para, segundo a lei das armas, enfrentar numa luta de vida ou morte qualquer homem vivo, cristão ou pagão, que combatesse por sua fé, excetuando-se o rei e os lordes do seu conselho. Finalmente, com toda delicadeza protestou diante de todos os presentes que ele não recusaria nenhuma forma de correção que, em conformidade com as leis de Deus, fosse aplicada contra ele. Pelo contrário, iria sempre acatá-la com total submissão.

Apesar de tudo isso, o rei permitiu que ele fosse convocado a comparecer pessoalmente em seu próprio aposento particular. A essa altura, Lorde Cobham informou ao rei que ele havia apelado ao Papa de Roma contra o arcebispo, e este, portanto, não poderia, disse ele, em hipótese alguma, ser seu juiz. E tendo consigo a apelação já formulada por escrito, mostrou-a com toda a reverência ao rei; com isso, o monarca ficou muito mais ofendido que antes e disse-lhe com raiva que ele não deveria levar adiante aquela apelação. Devia antes aguardar, pelo tempo que o Papa quisesse, e depois, estivesse ele de acordo ou não, o arcebispo seria o seu juiz.

Assim, nada lhe foi concedido daquilo que o bom Lorde Cobham legalmente pedira. Mas, pelo fato de recusar-se a prestar o juramento de submeter-se à Igreja em tudo e assim fazer qualquer penitência que o arcebispo lhe impusesse, ele foi preso por ordem do rei e conduzido para a Torre de Londres.

Quando chegou o dia do julgamento, que se deu no dia vinte e três de setembro, no sábado seguinte à festa de São Mateus, Thomas Arundel, o arcebispo, tomou assento na sala de Caifás, na casa do capítulo de Paulo, com Richard Clifford, bispo de Londres, e Henry

Bolingbrook, bispo de Winchester. Sir Robert Morley, cavaleiro e lugar-tenente da Torre, trouxe à presença dele o referido Lorde Cobham e lá o deixou. Disse-lhe o arcebispo as seguintes palavras: — Sir John, na última convocação geral do clero desta província, vós fostes acusado de certas heresias, e, havendo testemunhas suficientes, fostes julgado culpado. Em conseqüência disso, fostes citado na forma da lei espiritual e vos recusastes terminantemente a comparecer. Por vossa rebelde contumácia, fostes excomungado em particular e em público. Apesar disso, nós até agora não nos mostramos indispostos a vos conceder a absolvição (nem nos recusamos até este momento), se vós humildemente a pedísseis.

Lorde Cobham respondeu-lhe que ele não desejava nenhuma absolvição; mas que de bom grado, perante ele e seus irmãos, faria um relato da fé que ele tinha e pretendia sempre manter. Em seguida, retirou do peito um texto referente aos artigos de que fora acusado e leu-o perante eles.

"Quanto às imagens, entendo que elas não são uma questão de fé, mas que, desde que a fé em Cristo foi transmitida por meio do sofrimento da Igreja, elas foram utilizadas para representar e evocar a paixão de nosso Senhor Jesus Cristo e o martírio e a vida honesta de outros santos. Quem presta às imagens a adoração que é devida a Deus, seja lá quem for, ou que nelas deposita tal esperança e confiança de ajuda que deveria depositar em Deus, ou que tem por uma mais afeição do que por outra, comete com isso o maior pecado de idolatria.

Também suponho plenamente que todos os homens deste mundo são peregrinos a caminho da felicidade ou a caminho da pena. Aquele que não conhece e não quer conhecer nem observar os mandamentos de Deus aqui em sua vida (mesmo que ele visite o mundo inteiro em suas peregrinações e morra peregrinando), esse será condenado. Quem conhece os mandamentos de Deus e os observa até o fim, esse será salvo, mesmo que nunca em sua vida faça uma peregrinação, como atualmente se costuma, para Cantuária ou para Roma ou para qualquer outro lugar."

Em seguida, o arcebispo consultou os outros dois bispos e diversos doutores sobre o que se devia fazer, pedindo que Sir John se afastasse por um instante. Ao concluir, tendo o consentimento e o parecer deles, disse o arcebispo: — Aproxime-se, Sir John. Vós deveis declarar o que pensais de modo mais direto. Assim, por exemplo, se defendeis, afirmais e acreditais que no sacramento do altar, depois da consagração realizada corretamente pelo sacerdote, permanece o pão material, ou não? Além disso, no que se refere ao sacramento da penitência (onde haja um número adequado de sacerdotes), estão todos os cristãos necessariamente obrigados a confessar os seus pecados a um sacerdote ordenado pela igreja, ou não?

Assim respondeu o bom Lorde Cobham: que de nenhuma outra forma declararia o seu pensamento, nem responderia a seus artigos, diferente daquela que estava contida em seu escrito.

De novo lhe disse então o arcebispo: — Sir John, tomai cuidado com o que fazeis, pois se não responderdes com clareza sobre os pontos que aqui são levantados contra vós, a lei da Santa Igreja diz que podemos publicamente declará-lo herege.

Ao que ele respondeu da seguinte maneira: — Fazei o que julgais melhor. — Com isso os bispos e prelados ficaram confusos e profundamente perturbados.

Por fim o arcebispo novamente lhe declarou o que a Santa Igreja de Roma, seguindo o que dizem Santo Agostinho, São Jerônimo, Santo Ambrósio e os santos doutores haviam determinado nessas questões. De modo algum, uma vez sequer, foi mencionado o nome de Cristo! — Essa determinação — disse ele — todos os cristãos devem acatar.

Lorde Cobham disse-lhe então que ele de bom grado acreditaria em tudo aquilo que a Santa Igreja instituída por Cristo havia estabelecido e a isso ele obedeceria, com tudo mais que Deus havia determinado que ele acreditasse ou fizesse; mas que o Papa de Roma, com os seus cardeais, arcebispos, bispos e outros prelados daquela igreja, tivesse poder legítimo para determinar questões que não estavam plenamente de acordo com a palavra de Deus, isso (disse ele) ele ali não afirmaria. Diante de tal resposta o arcebispo pediu-lhe que pensasse bem até a segunda-feira seguinte (vinte e cinco de setembro), para então responder com exatidão, especialmente sobre esta questão: se no sacramento do altar, depois das palavras da consagração, permanece ou não o pão material.

Lorde Cobham percebeu que tinha contra si a determinação da suprema malícia deles e, portanto, pôs sua vida nas mãos de Deus, desejando apenas que o Espírito Santo o assistisse no próximo interrogatório. Quando o dia vinte e cinco de setembro chegou, Thomas Arundel, o arcebispo de Cantuária, ordenou que a sede do julgamento passasse da casa do capítulo de Paulo para o convento dos dominicanos de Ludgate em Londres. Quando ele já estava instalado no local, com um grande número de sacerdotes, monges, cônegos, frades, sacristãos, sineiros e vendedores de indulgências, Sir Robert Morley, cavaleiro e lugar-tenente da Torre, trouxe o bom Lorde Cobham, deixando-o entre eles como um cordeiro entre lobos.

O Julgamento de Lorde Cobham

Então disse-lhe o arcebispo: — Sir John, nós vos enviamos um documento escrito referente a fé no sacramento da eucaristia que foi claramente determinado pela Igreja de Roma, nossa mãe, e pelos santos doutores.

Respondeu-lhe então ele: — Não conheço ninguém que seja mais santo do que Cristo e Seus apóstolos. E quanto a essa referida determinação, tenho consciência de que não tem nada que ver com eles, pois não está de acordo com as Escrituras, mas vai claramente contra elas.

Disse-lhe então um dos advogados: — Qual é vossa crença a respeito da Santa Igreja?

Respondeu-lhe Lorde Cobham: — Minha crença é que as Escrituras da Bíblia sagrada são verdadeiras. Em tudo o que se baseia nelas eu acredito plenamente, pois sei que é do agrado de Deus que o faça. Mas não acredito nas vossas leis arrogantes e determinações inúteis. Pois vós não fazeis parte da Santa Igreja de Cristo, como o mostram as vossas ações públicas. Vós sois o verdadeiro Anticristo, obstinadamente na oposição à Sua santa lei e vontade. As leis que vós fizestes de nada servem para a Sua glória, mas apenas para a vossa vanglória e detestável ganância. E quanto à vossa superioridade, fôsseis vós de Cristo, deveríeis ser ministros humildes e não superiores orgulhosos.

Disse-lhe então o Doutor Walden: — Sempre são rápidos no julgar os alunos de Wickliff.

Lorde Cobham respondeu-lhe assim: — Quanto àquele homem virtuoso, Wickliff, quero dizer aqui, perante Deus e os homens, que antes de conhecer aquela tão desprezada doutrina dele eu nunca me abstinha do pecado. Mas desde que nela aprendi a temer ao Senhor meu Deus, tem sido diferente, assim espero. Tanta graça eu jamais encontrei em vossas gloriosas instruções.

Retrucou-lhe o Dr. Walden: — Haveria em mim algo de errado se, com tantos homens virtuosos vivos, tantos eruditos ensinando a Escritura, que aliás é tão clara, e com os exemplos tão abundantes de padres, eu não conseguisse graça para emendar-me até ouvir o diabo pregar!

Disse Lorde Cobham: — Vossos pais, os antigos fariseus, atribuíram os milagres de Cristo a Belzebu e Sua doutrina ao diabo. E vós, como filhos deles, tendes ainda a mesma opinião sobre Seus fiéis seguidores. Os que censuram vossas vidas desregradas são necessariamente hereges, e isso é o que os vossos doutores devem provar quando não tendes a Escritura para fazê-lo. — Disse depois a todos: — Para julgar-vos como sois, não precisamos ir além de vossos próprios atos. Onde encontrais, em toda a lei de Deus, que tendes o direito de julgar qualquer cristão, ou ainda de condenar qualquer homem à morte, como fazeis diariamente? Nenhum fundamento encontrais em toda a Escritura para assumir esse papel com tanto orgulho, a não ser em Anás e Caifás, que assim julgaram Cristo e, depois de Sua ascensão, os seus apóstolos. Deles e de mais ninguém aprendestes a julgar os membros de Cristo como o fazeis; e não de Pedro ou de João.

Disse então um dos advogados: — Aprendemos dEle, sim senhor, pois Cristo julgou Judas.

Respondeu Lorde Cobham: — Não! Cristo não o julgou, foi ele que julgou a si mesmo, e conseqüentemente retirou-se e foi enforcar-se. Mas de fato Cristo disse: "Ai dele, por aquele seu ato ganancioso!".

E ainda diz o mesmo de muitos dentre vós, pois desde que o veneno de Judas foi derramado no seio da Igreja, vós nunca mais seguistes Cristo nem caminhastes na perfeição da lei de Deus.

Então o arcebispo perguntou-lhe o que ele queria dizer com a palavra veneno. Disse Lorde Cobham: — Vossas posses e vossas autoridades. Foi então[1] que um anjo gritou no céu, conforme contam vossas próprias crônicas: "Maldição, maldição, maldição! Este dia é veneno derramado no seio da Igreja de Deus". Até então todos os bispos de Roma foram mártires, de certa forma. E desde aquele tempo de bem temos notícia de poucos mártires. Mas, na verdade, a partir exatamente daquele tempo, um depôs o outro, um envenenou o outro, além de se praticarem muitas outras atrocidades, como contam todas as crônicas. E que todos os homens ponderem bem o seguinte: Cristo foi manso e misericordioso; o Papa é orgulhoso e tirano. Cristo foi pobre e perdoava; o Papa é rico e é um malicioso assassino.

Então um doutor da lei, chamado Mestre John Kemp, tirou do peito uma cópia do texto que fora anteriormente enviado a Lorde Cobham na Torre pelo conselho do arcebispo, pensando com isso acelerar o julgamento. — Meu Lorde Cobham — disse o doutor — precisamos rapidamente saber o que pensais sobre os quatro pontos que aqui vou apresentar. O primeiro deles é o seguinte — e em seguida passou a ler o texto. "A fé estabelecida pela Santa Igreja no tocante ao santo sacramento do altar é esta: Que depois que as palavras sacramentais são proferidas por um sacerdote durante a sua missa, a matéria do pão, que antes era pão, se transforma no verdadeiro corpo de Cristo, e a matéria do vinho se transforma no sangue de Cristo. E assim, no sacramento do altar, não permanece a partir daquele momento nenhuma matéria de pão ou de vinho, matérias que estavam presentes antes que as palavras fossem proferidas." Vós, senhor, acreditais nisso ou não?

Disse Lorde Cobham: — Isso não é o que eu acredito. Minha fé, como vos disse antes, é que no venerável sacramento do altar está o corpo real de Cristo na forma de pão.

---

[1] Quando Constantino dotou a Igreja.

Em seguida o doutor voltou a ler: — "O segundo ponto é o seguinte: A Santa Igreja determina que cada cristão fisicamente vivo sobre a Terra deve confessar-se a um sacerdote ordenado pela Igreja, se puder ter acesso a ele". — Que dizeis vós sobre isso?

Lorde Cobham respondeu dizendo: — Um homem enfermo ou gravemente ferido precisa de um verdadeiro médico que seja um cirurgião sábio e conheça tanto a causa quanto o perigo da condição do paciente. Indispensável seria então confessar-se a Deus, que é o único que conhece as nossas enfermidades e pode nos ajudar.

Em seguida tornou o doutor a ler: — O terceiro ponto é o seguinte: "Cristo estabeleceu que o apóstolo São Pedro, cuja sede episcopal é a Igreja de Roma, fosse seu representante na Terra e concedeu que o mesmo poder dado a Pedro fosse passado também aos sucessores dele, que nós agora chamamos de papas de Roma, por cujo especial poder, nas igrejas particulares, ordenam-se prelados e arcebispos, párocos, coadjutores e ainda ministros de outros graus, aos quais os cristãos devem obedecer, segundo as leis da Igreja de Roma". Isso é o que estabelece a Santa Igreja. Vós, senhor, acreditais nisso ou não?

A isso ele respondeu dizendo: — Aquele que segue Pedro mais de perto na vida pura vem logo depois dele na sucessão. Mas a vossa arrogante ordem não tem em grande estima o comportamento humilde do pobre Pedro, apesar de todas as tolices que dizeis sobre ele, nem vos preocupa muito o estilo humilde daqueles que o sucederam até o tempo de Silvestre, os quais, na sua grande maioria, foram mártires.

Perguntou-lhe então um dos outros doutores: — Que dizeis portanto do Papa?

Respondeu Lorde Cobham: — Ele e vós integrais o grande Anticristo, do qual ele é a grande cabeça; vós, bispos, sacerdotes, prelados e monges, sois o corpo; e os frades mendicantes são a cauda.

Em seguida o doutor voltou a ler: — O quarto ponto é o seguinte: "A Santa Igreja estabeleceu que é meritório para um cristão fazer peregrinações a lugares santos, e lá de modo especial adorar as santas relíquias e imagens de santos, apóstolos, mártires, confessores, além de todos os outros santos, aprovados pela Igreja de Roma. Vós, senhor, que dizeis disso?

Ao que respondeu Lorde Cobham: — Não lhes devo serviço algum segundo qualquer mandamento de Deus, e portanto não me interessa visitá-los em proveito de vossa ganância. O melhor seria que vós tirásseis o pó e as teias de aranha desses santos e depois os expusésseis para combater o mal, ou então simplesmente os enterrásseis, como fazeis com outros anciãos, que são a imagem de Deus. Causa admiração que santos agora mortos se tornem tão gananciosos e necessitados e que, conseqüentemente, mendiguem com tanta insistência, os quais, durante toda a sua vida, odiaram a ganância e a mendicância. Mas uma coisa eu vos digo, e gostaria que o mundo inteiro prestasse atenção: com vossos relicários e ídolos, com vossas falsas absolvições e perdões, vós juntais para vós mesmos os bens, a riqueza e os principais prazeres de todos os reinos cristãos.

Então disse-lhe o arcebispo: — Sir John, vós deveis submeter-vos às determinações da Santa Igreja ou então incorrer, sem remédio, no mais terrível perigo. Exigimos que nessas questões não tenhais nenhuma outra opinião divergente da fé e crença universal da Santa Igreja de Roma. E que, portanto, como filho obediente, retorneis para a unidade de vossa mãe.

Diante de todos, Lorde Cobham disse expressamente: — Minha fé nessas questões em nada difere daquilo que aqui já vos disse. Fazei comigo o que vos aprouver.

Com isso, o arcebispo levantou-se e leu uma declaração condenatória, enquanto todo o clero e os leigos presentes ouviam de cabeça descoberta. "Pelo que verificamos, Sir John Oldcastle, cavaleiro e Lorde Cobham, não apenas é um herege manifesto em sua pessoa, mas é também um poderoso protetor de outros hereges, contra a fé e a religião da santa e universal Igreja de Roma; e, como filho da iniqüidade e das trevas, ele endureceu o coração a tal ponto que, em hipótese alguma, ouvirá a voz do seu pastor; visto que suas faltas também são agravadas ou dobradas por sua condenável obstinação, nós o entregamos à jurisdição secular. Além disso, excomungamos e declaramos maldito não apenas o herege aqui presente, mas também todo aquele que, doravante, em defesa de seu erro, lhe der acolhida ou o defender ou lhe prestar ajuda ou, de qualquer modo, o mantiver, como verdadeiro protetor, conselheiro, defensor, coadjuvante e mantenedor de hereges condenados.

E nós ordenamos expressamente que vós tomeis providências a fim de que esta condenação e sentença definitiva de excomunhão, que atinge este herege bem como os seus protetores, seja publicada em todas as dioceses e comarcas, cidades e vilas, pelos vossos coadjutores e párocos, nas ocasiões em que houver maior afluência de povo. Que os padres em todas as partes subam aos púlpitos e ali publicamente anunciem e exponham o processo dele, na língua materna, com voz audível e inteligível, que possa ser percebida por todos os homens. E que pelo medo provocado por esse anúncio também o povo possa abandonar suas más opiniões engendradas ultimamente pelos sediciosos pregadores."

Depois que o arcebispo leu a declaração condenatória diante de toda a multidão, Lorde Cobham disse, com semblante extremamente bem-disposto: — Embora vós julgueis o meu corpo, que é apenas uma realidade desprezível, todavia tenho convicção e certeza de que não podeis prejudicar a minha alma, não mais do que Satanás pôde fazê-lo em relação à alma de Jó. Aquele que a criou com sua infinita misericórdia e promessa há de salvá-la. Não tenho, neste ponto, nenhuma dúvida.

Caiu ele de joelhos e diante de todos orou por seus inimigos, erguendo os dois braços e os olhos para o céu e dizendo: — Senhor, Eterno Deus! Eu vos imploro, por vossa grande misericórdia, que perdoeis aos meus perseguidores, se essa for Vossa santa vontade.

Depois disso, os padres e os bispos ficaram muito desacreditados tanto aos olhos da nobreza como aos do povo, pois haviam tratado de modo cruel o bom Lorde Cobham. Os prelados temeram que esse sentimento pudesse crescer causando-lhes maiores transtornos, motivo pelo qual juntaram suas cabeças e decidiram fazer uso de uma outra prática até certo ponto contrariando o que haviam feito anteriormente. Utilizando servidores pagos, amigos e o tagarela Sir Johns, espalharam que Lorde Cobham se transformara num homem bom e humildemente se submetera em tudo à Santa Igreja, mudando por completo a sua opinião sobre o sacramento do altar. Em conseqüência disso, forjaram uma abjuração no nome dele, dizendo que o povo não deveria acreditar em nenhuma opinião dele com base em qualquer coisa ouvida anteriormente a seu respeito. Assim o povo os temeria ainda mais, considerando que um homem tão grande foi por eles subjugado.

Quando o clero percebeu que esse plano de ação, além de não ajudar em nada, ainda provocava reações cada vez maiores contra seus membros, então recorreu a outra prática falsa: foram ter com o rei apresentando-lhe uma gravíssima queixa, dizendo que em todos os cantos do reino, por causa das opiniões de Wickliff e do referido Lorde Cobham, ocorriam espantosas contendas, boatos, tumultos, motins, conspirações, dissensões, divisões, divergências, discórdias, malefícios, calúnias, cismas, seitas, sedições, perturbações, perigos, associações ilegais, diatribes, lutas, brigas, rebeliões e insurreições diárias. As autoridades espirituais, como os bispos sufragâneos, arcediagos, chanceleres, doutores, comissários, vigários gerais, deões, juristas, escribas, e que tais, eram tidos em desprezo. As leis e liberdades da Santa Igreja eram pisoteadas. A fé cristã deteriorava-se de forma desastrosa. O serviço de Deus era alvo de riso e escárnio. A jurisdição espiritual, sua autoridade, honra, poder, política, leis, ritos, cerimônias, excomunhões, poder espiritual, censuras e sanções canônicas da Igreja, eram tidos em absoluto desprezo, de modo que, num certo sentido, estava tudo acabado.

E a causa dessa situação era o fato de se permitir que os hereges e lolardos, adeptos das opiniões de Wickliff, pregassem pelo país sem medo algum, reunindo conventículos em sua volta, mantendo escolas em domicílios particulares, imprimindo livros, compilando tratados e escrevendo baladas para ensinar privadamente em becos e esquinas, assim como no mato, nos campos, prados, pastagens, bosques e cavernas.

Tal situação acarretaria, disseram eles, a destruição da comunidade, a subversão do país e a absoluta deterioração do patrimônio do rei, caso não se aplicasse um remédio a tempo. Esse foi o plano de ação deles: vincular a autoridade do Rei às artimanhas que haviam praticado no seu conselho anterior e, com isso, torná-las ainda mais fortes. Na verdade, perceberam que, de outra forma, por si sós eram muito fracos para perseguir seus inimigos, como haviam tentado fazer em tão grande escala. Diante dessa queixa, o Rei imediatamente convocou uma reunião do parlamento em Leicester. Não seria possível, naqueles dias, realizá-la em Westminster por causa do grande apoio de que desfrutava Lorde Cobham tanto em Londres como nos seus arredores.

Assim o povo de Cristo foi traído de todas as formas e a vida de seus membros foi comprada e vendida. De fato, na referida reunião do parlamento, o Rei transformou em lei permanente esta medida blasfematória e cruel ao máximo: fossem quem fossem, aqueles que lessem as Escrituras na sua língua materna (que então se chamava de ensinamento de Wickliff) teriam sua terra, seu gado, seu corpo, sua vida e seus bens confiscados de seus herdeiros para sempre, e assim seriam condenados como hereges de Deus, inimigos da coroa e autênticos traidores do país.

Além disso, decretou-se que jamais um santuário ou solo privilegiado dentro do reino deveria receber seus restos mortais, embora tais lugares ainda fossem permitidos a ladrões e a assassinos. E se, em qualquer caso, eles não renunciassem às suas opiniões ou se, depois de perdoados, fossem relapsos, sofreriam a morte de duas maneiras; isto é, seriam primeiro enforcados por traição ao Rei e depois queimados por heresia contra Deus.

Então os bispos, sacerdotes, monges e frades conseguiram ter o mundo que queriam. Muitos foram presos em diversos pontos e sofreram a morte mais cruel. E muitos deixaram o país fugindo para a Alemanha, Boêmia, França, Espanha, Portugal e para os confins da Escócia, de Gales e da Irlanda, onde operaram muitas maravilhas.

Lavrada a sentença de morte, Lorde Cobham foi dispensado, e Sir Robert Morley o reconduziu à Torre, de onde, após certo tempo, não sabemos por que meios, ele conseguiu se evadir, fugindo para o País de Gales. O Rei anunciou uma grande recompensa em dinheiro para quem lhe entregasse, vivo ou morto, Sir John Oldcastle, agora associado a Lorde Powis (o governador de Gales de então), que o alimentava com generosos presentes e promessas. Ao cabo de quatro anos, Lorde Powis, movido talvez pela cobiça da recompensa, talvez pelo ódio contra a verdadeira e sincera doutrina de Cristo, procurando de todas as maneiras fazer o papel de Judas e fingindo grande amizade e proteção, conseguiu seu intento e, da forma mais covarde e deplorável, prendeu Lorde Cobham e o trouxe amarrado para Londres. Isso aconteceu lá pelo mês de dezembro por volta do ano de 1417 d.C., quando uma assembléia do parlamento estava em curso. Acordou-se judicialmente que ele ficaria preso como traidor do Rei e do reino; que seria conduzido à Torre e de lá arrastado por Londres até o novo patíbulo de São Giles, nos arredores de Temple-Bar, onde seria pendurado e queimado.

No dia escolhido, Lorde Cobham foi retirado da Torre com os braços presos às costas, mostrando um semblante muito bem disposto. Em seguida, foi colocado sobre uma estrutura de madeira, como se fosse um horrendo traidor da coroa, e assim foi conduzido para o campo de São Giles. Chegando ao local da execução, após ser retirado de cima da estrutura de madeira, pôs-se devotamente de joelhos pedindo ao Deus Todo Poderoso que perdoasse aos seus inimigos. Depois levantou-se e contemplou a multidão, exortando a todos do modo mais piedoso a seguir as leis de Deus que se encontram nas Escrituras e a tomar cuidado com os professores que nas conversas e na vida se mostram contrários a Cristo. Depois, preso a correntes de ferro, ele foi suspenso pela cintura e assim queimado, sempre louvando o nome de Deus enquanto sua vida se exauria, havendo demonstração de muita dor entre o povo presente. Isso aconteceu em 1418, d.C.

Como os sacerdotes naquela ocasião se comportaram, blasfemaram e praguejaram, exigindo que o povo não orasse por ele, mas que o julgasse condenado ao inferno pois ele havia deixado este mundo sem obedecer às ordens do seu Papa, seria uma história longa demais para contar.

Assim descansou esse valoroso cavaleiro, Sir John Oldcastle, sob o altar de Deus, que é Jesus Cristo, na piedosa companhia de gente que, no reino da paciência, sofreu grandes tribulações com a morte do próprio corpo, dando testemunho da fiel palavra de Deus.

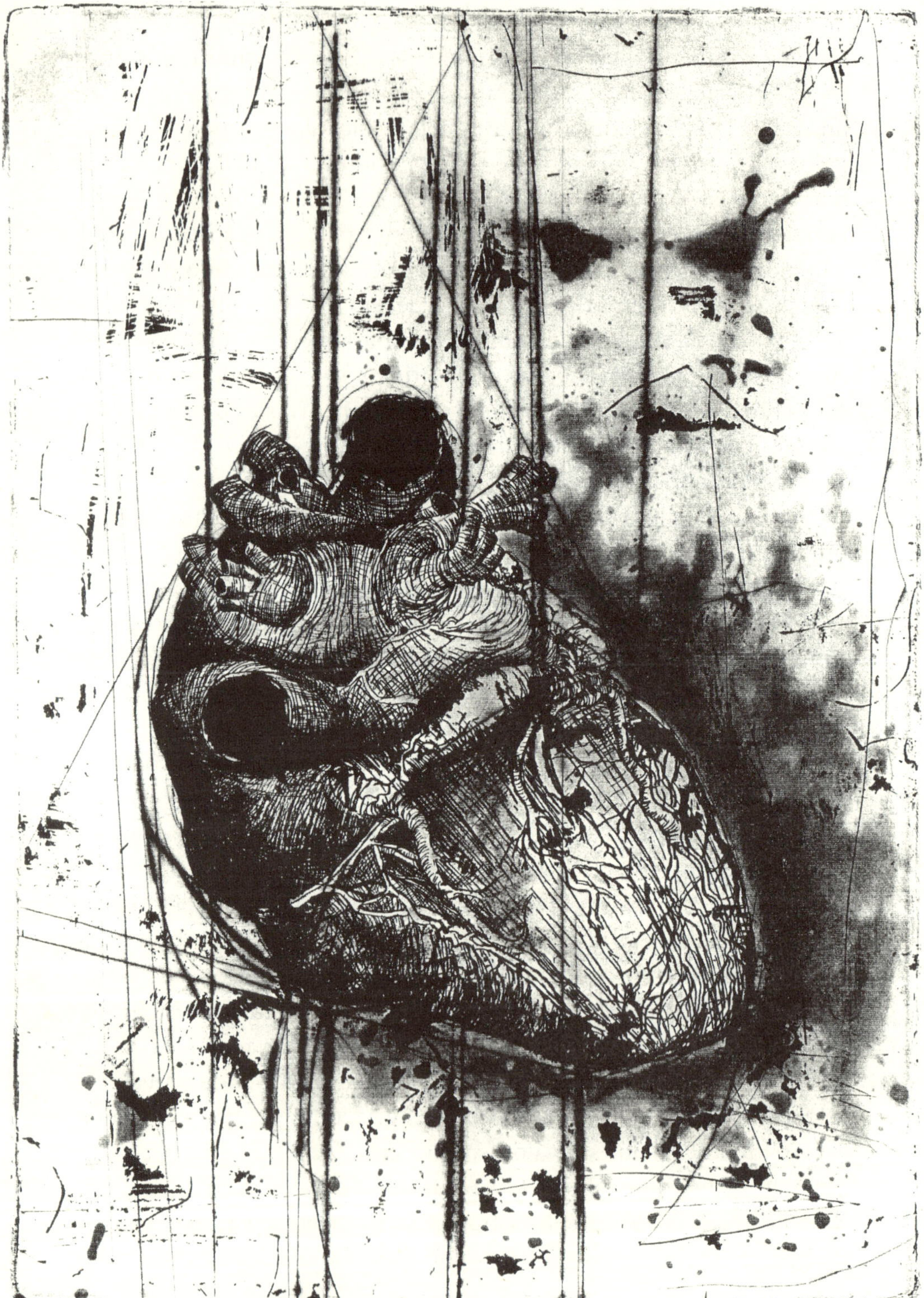

A História do Mestre John Huss

DURANTE O REINADO da Rainha Ana, que era boêmia e se casara com o rei Ricardo II, os boêmios, ao tomarem conhecimento dos livros de Wickliff publicados aqui na Inglaterra, começaram a provar e saborear o Evangelho de Cristo, até que no fim, com a pregação de John Huss, foram crescendo cada vez mais em conhecimento de tal modo que o Papa Alexandre V, ouvindo falar do que ocorria, começou a examinar o caso e endereçou uma bula ao Arcebispo de Praga, exigindo que ele cuidasse pessoalmente da questão e tomasse providências para que ninguém nas igrejas, escolas e outros lugares defendesse aquela doutrina. John Huss foi intimado pelo Papa a comparecer à sua presença. Em sua resposta John declarou que o mandado da bula papal era absolutamente contrário aos exemplos e atos de Cristo e dos apóstolos e também prejudicial à liberdade do evangelho, impedindo a Palavra de Deus de percorrer livremente seu curso. Por isso, contra o mandado do Papa ele apelou ao mesmo Papa, porém mais bem orientado. Mas, enquanto ele fazia tal apelo, o Papa Alexandre morreu.

Depois de Alexandre, veio o Papa João XXIII. Este também, desempenhando seu papel de Papa, procurou de todas as formas subjugar os boêmios, começando a exercer sua maldade contra o pregador deles, o mencionado John Huss, que foi acusado de ser herege porque na mesma época pregava na igreja de Belém de Praga e parecia mais disposto a ensinar o Evangelho de Cristo do que as tradições dos bispos.

O Papa confiou toda a questão ao Cardeal de Columna. Este, ao ouvir a acusação, marcou um dia para que John Huss comparecesse perante o tribunal de Roma. Diante do fato, Wenceslau, rei dos romanos e dos boêmios, atendendo a um pedido especial de sua esposa Sofia e de toda a nobreza da Boêmia, bem como às petições e desejos da cidade e da Universidade de Praga, enviou embaixadores a Roma, pedindo que o Papa livrasse John Huss e o isentasse da intimação e julgamento; e dizendo que, se o Papa tinha suspeitas de que a Boêmia estava infectada por doutrinas falsas e heréticas, ele deveria mandar seus embaixadores a fim de corrigi-las e emendá-las. Tudo isso seria feito às custas do Rei da Boêmia, o qual, em seu nome, também prometia assistir aos legados do Papa com toda a sua força e autoridade, punindo aos que fossem apanhados ou descobertos defendendo qualquer doutrina errônea.

Nesse ínterim, também John Huss, antes do dia marcado, enviou seus procuradores legítimos e bastantes para o tribunal de Roma, e com argumentos muito sólidos e fortes provou a sua inocência. Em conseqüência disso, sentindo-se muito confiante, ele esperava que facilmente conseguiria ser dispensado da obrigação de comparecer no dia marcado, tendo em vista o grande perigo que isso significava. Mas, quando o Cardeal de Columna, a cuja decisão e parecer toda a questão fora confiada, não quis admitir nenhuma defesa ou desculpa, os procuradores de John Huss apelaram ao Papa. Mas, apesar disso, este último refúgio pouco adiantou aos olhos do cardeal, que acabaria excomungando John Huss publicamente como herege recalcitrante, por não se apresentar em Roma no dia marcado.

Apesar de tudo, pelo fato de seus advogados terem apelado ao Papa, outros juízes foram indicados para o caso, como os cardeais de Aqüiléia e de Veneza e alguns outros. Esses juízes, depois de adiar a questão pelo espaço de um ano e meio, voltaram à sentença e ao julgamento do Cardeal de Columna e, confirmando-os, ordenaram que os procuradores abandonassem a defesa de John Huss, pois eles não mais a admitiriam. Em conseqüência disso, quando os procuradores se recusaram a abandonar o caso em curso, alguns deles foram parar na prisão onde sofreram graves castigos; outros, deixando o seu trabalho inacabado, voltaram para a Boêmia.

Os boêmios pouco se importavam com tudo isso. Mas, à medida que foram tomando conhecimento dos fatos, foram também perdendo o respeito pelo Papa, queixando-se todos os dias dele e do arcebispo por impedirem a pregação da Palavra de Deus e do Evangelho de Cristo. Diziam que, com suas indulgências e outras práticas da cúria de Roma, lá buscavam o lucro deles e não o de Jesus Cristo e tiravam das ovelhas de Cristo a lã e o leite, mas não as alimentavam, nem com a Palavra de Deus, nem com bons exemplos. Além disso, os boêmios ensinavam e afirmavam que não se devia obedecer aos mandamentos do Papa e dos prelados, exceto quando seguiam a doutrina e a vida de Cristo e de seus apóstolos. Riam-se da jurisdição do Papa e a desprezavam, por causa do cisma que então estava em curso na igreja. Naquele tempo havia três Papas, um lutando contra o outro pelo papado.

Aconteceu durante o reinado de Ladislau, Rei de Nápoles, que estava assolando cidades e territórios papais, que o Papa João, ao declarar guerra contra ele, concedeu plena remissão dos pecados a todos aqueles que lutassem em defesa da Igreja. Quando a bula das indulgências do Papa chegou a Praga e lá foi publicada, o Rei Wenceslau, que então defendia o Papa, deu ordens para que ninguém fizesse coisa alguma contra as indulgências papais.

Mas Huss e seus seguidores, incapazes de suportar a impiedade daqueles perdões, passaram a atacá-los verbalmente. Na companhia de Huss estavam três artífices que, ao ouvirem o sacerdote pregar sobre aquelas indulgências, falaram publicamente contra elas e chamaram o Papa de Anticristo. Em conseqüência disso, os três foram trazidos à presença do senado e depois entregues à polícia. Mas o povo reuniu-se com suas armas e foi até os magistrados, exigir que os três fossem soltos. Os magistrados, com palavras educadas e belas promessas, deixaram o povo satisfeito e acalmaram o tumulto, de modo que todos voltaram para as suas casas. Mas os artesãos, cujos nomes eram John, Martin e Stascon, ficaram na prisão e, apesar de tudo, foram decapitados. Quando o povo tomou conhecimento do martírio dos três, seus corpos foram apanhados e levados solenemente para a igreja de Belém. Durante o funeral diversos sacerdotes que defendiam a posição dos que haviam morrido cantaram assim: "Estes são os santos que, testemunhando de Deus, entregaram seus corpos". E assim os corpos foram suntuosamente enterrados na igreja de Belém. John Huss pregou no funeral, elogiando muito a fidelidade dos três.

Então, a cidade de Praga ficou dividida. Os prelados e a grande maioria do clero e muitos barões, que tinham algo a perder, posicionaram-se junto ao Papa. Do lado oposto, o povo, uma parte do clero e os estudantes da Universidade ficaram com John Huss. Venceslau, o rei, temendo que a situação gerasse um tumulto e sendo convencido pelos doutores e prelados e pelo conselho de barões, achou melhor afastar John Huss da cidade. E para acabar ainda mais com a dissensão no seio da igreja, pôs a questão nas mãos dos doutores e do clero. Estes, após uma consulta entre si mesmos, publicaram um decreto, confirmado pela sentença do Rei, contendo dezoito artigos em defesa do Papa e da sede de Roma, contra a doutrina de Wickliff e John Huss.

John Huss afastou-se então de Praga e voltou para a sua província onde, protegido pelo barão da terra, continuou pregando. A ele acorria um grande número de pessoas. Ele ainda não estava tão proibido de entrar em Praga a ponto de não poder de quando em quando voltar para a igreja de Belém e ali fazer sua pregação ao povo.

Além disso, ao referido decreto dos doutores, John Huss respondeu com artigos contrários nos seguintes termos:

As Objeções de John Huss contra o Decreto dos Doutores

Falso é aquilo que dizem: que o Papa e seus cardeais são os verdadeiros sucessores públicos de Pedro e dos apóstolos; também não é verdade que seja impossível encontrar além deles outros sucessores de

Pedro e dos apóstolos sobre a Terra, visto que todos os bispos e sacerdotes são sucessores de Pedro e dos apóstolos.

Não o Papa, mas apenas Cristo é a cabeça; não os cardeais, mas todo o povo fiel a Cristo é o corpo da Igreja Católica.

Se o Papa for um réprobo, é evidente que ele não é a cabeça nem mesmo um membro da Santa Igreja de Deus, mas sim do diabo e de sua sinagoga.

Tampouco é verdade que nós em tudo devamos posicionar-nos conforme a determinação do Papa e dos cardeais, mas apenas até onde eles estão de acordo com a santa Escritura do Velho e do Novo Testamento.

A Igreja de Roma não é o local que o Senhor escolheu como sede principal de toda a Sua Igreja, pois de fato Cristo, que é a cabeça de todos os sacerdotes, primeiro sediou-se em Jerusalém, e Pedro primeiro sediou-se em Antioquia e só depois em Roma. Também outros papas sediaram-se alguns em Bolonha, outros em Perúgia e alguns em Avignon.

São falsificadores das santas Escrituras os prelados que afirmam e repetem que devemos obedecer ao Papa em todas as coisas. Por que motivo? Sabe-se que muitos Papas foram hereges e também houve uma papisa.

Eles, ingenuamente, feito crianças, argumentam que os processos contra o Mestre John Huss deveriam ser acatados porque, na verdade, todo o corpo do clero de Praga os aceitou. Pelo mesmo raciocínio, eles podem argumentar que devemos obedecer ao diabo, porque os nossos primeiros pais, Adão e Eva, lhe obedeceram.

A essas objeções de John Huss os doutores católicos responderam com um processo longo e tedioso, cujo objetivo era sobretudo defender o principado do Papa e manter-lhe a devida obediência acima de todos os demais potentados do mundo. Da mesma forma que Cristo é o Rei dos Reis, e contudo Carlos pode ser Rei da França, assim, dizem eles, Cristo pode ser a cabeça universal e, todavia, o Papa pode ser, abaixo dele, cabeça de toda a Igreja. Enquanto Cristo caminhava aqui na Terra com sua presença corporal, Ele mesmo era o Papa e o bispo principal, e portanto a cabeça da Igreja militante aqui na Terra. Mas, quando Ele partiu deste mundo, Seu corpo, que é a Igreja militante na Terra, não deveria ficar sem cabeça, por isso mesmo Ele deixou Pedro e seus sucessores para a Sua Igreja como uma cabeça em Seu lugar, até a consumação do mundo.

Então, quando o Mestre John Huss foi expulso de Praga e, depois, excomungado, de modo que não se podia celebrar missa alguma onde ele estivesse presente, o povo começou a ressentir-se fortemente e a gritar contra os prelados e outros sacerdotes papistas, acusando-os de simonia, ganância e orgulho. O povo não os poupou de uma denúncia pública de seus vícios, para sua grande ignomínia e vergonha, e mostrou um grande desejo de que houvesse uma reforma do clero.

O Rei, vendo a tendência do povo, e não ignorando a imoralidade do clero, sob pretexto de reformar a Igreja, começou a fazer maiores exigências dos sacerdotes e membros clericais que sabidamente levavam uma vida imoral. Com isso, os defensores de John Huss passaram a apresentar queixas contra os seus conhecidos da facção católica ou inimigos de John Huss. Por isso os padres do clero papista passaram a sentir, no caso de serem culpados, uma grande angústia e, no caso de não o serem, um grande medo, de modo que se davam por satisfeitos quando podiam fazer amizade com os protestantes, ou pelo menos evitar brigas com eles, temendo ofendê-los. Com isso, Mestre Huss começou a agir mais livremente e a pregar na igreja de Belém, sem nenhuma preocupação de controlar-se a si mesmo. Da mesma forma, o povo obteve um certo conforto, e o Rei muito lucro.

Assim, o clero papista, quando queria perseguir John Huss, envolvia-se em grandes encrencas e tinha problemas provenientes de todos os lados, seja por parte dos leigos seja do clero evangélico. Até mesmo as mulheres e também as crianças se opunham a eles por causa do seu interdito contra John Huss.

Quanto mais o clero do Papa era molestado, tanto mais ressentimento e ódio redundavam contra John Huss, embora a causa disso não fosse ele próprio mas sim, exclusivamente, a vida pecaminosa que eles levavam. Para piorar ainda mais a situação, o Papa escreveu cartas a Wenceslau, Rei da Boêmia, irmão de Sigismundo, o imperador, pedindo a supressão de John Huss e de sua doutrina. "Ouvimos dizer que, em diversos lugares sob o seu domínio, há alguns que seguem e pregam os erros daquele arqui-herege, Wickliff, cujos livros foram, há muito tempo, condenados, no concílio geral romano, como errôneos, heréticos e desviados da fé católica. Por isso, nós exortamos Vossa Excelência a mostrar de modo eficaz o vosso poder real, para a glória de Deus e defesa da fé católica, como convém a um príncipe católico. Assim, essa heresia poderá ser erradicada."

Durante todo o período do Papa João, houve três papas reinando simultaneamente. Ainda não terminara o cisma que já perdurava pelo período de trinta e seis anos. Por causa disso reuniu-se um Concílio Geral em Constança, no ano de 1414, d.C., convocado pelo Imperador Sigismundo e pelo Papa João XXIII. Os três papas eram: João, eleito pelos italianos; Gregório, eleito pelos franceses e Benedito, nomeado pelos espanhóis. Nesse conflito cismático provocado pela ambição todos defendiam o seu Papa, para grande perturbação das nações cristãs. O concílio durou três anos e cinco meses. Muitas coisas importantes e úteis para a glória de Deus e vantagem do povo poderiam ter sido concluídas, se a carne podre dos homens da Igreja tivesse tolerado o sal do Evangelho, e se eles tivessem amado a verdade.

O Papa João foi deposto por um decreto do Concílio, sendo comprovados contra ele mais de quarenta e três graves e hediondos crimes, como, por exemplo, a contratação do médico Marcilius Parmensis para envenenar Alexandre, seu predecessor. Provou-se, também, que era um herege, um simoníaco, um hipócrita, um assassino, um bruxo e um jogador de dados. Enfim, de qual crime existente ele não estava infectado?

Nesse Concílio não se decretou nem se estabeleceu nada que seja digno de memória. Apenas isto: que a autoridade do Papa está submetida à do Concílio e que o Concílio deve julgar o Papa. E, no tocante à comunhão nas duas formas (pão e vinho), embora o Concílio não tenha negado que ela foi usada por Cristo e seus apóstolos, contudo, mesmo assim o Concílio decretou no sentido contrário.

Esse Concílio, embora tivesse sido convocado especialmente para sufocar o cisma entre os três Papas, dedicou-se contudo em grande parte à causa dos boêmios e particularmente à de John Huss. Na verdade, antes da abertura do evento, o imperador Sigismundo enviou alguns cavalheiros, todos boêmios e da casa dele, com a missão de trazer John Huss, bacharel em teologia, à presença do referido Concílio. O significado e a intenção do ato eram levar John Huss a purgar-se e a livrar-se da acusação que pesava contra ele. E, para deixá-lo mais tranqüilo, o Imperador prometeu-lhe um salvo-conduto não só para ele poder viajar livremente até Constança, mas também para poder retornar à Boêmia sem fraude ou demora. Prometeu-lhe também recebê-lo sob a sua proteção e com salvaguardas de todo o império.

John Huss, vendo-se diante de tantas belas promessas e da certeza que o imperador lhe dera, respondeu que se apresentaria ao Concílio. Mas antes de sair do reino da Boêmia, especialmente da cidade de Praga, escreveu algumas declarações e mandou afixá-las nas portas das igrejas catedrais, igrejas paroquiais, claustros e abadias, comunicando a todos que ele iria para o Concílio Geral em Constança a fim de lá declarar a sua fé que defendera até então, a qual ainda defenderia e preservaria até a morte com a ajuda de Deus. Por isso, se alguém tinha alguma dúvida sobre a sua doutrina, ele iria expô-la perante Lorde Conrad, arcebispo de Praga. Ou então, se ele assim preferisse, no Concílio Geral, onde, para todos e perante todos, faria um relato que justificasse a sua fé.

Por volta dos idos de outubro de 1414 d.C., John Huss, acompanhado por dois nobres cavalheiros, Wenceslau de Duba e John de Clum, partiu de Praga e empreendeu sua viagem para Constança. Em todas as cidades ao longo do caminho muitas pessoas o procuravam, e ele foi muito bem recebido e tratado em todas as cidades da Alemanha, não apenas por parte de seus anfitriões, mas também dos cidadãos em geral e, muitas vezes, dos padres coadjutores. A verdade disso é comprovada pela confissão de Huss em uma de suas epístolas, na qual declarou que em parte alguma encontrou inimigos tão grandes como na Boêmia. E se acontecia de haver algazarra ou barulho antes de ele chegar, era porque as ruas estavam sempre cheias de gente com vontade de vê-lo e homenageá-lo. Em Nuremberg, especialmente, onde muitos coadjutores o procuraram alimentando o desejo de falar com ele em segredo, aos quais Huss respondeu que preferia mostrar o que pensava publicamente, diante de todos, a fazê-lo às escondidas, uma vez que ele nada esconderia ou ocultaria. Desse modo, após o almoço até o anoitecer, falou perante os sacerdotes, senadores e diversos outros cidadãos, de modo que eles sentiram por ele grande estima e reverência.

No vigésimo dia depois de sua saída de Praga, que era o terceiro dia de novembro, ele chegou a Constança e hospedou-se na casa de uma honesta matrona, uma viúva com o nome de Fidélia, na rua São Gales.

Na manhã seguinte, os nobres Lorde John de Clum e Lorde Henry Latzemboge foram falar com o Papa para informá-lo de que John Huss havia chegado, os quais esperavam que o pontífice lhe concedesse liberdade para permanecer em Constança sem problemas, aborrecimentos ou empecilhos. Respondeu-lhes o Papa dizendo que, mesmo se John Huss houvesse assassinado seu irmão, ainda assim poderia ir e vir à vontade, que nenhum ultraje ou mal físico seria praticado contra ele durante a sua permanência na cidade de Constança.

No entanto, o maior adversário de John Huss, Mestre Stephen Paletz, que também era boêmio de nascimento, viera para Constança. Paletz juntou-se a um certo Michael de Causis, que foi o primeiro e o mais terrível acusador de John Huss. Paletz fora íntimo de John Huss desde os tempos da juventude; mas, depois que chegara a Praga a bula de João XXIII contra Ladislau, rei da Apúlia, John Huss se opôs a ela por perceber que era perversa e inadequada. Paletz, embora tivesse confessado durante um banquete, na presença de John Huss, que a bula ia contra toda eqüidade e direito, todavia, pelo fato de ser leal ao Papa por causa de certos benefícios recebidos de suas mãos, aprovou e defendeu a bula contra Huss.

Quanto a Michael de Causis, o companheiro de Paletz, ele foi durante certo tempo o coadjutor de Nova Praga. Mas, não se sentindo satisfeito com isso e visando uma presa maior, imaginou um jeito novo de conseguir seu intento. De fato, ele simulou que fizera uma nova descoberta segundo a qual as minas de Gilowy, que estavam exauridas e esquecidas, poderiam ser reativadas. Assim, insistiu tanto com o Rei Wenceslau que este depositou em suas mãos uma grande soma de dinheiro para que ele fizesse exatamente o que prometera. Esse homem honrado, depois de trabalhar alguns dias em seu plano, percebendo que não conseguia nenhum resultado positivo e não tinha esperança alguma de sucesso, deixou secretamente o reino da Boêmia levando consigo o dinheiro que sobrara e foi refugiar-se, qual digno pássaro de tal ninho, na cúria de Roma.

Esses dois belos fanfarrões, Stephen Paletz e Michael de Causis, reuniram alguns artigos contra Huss, dizendo que os haviam retirado dos escritos dele, sobretudo do tratado que ele escrevera sobre a Igreja. Os dois correram para cima e para baixo, de um lado para o outro, não poupando esforços para mostrar os artigos aos cardeais, bispos e monges, dando-lhes a entender que havia outras questões mais importantes que John Huss levantara contra os santos estatutos e determinações do Papa e da Igreja. Disseram que tais questões, se necessário, poderiam expor perante o Concílio. Acendendo essa fogueira, eles inflamaram tanto os cardeais e os padres que todos eles, unanimemente, pensaram em modos de fazer o bom homem cair em suas mãos.

Vinte e seis dias depois da chegada de John Huss a Constança (tempo que ele preenchera lendo, escrevendo e em conversas íntimas com seus amigos), os cardeais, instigados por Paletz e Michael de Causis, enviaram dois bispos, a saber, o bispo de Augsburgo e o de Trento, e com eles o burgomestre de Constança e um certo cavaleiro, ao local onde John Huss estava hospedado, por volta do meio-dia. Os bispos tinham a missão de informá-lo de que haviam sido enviados pelo Papa e pelos seus cardeais a fim de avisá-lo de que ele deveria apresentar-se para prestar perante eles alguns esclarecimentos sobre a sua doutrina, conforme o desejo que ele várias vezes manifestara. Eles estavam prontos para ouvi-lo.

Respondeu-lhes John Huss dizendo: — Eu não vim aqui com nenhum objetivo de defender a minha causa, especialmente perante o Papa e seus cardeais. Mas de bom grado eu me apresentaria perante todo o Concílio e ali responderia em minha defesa publicamente, sem medo ou dúvida, sobre tudo aquilo que me perguntassem. Apesar disso, pelo fato de me pedirdes que o faça, não me recusarei a comparecer convosco perante os cardeais. E se acontecer de eles me receberem ou me tratarem mal, mesmo assim confio que o meu Senhor Jesus me dará conforto e forças para que eu prefira morrer por Sua glória a negar a verdade que aprendi nas Suas santas Escrituras.

Em conseqüência disso, aconteceu que, mostrando-se os bispos insistentes e não lhe dando nenhuma mostra externa que revelasse a malícia de seus corações contra ele (embora secretamente tivessem instalado guarnições militares na casa em que estavam reunidos assim como em algumas outras), John Huss pegou seu cavalo e deixou a hospedaria para dirigir-se ao tribunal do Papa e dos cardeais.

Depois que ele chegara ao local e saudara aos cardeais, eles lhe dirigiram a palavra nos seguintes termos: — Nós ouvimos sobre o senhor muitos relatos que, se forem verdadeiros, não podem de forma alguma ser tolerados. Pois dizem que o senhor ensinou erros graves e evidentes contra a doutrina da verdadeira Igreja. Dizem que o senhor disseminou seus erros por todo o reino da Boêmia durante muito tempo. Por isso mandamos chamá-lo à nossa presença, a fim de que possamos saber em que pé está essa questão.

John Huss respondeu-lhes com poucas palavras: — Reverendos padres! Vós deveis entender que o meu modo de pensar e sentir é tal que eu prefiro morrer a ser de fato culpado de um único erro, sem falar de muitos e graves erros. Estou disposto a ser corrigido, se alguém conseguir provar que estou errado. — Os cardeais responderam-lhe que estavam muito satisfeitos com as suas palavras; e com isso se retiraram, deixando John Huss com o Lorde John de Clum, sob a guarda de seus homens armados, até as quatro horas da tarde.

Depois disso, os cardeais reuniram-se novamente no tribunal do Papa para deliberar o que deveriam fazer com John Huss. Stephen

Paletz e Michael de Causis, com diversos outros seus partidários, pediram com insistência para que ele não fosse posto novamente em liberdade. Com o apoio dos juízes a seu favor, eles pavoneavam-se pelos corredores como se estivessem loucos e zombavam de John Huss dizendo: — Agora vamos guardá-lo muito bem. O senhor está sob nosso poder e jurisdição e não sairá daqui antes de pagar até o último centavo.

Pouco antes do anoitecer, enviaram o preboste da cúria romana ao Lorde John de Clum, para informá-lo de que ele poderia voltar à sua hospedaria. Mas, quanto a John Huss, eles haviam tomado outras providências. Quando Lorde John de Clum ouviu essa notícia, ficou profundamente aborrecido pelo fato de que eles, por meio de artimanhas, sutilezas e palavras bonitas, haviam conseguido arrastar aquele bom homem para as suas armadilhas. Imediatamente ele recorreu ao Papa, esclarecendo-lhe tudo o que fora feito e, humildemente implorando que se lembrasse das promessas que fizera a ele e a Lorde Henry Lotzemboge, pedindo-lhe que não faltasse tão levianamente com a sua palavra. O Papa respondeu-lhe que todas aquelas coisas aconteciam independentemente do seu consentimento ou mando. Falando à parte ao Lorde de Clum, acresentou: — Que motivo existe para que esse fato me seja imputado, vendo que o senhor sabe muito bem que eu mesmo estou nas mãos desses cardeais e bispos?

Assim, Lorde de Clum retornou muito preocupado e pesaroso. Queixou-se muito, em particular e em público, do ultraje que o Papa cometera. Mas isso tudo não serviu para nada. Depois, John Huss foi conduzido para a casa do precentor da igreja de Constança, onde foi mantido prisioneiro pelo espaço de oito dias. De lá, foi transferido para os jacobitas, junto ao rio Reno, e trancafiado na prisão da abadia.

Depois de ficar recluso por um certo tempo, ele caiu enfermo com febre malária, por causa do cheiro pestilento do lugar, e ficou tão debilitado que já não se tinha esperança de salvar-lhe a vida. Temendo que esse bom homem morresse na prisão, o Papa mandou alguns de seus médicos para curá-lo. Durante a doença, os seus acusadores importunamente rogaram aos dirigentes do Concílio para que John Huss fosse condenado, e apresentaram aos Papa os seguintes artigos:

Ele está errado sobre os sacramentos da Igreja, especialmente sobre o sacramento do corpo de Cristo, pois tem pregado publicamente que ele deveria ser ministrado sob as duas espécies, isto é, o corpo e o sangue. Além disso, vários afirmam que ele tem ensinado em escolas e igrejas, ou que pelo menos sustenta a opinião de que, depois das palavras da consagração pronunciadas sobre o altar, ainda permanece o pão material no sacramento.

Ele está errado no tocante aos ministros da Igreja, pois diz que eles não podem consagrar ou ministrar os sacramentos quando estão em pecado mortal. Além disso, ele diz que outros homens, além dos sacerdotes, podem ministrar o sacramento do altar.

Ele não aceita nem admite que a igreja significa o Papa, cardeais, arcebispos e o clero abaixo deles.

Ele diz que a igreja não tem poder espiritual algum, quando o Papa, cardeais e os outros sacerdotes e membros do clero estão em pecado mortal.

Ele defende a opinião segundo a qual todos os homens têm autoridade para escolher qualquer homem e investi-lo com o poder de cura das almas. Isso fica evidente em suas ações, pelo fato de que muitos no reino da Boêmia foram indicados e empossados em igrejas paroquiais pelos seus defensores e protetores, ou antes, por ele mesmo, e os escolhidos vêm dirigindo e administrando suas paróquias, sem terem sido indicados pela sé apostólica nem sequer pelo ordinário da cidade de Praga.

Ele defende a opinião segundo a qual um homem, uma vez ordenado sacerdote ou diácono, não pode ser proibido ou impedido de exercer o seu ofício de pregar. Isso também é evidenciado pelos seus atos, uma vez que nunca foi possível impedi-lo de pregar, nem pela ação da sé apostólica, nem pela do arcebispo de Praga.

Além disso, quando se levantaram questões entre os teólogos da Universidade de Praga acerca dos quarenta e cinco artigos de John

Wickliff e, após uma convocação pública, todos os teólogos da Boêmia concluíram que cada um daqueles artigos era herético ou sedicioso ou errôneo; ele foi o único a sustentar a opinião contrária, segundo a qual nenhum daqueles artigos era herético ou sedicioso ou errôneo, conforme ele depois discutiu, defendeu e ensinou nas escolas de Praga. Nisso pode-se perceber com muita clareza que ele afirma os artigos de Wickliff, condenados não apenas na Inglaterra mas também em toda a Igreja.

Após essa acusação, formou-se uma comissão de três membros ou juízes: o Patriarca de Constantinopla, o Bispo de Castel-a-mare e o Bispo de Lebus. Esses prelados ouviram a acusação e o testemunho que foi prestado por certos padres tagarelas de Praga e confirmado pelo seu juramento, e em seguida leram a acusação para John Huss na prisão, numa hora em que ele ardia num ataque extremo de malária.

Diante disso, John Huss pediu para ter um advogado que respondesse por ele, o que lhe foi simplesmente e absolutamente recusado. A razão que a comissão alegou para a recusa foi a seguinte: o direito canônico claramente proíbe a quem quer que seja de defender alguém suspeito de heresia. A fatuidade e as bobagens das testemunhas foram tais que, se elas mesmas não fossem simultaneamente seus acusadores e juízes, nem teria sido necessário refutá-las.

Assim John Huss permaneceu na prisão do convento dos Franciscanos até a quarta-feira anterior ao Domingo de Ramos. Durante esse período, para ocupar o tempo, ele escreveu alguns livros sobre os dez mandamentos, sobre o amor e o conhecimento de Deus, sobre o matrimônio, sobre a penitência, sobre os três inimigos da humanidade, sobre a oração de nosso Senhor e sobre a ceia de nosso Senhor.

Na mesma quarta-feira anterior ao Domingo de Ramos o Papa João XXIII mudou sua vestimenta e saiu às escondidas de Constança, temendo o julgamento que depois o privaria de sua dignidade papal em razão de seus execráveis e abomináveis feitos criminosos. Em conseqüência disso, John Huss foi transferido para outra prisão, pois os servidores do Papa, que o custodiavam, entendendo que o seu mestre havia fugido, entregaram as chaves da prisão ao imperador Sigismundo e aos cardeais para seguir o seu mestre, o Papa. Em seguida, com o consentimento do Concílio, John Huss foi entregue nas mãos do Bispo de Constança, que o enviou para um castelo na outra margem do rio Reno, não muito longe da cidade, onde ele foi trancafiado numa torre com as pernas acorrentadas, de modo que mal conseguia caminhar durante o dia, e de noite era amarrado a uma grade presa à parede junto à cama.

Enquanto isso, alguns nobres e cavalheiros da Polônia e da Boêmia faziam todo o possível para comprar a sua libertação por respeito ao bom nome de todo o reino, que estava sendo muito difamado e caluniado por pessoas maldosas. A questão chegou a tal ponto que qualquer cidadão que estivesse na cidade de Constança e desse a impressão de adotar uma atitude favorável a John Huss transformava-se em alvo de zombaria e era ridicularizada por todos, até mesmo por escravos e plebeus. Motivo pelo qual eles se reuniram e juntos, no dia catorze de maio de 1415, d.C., tomaram a decisão de apresentar ao Concílio um pedido por escrito, com o seguinte teor:

"Quando John Huss livre e espontaneamente veio para a cidade de Constança com um salvo-conduto, ele foi lamentavelmente encarcerado antes de ser ouvido. Agora ele sofre torturas com o uso de correntes e também de fome e de sede. Mestre John Huss, sem ter sido declarado culpado, pior ainda, sem ter sido sequer ouvido, está preso no cárcere, tão debilitado por causa de uma dieta rala e minguada que se deve temer que, com sua resistência e forças já consumidas e desgastadas, ele incorra riscos de perder o uso da razão ou da sanidade mental.

Por isso, nós unânime e encarecidamente pedimos a vossas excelências reverendíssimas que, seja para honrar o salvo-conduto de nosso soberano, o Rei, seja também para preservar e aumentar a merecida fama e renome do reino da Boêmia, vós ponhais um rápido termo ao caso do Mestre John Huss."

Os barões e lordes também apresentaram uma súplica ao imperador: "Nós humildemente pedimos e desejamos que vossa principesca majestade interponha vossos bons ofícios junto aos reverendíssimos padres e lordes, para que eles efetivamente nos dêem ouvidos nesta nossa justa petição".

Mas que resposta o imperador deu a esse pedido nós nunca pudemos saber ou conhecer. Contudo, vendo-se como evoluíram os fatos pode-se facilmente concluir que esse bom imperador foi levado, pela obstinada maldade dos cardeais e dos bispos, ao ponto de quebrar sua promessa e desmentir sua palavra. O raciocínio que eles utilizaram para fazê-lo chegar a tal extremo foi que não se poderia oferecer nenhuma defesa, por salvo-conduto ou por qualquer outro meio, a alguém suspeito de heresia ou julgado herege.

Quando John Huss foi novamente trazido à presença de toda a congregação, aconteceu um fato estranho e vergonhoso. Mal haviam lido um artigo e apresentado algumas testemunhas, mas, quando Huss estava na iminência de responder, toda aquela horda enlouquecida se pôs a gritar contra ele, de modo que não lhe deram a oportunidade de dizer nem uma palavra. O barulho e a confusão foram tão grandes e veementes que bem se poderia descrever aquilo como o rugido de animais selvagens e não de homens. Muito menos se poderia dizer que ali estava uma congregação de homens reunidos para decidir questões tão graves e de tanto peso.

Alguns ofendiam John Huss com palavras e outros rancorosamente zombavam dele. Ele então, vendo-se sufocado por aqueles rudes e bárbaros ruídos e percebendo que falar de nada adiantaria, decidiu permanecer calado. Daquele momento em diante, toda a corja de seus adversários achou que havia vencido a batalha contra Huss, e juntos eles gritavam: — Ele ficou mudo, agora ele ficou mudo. Isso é certamente um sinal e uma prova de que ele consente e aceita que está errado. — No fim, a situação chegou a tal ponto que alguns dos mais moderados e honestos decidiram interromper as atividades. Tudo deveria ser adiado para outra ocasião. A conselho deles, os prelados e outros deixaram o Concílio àquela altura. Uma nova reunião ficou marcada para dois dias depois a fim de continuar o julgamento.

Na data marcada, dia sete de junho, por volta das sete horas, tendo-se o sol um pouco antes quase completamente eclipsado, o mesmo bando reuniu-se no claustro dos frades menores e, por convocação deles, John Huss foi trazido à sua presença. Para lá também foi o imperador, seguido pelos nobres Lorde Wenceslau de Duba e Lorde John de Clum, para ver qual seria o desfecho do caso.

Procedeu-se então à leitura de um artigo acusatório no qual se alegava que John Huss ensinara e teimosamente defendera certos artigos errôneos de Wickliff. Para confirmar a acusação alegou-se que John Huss rechaçou a condenação dos artigos de Wickliff anteriormente pronunciada em Roma. E também depois, quando o arcebispo de Praga juntamente com outros homens eruditos fez uma convocação em Praga para tratar da mesma questão, Huss respondera que ele não ousava concordar com ela por objeção de sua consciência e especialmente por causa dos artigos seguintes: que o Papa Silvestre e Constantino erraram quando concederam grandes doações e recompensas à Igreja; também, que o Papa ou sacerdote que estivesse em pecado mortal não poderia consagrar nem batizar. — Esse artigo — disse Huss — eu o restringi; assim, deveria dizer que ele consagra ou batiza indignamente, pois, quando está em pecado mortal, ele é um ministro indigno dos sacramentos de Deus. — Huss não concordou que os artigos de Wickliff devessem ser condenados sem a alegação de razões suficientes extraídas da santa Escritura para condená-los.

— O mesmo parecer — disse John Huss — tem numerosos doutores e mestres da Universidade de Praga, pois quando Sbinco, o arcebispo, ordenou que todos os livros de Wickliff existentes em toda a cidade fossem coletados e trazidos até ele, eu mesmo trouxe alguns e os entreguei ao arcebispo desejando que ele, caso neles encontrasse algum erro ou heresia, o anotasse e identificasse, e eu mesmo me encarregaria de torná-lo público. Mas o arcebispo, mesmo sem apontar nenhum erro ou heresia, queimou meus livros juntamente com outros que lhe foram trazidos. E obteve do Papa uma bula que autorizava o confisco de todos os livros de Wickliff das mãos dos leitores, pelos numerosos erros que continham, nenhum dos quais, contudo, foi devidamente especificado. O arcebispo, fazendo uso da autoridade dessa bula, julgou que conseguiria convencer o Rei e os nobres da Boêmia a consentir na condenação dos livros de Wickliff. Mas nesse ponto ele se enganou. Apesar disso, convocou certos teólogos e os incumbiu de julgar os livros de Wickliff e proceder contra eles com uma sentença definitiva do direito canônico. Esses homens, com uma sentença genérica, julgaram todos aqueles livros dignos de serem queimados. Quando os doutores, mestres e acadêmicos da Universidade de Praga ouviram o relato do ocorrido, todos juntos, unanimemente (sem exceções, a não ser daqueles que antes haviam sido escolhidos pelo arcebispo para fazer o julgamento), decidiram apresentar uma súplica ao rei para suspender a matéria.

O rei, deferindo o pedido deles, enviou alguém ao arcebispo para examinar a questão. Então o arcebispo negou que ele decretaria coisa alguma, no tocante aos livros de Wickliff, que fosse contra a vontade e o agrado do rei. Com isso, embora já houvesse a decisão de queimar os livros no dia seguinte, por medo do rei a ação foi adiada. Nesse ínterim, vindo o Papa Alexandre V a falecer, temendo o arcebispo que a bula recebida desse Papa já não tivesse nenhum valor para surtir qualquer efeito, convocou secretamente seus partidários e, fechando-se dentro do seu palácio sob a guarda de numerosos soldados em armas, consumiu pelo fogo todos os livros de Wickliff. Além dessa grande injúria, o arcebispo com aquela bula cometeu outra igualmente intolerável, pois deu ordens para que ninguém, a partir de então, sob pena de ser excomungado, deveria ensinar em capelas. Imediatamente eu apelei ao Papa. Estando ele morto e continuando o caso sem solução, apelei também ao seu sucessor João XXIII. Quando, ao cabo de dois anos, eu ainda não obtivera permissão para comparecer perante ele por meio de meus advogados e defender a minha causa, apelei ao juiz supremo, Cristo.

Quando John Huss proferiu essas palavras, perguntaram-lhe se ele havia recebido ou não a absolvição do Papa. Ele respondeu que não. Então perguntaram-lhe se era legítima ou não a sua apelação a Cristo. Ao que respondeu ele: — Na verdade eu afirmo perante vós todos que não existe apelo mais justo e eficaz do que o apelo que se faz a Cristo, porquanto, conforme determina a lei, fazer um apelo nada mais é do que, numa causa de aflição ou injustiça praticada por um juiz inferior, implorar e pedir ajuda e remédio a um juiz de uma instância superior. Quem então é o juiz superior a Cristo? Quem, pergunto eu, pode saber ou julgar a questão de modo mais justo ou com maior eqüidade, quando sabemos que nEle não há engano nem pode Ele ser enganado? Ou então, quem melhor que Ele pode ajudar o miserável e o oprimido? — Enquanto, com semblante devoto e sóbrio, ia proferindo essas palavras, Joun Huss era alvo de riso e zombaria por parte de todo o Concílio.

Em seguida foi relatado outro artigo da sua acusação nos termos seguintes: que John Huss, confirmando a heresia que ensinava ao povo usando os livros de Wickliff, disse que desejava que sua alma estivesse no mesmo lugar onde estava a alma de John Wickliff. Imediatamente, John Huss respondeu que, doze anos antes, quando era possível encontrar na Boêmia muitos livros de teologia de John Wickliff, ele viu alguns trabalhos de filosofia desse autor, os quais, disse ele, lhe causaram enorme deleite e prazer. E quando depois tomou conhecimento da vida boa e piedosa de Wickliff, ele proferiu aquelas palavras.

Depois disso, John Huss foi posto sob a custódia do Arcebispo de Riga. Mas antes que fosse levado do recinto, o Cardeal de Cambray chamou-o de volta e disse-lhe na presença do imperador: — John Huss, eu ouvi o senhor dizer que se não tivesse aceitado vir para Constança por sua própria vontade, nem o imperador em pessoa nem o Rei da Boêmia poderiam obrigá-lo a vir.

Respondeu-lhe John Huss: — Com sua permissão, reverendíssimo padre! De fato eu disse que na Boêmia havia um grande número de cavalheiros e nobres que me protegiam e me amavam e que facilmente poderiam ter me mantido em algum lugar secreto e seguro, impedindo que eu fosse forçado a vir para esta cidade de Constança, fosse pela vontade do imperador, fosse pelo desejo do rei da Boêmia.

Ouvindo isso, o Cardeal de Cambray teve um acesso de cólera, começou a mudar de cor e disse: — Não vedes a desfaçatez deste homem?

Enquanto se murmurava e cochichava em todos os cantos, Lorde John de Clum, ratificando o que John Huss havia declarado, disse que ele se expressara muito bem. — Na verdade — disse ele — eu mesmo, que em comparação com muitos outros represento apenas uma força muito pequena, poderia em qualquer momento, se assumisse essa tarefa, tê-lo facilmente defendido pelo espaço de um ano, até mesmo contra a força e o poder daqueles dois grandes e poderosos soberanos. Não poderiam tê-lo feito com muito maior eficácia aqueles que têm mais força e poder que eu e são donos de locais e castelos mais fortificados que os meus?

Depois que o Lorde de Clum se calou, disse o Cardeal de Cambray: — Deixemos de lado essa conversa. Uma coisa eu lhe digo, John Huss! Aceite o conselho de se submeter à sentença e ao espírito do Concílio, conforme o senhor prometeu na prisão. Se o fizer, será ótimo e terá vantagens e honra.

E o imperador veio com a mesma lengalenga dizendo: — Pelo que vários nos disseram, nós não podemos e não devemos, de direito, defender homem algum que seja herege ou suspeito de heresia. Portanto, nosso conselho é que o senhor não seja obstinado e não defenda opinião nenhuma, mas que se submeta à autoridade do santo Concílio. Se o fizer daremos ordens para que o Concílio permita que o senhor vá embora em paz, com uma leve penitência. Caso contrário, se o senhor recusar-se a fazê-lo, os dirigentes do Concílio tomarão medidas contra o senhor. Da nossa parte, tenha certeza de que preferimos preparar com as nossas próprias mãos a fogueira na qual o senhor arderá a continuar tolerando que mantenha ou mostre a rigidez de opinião exibida até agora.

Na manhã seguinte, dia oito de junho, o grupo reuniu-se no convento dos Franciscanos. Para lá levaram John Huss. Em sua presença foram lidos os artigos que, disseram eles, extraíram de seus livros.

Huss reconheceu todos aqueles que haviam sido coligidos e reunidos de modo fiel e verdadeiro. Desses havia muito poucos:

Os Artigos extraídos dos livros de John Huss com as respostas que ele deu

"Pedro nunca foi e não é a cabeça da santa Igreja universal."

Resposta. — Esse artigo foi extraído da seguinte passagem do meu livro: "Todos concordam neste ponto: que Pedro havia recebido da Rocha da Igreja (que é Cristo) humildade, pobreza, perseverança na fé e, conseqüentemente, bem-aventurança. Mas, quando nosso Senhor Jesus Cristo disse 'Sobre esta Pedra eu edificarei a minha Igreja', o significado das palavras do Senhor era de que Ele não construiria cada uma das Igrejas militantes sobre a pessoa de Pedro, pois Cristo iria construir a Sua igreja sobre a Rocha que é o próprio Cristo, de quem Pedro recebeu a perseverança na fé, porquanto Jesus Cristo é a única fundação e cabeça de todas as igrejas, e não Pedro."

"Se aquele que é chamado de representante de Jesus Cristo realmente seguir a Cristo em sua vida, então ele é seu verdadeiro representante. Mas se ele enveredar por sendas e caminhos opostos, então ele é o mensageiro do Anticristo, inimigo e adversário de São Pedro e de nosso Senhor Jesus Cristo, e também o representante de Judas Iscariotes."

Resposta. — As palavras do meu livro são as seguintes: "Se aquele que é chamado de representante de São Pedro seguir o caminho das virtudes cristãs mencionadas acima, nós acreditamos que ele é realmente o verdadeiro representante e o verdadeiro Bispo da Igreja que ele dirige. Mas se ele seguir por sendas e caminhos opostos, então ele é o mensageiro do Anticristo, opondo-se tanto a São Pedro quanto a nosso Senhor Jesus Cristo. Por isso São Bernardo, em seu quarto livro, escreveu isto sobre o Papa Eugênio: 'Tu te deleitas e caminhas cheio de orgulho e arrogância, vestido com todo esplendor e suntuosidade. Que fruto ou proveito terão de ti o teu rebanho e as tuas ovelhas? Se eu ousasse, diria que estas pastagens e esta dieta são mais apropriadas para demônios do que para ovelhas. São Pedro e São Paulo não agiram assim. Por isso, tu mais pareces, com esse teu comportamento, sucessor de Constantino e não de São Pedro.' " Lê-se depois no meu livro: "Se seu modo e maneira de conduzir a vida forem contrários aos adotados por São Pedro, ou então se ele for vítima da avareza e da ganância, então ele é representante de Judas Iscariotes, que amava e escolheu a recompensa da iniqüidade e propiciou a venda do Senhor Jesus Cristo.

"A origem da dignidade do Papa está nos Imperadores de Roma."

Resposta. — Observem bem quais são as minhas palavras: "O primado e a instituição do Papa surgem e derivam do poder e autoridade do imperador. Foi Constantino que concedeu ao Bispo de Roma o privilégio (confirmado por outros depois dele) segundo o qual, da mesma forma que Augusto é sempre considerado o Rei supremo acima de todos os outros, assim também o Bispo de Roma, em virtude dos bens temporais e visíveis outorgados à Igreja, deveria ser chamado o padre principal acima de todos os outros bispos."

"Nenhum homem sensato afirmaria (sem revelação), seja a respeito de si mesmo, seja a respeito de qualquer outro, que ele é a cabeça de qualquer Igreja particular."

Resposta. — Confesso que isso está escrito no meu livro.

"O poder do Papa como representante é vazio e não vale nada, se ele não o confirmar conduzindo sua vida de acordo com Jesus Cristo e seguir o comportamento de São Pedro."

Resposta. — Está assim no meu livro: "É conveniente e apropriado que aquele que é ordenado representante se conduza e proceda em seus modos e maneiras conforme a autoridade dAquele que o pôs onde ele está".

"Os cardeais não são os verdadeiros sucessores visíveis dos outros apóstolos de Jesus Cristo, se não viverem do mesmo modo que estes, observando os mandamentos e determinações do Senhor Jesus."

Resposta. — Está assim no meu livro: "Um herege não deveria ser entregue aos poderes seculares para ser executado, pois basta que ele simplesmente se submeta e sofra a censura eclesiástica".

Resposta. — Estas são as minhas palavras: "Eles deveriam envergonhar-se da crueldade de suas sentenças e julgamentos, especialmente porque Jesus Cristo, Bispo do Velho e do Novo Testamento, não julgaria os que desobedecessem com um julgamento civil, nem os condenaria à morte física". Um herege deveria primeiro receber, por meio das santas Escrituras, instrução e ensinamento com delicadeza e amor cristão. Mas, se alguém, depois da amorosa e delicada instrução e admoestação, não abandonasse a rigidez de suas opiniões, mas obstinado resistisse à verdade, esse, digo eu, deveria sofrer punição corporal ou física.

Assim que John Huss disse isso, os juízes leram em seu livro uma certa cláusula na qual ele parecia atacar seriamente os que entregaram um herege ao braço secular, sem confutá-lo ou demonstrar a sua heresia. Ele os comparava aos sumos sacerdotes, escribas e fariseus, que disseram a Pilatos: "A nós não é lícito matar ninguém" e lhe entregaram Cristo. Mas, apesar de tudo, segundo as próprias testemunhas de Cristo, eles foram assassinos maiores que Pilatos. "Pois aquele — disse Cristo — que Me entregou a ti cometeu uma ofensa maior." Ouvindo isso os cardeais e bispos fizeram um grande alarido e perguntaram a John Huss: — Quem são os que o senhor compara aos fariseus?

Disse ele então: —Todos os que entregam qualquer inocente ao poder civil, como os escribas e fariseus entregaram Jesus Cristo a Pilatos.

"Aquele que for excomungado pelo Papa, caso recuse a aceitar o seu julgamento e do Concílio Geral e apelar a Jesus Cristo, depois dessa apelação não deve se preocupar ou sofrer com todas as excomunhões e anátemas papais."

Resposta. — Eu me queixei em meu livro de que exatamente os que me apoiavam cometeram grandes injustiças contra mim; e de que eles se recusam a me ouvir no tribunal do Papa. De fato, depois da morte de um Papa, eu apelei ao seu sucessor, e foi tudo em vão. Por isso, como último recurso, apelei à Cabeça da Igreja, o meu Senhor Jesus Cristo, pois Ele é muito superior e melhor que qualquer

Papa para discutir e resolver questões e causas, porquanto Ele não pode errar nem tampouco recusar justiça àquele que a pede numa causa justa, como também não pode condenar o inocente.

"O ministro de Cristo, que vive segundo a Lei e tem um bom conhecimento e entendimento das Escrituras e um desejo sincero de edificar o povo, deve pregar, apesar da pretensa excomunhão do Papa. Mais ainda, se o Papa, ou qualquer outra autoridade, proibir algum sacerdote ou ministro, movido por tal disposição, de pregar, estes não devem obedecer."

Resposta. — Estas são as minhas palavras: "Que embora houvesse contra um cristão a ameaça ou o fato de uma excomunhão, de tal sorte que ele não pudesse cumprir os mandamentos de Cristo, pelas palavras de Pedro e de outros apóstolos parece que nós devemos preferir obedecer a Deus a obedecer ao homem". Segue-se então que o ministro de Cristo que vive segundo a lei, apesar de qualquer pretensa excomunhão, deve pregar. Pois Deus nos mandou pregar e testemunhar perante o povo. Por isso, é evidente que, se o Papa ou qualquer outra autoridade da Igreja, de fato der ordens para que um ministro com essa disposição se abstenha de pregar, essas ordens não devem ser obedecidas.

Levantou-se contra ele uma objeção segundo a qual ele teria dito que esse tipo de excomunhão é antes uma bênção.

— De fato — disse John Huss — repito aqui exatamente o mesmo dizendo que todas as excomunhões lavradas injustamente contra um ser humano são para ele uma bênção aos olhos de Deus. Nenhum cristão deve duvidar de que um homem com um grau suficiente de conhecimento tem o dever de aconselhar e instruir os ignorantes, de ensinar aos que têm dúvidas, de castigar os desregrados e de absolver e perdoar os que o ofendem, dever que antecede o de praticar qualquer outra obra de misericórdia.

"Não há o mínimo sinal aparente de que deve existir uma cabeça da espiritualidade para dirigir a Igreja, com o dever de ocupar-se constantemente da Igreja militante."

Resposta. — Concedo esse ponto. Cristo é a Cabeça do mundo espiritual, que dirige e governa a Igreja militante, por uma necessidade lógica muito maior e superior àquela que exigiu de César dirigir o mundo temporal; porquanto Cristo, que está sentando à direita de Deus Pai, necessariamente dirige como cabeça a Igreja militante.

"Cristo dirigiria melhor a Sua Igreja por meio dos Seus apóstolos, dispersos por todo o mundo, sem essas cabeças monstruosas."

Resposta. — Está no meu livro o seguinte: "Nós realmente acreditamos que Jesus Cristo é a cabeça de todas as Igrejas, dirigindo a todas sem carência ou falta de nada, derramando sobre elas contínuos impulsos e sentimentos. A Igreja, no tempo dos apóstolos, era muito mais bem dirigida do que nos dias atuais. E o que impede que Cristo a governe hoje por meio dos Seus verdadeiros discípulos, sem essas cabeças monstruosas que temos visto ultimamente?

Depois que todos esses artigos foram lidos juntamente com os testemunhos confirmatórios, o Cardeal de Cambray chamou John Huss e lhe disse: — O senhor ouviu que graves e horríveis crimes lhe são imputados e como são numerosos. Agora cabe ao senhor decidir com sua consciência o que irá fazer. O Concílio lhe apresenta dois caminhos. Primeiro, que o senhor humildemente se submeta ao julgamento do Concílio, acatando e suportando com paciência o que quer que seja por ele determinado. Se fizer isso, nós o trataremos com grande humanidade, amor e delicadeza, na medida do possível. Mas se estiver decidido a defender qualquer um desses artigos aqui apresentados e quiser ou exigir apresentar outros esclarecimentos, nós não lhe negaremos o poder e a permissão de fazê-lo. O senhor, porém, tem de entender o seguinte: estão aqui presentes homens tão esclarecidos por seu entendimento e conhecimento cujas razões e argumentos são tão firmes e fortes contra os seus artigos que, receio eu, sua atitude significará grande prejuízo, detrimento e perigo para o senhor.

Com semblante modesto respondeu John Huss: — Reverendíssmos padres! Eu disse muitas vezes que vim de livre e espontânea vontade até aqui, não para obstinadamente defender coisa alguma, mas para que, se em algum ponto eu aparentemente tiver exposto alguma opinião perversa ou má, eu humilde e pacientemente seja corrigido e ensinado. Por isso, desejo ter mais liberdade para esclarecer o que penso. Após o que, se eu não alegar razões extremamente firmes e fortes, de bom grado me submeterei, conforme vós exigis.

Disse então o Cardeal de Cambray: — Visto pois que o senhor se submete à clemência deste Concílio, fica decretado, primeiro, que o senhor deve humilde e docilmente confessar ter errado nesses artigos citados e aduzidos contra a sua pessoa; segundo, que o senhor deve prometer sob juramento que doravante não defenderá nem ensinará nenhum desses artigos. E por fim, que o senhor deve publicamente repudiar todos esses artigos.

Ouvida essa sentença, depois que muitos outros haviam dito o que pensavam, finalmente comentou John Huss: — Com a máxima humildade quero pedir a todos, até mesmo pelo amor daquele que é o Deus de todos nós, para não ser forçado a fazer o que repugna à minha consciência ou o que não posso fazer sem risco de condenação eterna; isto é, renegar, sob juramento, a todos os artigos aqui alegados contra mim. Mas se houver alguém capaz de me ensinar que a verdade está contra eles, eu de bom grado farei o que me pedirdes.

Disse então o Cardeal de Florença: — John Huss, o senhor receberá por escrito um formulário de abjuração bastante suave e tolerável e não lhe deverá ser difícil deliberar sem demora se irá acatá-lo ou não.

Mas John Huss invariavelmente respondia como antes, de modo que eles o chamaram de obstinado e teimoso. Todos eles então tornaram-se tão molestos e insuportáveis que ele se sentiu exausto e deprimido, pois havia passado a noite anterior sem dormir por causa de uma dor de dente.

O Arcebispo de Riga, a quem John Huss fora entregue, ordenou que ele fosse reconduzido em segurança à prisão. Então John de Clum o seguiu e lhe proporcionou grande conforto. Língua alguma pode expressar quanta coragem ele recebeu numa conversa rápida com o lorde, quando em meio à tamanha confusão e ódio atroz ele se via abandonado por todos.

Depois que John Huss foi retirado do local, o imperador pôs-se a exortar os dirigentes do Concílio da seguinte forma: — Vós ouvistes os numerosos e graves crimes de que John Huss foi acusado, os quais não apenas comprovados por convincentes testemunhos públicos mas também confessados por ele. Todos e cada um desses crimes, segundo o meu juízo e conselho, merecem a pena de morte. Por isso, a menos que ele os repudie a todos, eu julgo e considero adequado que ele seja punido pelo fogo.

Na véspera da sua condenação, dia seis de julho, o Imperador Sigismundo enviou-lhe quatro bispos, acompanhados por Lorde Wenceslau e Lorde John de Clum, para que eles ouvissem dele o que pretendia fazer.

Quando ele foi trazido da prisão à sua presença, John de Clum foi o primeiro a falar, dizendo: — Mestre John Huss, eu sou um homem ignorante, e não estou à altura de dar conselhos ao senhor, um intelectual. Apesar disso, eu lhe peço que, se o senhor se reconhecer culpado de algum dos erros de que o acusaram, não tenha vergonha de mudar a sua opinião. Se for o contrário, não gostaria que fizesse coisa alguma contra a sua consciência, mas que preferisse sofrer qualquer punição a negar o que o senhor sabe ser a verdade.

Voltando-se para ele com os olhos cheios de lágrimas, disse John Huss: — De fato, tomo o Altíssimo por testemunha, e afirmo que no coração e na mente estou disposto a alterar a minha resolução, caso o Concílio consiga melhorar o meu conhecimento à luz da santa Escritura.

Nesse momento, um dos bispos circunstantes disse que ele nunca seria tão arrogante a ponto de preferir a sua própria convicção face ao julgamento de todo o Concílio.

Respondeu-lhe John Huss: — Se aquele que é o menor de todos os membros do Concílio puder provar que estou errado, eu, com humildade de coração e mente, farei tudo o que o Concílio exigir de mim.

— Vejam — disseram os bispos — como ele persevera obstinado em seus erros.

E depois de dizer isso, deram ordens aos guardas para reconduzi-lo à prisão.

No dia seguinte (seis de julho, um sábado), houve uma reunião geral dos príncipes e lordes, tanto do poder temporal quanto do eclesiástico, na igreja matriz da cidade de Constança, presidida pelo Imperador Sigismundo com sua indumentária de gala. No centro da igreja foi construído um tablado alto com o formato de uma mesa quadrada, e junto a ele havia uma escrivaninha de madeira sobre a qual estavam depositados os paramentos sacerdotais necessários para o caso. John Huss deveria ser entregue ao poder civil, mas antes seria publicamente despojado dos seus ornamentos de sacerdote.

Trazido para o local, John Huss caiu de joelhos e demorou-se em oração.

O procurador do Concílio pediu que se procedesse ao pronunciamento da sentença definitiva. Então um certo bispo, que fora escolhido como um dos juízes, repetiu aqueles artigos que já mencionamos antes. John Huss quis rapidamente, com uma ou duas palavras, responder a cada um deles. Mas, todas as vezes que tentava se defender, o Cardeal de Cambray mandava-o calar-se dizendo: — Depois o senhor responderá a todas as acusações de uma só vez, se quiser. — Disse-lhe então John Huss: — Como vou poder responder de uma só vez a todas essas acusações feitas contra mim, se nem sequer consigo lembrar-me de todas? — Disse-lhe então o Cardeal de Florença: — Nós já ouvimos o suficiente.

Mas quando John Huss, apesar de tudo, não quis se calar, pediram a dois oficiais que o forçassem a fazê-lo. A essa altura ele começou a pedir, rogar, implorar que o ouvissem, que não dessem crédito ao que se dizia dele nem acreditassem naquilo. Quando, porém, tudo isso de nada adiantou, John Huss, pondo-se de joelhos, entregou toda a questão nas mãos de Deus e do Senhor Jesus Cristo, dizendo: — Ó Senhor Jesus Cristo, cuja palavra é abertamente condenada aqui neste Concílio, a Ti novamente faço o meu apelo! A Ti que, quando foste maltratado pelos Teus inimigos, apelaste a Deus, Teu Pai, entregando a Tua causa a um justíssimo Juiz. Que, seguindo o Teu exemplo, nós que também estamos oprimidos por evidentes injustiças e injúrias, possamos buscar refúgio em Ti.

Depois que ele pronunciou essas palavras, um dos juízes leu a sentença definitiva contra ele:

"Considerando que John Huss, o discípulo de Wickliff, ensinou, pregou e afirmou os artigos de Wickliff, que foram condenados pela Igreja de Deus; especialmente rechaçando publicamente em seus sermões e também em particular nas escolas, com os seus partidários e cúmplices, a condenação dos referidos artigos de Wickliff; declarando que ele, Wickliff, pela defesa e recomendação de sua doutrina perante toda uma multidão de clero e povo, é um homem católico e um verdadeiro doutor evangélico.

Portanto, este santíssimo e sagrado Concílio de Constança condena e reprova todos os livros escritos por John Huss; e decreta que sejam todos solenemente queimados em público diante do clero e do povo da cidade de Constança e de outros lugares; acrescentando, também, que toda a sua doutrina é digna de desprezo e deve ser evitada por todos os fiéis cristãos. Este sagrado Sínodo expressamente ordena que se faça uma busca diligente de todos os seus tratados e obras e que tudo o que for encontrado seja consumido pelo fogo.

Portanto, este santíssimo e sagrado Concílio determina, afirma, declara e decreta que John Huss foi e é um verdadeiro e manifesto herege e que ele pregou abertamente erros e heresias, desprezando as autoridades espirituais da Igreja e as censuras eclesiásticas. Nesse erro ele continuou com uma mentalidade completamente endurecida e empedernida pelo espaço de muitos anos, ofendendo gravemente os fiéis cristãos com sua obstinação e teimosia quando apelou para o Senhor Jesus Cristo como o seu Juiz Supremo.

Em vista disso o referido sínodo julga que ele deve ser condenado como herege, e reprova a sua apelação como injuriosa, ofensiva e feita para ridicularizar a jurisdição eclesiástica; e julga que John Huss não só seduziu o povo Cristão com seus escritos e pregações, sem sequer ser um verdadeiro pregador do Evangelho, mas também foi uma pessoa obstinada e orgulhosa, dessas que não desejam voltar ao seio da santa mãe Igreja, nem renegar os erros e heresias que abertamente pregou e defendeu. Portanto, o sagrado Concílio decreta que John Huss seja destituído e rebaixado de suas ordens e dignidade sacerdotais.

Enquanto sua sentença era lida, John Huss, embora proibido de falar, várias vezes interrompeu a leitura. Quando foi reprovado por obstinação, disse ele alto e bom som: — Nunca fui obstinado. Mesmo agora, como sempre fiz em toda a vida, desejo receber o ensinamento das santas Escrituras. — Ao ouvir a condenação de seus livros, disse ele: — Por que condenais os meus livros se não provastes que são contrários às Escrituras? — E com freqüência, erguendo os olhos para o céu, ele orava.

Terminados o julgamento e a leitura da sentença, caindo de joelhos, disse ele: — Senhor Jesus Cristo! Perdoa a meus inimigos por quem Tu sabes que sou acusado falsamente e atacado com falsos testemunhos e calúnias. Perdoa-os, eu Te peço, por Tua grande misericórdia. — Esta oração foi ridicularizada e desprezada pela maioria dos padres, especialmente pelos mais importantes dentre eles.

Finalmente, os sete bispos escolhidos para rebaixá-lo do seu grau de sacerdote ordenaram-lhe que vestisse os paramentos sacerdotais. Ao vestir a alva ele evocou a veste branca com que Herodes cobriu Jesus Cristo a fim de escarnecer dele. Da mesma forma em tudo ele buscava conforto no exemplo de Cristo. Depois que ele se cobrira com todos os paramentos sacerdotais, os bispos o exortaram mais uma vez a mudar de opinião e preocupar-se com a própria honra e salvação. Então ele, os olhos cheios de lágrimas, dirigiu-se ao povo com estas palavras:

— Estes lordes e bispos me exortam e aconselham a confessar diante de todos que eu errei. Se isso fosse apenas digno de infâmia e censura perante os homens, eles talvez pudessem facilmente convencer-me a ouvi-los. Mas agora eu realmente me encontro perante os olhos de Deus e não posso de modo algum fazer o que eles me pedem sem grande ignomínia para Ele e remorso para a minha consciência. Com que semblante então poderia eu contemplar os céus? Com que rosto olharia para aqueles a quem ensinei (e eles são tão numerosos!) se, com o meu exemplo, eu lançasse na incerteza aquelas verdades que eles até agora conhecem como certíssimas? Deveria eu, com o meu exemplo, confundir e atribular tantas almas, tantas consciências, imbuídas do mais firme e certo conhecimento das Escrituras e do Evangelho de nosso Senhor Jesus Cristo e de Sua pura doutrina, consciências armadas contra os ataques de Satanás? Nunca farei isso, nem cometerei qualquer tipo de ofensa que me faça parecer mais estimar esta carcaça destinada à morte do que a saúde e salvação das almas deles.

Em seguida um dos bispos tomou-lhe o cálice que ele segurava em suas mãos dizendo: — Ó maldito Judas! Por que abandonaste a direção e o caminho da paz? Nós tiramos de ti o cálice da salvação.

Mas John Huss recebeu a maldição da seguinte maneira: — Eu confio em Deus, Pai onipotente, e espero que meu Senhor Jesus Cristo, por cujo amor sofro esses tormentos, não tire de mim o cálice da Sua redenção. Tenho uma esperança firme e inabalável de que hoje mesmo eu beberei dele no Seu reino.

Seguiram-se depois os outros bispos, um após o outro: cada um tirava dele o paramento com que antes o vestira, pronunciando sua maldição contra ele. Ao que John Huss respondia que de bom grado aceitava e ouvia aquelas blasfêmias pelo nome de nosso Senhor Jesus Cristo.

Por fim veio a raspagem de sua tonsura. Mas antes de executarem o trabalho, os bispos travaram uma grande discussão entre si para saber que instrumento deveriam usar: uma navalha ou um tesourão? Entrementes, John Huss, voltando-se para o imperador, disse: — Muito me admira que, embora todos tenham uma mente cruel, ainda assim não consigam chegar a um acordo sobre um detalhe de sua crueldade. — No fim, concordaram em cortar-lhe o couro cabeludo do alto da cabeça com um tesourão.

Feito isso, acrescentaram as seguintes palavras: — Agora a Igreja tirou dele todos os seus ornamentos e privilégios. Já não lhe falta nada exceto ser entregue ao poder secular.

Mas antes de entregá-lo ainda restava um último golpe de censura.

Mandaram fazer uma espécie de coroa de papel, com cerca de um côvado de profundidade, sobre a qual pintaram três diabos extremamente feios e sobre suas cabeças estava escrito "Heresiarca!". Vendo aquilo, disse John Huss: — O meu Senhor Jesus Cristo por mim usou uma coroa de espinhos. Por que então não deveria eu, por amor dEle, usar esta leve coroa, por mais ignominiosa que seja? Certamente hei de usá-la e de bom grado. — Ao colocá-la sobre a sua cabeça, disse o bispo: — Agora entregamos a tua alma ao diabo. — Mas eu — disse John Huss — entrego em tuas mãos, ó Senhor Jesus Cristo, o meu espírito que Tu redimiste.

Ao término desses injuriosos opróbrios, os bispos, dirigindo-se ao imperador, disseram: — O sagrado Concílio de Constança neste momento entrega John Huss, que já não tem nenhum ofício na Igreja de Deus, ao poder e julgamento civil.

Então o imperador mandou que Louis, Duque da Baviera, que ali estava vestido de gala, segurando a maçã dourada com a cruz, recebesse John Huss das mãos dos bispos e o entregasse aos seus carrascos. Ao ser conduzido para o local da execução, diante das portas da igreja ele viu seus livros queimando, e isso o fez sorrir e depois rir. A todos aqueles pelos quais passava ele exortava a não pensarem que ele ia morrer por algum erro seu ou heresia, mas apenas pelo ódio e má vontade dos seus adversários, que o haviam acusado de crimes totalmente falsos e injustos. Toda a cidade de certa forma o acompanhou, atentamente.

Escolheram para a sua execução o espaço diante do portão Gottlieben, entre os jardins e os portões dos subúrbios. Quando Huss chegou ao local, ajoelhou-se e, erguendo os olhos ao céu, orou recitando certos salmos, especialmente o trinta e um e o cinqüenta e um. Os que estavam mais perto dele ouviram-no repetir várias vezes, com semblante alegre e sereno, o versículo seguinte: "Em tuas mãos, Senhor, entrego o meu espírito". Quando os leigos que estavam ao seu lado viram essa cena disseram: — O que ele fez antes nós não sabemos. Mas sabemos e ouvimos que ele fala e ora com muita devoção e piedade. — Disse um certo sacerdote montado em seu cavalo, numa túnica verde, debruada de seda vermelha: — Não lhe dêem ouvidos, pois é um herege. — Entrementes, enquanto John Huss orava com a cabeça inclinada para trás a fim de olhar o céu, a coroa de papel caiu ao chão. Um dos soldados apanhou-a e disse: — Vamos novamente colocá-la na sua cabeça, para que ele seja queimado com os diabos seus mestres, a quem ele serviu.

Quando, por ordem de seus torturadores, ele foi reposto de pé, alto e bom som disse ele: — Senhor Jesus Cristo! Ajuda-me para que com mente firme e paciente eu possa enfrentar a cruel e ignominiosa morte a que estou condenado por pregar a Palavra do Teu Santíssimo Evangelho. — Em seguida, como já fizera antes, expôs ao povo a causa de sua morte. Enquanto isso, o carrasco arrancou-lhe as vestes, prendeu-lhe as mãos às costas e o amarrou à estaca com cordas previamente molhadas. Pelo fato de ele ter sido posicionado em direção ao leste, alguém gritou que ele não deveria olhar naquela direção, pois era um herege. Então o posicionaram para o oeste. Seu pescoço foi preso à estaca com uma corrente. Ao vê-la, disse ele sorrindo que de bom grado a recebia por amor de Jesus Cristo, que, ele bem sabia, fora amarrado com uma corrente muito pior. Sob seus pés puseram dois feixes de lenha misturada com palha. Na verdade, dos pés até o queixo ele estava cercado de lenha.

Mas antes de acender a fogueira, Louis, Duque da Baviera, e outro senhor que estava com ele, que era filho de Clemente, vieram exortar John Huss, pedindo que ainda pensasse na sua salvação e renunciasse a seus erros. Respondeu-lhes ele dizendo: — A que erros devo renunciar, se não me sinto culpado de nada? Pois este sempre foi o objetivo principal e o propósito da minha doutrina, poder ensinar a todos os homens o arrependimento e a remissão dos pecados, segundo a verdade do Evangelho de Jesus Cristo. Por isso, com a mente serena e cheio de fé, estou preparado para enfrentar a morte. — Ouvidas essas palavras, eles o deixaram e, depois de um mútuo aperto de mão, foram embora.

Então foi acesa a fogueira, e John Huss se pôs a cantar em voz alta: — Jesus Cristo! Filho do Deus vivo! Tem piedade de mim. — E quando começou a repetir a invocação pela terceira vez, o vento soprou a chama contra o seu rosto e sufocou-lhe a voz. Mas, apesar disso, ele ainda se moveu durante o espaço de tempo que se leva para dizer três vezes a Oração do Senhor. Quando toda a lenha se consumiu, a parte superior do seu corpo jazia pendendo da corrente. Eles a derrubaram com estaca e tudo. Fizeram outra fogueira e a queimaram depois de cortar a cabeça em pequenos pedaços para que pudesse consumir-se mais rápido e transformar-se em cinza. O coração, que foi encontrado entre as vísceras, depois de batido com varas e paus, foi por fim espetado na ponta aguda de uma estaca e assado no fogo até consumir-se. Em seguida, recolheram as cinzas com grande diligência e as jogaram no rio Reno, para que não ficasse sobre a terra o menor vestígio desse homem. Todavia, sua memória não pôde ser apagada das mentes piedosas nem pelo fogo, nem pela água, nem por qualquer outra tortura.

Esse piedoso servo e mártir de Cristo foi queimado em Constança, no dia seis de julho de 1415, d.C.

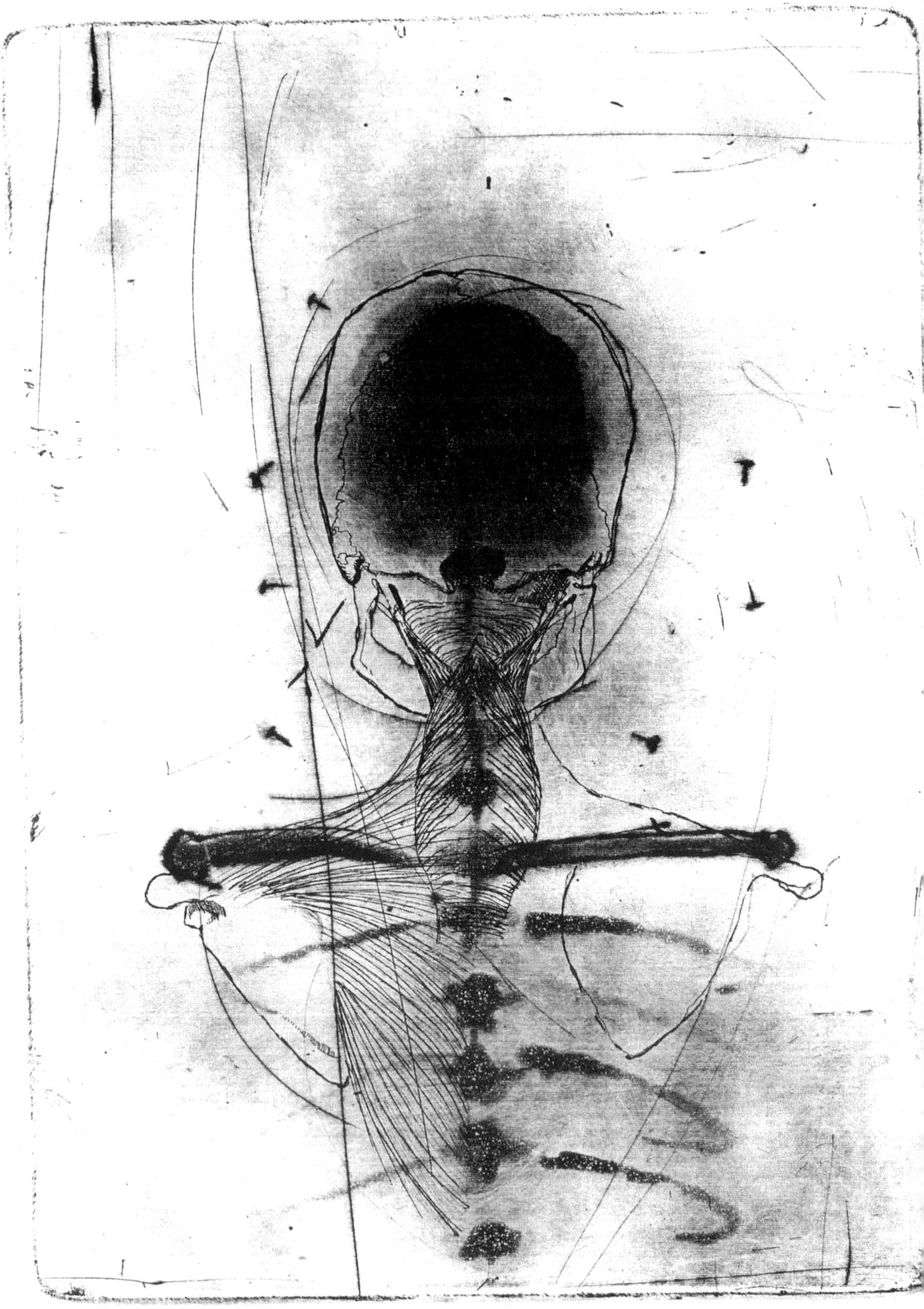

A História da Vida do Verdadeiro Servo e Mártir de Deus, William Tyndale

PRECISAMOS AGORA entrar na história do bom mártir de Deus, William Tyndale. Sendo ele um instrumento especial escolhido pelo Senhor, serviu como um alvião para abalar as raízes e fundações profundas do orgulhoso episcopado do Papa, de modo que o grande príncipe das trevas com seus falaciosos filhotes, nutrindo uma especial malícia contra ele, não economizou nenhum meio para apanhá-lo em suas armadilhas e falsamente traí-lo e tirar-lhe maldosamente a vida, conforme o desenrolar de sua biografia deixa aqui bem claro.

William Tyndale, o ministro fiel de Cristo, nasceu nos confins do País de Gales e foi criado desde pequeno na Universidade de Oxford. Lá, depois de um longo processo, ele cresceu tanto no conhecimento de línguas e outras artes liberais quanto sobretudo no conhecimento das Escrituras, às quais a sua mente se dedicava de modo singular. Tanto isso é verdade que, morando ele na Faculdade Magdalen, dava aulas particulares a certos estudantes e colegas daquela escola sobre alguns pontos de teologia, instruindo-os no conhecimento e na verdade das Escrituras. Seu comportamento e conversa correspondiam a seus ensinamentos de tal forma que ele tinha fama de ser um homem extremamente virtuoso e de vida ilibada.

Depois de muito crescer na Universidade de Oxford e avançar nos graus acadêmicos, William Tyndale sopesou sua situação e transferiu-se para Cambridge, onde também morou por certo tempo. Já mais maduro no conhecimento da Palavra de Deus, deixou aquela Universidade e procurou um certo Mestre Welch, um fidalgo de Gloucestershire, e empregou-se como preceptor dos filhos dele, conseguindo logo as boas graças do patrão. Como esse cavalheiro geralmente tinha um bom ordinário entre os seus comensais, para ele acorriam com freqüência diversos abades, deãos, arcediagos, juntamente com vários doutores e detentores de grandes benefícios. Ali reunidos, sentados à mesma mesa do Mestre Tyndale, muitas vezes entabulavam conversas e falavam de homens eruditos, como Lutero ou Erasmo. Falavam também de várias controvérsias e questões atinentes às Escrituras.

Nessas ocasiões o Mestre Tyndale, homem que tinha grande conhecimento e muita prática nas questões de Deus, não deixava de lhes mostrar com simplicidade e clareza a sua opinião. Quando eles, eventualmente, divergiam das opiniões de Tyndale, ele mostrava-lhes no texto escrito e com clareza apresentava as passagens evidentes das Escrituras, refutando os erros deles e confirmando as suas palavras. Assim procedeu por um certo tempo, raciocinando e discutindo com eles diversas vezes, até que no fim eles se cansaram e deixaram transparecer contra ele um ressentimento secreto.

Logo em seguida aconteceu que alguns desses grandes doutores convidaram Mestre Welch e sua esposa para um banquete. Lá conversaram à vontade, dando voz à sua cegueira e ignorância, sem nenhuma resistência ou voz contrária. Ao voltarem para casa, Mestre Welch e sua esposa mandaram chamar Tyndale e puseram-se a argumentar com ele sobre as questões comentadas pelos padres durante o banquete. Mestre Tyndale, respondendo com as Escrituras, defendeu a verdade e reprovou as falsas opiniões deles. Disse então a senhora Welch, mulher robusta e sábia (segundo relatou Tyndale): — Bem —

disse ela — havia lá um doutor que podia despender cem libras; outro, duzentas; outro, trezentas. E então o senhor acha que nós deveríamos acreditar primeiro no senhor e depois neles?

Mestre Tyndale não lhe deu resposta. Em seguida, percebendo que não valia a pena, pouco falou sobre aquelas questões. Naquela época ele trabalhava na tradução de um livro intitulado *Enchiridion Militis Christiani*, que deu ao seu patrão e à sua esposa. Depois que eles o leram com muita atenção, os sabidos prelados já não eram convidados para a casa deles com freqüência e quando compareciam não mostravam o mesmo prazer e tranqüilidade de outros tempos. Percebendo eles a situação e supondo que a causa da mudança era Mestre Tyndale, contiveram-se e por fim se abstiveram completamente e nunca mais compareceram.

À medida que isso foi crescendo, os padres da região se reuniram e começaram a dar voz ao seu ressentimento contra Tyndale, atacando-o nas cervejarias e outros lugares, afirmando que as palavras dele eram heréticas. Em segredo, acusaram-no perante o chanceler e outros oficiais do bispo.

Pouco tempo depois, houve uma reunião convocada pelo chanceler do bispo. Os padres foram avisados para comparecer. Também foi solicitada a presença de Mestre Tyndale. Não sabemos se ele teve algum mau presságio por causa das ameaças ou se lhe foi dado a conhecer que eles moveriam acusações contra ele. Mas é certo que (conforme sua própria declaração) ele achou que podia haver acusações secretas. Por isso, durante o percurso até o local do encontro, em seu coração bradava a Deus pedindo coragem para permanecer firme na verdade da Sua Palavra.

Por ocasião do seu comparecimento perante o chanceler, este o ameaçou com rigor, insultando-o e tratando-o como se ele fosse um cachorro, e o acusou de muitas coisas que ninguém soube demonstrar, apesar de estarem presentes todos os padres da região. Assim, Mestre Tyndale, escapando das mãos deles, voltou novamente para a casa do seu patrão.

Morava nas redondezas um certo doutor, que fora chanceler de um bispo e que em outra época fora um conhecido de Mestre Tyndale, de quem ele gostava muito. Para ele dirigiu-se Tyndale e revelou-lhe o que pensava a respeito de várias questões da Escritura, uma vez que com ele ousava abrir o seu coração. Disse-lhe o doutor: — Você sabia que o Papa é o próprio Anticristo de quem falam as Escrituras? Mas cuidado com o que você diz. Pois, se perceberem que você tem formada esta opinião , o fato vai lhe custar a vida.

Não muito tempo depois, Mestre Tyndale estava por acaso na companhia de um certo teólogo. Conversando e discutindo com ele, Tyndale mencionou a questão do Anticristo. O grande doutor explodiu dizendo a seguinte blasfêmia: — Melhor seria para nós não ter as leis de Deus do que não ter a leis do Papa. — Ouvindo aquilo, Mestre Tyndale, cheio de zelo divino e não tolerando tais palavras blasfemas, replicou: — Eu desafio o Papa e todas as suas leis. —E acrescentou que, se Deus lhe desse vida, dentro de uns poucos anos ele faria um menino que ara a terra ter mais conhecimento sobre as Escrituras do que ele.

O ressentimento dos padres contra Tyndale foi crescendo cada vez mais. Eles não paravam de ladrar e ralhar fazendo-lhe graves acusações e taxando-o de herege. Diante de tantos ataques e aborrecimentos, ele sentiu-se obrigado a deixar aquela região e procurar outras paragens. Foi então falar com Mestre Welch e, por iniciativa própria, pediu-lhes permissão para ir embora, dizendo: — Meu senhor, eu estou consciente de que não me deixarão permanecer nesta região por muito tempo. Nem o senhor, mesmo querendo, poderá me manter por aqui sem que eu caia nas mãos do poder espiritual. Só Deus sabe que problema teria o senhor por me dar cobertura, e isso me magoaria muito.

Em suma, Mestre Tyndale, contando com a boa-vontade do seu patrão, foi embora e logo apareceu em Londres, onde pregou durante certo tempo, como fizera no interior.

Lembrando-se de Cuthbert Tonstal, na época bispo de Londres, e especialmente da grande recomendação de Erasmo, que em suas anotações tanto exalta o referido Tonstal por sua erudição, Tyndale pôs na cabeça que, se conseguisse trabalhar para esse homem, dar-se-ia por feliz. Apresentando-se a Sir Henry Guilford, o mordomo do rei, trazendo consigo um discurso de Isócrates por ele traduzido do grego para o inglês, pediu-lhe que o recomendasse ao Bispo de Londres, o que foi feito. Pediu-lhe também para escrever uma carta ao bispo e acompanhá-lo até sua excelência. O mordomo o atendeu e Tyndale escreveu a carta e a entregou a um dos servos do bispo chamado William Hebilthwait, a quem conhecia de longa data. Mas Deus, que secretamente determina o curso dos acontecimentos, viu que isso não era o melhor para os objetivos de Tyndale e não resultaria em benefício de Sua Igreja. Por isso, não permitiu que ele encontrasse muita ajuda da parte do bispo, que lhe deu a seguinte resposta: sua casa estava cheia; tinha mais gente a seu serviço do que julgava conveniente. Aconselhou-o a procurar em outras partes de Londres, onde, disse ele, não lhe haveria de faltar trabalho.

Diante da recusa do bispo, Tyndale procurou Humphrey Mummuth, um vereador de Londres, e lhe implorou ajuda. Este imediatamente o abrigou em sua casa, onde (como disse Mummuth) Tyndale levava a vida de um bom sacerdote, estudando dia e noite. Por decisão própria, ingeria apenas carne ensopada e não bebia mais que uma cerveja pequena. Nunca foi visto vestindo roupas delicadas durante todo o tempo em que ficou naquela casa.

E assim Mestre Tyndale permaneceu em Londres por quase um ano, observando em silêncio o caminho do mundo, especialmente o comportamento dos pregadores, o modo como se pavoneavam e estabeleciam sua autoridade; contemplando também a pompa dos prelados juntamente com outras coisas que muito lhe desagradavam. De modo que ele entendeu não só que não havia lugar para ele traduzir o Novo Testamento na residência do bispo mas também que não havia onde fazê-lo em toda a Inglaterra.

Portanto, recebendo Tyndale, graças à providência divina, alguma ajuda que lhe foi prestada por Humphrey Mummuth e alguns outros homens generosos, despediu-se do reino e partiu para a Alemanha onde, inflamado de carinho e zelo pelo seu país, não recusou nenhum trabalho ou esforço para, de todas as maneiras possíveis, conduzir os seus irmãos e compatriotas da Inglaterra ao mesmo gosto e entendimento da santa Palavra de Deus e da verdade com que o Senhor o revestira a ele. Conseqüentemente, ponderando consigo mesmo e com John Frith, Tyndale julgou não haver melhor caminho para isso do que traduzir as Escrituras para a linguagem vulgar, a fim de que o pobre povo pudesse ler e ver a pura e simples Palavra de Deus. Ele percebeu que não era possível conduzir os leigos a qualquer verdade, a menos que as Escrituras fossem colocadas diante de seus olhos de forma clara em sua língua materna para que eles pudessem ver o significado do texto. Caso contrário, qualquer verdade que se lhes ensinasse, os inimigos da verdade a apagariam seja com seus raciocínios sofistas e tradições por eles criadas sem fundamento algum nas Escrituras, seja fazendo malabarismos com o texto, expondo-o de modo que impossibilitasse a eles a compreensão, caso se quisesse discernir seu sentido exato.

Mestre Tyndale considerava que a causa de todo o mal no seio da Igreja provinha unicamente, ou quase, do fato de as Escrituras não serem expostas aos olhos do povo. Os atos abomináveis e as idolatrias fomentadas pelo clero farisaico não podiam ser detectadas; portanto, todo o trabalho e esforço era para ocultar a Bíblia, a fim de que não fosse sequer lida ou, caso o fosse, a fim de obscurecer-lhe o sentido exato com a névoa de seus sofismas, enredando assim os que censuravam ou desprezavam suas abominações.

Distorcendo a Escritura para os seus objetivos, contrários ao sentido do texto, eles de tal forma confundiam o povo leigo e iletrado que você sentia no seu coração e tinha certeza de que tudo o que diziam era falso; e mesmo assim você não conseguia resolver as sutilezas de seus enigmas.

Por essas e outras considerações o bom homem sentiu-se estimulado por Deus a traduzir a Escritura para a sua língua materna, em benefício do povo simples do seu país. Começou primeiro pelo Novo Testamento, que foi impresso e publicado por volta de 1529, d.C. Cuthbert Tonstal, Bispo de Londres, e Sir Thomas More, sentindo-se profundamente ofendidos, buscaram meios para destruir aquela tradução, que eles chamaram de falsa e errônea.

Aconteceu que um certo Augustine Packington, um comerciante de tecidos, estava então em Antuérpia, onde se encontrava o bispo. Esse homem protegia Tyndale mas ao bispo deu a entender o contrário. Querendo então o bispo realizar o seu intento, comentou como ele gostaria de comprar os Novos Testamentos de Tyndale. Ouvindo isso disse Packington: — Excelência! Neste caso eu posso fazer mais do que a maioria dos comerciantes aqui presentes, se for do seu agrado. Pois eu conheço os holandeses e os estrangeiros que os compraram de Tyndale e os têm para vender. Portanto, se isso for do agrado de sua excelência, eu preciso desembolsar dinheiro por eles, caso contrário não posso adquiri-los. Mas eu lhe garanto que terá cada exemplar que foi impresso e ainda não foi vendido. —- O bispo, julgando que tinha Deus "na palma da mão", disse: — Faça a sua busca, caro Mestre Packington! Compre-os para mim, pois desejo queimá-los e destruí-los diante da Cruz da Catedral de Paulo. — Esse Augustine Packington foi procurar William Tyndale e contou-lhe toda a história. E assim, por um acordo feito entre eles, o Bispo de Londres ficou com os livros, Packington com os agradecimentos e Tyndale com o dinheiro.

Depois do ocorrido, Tyndale corrigiu novamente o mesmo texto do Novo Testamento e mandou fazer novas impressões, de modo que chegaram à Inglaterra exemplares em número triplicado. Quando o bispo percebeu o fato, mandou chamar Packington e lhe disse: — Como se explica isso? O senhor me prometeu que os compraria a todos. —Respondeu-lhe então Packington: — Sem dúvida eu comprei todos os que se podiam comprar. Mas parece que depois eles imprimiram mais. Acho que o problema nunca será resolvido enquanto houver tipos e impressoras. Portanto, o melhor seria comprar também as impressoras. Assim Vossa Excelência teria certeza. — Diante dessa resposta o bispo sorriu, e o caso foi encerrado.

Pouco tempo depois aconteceu que George Constantine foi preso por Sir Thomas More, então Chanceler da Inglaterra, sob suspeita de certas heresias. Mestre More interrogou-o dizendo: — Constantine! Gostaria que fosse sincero comigo numa questão que vou lhe fazer, e prometo-lhe beneficiá-lo em outras coisas de que o senhor é acusado. Vivem além mar Tyndale, Joye e muitos dos seus. Sei que não podem viver sem receber ajuda. Há alguém que os ajuda com dinheiro, e o senhor, sendo um do grupo, tem sua parte no caso. Portanto, diga-me quem são os que os ajudam com dinheiro?

— Meu Senhor — respondeu Constantine — vou dizer-lhe que, na verdade, foi o Bispo de Londres que nos ajudou, pois ele nos deu uma grande soma de dinheiro ao comprar os exemplares do Novo Testamento para queimá-los. Essa foi, e continua sendo, a única ajuda que nos deu conforto. — Ora, por minha fé — disse More — penso exatamente o mesmo, e foi o que eu disse ao bispo antes de ele pôr o plano em prática.

Depois disso, Mestre Tyndale assumiu a tarefa de traduzir o Velho Testamento. Terminou os cinco livros de Moisés, com prólogos cheios de erudição e piedade, dignos da leitura e releitura de todo bom cristão. Esses livros foram enviados para a Inglaterra. Não é possível dizer que porta de luz eles abriram diante dos olhos de toda a nação inglesa, antes fechados nas trevas.

Ao deixar o reino da Inglaterra, Tyndale foi primeiro para a Alemanha, onde consultou Lutero e outros eruditos. Depois de um certo tempo por lá, desceu para a Holanda e morou sobretudo na cidade de Antuérpia.

Os piedosos livros de Tyndale, especialmente a sua tradução do Novo Testamento, começaram a chegar às mãos dos leitores e a se disseminar no exterior, trazendo grande e singular vantagem às pessoas piedosas. Mas os ímpios (invejando e desdenhando o fato de que as pessoas se tornassem mais sábias que eles e temendo que pelos raios brilhantes da verdade suas obras ocultas pudessem ser detectadas) começaram a se mexer com muito barulho.

Depois de terminar a tradução do Deuteronômio, pensando em imprimi-lo em Hamburgo, Tyndale para lá zarpou. Na costa da Holanda sofreu um naufrágio no qual perdeu todos os seus livros, escritos, cópias, seu dinheiro e tempo, e assim foi obrigado a começar tudo de novo. Tomou outro navio para Hamburgo onde, a seu pedido, Mestre Coverdale estava à sua espera e o ajudou a traduzir por inteiro os cinco livros de Moisés, trabalhando da Páscoa até dezembro na casa de uma venerável viúva, a sra. Margaret Van Emerson, no ano de 1529, d.C. Uma violenta epidemia de febre grassava então na cidade. Assim, depois de ali resolver seus problemas, ele voltou para Antuérpia.

Quando Deus quis que o Novo Testamento na língua vulgar fosse publicado, Tyndale, o seu tradutor, acrescentou ao final do texto uma carta na qual expressava seu desejo de que os eruditos fizessem correções, se encontrassem algo de errado. Portanto, se tivesse havido alguma falha digna de correção, teria sido uma atitude de cortesia e gentileza da parte dos homens dotados de conhecimento e discernimento terem mostrado a sua erudição no assunto corrigindo o que fosse necessário. Mas o clero, não querendo que o livro prosperasse, pôs-se a gritar contra ele dizendo que continha mil heresias e que não devia ser corrigido mas sim totalmente eliminado. Alguns disseram que não era possível traduzir as Escrituras para o inglês; outros, que não era legítimo que o povo as lesse na sua língua materna; outros, que transformaria a todos em hereges. E a fim de atrair os poderes temporais para os seus objetivos, disseram que o texto traduzido faria o povo rebelar-se contra o rei.

Tudo isso Tyndale declara em seu prólogo ao primeiro livro de Moisés, em que mostra também o grande esforço que fizeram ao examinar aquela tradução, comparando-a com suas imaginações pessoais. Com menos trabalho, supõe ele, eles teriam traduzido grande parte da Bíblia. Mostra, além disso, que eles examinaram minuciosamente cada título, cada ponto, de tal modo e com tanto cuidado que não houve um único *i* no texto em que faltasse um pingo que eles não o notassem e apontassem ao povo ignorante como uma heresia.

Tão grandes eram na época os perversos recursos do clero inglês (cujos membros deveriam ter sido os guias de luz para o povo) destinados a afastar as pessoas do conhecimento da Escritura, que eles mesmos não queriam traduzir nem aceitavam que outros o fizessem. Sua intenção (conforme diz Tyndale) era a de manter o mundo nas trevas para poder dominar as consciências do povo pela vã superstição e a falsa doutrina, para satisfazer a sua ambição e cobiça insaciável, e para exaltar a própria honra acima do Rei e do Imperador.

Os bispos e prelados não tiveram descanso algum até conseguirem o apoio do rei à sua causa. Assim, providenciou-se uma proclamação apressada, expedida sob os auspícios da autoridade pública, determinando que o Novo Testamento da tradução de Tyndale era proibido. O fato aconteceu por volta de 1537, d.C. Não satisfeitos com isso, foram ainda mais longe para prendê-lo em suas redes e tirar-lhe a vida. Como isso aconteceu é o que falta mostrar.

Nos registros de Londres aparece claramente como foi que os bispos e Sir Thomas More, obrigando-o a comparecer perante eles quem tivesse estado em Antuérpia, atentamente investigavam e examinavam tudo o que se referia a Tyndale, onde e com quem ele se hospedava, qual o endereço de sua casa, qual a sua estatura, com que roupas se vestia, de que recursos ele dispunha. Depois de diligentemente investigar tudo isso, eles começaram a realizar suas proezas.

Na Holanda William Tyndale morou em Antuérpia. Quando já passara um ano na casa de um certo Thomas Pointz, que dirigia um estabelecimento para comerciantes ingleses, lá encontrou-se com Henry Philips, um cidadão procedente da Inglaterra, cujo pai era freguês de Poole. Henry Philips era um sujeito elegante, como se fosse um fidalgo, e tinha consigo um servo. Mas ninguém sabia de onde ele vinha ou por que razões lá se encontrava.

Mestre Tyndale era com freqüência convidado a almoçar e jantar com os comerciantes. Foi assim que conheceu Henry Philips e, num curto espaço de tempo, passou a depositar nele muita confiança. Trouxe-o para a sua residência na casa de Thomas Pointz. Almoçou e jantou com ele uma ou duas vezes, criando-se entre os dois uma tal amizade que, por intermédio de Tyndale, Henry Philips passou a morar no estabelecimento de Pointz. Além disso, Tyndale mostrou-lhe seus livros e outros segredos de seus estudos, pois na época não desconfiava nada desse traidor.

Mas Pointz, não confiando muito no sujeito, perguntou a Mestre Tyndale como conhecera Philips. Mestre Tyndale respondeu que se tratava de um homem honesto, elegante e erudito, que levava uma vida muito decente. Diante de toda essa aprovação Pointz se calou, julgando que Tyndale o conhecera por intermédio de algum amigo. Certa ocasião, depois de passar três ou quatro dias na cidade, Philips o convidou para dar um passeio com ele pelas ruas e lhe mostrar as mercadorias de Antuérpia. Durante a caminhada, Pointz ficou sabendo de diversos casos e de alguns assuntos do Rei. Mas isso ainda não o fez desconfiar de nada. Porém, com o passar do tempo, percebeu que a intenção de Philips era sondar se ele, Pointz, por dinheiro, poderia ajudá-lo em seu intento. Percebeu que Philips era endinheirado e queria que Pointz soubesse disso. De fato, em ocasiões anteriores pedira a sua ajuda em vários casos, e tudo o que ele mencionava tinha de ser da melhor qualidade. — Pois — dizia ele — eu tenho bastante dinheiro.

Philips partiu de Antuérpia para o tribunal de Bruxelas, que fica a uma distância de vinte e quatro milhas inglesas. De lá voltou trazendo o procurador geral, que é o advogado do imperador, e mais alguns oficiais.

Dois ou três dias mais tarde, Pointz foi para a cidade de Barrois, que fica a dezoito milhas inglesas de Antuérpia. Lá ficou resolvendo seus negócios pelo espaço de um mês ou seis semanas. Durante sua ausência, Henry Philips voltou para Antuérpia e para a sua casa. Foi entrando e perguntando à mulher de Pointz se Mestre Tyndale estava ali. Depois, tornou a sair e postou os oficiais que trouxera consigo de Bruxelas na rua e junto à porta da casa. Por volta do meio-dia, retornou e foi ter com Tyndale e pediu-lhe quarenta xelins emprestados. — Pois — disse ele — perdi minha bolsa esta manhã vindo para cá, entre Antuérpia e Mechlin. — Assim, Mestre Tyndale deu-lhe o dinheiro, coisa que era fácil conseguir dele quando o tinha, simples e inexperiente como ele era nas vis sutilezas deste mundo. Disse então Philips: — Mestre Tyndale! Hoje o senhor será meu convidado. — Não — respondeu Mestre Tyndale. — Hoje vou sair para almoçar, e o senhor virá comigo e será bem-vindo.

Na hora do almoço, Mestre Tyndale saiu com Philips. Na saída da casa de Pointz havia um longo corredor, tão estreito que duas pessoas não podiam caminhar lado a lado. Mestre Tyndale queria que Philips fosse à frente, mas este de modo algum quis aceitar a precedência. Fez Tyndale caminhar diante dele, fingindo assim grande bondade. Mestre Tyndale, que não tinha alta estatura, foi à frente, seguido pelo alto e elegante Philips. Este havia postado guardas sentados em bancos dos dois lados da porta, para que vigiassem a entrada. Philips apontou com o dedo por sobre a cabeça de Mestre Tyndale, indicando aos guardas que ele era a pessoa que deviam prender. Mais tarde, depois de deixá-lo na prisão, os oficiais contaram a Pointz que se comoveram diante da simplicidade do prisioneiro. Eles o trouxeram para o advogado do imperador, onde jantou. Depois o procurador geral veio à casa de Pointz e apreendeu tudo o que era de Mestre Tyndale, livros e outros objetos. Tyndale foi levado ao castelo de Filford, a dezoito milhas inglesas de Antuérpia.

Imediatamente após a prisão, graças à cooperação dos mercadores ingleses, cartas foram enviadas ao tribunal de Bruxelas em defesa de Tyndale. Também logo em seguida cartas foram endereçadas da Inglaterra ao conselho de Bruxelas e enviadas para Antuérpia por meio dos especuladores do comércio, com o pedido de que fossem entregues aos destinatários com urgência. Os comerciantes que na época lá se encontravam foram convocados, reuniram-se e pediram que Pointz se encarregasse pessoalmente de entregar as cartas em defesa de Mestre Tyndale ao Lorde de Barrois e a outros. Pointz soube que o Lorde de Barrois naquela ocasião não se encontrava em Bruxelas. Então saiu no dia seguinte à sua procura e o encontrou em Achon, onde lhe entregou as cartas. O Lorde de Barrois recebeu-as e leu-as, sem lhes dar uma resposta direta. Mas, de certa forma levantando uma objeção, disse que alguns dos seus compatriotas haviam sido queimados na Inglaterra não muito tempo antes (como de fato acontecera com alguns anabatistas em Smithfield). Disse-lhe então

Pointz: — Seja como for, independentemente do crime deles, se Vossa Senhoria ou algum outro nobre tivesse pedido por escrito a sua libertação, eu acho que ela não teria sido negada.

— Bem — disse ele — agora não tenho tempo para escrever, pois a princesa está pronta para viajar.

Respondeu-lhe então Pointz: — Se for do agrado de Vossa Senhoria, irei a sua procura na próxima parada para alimentar os cavalos, em Maestricht.

— Se fizer isso — disse o lorde — decidirei ao longo do caminho sobre o que devo escrever.

Assim Pointz o seguiu de Achon até Maestricht, que distam entre si quinze milhas inglesas. Lá recebeu do lorde as cartas: uma para o conselho, outra para a companhia dos especuladores do comércio e mais outra para Lorde Cromwell da Inglaterra.

De lá Pointz viajou para Bruxelas, onde entregou ao conselho as cartas da Inglaterra juntamente com as do Lorde de Barrois. Logo recebeu a resposta para a Inglaterra e a trouxe para os comerciantes ingleses de Antuérpia. Estes pediram-lhe que fosse com eles para a Inglaterra. Desejando muito tirar Mestre Tyndale da prisão, Pointz não poupou sacrifícios nem tempo que deveria dedicar aos seus negócios e zelosamente viajou com as cartas, que entregou ao conselho. Pediram-lhe que aguardasse até receber outras cartas. Um mês depois, recebidas as cartas, ele voltou e as entregou ao conselho do imperador em Bruxelas, e ficou aguardando as respostas.

Philips, que lá estava, acompanhou o processo contra Mestre Tyndale. Ouvindo dizer que ele seria entregue a Pointz e temendo não poder conseguir os objetivos dele, não viu outra saída senão acusar Pointz, dizendo que se tratava de um residente de Antuérpia, um defensor de Tyndale, partilhando da mesma opinião. Disse que todo o trabalho para libertar Mestre Tyndale era obra e empenho pessoal dele e de mais ninguém. Assim Pointz foi posto sob a guarda de dois beleguins.

Mestre Tyndale continuava preso. Ofereceram-lhe um advogado e um procurador. Ele recusou-os dizendo que faria sua própria defesa.

De tal modo pregara ele aos guardas encarregados de sua custódia e àqueles que vinham conversar com ele no Castelo que dele diziam que se esse não era um bom cristão, eles não sabiam quem poderia ser considerado como tal.

No fim, depois de muitos arrazoados, quando razão alguma já não servia para nada, embora sem merecer a morte, ele foi condenado em virtude de um decreto do imperador publicado na assembléia de Augsburgo. Trazido para o local da execução, foi amarrado à estaca, estrangulado pelo carrasco e em seguida consumido pelo fogo, na cidade de Filford em 1536, d.C., gritando na fogueira com fervoroso zelo, alto e bom som: — Senhor! Abre os olhos do Rei da Inglaterra.

Tal foi o poder de sua doutrina e a sinceridade de sua vida que durante o tempo de seu encarceramento (que durou um ano e meio) ele converteu, segundo dizem, seu guarda, a filha do guarda e outros da mesma família.

No que tange à sua tradução do Novo Testamento, motivado pelas numerosas censuras de seus inimigos alegando que o texto estava cheio de heresias, escreveu ele a John Frith o seguinte: "Peço a Deus que registre para o dia em que deveremos comparecer perante o Senhor Jesus que eu nunca alterei uma sílaba da Palavra de Deus contra a minha consciência. Tampouco o faria hoje, nem para ter em troca tudo o que existe na Terra, seja honra, prazer ou riqueza".

A História do Dr. Martinho Lutero com a Descrição de Sua Vida e Doutrina

MARTINHO LUTERO nasceu em Eisleben na Saxônia em 1483, d.C. Numa idade já madura, foi enviado para a universidade, primeiro a Magdeburgo e depois a Erfurt. Na Universidade de Erfurt havia um ancião do convento dos agostinianos com quem Lutero, que também era um frade agostiniano, conversava sobre vários assuntos, especialmente sobre a remissão dos pecados. O padre ancião revelou a Lutero esse artigo de fé, explicando que o mandamento expresso de Deus é que todos os homens devem acreditar sobretudo que seus pecados são perdoados em Cristo, e acrescentava que essa interpretação era confirmada por São Bernardo: "Este é o testemunho que o Espírito Santo dá ao teu coração dizendo: Teus pecados estão perdoados. Esta é, na verdade, a opinião do apóstolo: o homem é graciosamente justificado pela fé".

Com essas palavras ele não apenas se fortificava como também se instruía sobre o significado pleno de São Paulo, que tantas vezes repetiu a frase: "Nós somos justificados pela fé". Após ler muitas exposições sobre essa passagem, ele percebeu, tanto pelo discurso do ancião quanto pelo conforto recebido em seu próprio espírito, a vaidade das interpretações dos escolásticos que ele havia lido anteriormente. Assim, pouco a pouco, lendo e comparando as palavras e os exemplos de profetas e apóstolos, sempre invocando a Deus e estimulando a fé com a força da oração, percebeu esta doutrina de modo extremamente claro. E assim, ele continuou seus estudos em Erfurt no convento dos agostinianos por quatro anos.

Nessa mesma época, um certo Staupitius, homem famoso que prestara sua ajuda para promover a construção de uma universidade em Wittenberg, após considerar o espírito e a aptidão de Lutero, chamou-o de Erfurt para colocá-lo em sua universidade. O convite aconteceu no ano de 1508, d.C., quando Lutero tinha vinte e seis anos de idade. Enquanto isso, ele jamais interrompeu seus estudos de teologia. Três anos mais tarde, foi para Roma, de onde retornou no mesmo ano para receber o grau de doutor às expensas do Eleitor Frederico, Duque da Saxônia. Este o ouvira pregar, percebera bem a grandeza de seu espírito, ponderara com calma a veemência de suas palavras e admirara sobremaneira as profundas questões que Lutero, em sua pregação, explicava com exatidão e maturidade. Contra a vontade de Lutero, Staupitius lhe impôs o grau de doutor, dizendo em tom de brincadeira que havia muitas coisas que Deus faria acontecer na sua Igreja por seu intermédio. Embora essas palavras tivessem sido ditas jocosamente, elas se concretizaram logo em seguida.

Depois disso, Lutero começou a explicar a Epístola aos Romanos e os Salmos. Nesses textos ele mostrou a diferença entre a Lei e o Evangelho, mostrou o erro então dominante em aulas e sermões, por exemplo, que o homem pode merecer a remissão de seus pecados e que se justifica perante Deus por meio da disciplina externa, como pensavam os fariseus. Lutero dedicava-se ao trabalho de reconduzir as mentes dos homens para o Filho de Deus. Como João Batista mostrou o Cordeiro de Deus que tirou os pecados do mundo, do mesmo modo Lutero, brilhando na Igreja como a clara luz do sol após uma longa noite escura, expressamente mostrou que os pecados são graciosamente perdoados pelo amor do Filho de Deus e que nós devemos sinceramente acolher este generoso presente.

Sua vida correspondia às suas convicções. Claro estava que suas palavras não eram palavras vazias, mas provinham do fundo da alma. Sua santidade de vida muito seduzia os corações dos seus ouvintes.

Durante todo esse tempo Lutero nada alterou nas cerimônias religiosas e observava meticulosamente as regras como os seus confrades. Não tratava de questões dúbias. A todos ensinava apenas uma doutrina como sendo a mais importante, expondo e esclarecendo a questão do arrependimento, da remissão dos pecados, da fé, do verdadeiro conforto a ser buscado na cruz de Cristo. Todos se beneficiavam do bom sabor dessa doce doutrina, e os eruditos sentiam grande prazer ao contemplar Jesus Cristo, os profetas e os apóstolos deixando as trevas e surgindo em plena luz.

Aconteceu também que, por essa época, muitos foram estimulados pelos trabalhos eruditos de Erasmo ao estudar as línguas grega e latina. Estes, tendo diante de si um novo campo de estudo mais agradável do que nunca, começaram a desprezar o ensino bárbaro e sofista dos monges. Lutero se pôs a estudar grego e hebraico a fim de haurir a doutrina das verdadeiras fontes e assim poder formar opiniões mais sólidas.

Enquanto Lutero na Alemanha se mantinha assim ocupado, no ano de 1516, Leão X, que sucedera a Júlio II, era o Papa de Roma. Com o pretexto de mover guerra aos turcos, o Papa distribuiu seus perdões por todos os domínios cristãos, recolhendo assim riquezas e tesouros incalculáveis. Os encarregados da colheita e da coleta persuadiam o povo dizendo que quem doasse dez xelins poderia, à sua escolha, livrar uma alma das penas do purgatório. Mas se faltasse um ceitil para os dez xelins, a oferta de nada lhes serviria.

A mercadoria do Papa também chegou à Inglaterra por meio de um certo frade dominicano chamado Tetzel que, do modo mais impudente, promoveu a venda das indulgências pelo país. De imediato Lutero, altamente indignado com os sermões blasfemos desse descarado frade e estando seriamente decidido a preservar com ardor a verdadeira religião, publicou certas proposições referentes às indulgências e afixou-as no templo contíguo ao castelo de Wittenberg, na manhã seguinte à da festa de Todos os Santos, em 1517, d.C.

Esse frade mendicante, na esperança de obter a bênção do Papa, reuniu alguns monges e sofistas teólogos do seu convento e imediatamente ordenou-lhes que escrevessem alguma coisa contra Lutero. Ele mesmo também não ficou calado: começou a vociferar dizendo: — Lutero é um herege e merece ser perseguido com fogo. — Queimou em praça pública as proposições e o sermão que Lutero escrevera sobre as indulgências. A raiva e a fumegante fúria desse frade obrigou Lutero a tratar a causa de modo mais amplo para defender a verdade. Assim foi o começo dessa controvérsia.

Dentre os príncipes do nosso tempo, o bom Duque Frederico foi um dos que amaram o silêncio e a tranqüilidade comum. Assim ele não estimulou nem apoiou Lutero e muitas vezes mostrou o pesar e a dor que carregava em seu coração pelo medo de maiores dissensões. Porém, sendo um príncipe sábio e seguindo o conselho da regra de Deus, deliberava com muito cuidado sobre a questão, tendo em mente que devia preferir a glória de Deus a todas as coisas. Tampouco desconhecia que era uma grave blasfêmia, terrivelmente condenada por Deus, opor-se de modo obstinado à verdade. Por isso, ele agiu como deve proceder um príncipe piedoso, obedeceu a Deus, entregando-se a Sua santa graça e onipotente proteção. E embora o Imperador Maximiliano, Carlos V da Espanha e o Papa Júlio II houvessem ordenado ao Duque Frederico que impedisse Lutero de pregar livremente onde quer que fosse, todavia o duque, ponderando consigo mesmo sobre os sermões e escritos de Lutero e pesando com cuidado os testemunhos e as passagens da Escritura alegados por ele, não quis opor resistência àquilo que julgava ser sincero. Não tomou, porém, essa atitude confiando em seu discernimento pessoal. Estava na verdade muito ansioso para ouvir o parecer de outros, de anciãos e eruditos, entre os quais estava Erasmo, cuja opinião muito lhe interessava, protestando que ele preferia que o chão se abrisse e o tragasse a acalentar qualquer opinião que ele soubesse ser contrária à verdade evidente.

Erasmo pôs-se a responder ao duque de modo jocoso, dizendo que em Lutero havia duas grandes falhas. Primeira, ele mexia com as barrigas dos monges.

Segunda, ele mexia com a coroa do Papa! Então, sendo explícito com o duque, disse-lhe que Lutero agiu bem ao detectar os erros e que a reforma da Igreja era muito necessária. E acrescentou que o efeito de sua doutrina era real.

Além disso, o mesmo Erasmo, no ano seguinte, escreveu uma carta ao Arcebispo de Mentz sobre a causa de Lutero: "O mundo está sobrecarregado de instituições humanas e sob a tirania dos frades mendicantes. Outrora considerava-se heresia quando alguém lutava contra os Evangelhos. Agora é herege aquele que não concorda com Tomás de Aquino. Tudo aquilo de que eles não gostam, tudo aquilo que eles não entendem, isso é heresia. Saber grego é heresia. Falar de um modo mais refinado que o deles é heresia".

Os piedosos e fiéis cristãos que estavam fechados nos mosteiros, compreendendo que se deviam evitar as imagens, começaram a abandonar a mísera escravidão na qual estavam presos.

Lutero desprezava especialmente os bispos de Roma com suas mitras chifrudas, os quais, arrogantes e impudentes, afirmavam que São Pedro não recebeu apenas a incumbência de ensinar o Evangelho mas também de governar comunidades políticas e exercer jurisdição civil. Exortava a todos a dar a Deus o que é de Deus e a César o que pertence a César. Dizia que todos devem servir a Deus. Depois que Tetzel, o frade mencionado acima, com seus confrades e membros religiosos, abrira a boca atacando Lutero em defesa das indulgências do Papa; e depois que Lutero novamente, em defesa de sua causa, afixara suas proposições contra os evidentes abusos que elas representavam, foi maravilhoso ver como em pouco tempo essas proposições começaram a aparecer em pontos próximos e distantes e com que avidez foram agarradas por muitas mãos por perto e ao longe.

Logo depois surgiu um certo Silvestre de Priero, frade dominicano, que tomou a iniciativa de publicar um diálogo impudente e agressivo contra Lutero. Este respondeu-lhe a partir das Escrituras.

Então Martinho Lutero, no dia sete de agosto, foi intimado por um certo Jerônimo, Bispo de Áscoli, a comparecer em Roma. Naquela época o legado do Papa, cardeal Tomás Caetano, era embaixador na cidade de Augsburgo. Ele fora enviado àquela cidade com poder para executar alguns mandados do Papa Leão. Ao tomar conhecimento da intimação de Lutero, a Universidade de Wittenberg imediatamente endereçou cartas ao Papa, em defesa de Lutero. Outra carta foi enviada a Carolus Militius, tesoureiro do Papa, que era alemão de nascença. Além disso, o bom Frederico não parava de solicitar que a causa de Lutero fosse desvinculada de Roma e transferida para Augsburgo na jurisdição do cardeal. Caetano, por insistência do duque, escreveu ao Papa, de quem recebeu a seguinte resposta:

Que ele intimara Lutero a comparecer pessoalmente à sua presença em Roma, por meio de Jerônimo, Bispo de Áscoli, auditor do tesouro; que o bispo diligentemente fizera o que lhe fora mandado, mas Lutero, abusando da gentileza oferecida e desprezando-a, não apenas se recusou a comparecer como também tornou-se mais ousado e obstinado, continuando, ou melhor, avançando em sua heresia, como mostram os seus escritos. Portanto, ele gostaria que o cardeal intimasse e convocasse Lutero a comparecer à sua presença na cidade de Augsburgo, servindo-se para isso da colaboração dos príncipes da Alemanha e do imperador, se fosse necessário. De modo que, quando Lutero comparecesse, o cardeal deveria pôr suas mãos sobre ele e entregá-lo a uma custódia segura: em seguida ele deveria ser trazido para Roma. Se percebesse em Lutero algum reconhecimento ou emenda de suas falhas, ele o poria em liberdade e novamente o restauraria para a Igreja. Caso contrário, Lutero seria suspenso com todos os seus seguidores, cúmplices e defensores, não importando o estado ou a condição deles, fossem duques, marqueses, condes ou barões. Contra todas essas pessoas (excetuando-se apenas o imperador) ele queria que o bispo estendesse a mesma praga e maldição, interditando, mediante as censuras da Igreja, todas aquelas terras, domínios, cidades, vilas e imóveis que oferecessem algum abrigo a Lutero e se recusassem a obedecer à sé de Roma. Pelo contrário, a todos os que se mostrassem obedientes ele garantiria plena remissão de todos os seus pecados.

O Papa também enviou na mesma época outras cartas ao Duque Frederico, com muitas palavras pesadas, queixando-se de Lutero.

O cardeal, que em sua missão trazia muitas injunções de Roma, imediatamente ordenou que Lutero comparecesse à sua presença em Augsburgo.

Por volta do início de outubro, Martinho Lutero, submetendo-se obediente à Igreja de Roma, veio para Augsburgo, a pedido do cardeal (às custas do nobre príncipe eleitor, com cartas de recomendação assinadas por ele), onde permaneceu três dias antes de fazer seu pronunciamento, pois ficou estabelecido pelos seus amigos que ele não deveria conversar com o cardeal antes de obter uma garantia suficiente ou um salvo-conduto concedido pelo Imperador Maximiliano. Obtido o documento, ele logo se apresentou, oferecendo-se para ouvir o que o cardeal tinha a lhe dizer. Este recebeu-o com muita amabilidade e, a pedido do Papa, propôs a Martinho três coisas, a saber:

I. Que ele deveria arrepender-se de seus erros.
II. Que ele deveria prometer não cometê-los novamente.
III. Que ele deveria abster-se de tudo o que pudesse de algum modo causar problemas para a Igreja.

Quando Martinho Lutero pediu que o informassem quais eram seus erros, o legado respondeu-lhe que ele defendera e ensinara que os méritos de Cristo não são o tesouro de indulgências e perdões e que a fé é necessária para quem recebe o sacramento. Além disso, Lutero protestava que os méritos de Cristo não são consignados aos homens; que a voz do Papa deve ser ouvida quando ele fala de acordo com as Escrituras; que o Papa pode errar; e que ele deve ser repreendido. Mais ainda, ele mostrou que, em questões de fé, não apenas o Concílio Geral mas também todos os fiéis cristãos estão acima do Papa, se eles se apoiarem em autoridade superior e na razão.

Mas o cardeal não queria ouvir falar nas Escrituras. Disputava sem elas, tirando glosas e explanações da própria cabeça. Lutero, não conseguindo encontrar-se com o cardeal, depois de esperar seis dias, seguiu o conselho de seus amigos e partiu de volta para Wittenberg, deixando uma apelação ao Bispo de Roma contra o cardeal que mandou afixar publicamente antes de ir embora. Caetano escreveu uma carta dura e mordaz ao Duque Frederico. Nela exortava-o dizendo que, se cuidava de sua honra e segurança, ele deveria mandar Lutero para Roma ou então expulsá-lo de seus domínios.

O duque respondeu a essa carta do cardeal justificando a Lutero e a si mesmo. A Lutero pelo fato de que, seguindo a sua consciência e apoiando-se na Palavra de Deus, não iria revogar como erro aquilo que não se podia provar ser erro algum. E a si mesmo pelo fato de que, enquanto dele se exigia expulsar Lutero do país ou enviá-lo para Roma, seria pouco honesto de sua parte agir assim e menos consoante com a sua consciência, a não ser que ele soubesse de um motivo justo para isso. Se o cardeal quisesse ou pudesse esclarecê-lo, ele em nada deixaria de cumprir o papel de um príncipe cristão. Portanto, desejava que o cardeal fosse um instrumento junto ao Bispo de Roma para evitar que a inocência e a verdade fossem oprimidas antes que o crime ou erro fosse legalmente mostrado.

Feito isso, o duque enviou a carta do cardeal para Martinho Lutero, que assim respondeu ao príncipe: "Não estou tão pesaroso pela minha própria causa quanto pelo fato de que Vossa Excelência deva correr, por uma questão minha, qualquer perigo ou risco. E portanto, vendo que não há lugar nem rincão que possa me proteger da malícia de meus adversários, estou disposto a ir embora daqui e abandonar meu país, não importando para onde Deus queira me conduzir".

Neste ponto a causa de Lutero correu grande perigo, tendo chegado a um duplo impasse: ele estava disposto a abandonar o país e o duque novamente sentia medo de protegê-lo. Mas a maravilhosa providência de Deus, que dirigia essa causa, quando o poder do homem fracassou, apresentou um remédio agitando toda a Universidade de Wittenberg que, vendo o declínio da causa da verdade, com pleno consenso geral, endereçou cartas ao príncipe em defesa de Lutero e sua causa, pedindo-lhe humildemente que, por sua honra principesca, ele não permitisse que a inocência e a simplicidade de uma verdade tão clara como são claras as Escrituras fosse derrotada e esmagada pela mera violência de certos bajuladores malignos que rodeavam o Papa.

Após essas cartas o duque passou a considerar com maior seriedade a causa de Lutero, lendo seus trabalhos e prestando atenção aos seus sermões. E assim, pela santa obra divina, ele cresceu em coragem e força, vendo na causa mais importância do que antes. Isso foi no início de 1518, d.C.

O Papa Leão, nesse meio tempo, havia publicado novas indulgências com um novo documento no qual declarava que esta é a doutrina católica da santa mãe igreja de Roma, soberana de todas as igrejas: que os Bispos de Roma, sucessores de Pedro e representantes de Cristo, receberam poder e autoridade para perdoar e desobrigar e também para conceder indulgências aplicáveis tanto aos vivos quanto aos mortos que sofrem as penas do purgatório. Essa doutrina ele ordenou que fosse aceita por todos os fiéis cristãos, sob pena de pesada maldição e exclusão total da santa Igreja. Esse decreto papista e suas indulgências, qual nova mercadoria ou chamariz para ganhar dinheiro, sendo afixada em todos os cantos da cristandade em benefício do santo padre, chegou também à Alemanha por volta do mês de dezembro. Lutero, depois de ouvir falar como se procedia em Roma com pronunciamentos contra ele, providenciou uma apelação escrita na forma devida da lei, na qual apelava contra o Papa ao Concílio Geral.

Quando o Papa Leão percebeu que, por um lado, os seus perdões não prosperavam segundo o seu plano e, por outro, não se conseguia trazer Lutero para Roma, experimentou atingir seus intentos por meio de engenhosos atrativos. Enviou então o seu tesoureiro, Carolus Militius (que era alemão) para a Saxônia com uma rosa de ouro. Seguindo a tradicional cerimônia de todos os anos, Militius deveria entregar a rosa ao Duque Frederico. O tesoureiro também levava algumas cartas secretas para certos nobres do conselho do duque pedindo apoio para a causa do Papa e tentando afastar, se fosse possível, o duque de Lutero. Mas antes que Militius se aproximasse da Alemanha, o Imperador Maximiliano morreu no mês de janeiro de 1519, d.C. Naquela época havia dois candidatos à eleição, a saber, Francisco, rei da França, e Carlos, rei da Espanha, que também era Duque da Áustria e Duque da Burgúndia. Por intermédio de Frederico, príncipe eleitor (que havia recusado a oferta da sua própria nomeação), a eleição recaiu sobre Carlos, chamado Carlos V, cognominado Prudente. Isso aconteceu no final de agosto.

No final de junho houve uma disputa pública marcada para Leipzig, cidade sob o domínio de Jorge, Duque da Saxônia, tio do Duque Frederico. Essa disputa foi ocasionada por um frade, John Eckius, e por um doutor de Wittenberg, Andréas Carolostadt. Eckius havia refutado algumas das proposições que Lutero escrevera um ano antes sobre os perdões do Papa. Contra ele posicionou-se Carolostadt em defesa de Lutero. Em resposta a Carolostadt, Eckius publicou uma apologia, que seu oponente refutou por escrito. Assim se originou a disputa. Um salvo-conduto foi concedido pelo Duque Jorge a todos e a cada um que comparecesse ao evento. Martinho Lutero apresentou-se, não pensando em disputar questão alguma, mas apenas para ouvir o que lá se iria dizer e fazer.

Mas, tendo graciosamente recebido do Duque garantias de liberdade, Lutero foi provocado e forçado contra a sua vontade a debater com Eckius. O assunto da controvérsia dizia respeito à autoridade do Bispo de Roma. Lutero já houvera apresentando essa doutrina por escrito afirmando que a atribuição da primazia à Igreja de Roma não tem fundamentos a não ser nos decretos do Papa que, afirmava ele, são contrários às Santas Escrituras.

Eckius apresentou uma conclusão contrária a essa afirmação, dizendo que os que sucederam Pedro na sé e na fé sempre foram recebidos como sucessores de Pedro e representantes de Cristo na Terra. Ele argumentou que a supremacia do Bispo de Roma estava fundada e apoiada na lei de Deus.

A disputa sobre essa questão prolongou-se por cinco dias. Durante todo o tempo Eckius portou-se de modo muito desonesto e descortês, procurando de todas as formas tornar seu oponente odioso aos olhos dos auditores e fazê-lo incorrer nas punições do Papa. A argumentação de Eckius era a seguinte: “Sendo a Igreja um corpo civil, ela não pode existir sem uma cabeça; portanto, segundo a lei de Deus outros regimes civis não podem existir sem uma cabeça, assim, segundo a exigência da lei de Deus, o Papa dever ser a cabeça da universal Igreja de Cristo".

Ao que Lutero respondeu que confessava e concedia que a Igreja não pode existir sem uma cabeça enquanto Cristo viver. Cristo é a única cabeça da Igreja. E a Igreja não precisa de outra cabeça além dEle, uma vez que é um reino espiritual e não terreno.

Em seguida Eckius abordou a passagem de São Mateus: "Tu és Pedro, e sobre esta pedra edificarei a Minha Igreja". Lutero respondeu que o texto era uma confissão de fé e que Pedro ali representava a pessoa de toda a Igreja universal. Disse também que Cristo naquela passagem referia-se a Si mesmo como sendo a Pedra. Eles também abordaram a passagem de São João: "Apascenta as minhas ovelhas". Eckius alegou que essas palavras foram dirigidas, de modo próprio e peculiar, unicamente a Pedro. Martinho respondeu que, depois de proferidas essas palavras, igual autoridade foi conferida a todos os apóstolos, quando Cristo lhes disse: "Recebei o Espírito Santo: aqueles cujos pecados vós perdoardes, eles lhes serão perdoados."

Depois disso, Eckius mencionou a autoridade do Concílio de Constança, alegando entre outros artigos o seguinte: "Que é necessário para a nossa salvação acreditar que o Bispo de Roma é a cabeça suprema da Igreja". Alegou também que nesse mesmo Concílio debateu-se e discutiu-se que o Concílio Geral não pode errar.

A isso Martinho Lutero novamente respondeu de forma discreta dizendo que deixava que outros julgassem como se devia avaliar a autoridade do Concílio de Constança. — O que é absolutamente certo — disse ele — é que nenhum concílio tem autoridade para criar novos artigos de fé.

Um ano depois, em 1520, os frades e doutores de Louvain e também os de Colônia condenaram os livros de Lutero como heréticos. Lutero defendeu-se contra eles de modo eficiente, acusando-os de obstinada violência e maliciosa impiedade. Alguns dias depois disso, relâmpagos e trovões partiram de Roma desferidos contra Lutero pelo Papa Leão.

Lutero também escreveu outro livro endereçado à nobreza da Alemanha no qual ataca as três principais muralhas papistas: I. Nenhum magistrado temporal ou profano tem poder algum sobre a espiritualidade, mas as autoridades espirituais têm poder sobre as outras. II. Quando se deve decidir sobre passagens controversas na Escritura, apenas o Papa e mais ninguém pode explicá-las e interpretá-las. III. Quando algum Concílio é pedido contra os papistas, eles dizem que ninguém, exceto o Papa, tem autoridade para convocá-lo. Além disso, no mencionado livro ele tratou de várias outras questões e discorreu sobre elas, como por exemplo: que não se deve tolerar o orgulho do Papa; que o dinheiro que anualmente sai da Alemanha para o Papa totaliza três milhões de florins; que os padres podem ter esposas; que a liberdade de comer carnes não deveria sofrer restrições; que a pobreza voluntária e a mendicância deveriam ser abolidas; que o Imperador Sigismundo sofreu muitas desgraças por não manter sua palavra e promessa em relação a John Huss e Jerônimo; que os hereges deveriam ser convencidos não com fogo e feixes de lenha mas com provas da Escritura e da Palavra de Deus; e que a primeira educação infantil deveria começar pelo Evangelho.

No mesmo ano também se deu, no mês de outubro em Aix-la-Chapelle, a coroação do novo Imperador Carlos V. Depois da coroação, o Papa Leão tornou a enviar ao Duque Frederico dois cardeais como legados seus. Um deles era Jerônimo Aleander que, após a premissa de algumas palavras dirigidas ao duque grandemente exaltando sua nobre progênie e outras famosas virtudes, apresentou-lhe dois pedidos em nome do Papa: primeiro, que ele mandasse queimar todos os livros de Lutero; segundo, que ele tomasse medidas para que Lutero fosse executado em sua terra ou então que não deixasse de enviá-lo para Roma, à presença do Papa.

Os dois pedidos pareceram muito estranhos aos olhos do duque. Respondendo aos cardeais disse ele que, por ter estado ausente e ocupado com outros afazeres públicos, não sabia dizer o que acontecera e não tinha informações sobre as atividades de Lutero. Quanto a si mesmo, estava sempre disposto a cumprir o seu dever, primeiro, enviando Lutero ao Cardeal Caetano na cidade de Augsburgo e, em seguida, por ordem do Papa, ele o teria feito sair de seus domínios, mas o próprio tesoureiro papal, Militius, aconselhou-o no sentido contrário pedindo-lhe para ainda manter Lutero em seu país por medo de que ele pudesse causar males maiores em outros lugares onde era menos conhecido. Visto que a causa de Lutero ainda não fora julgada diante do imperador, ele desejava que os legados fossem intermediários de Sua Santidade o Papa na designação de algumas pessoas eruditas de parecer grave e justo que pudessem interrogar Lutero e julgar a questão, de modo que seu erro fosse conhecido antes de ele ser visto como herege e ter seus livros queimados. Depois disso, quando ele, o duque, visse o erro dele claramente confirmado com sólidos testemunhos da Escritura, Lutero não encontraria proteção alguma em suas mãos.

Depois os cardeais pegaram os livros de Lutero e os queimaram em praça pública. Ao saber disso, ele reuniu uma multidão de estudantes e estudiosos de Wittenberg, juntou os decretos do Papa e a bula recém-lavrada contra ele e ali, pública e solenemente, acompanhado de um grande número de seguidores, ateou-lhes fogo. Isso foi no dia dez de dezembro de 1520, d.C.

Pouco antes desses acontecimentos entre o Papa e Martinho Lutero, o imperador havia convocado uma assembléia dos Estados de todo o Império a ser realizada na cidade de Worms no dia seis de janeiro do ano seguinte. Por meio do Duque Frederico o imperador divulgou que nessa assembléia a causa de Lutero seria exposta perante ele. No dia seis de março o imperador, por sugestão do Duque Frederico, enviou cartas a Lutero, dando a entender que, por ele ter publicado certos livros, o imperador, aconselhado por seus pares e príncipes, havia ordenado que a causa fosse trazida e examinada à sua presença, e que portanto lhe concedia permissão de comparecer e depois voltar para casa. E a fim de que pudesse fazê-lo com segurança e tranqüilidade, prometia-lhe, empenhando publicamente sua palavra e fé, em nome de todo o Império, seu passaporte e salvo-conduto. Por isso, queria que Lutero logo se apresentasse e comparecesse no vigésimo primeiro dia após o recebimento da convocação.

Martinho Lutero, depois de ter sido amaldiçoado em Roma na Quinta-Feira Santa pelas censuras do Papa, logo após a Páscoa partiu para Worms onde, perante o imperador e todos os Estados da Alemanha, firmemente se ateve à verdade, defendeu-se e respondeu a seus adversários.

Lutero recebeu alojamento, convites e visitas de muitos condes, barões, membros da Ordem dos Cavaleiros, fidalgos, padres e representantes do povo, que freqüentavam seus aposentos até anoitecer.

Lutero apresentou-se contrariando as expectativas de muitos adversários ou não. Seus amigos deliberaram juntos e muitos tentaram persuadi-lo a não se aventurar ante um risco tão iminente, levando em conta como essas promessas iniciais não correspondem ao cumprimento da palavra e da fé empenhada. Depois de ouvir o que eles pensavam e os seus conselhos, ele respondeu-lhes da seguinte maneira: — Quanto a mim, sendo que fui convocado, estou disposto e com certeza determinado a entrar em Worms em nome de nosso Senhor Jesus Cristo; sim, mesmo que soubesse que os demônios que lá vão me combater são tão numerosos como as telhas que cobrem a casas de Worms.

No dia seguinte ao da chegada de Lutero, um fidalgo chamado Ulrick, de Pappenheim, tenente-general dos exércitos do Império, antes do jantar recebeu ordem do imperador para procurar Lutero e dizer-lhe que devia comparecer às quatro horas da tarde perante Sua Majestade Imperial, príncipes eleitores, duques, e outros nobres do Império, a fim de tomar conhecimento da causa de sua convocação. Lutero de bom grado concordou, como era seu dever. Logo depois das quatro horas, Ulrick de Pappenheim e Caspar Sturm (o arauto do imperador que conduzira Lutero de Wittenberg para Worms), vieram apanhá-lo e o acompanharam pelo jardim do Largo de Rodes até o palácio do Conde Palatino. Para evitar que a grande multidão o molestasse, ele foi conduzido por uma escadaria secreta até o local indicado para o seu interrogatório. Muitos, porém, perceberam a dissimulação e invadiram o recinto, apesar da inútil resistência. Muitos subiram até as galerias porque desejavam ver Lutero.

Assim, na presença do imperador, dos eleitores, duques, condes e todos os nobres do império ali reunidos, ele foi avisado por Ulrick de Pappenheim de que devia manter-se calado até o momento em que lhe pedissem para falar. Então o já mencionado John Eckius, que agora era vigário-geral do Bispo de Treves, disse alto e bom som:

— Martinho Lutero! A sagrada e invencível Majestade Imperial ordenou, com o consenso de todos os nobres do santo império, que o senhor fosse convocado a comparecer perante o trono de sua majestade a fim de que eu pudesse interrogá-lo sobre estes dois pontos:

Primeiro, o senhor confessa que estes livros (ele mostrou uma pilha de livros de Lutero escritos nas línguas latina e alemã), que estão espalhados por toda a parte e levam o seu nome, são seus, e se o senhor afirma que são de sua autoria ou não?

Segundo, o senhor os repudia e revoga, com tudo o que eles contêm, ou pretende defender o que neles está escrito?

Respondeu Lutero: — Eu humildemente imploro que Sua Majestade Imperial me conceda liberdade e tempo para deliberar, de modo que possa responder às perguntas que me foram feitas sem prejuízo da Palavra de Deus e sem perigo para a minha própria alma.

Após isso os príncipes puseram-se a deliberar. Em seguida, o presidente anunciou a resolução deles dizendo: — Sua Majestade o Imperador, por mera clemência, concede-lhe um dia para meditar sobre sua resposta, de modo que amanhã, nesta mesma hora, o senhor se apresentará para manifestar sua opinião, não por escrito, mas anunciando-a de viva voz.

Feito isso, o arauto conduziu Lutero para os seus aposentos.

No dia seguinte, trouxe-o para a corte do imperador, onde ele permaneceu até as seis horas, pois os príncipes estavam ocupados com graves consultas, sendo quase sufocado pela multidão que se apinhava ao seu redor. Depois, quando os príncipes estavam prontos e Lutero entrou na sala, Eckius, o presidente, dirigiu-lhe a palavra nos seguintes termos: — Responda agora às perguntas do Imperador. O senhor defende todos os livros que reconheceu ou revoga alguma parte deles e se submete?

Martinho Lutero respondeu com moderação e humildade, mas com disposição corajosa e firmeza cristã. — Considerando que sua soberana majestade e vossas reverências exigem uma resposta clara, digo e professo com toda a resolução possível, sem dubiedade ou sofisticação, que, se eu não for convencido por testemunhos das Escrituras (pois não creio em nenhum Papa nem em seus Concílios Gerais, que muitas vezes erraram e se contradisseram), minha consciência está tão amarrada e presa a essas Escrituras e à Palavra de Deus que eu não quero nem posso revogar coisa alguma, considerando que não é nem piedoso nem legítimo agir de qualquer forma contra a minha consciência. Esta é a minha posição definitiva. Nada mais tenho a dizer. Deus tenha compaixão de mim!

Os príncipes consultaram-se entre si sobre essa resposta de Lutero. Depois de examiná-la com cuidado, o presidente insistiu dizendo: — Sua Majestade exige que o senhor responda simplesmente sim ou não, dizendo se pretende defender toda a sua obra como sendo cristã ou não.

Então Lutero, virando-se para o imperador e os nobres, implorou que não o compelissem ou forçassem a agir contra a sua consciência, confirmada pelas Santas Escrituras, sem que seus adversários apresentassem argumentos claros no sentido oposto. — Estou amarrado pelas Escrituras.

A noite se aproximava. Os lordes levantaram-se e foram embora. Depois que Lutero se despedira do imperador, diversos espanhóis menosprezaram o bom homem e zombaram dele no trajeto para os seus aposentos, apupando e vaiando por um longo tempo.

Na sexta-feira seguinte, quando os príncipes, eleitores, duques e outros nobres se reuniram, o imperador enviou a todo o corpo do Concílio uma carta com o seguinte teor: "Nossos predecessores, que foram realmente príncipes cristãos, eram obedientes à Igreja Romana, a quem Lutero se opõe e refuta. Portanto, como ele não está determinado a revogar seus erros em ponto algum, nós não podemos, sem grande infâmia e mancha de nossa honra, nos afastar dos exemplos de nossos antepassados. Manteremos portanto a fé antiga e apoiaremos a sé de Roma. Mais ainda, é nossa decisão perseguir Martinho Lutero e seus seguidores com a excomunhão e outros meios que possamos encontrar a fim de extinguir a sua doutrina. Todavia, não violaremos a promessa que lhe foi feita, pois pretendemos dar ordens para que ele retorne em segurança ao lugar de onde veio.

Enquanto isso, Lutero recebeu visitas de diversos príncipes, condes, barões, membros da ordem dos cavaleiros, nobres, padres, monges e leigos comuns. A todas as horas essas pessoas circulavam pela corte do imperador e não se cansavam de vê-lo. Também ocorreu que cartazes foram afixados, alguns contra Lutero, outros aparentemente a seu favor. Muitos, porém, sobretudo os que bem compreendiam a questão, imaginaram que aquilo era obra sorrateira de seus inimigos, querendo com isso oferecer-lhe uma oportunidade de infringir seu salvo-conduto. Foi o que os embaixadores romanos com toda a sua diligência conseguiram provocar.

John Eckius, vigário-geral do arcebispo, na presença do secretário do imperador, informou Lutero em seus aposentos, a mando do imperador, que, considerando que ele fora admoestado por Sua Majestade Imperial, pelos eleitores, príncipes e nobres do império e, apesar disso, recusara-se a voltar à unidade e concórdia da Igreja, restava ao imperador, na qualidade de advogado da fé católica, tomar outras medidas. E a sua ordem era que Lutero voltasse sem medo para o lugar de onde viera dentro de vinte e um dias sob proteção segura, de modo que ele não devia promover nenhuma agitação entre o povo durante a viagem nem por meio de colóquios nem de sermões.

Ouvindo isso, Lutero respondeu de forma muito modesta e cristã: — Precisamente como aprouve a Deus assim aconteceu. Bendito seja o nome do Senhor! — Com muitíssima humildade ele agradeceu à Sua Majestade o Imperador e a todos os príncipes e nobres do império por lhe terem proporcionado um interrogatório benigno e atencioso e por lhe concederem um salvo-conduto para vir e voltar. Concluindo, ele nada mais desejava a não ser a reforma segundo a sagrada Palavra de Deus e em consonância com o Espírito Santo. Esse era efetivamente o desejo de seu coração. Fora disso, estava disposto a correr todos os riscos por Sua Majestade Imperial, fossem de vida ou morte, confisco de bens, censura ou difamação. Nada reservava para si mesmo, a não ser a Palavra de Deus, que ele confessaria com firmeza até seu derradeiro momento.

Na manhã seguinte, dia vinte e seis de abril, depois de despedir-se dos que o apoiaram e dos benevolentes amigos que tantas visitas lhe fizeram, fez seu desjejum e às dez horas partiu de Worms juntamente com aqueles que o haviam acompanhado na sua vinda.

Não se passou muito tempo depois disso e o imperador, no intuito de cair nas boas graças do Papa (pois ele ainda não estava confirmado no Império), expediu um solene documento de proscrição contra Lutero e todos os seus seguidores. Ordenava que Lutero, onde quer que o encontrassem, fosse preso e seus livros queimados. Enquanto isso, o Duque Frederico secretamente tirou Lutero de circulação por um tempo, com a ajuda de alguns nobres que ele bem sabia serem leais e confiáveis naquela causa. No esconderijo, estando recluso e isolado, Lutero escreveu diversas epístolas e alguns livros, um deles dedicado à sua companhia de frades agostinianos intitulado *De Abroganda Missa*. Os frades, encorajados por ele, começaram a abandonar as missas privadas. Temendo que isso gerasse alguma agitação ou tumulto, o Duque Frederico solicitou o parecer da Universidade de Wittenberg sobre a questão.

Mostrou-se ao duque que ele agiria bem ordenando que o costume da missa fosse ab-rogado em seu domínio. Embora não se pudesse fazê-lo sem tumulto, todavia isso não era um impedimento para interromper o processo da verdadeira doutrina. Tampouco se devia atribuir os distúrbios à doutrina ensinada, mas sim aos adversários que com prazer e malícia escoiceiam a verdade, fato sobre o qual Cristo já nos pôs de sobreaviso. Portanto, por medo de tais tumultos não devemos interromper o que deve ser feito, mas sim avançar firmes na defesa da verdade divina, independentemente de como o mundo nos avalie ou se enfureça contra ela.

Aconteceu que, mais ou menos na mesma época, o rei Henrique VIII escreveu um livro contra Lutero. Nesse livro ele, primeiro, reprovava a opinião de Lutero contra os perdões do Papa; segundo, defendia a supremacia do Bispo de Roma; terceiro, esforçava-se para refutar toda a doutrina de Lutero sobre os sacramentos da Igreja.

Esse livro, embora trouxesse o nome do Rei como seu autor, foi sugerido por outro e teve seu estilo elaborado por um terceiro. Mas, independentemente de quem teve o trabalho de o compor, o rei recebeu os agradecimentos e a recompensa, pois o Bispo de Roma concedeu ao monarca inglês e aos seus sucessores, para sempre, a distinção e o título de *Defensor da Fé.*

Logo em seguida o Papa Leão foi acometido por uma febre repentina e veio a falecer aos quarenta e sete anos de idade. Alguns, porém, suspeitam que ele tenha morrido envenenado. Sucedeu-lhe o Papa Adriano VI, que por um tempo fora preceptor do Imperador Carlos. Adriano era alemão de nascença, fora criado em Louvain e como superava seu antecessores pelo seu aprendizado e por sua moderação e modo de viver, não parecia totalmente descontrolado como foram alguns outros papas. Contudo, sendo um papa correto, não se afastou da sua sé, e foi um inimigo mortal de Lutero e seus seguidores. Durante o seu papado logo depois da conclusão do concílio de Worms, outra assembléia de príncipes, nobres e estados da Alemanha foi marcada pelo imperador em Nuremberg, no ano de 1522, d.C.

A essa assembléia o Papa Adriano enviou cartas transmitindo ao seu legado Cheregatus informações sobre o que alegar contra Lutero.

Carta do Papa Adriano VI aos Renomados Príncipes da Alemanha e aos seus Pares do Império Romano

Temos ciência de que Martinho Lutero, um novo insuflador de velhas e condenáveis heresias, primeiro recebeu advertências paternais da sé apostólica; depois teve uma sentença condenatória lavrada contra ele; por fim, um decreto imperial do nosso bem-amado filho Carlos, eleito Imperador dos Romanos e católico Rei da Espanha, foi divulgado contra ele por toda a nação da Alemanha. E com tudo isso, ele não se deteve após ordens recebidas nem se refreou da loucura inicial por iniciativa própria. Pelo contrário, cada dia mais ele continua a perturbar e encher o mundo com seus novos livros eivados de erros, heresias, ofensas e sedição, e a infectar o país da Alemanha e regiões circunvizinhas com sua pestilência. Ele ainda se esforça por corromper almas simples e delicadas com o veneno de sua língua pestilenta. E (o que é pior de tudo) ele tem como patronos e defensores não apenas pessoas do povo mas também diversas personagens da nobreza. Tanto isso é verdade que seus seguidores já invadiram as propriedades dos padres insuflando-os contra a obediência devida a autoridades eclesiásticas e temporais, e agora já estão em guerra civil com dissensões internas.

Não considerais vós, ó príncipes e povo da Alemanha, que isso é apenas o prefácio e o preâmbulo dos males e estragos que Lutero e sua seita de luteranos pretendem causar no futuro? Não vedes claramente, não percebeis com os vossos olhos que essa defesa da verdade do Evangelho, primeiro pretexto dos luteranos, agora se revela como uma pura invenção para saquear vossos bens, que é o que eles pretendem há muito tempo? Ou será que vós pensais que esses filhos da iniqüidade querem alguma outra coisa que não seja, em nome da liberdade, subverter a obediência criando uma permissividade geral para que qualquer um faça o que bem lhe aprouver? Esses que se recusam a prestar obediência aos padres, aos bispos, sim, ao supremo bispo de todos; esses que todos os dias eles saqueiam sob os vossos olhos os bens da Igreja e objetos consagrados a Deus, julgais que eles refrearão suas mãos sacrílegas e não saquearão os bens dos leigos ou que não tirarão de vós tudo o que conseguirem pegar e arrancar? Não, não duvideis de que essa triste calamidade venha a recair sobre vós, vossos bens, vossas casas, vossas mulheres, filhos, domínios, posses e esses templos que vós santificais e reverenciais, a menos que providencieis rapidamente algum remédio contra essa situação.

Por isso nós vos pedimos, em virtude daquela obediência que todos os cristãos devem a Deus, ao abençoado São Pedro e ao seu representante na Terra, que todos vós empresteis o trabalho de vossas mãos para apagar esse incêndio público e que vos esforceis com zelo, da melhor forma possível, para obrigar Martinho Lutero e todos os outros promotores desses tumultos e erros a se conformarem e conduzirem melhor sua vida e fé. E se aqueles que estão infectados se recusarem a ouvir as admoestações, tomai todavia providências para que a outra parte, a que continua sadia, não se corrompa por contágio. Quando esse câncer pestilento não puder ser curado com um remédio suave e complacente, remédios mais fortes devem ser tentados e ardentes cauterizações. Os membros putrefatos devem ser cortados do corpo para evitar a infecção das partes sadias. Assim Deus atirou ao inferno os irmãos cismáticos Datã e Abirão; e quem não obedecesse à ordem dos sacerdotes Deus mandou punir com a morte. Assim Pedro, príncipe dos Apóstolos, profetizou a morte súbita de Ananias e Safira, que mentiram a Deus. Assim os antigos e piedosos imperadores condenaram Joviniano e Prisciliano à decapitação por serem hereges. Assim São Jerônimo desejou que Vigilante fosse, como herege, entregue à destruição da carne, para que seu espírito se salvasse no dia do Senhor. Assim também nossos predecessores no Concílio de Constança condenaram à morte John Huss e seu colega Jerônimo, que agora parece reviver em Lutero. As dignas ações e exemplos de nossos antepassados, se forem imitados por vós, não temos dúvida de que a misericordiosa clemência divina logo acalmará a Igreja.

Essas instruções do próprio Papa contra Lutero, eu achei meu dever, leitor cristão, pôr diante de seus olhos! Elas gritam: "Heresia, heresia!" Mas não provam heresia alguma. Elas inflamam reis e príncipes contra Lutero e, contudo, não têm uma causa justa para isso. Elas acusam Lutero de desobediência, mas ninguém desobedece tanto a magistrados e leis civis como eles. Elas o acusam de opressão e saque dos bens dos leigos; mas quem saqueia os bens de subsistência do povo tanto quanto o próprio Papa?

Vejamos agora que resposta deram os príncipes a essas sugestões e orientações do Papa Adriano.

A Resposta dos Nobres e Respeitáveis Príncipes e dos Estados do Sacro Romano Império apresentada ao Embaixador do Papa

Eles entendem que Sua Santidade está muito aflita com a prosperidade da seita de Lutero, por meio da qual muitas almas sob os seus cuidados correm perigo de perdição. Sua excelência o Lugar-Tenente e outros príncipes e nobres respondem que eles não sentem menos pesar e dor que Sua Santidade. Mas se a sentença da sé apostólica e o édito do imperador não foram executados até o momento é porque houve causas graves e urgentes. A primeira delas é que grandes males e inconvenientes resultariam dessa execução. Pois a maioria do povo alemão sempre acreditou e agora, lendo os livros de Lutero, convenceu-se de que grandes injustiças e aborrecimentos atingiram a Alemanha por causa da Cúria Romana. Portanto, se tivesse havido rigor na execução da sentença do Papa e do édito do imperador, a multidão imaginaria e suspeitaria que tal ação visava subverter a verdade do Evangelho e confirmar antigas injustiças e aborrecimentos, o que sem dúvida teria como conseqüência grandes guerras e tumultos. A menos que as injustiças e abusos sejam sinceramente corrigidos, não haverá concórdia e paz verdadeira entre os estados eclesiástico e secular, nem se poderá esperar extirpação alguma do tumulto e dos erros da Alemanha.

Quanto ao desejo de Sua Santidade de saber qual é a melhor medida a tomar no combate a esses erros dos luteranos, que remédio mais atual e eficiente pode haver do que Sua Santidade o Papa, com o consenso de Sua Majestade o Imperador, convocar um Concílio Cristão livre em algum lugar conveniente da Alemanha, como em Strasburg ou Mentz ou Cologne ou Metz? E que seja com toda a pressa que for conveniente. Nesse Concílio qualquer pessoa que tiver algum interesse, seja temporal, seja eclesiástico, poderá livremente falar e fazer consultas, para a glória de Deus e o bem das almas e da Cristandade, sem restrição ou impedimento, não obstante qualquer juramento ou vínculo contrário. Sim, e o papel de cada participante será o de falar, não apenas livremente, mas de falar a verdade, indo direto ao ponto, visando edificar e não agradar ou bajular, mas simples e diretamente mostrar sua opinião sem fraude ou dolo.

No tocante às melhores maneiras de, enquanto isso, refrear os erros e tumultos e pacificar o povo alemão, Sua Excelência o Lugar-Tenente e os outros príncipes fizeram consultas e deliberaram que, estando Lutero e alguns de seus colegas em território alemão e no domínio do nobre Duque Frederico, o Lugar-Tenente e outros nobres do império tratarão cuidadosamente a questão com o referido príncipe, Duque da Saxônia, de modo que Lutero e seus seguidores nada venham a escrever ou publicar nesse meio tempo.

O Lugar-Tenente e os príncipes conversarão com os pregadores da Alemanha para que eles em seus sermões não ensinem nem insuflem nos ouvidos do povo questões que possam levar a multidão a rebelar-se ou amotinar-se ou a ser induzida a erro. Eles também evitarão provocar discórdias ou disputas entre o povo. Tudo o que for controverso deverá ser reservado para ser decidido no futuro Concílio.

Os arcebispos, bispos e outros prelados designarão no âmbito de suas dioceses homens piedosos e eruditos, com bom discernimento das Escrituras, que com diligência e sinceridade prestarão assistência aos pregadores. Se eles detectarem numa pregação algum erro ou comentário inconveniente, com devoção, suavidade e modéstia chamarão a atenção do pregador envolvido para o fato de tal maneira que ninguém tenha motivo para queixar-se de que o Evangelho está sendo obstruído. Mas se o pregador, persistindo em sua teimosia, não acatar a admoestação e não desistir de sua indecência, então sofrerá restrições e punições adequadas para o caso impostas por seu ordinário local.

Além disso, os príncipes e nobres tomarão providências para que, na medida do possível, a partir de agora, nenhum novo livro seja impresso ou vendido pública ou privadamente. Também será expedida uma ordem entre todas as autoridades para que se alguém quiser publicar, vender ou imprimir uma nova obra, ela deverá antes ser examinada por alguns homens piedosos, ilustrados e discretos escolhidos por elas, de modo que se a obra não for aceita e aprovada, sua publicação não será permitida.

Finalmente, no tocante a padres que contraem matrimônio e religiosos que abandonam o claustro, os príncipes consideram que, não havendo penalidade prevista no direito civil para tais casos, eles serão encaminhados para as constituições canônicas a fim de receber as punições ali estabelecidas; isto é, a perda de benefícios e privilégios e outras censuras condignas.

Voltemos agora à história de Lutero. Dissemos antes que ele foi mantido num esconderijo isolado por algum tempo, graças ao conselho e à colaboração de alguns nobres da Saxônia, por causa do édito do imperador. Nesse ínterim, durante sua ausência de Wittenberg, Andreas Carolostadt, procedendo de modo brusco e precipitado em causas religiosas, havia incitado o povo a derrubar imagens nos templos. Lutero reprovou a precipitação de Carolostadt explicando que seu modo de proceder no caso não foi ordenado. Os quadros e as imagens deviam ser antes derrubados nas consciências e nos corações das pessoas. O povo devia antes aprender que somos salvos perante Deus e lhe agradamos apenas pela fé e que as imagens não têm utilidade alguma. Feito isso, depois que o povo estivesse bem instruído, não haveria perigo nas imagens e elas cairiam por si mesmas. Não que ele defendesse a manutenção ou tolerância delas, mas sua destruição devia acontecer por intermédio de um magistrado e não à força e pela iniciativa da cabeça de cada um, sem ordem e autoridade.

Embora a Igreja de Cristo (Louvado seja o Senhor!) não careça de uma abundância suficiente de escritores sábios, dignos e habilidosos em questões de doutrina. Todavia, nos pontos principais de nossa consolação, em que a glória de Cristo, o poder de Sua paixão e a força da fé são reveladas à nossa consciência e a alma, em luta de vida ou morte, sente a necessidade da consolação verdadeira, pode-se dizer de Lutero, no meio da variedade de todos esses escritores, aquilo que São Cipriano costumava dizer de Tertuliano: “Da magistrum”; “Quero o mestre”.

Os biógrafos dos santos costumam descrever e exaltar sua vida santa e suas piedosas virtudes e também mostrar os milagres neles operados por Deus. Estes existem em abundância em Lutero. Que milagre não parece o fato de um homem, um pobre frade saído da cegueira de um claustro, postar-se contra o Papa, o bispo universal, o poderoso vigário de Cristo na Terra, e resistir a todos os seus cardeais, sim, e agüentar a malícia e o ódio de quase todo o mundo assestado contra ele, e trabalhar contra o Papa, os cardeais e a Igreja de Roma, coisa que rei nenhum, imperador nenhum jamais fez, sim, jamais ousou tentar, coisa que todos os sábios antes dele jamais conseguiram realizar! Essa obra milagrosa de Deus eu não a considero inferior ao milagre de Davi derrubando o grande Golias.

Por isso, se os milagres fazem um santo (segundo a definição do próprio Papa), que falta em Martinho Lutero para tornar-se um também? Foi ele que se opôs abertamente ao Papa, aos cardeais e prelados da igreja, que em número eram tantos, em poder tão terríveis, em suas práticas tão astutos, tendo ele os imperadores e todos os reis da Terra contra si. Foi ele que, ensinando e pregando Cristo pelo espaço de vinte e nove anos, conseguiu, passando ileso por entre todos os seus inimigos, de forma tão tranqüila e no próprio país onde nascera, morrer e dormir em paz. Nos feitos de Martinho Lutero, ser o primeiro a enfrentar o Papa foi um grande milagre, triunfar contra o Papa foi um milagre maior, mas morrer ileso pode parecer o maior de todos os milagres, especialmente tendo tantos inimigos como ele.

Por ser muito poderoso não só em suas orações como também em seus sermões Deus deu-lhe tal graça que, quando ele pregava, seus ouvintes pensavam que todas as suas tentações eram individualmente observadas e aludidas. Por isso, quando os amigos lhe perguntaram como conseguia aquilo, ouviram a seguinte resposta: — Minhas próprias numerosas tentações e experiências são a causa desse fato— Pois uma coisa você precisa entender, meu bom leitor! Que Lutero, desde a sua tenra idade, foi muito sacudido e exercitado por conflitos espirituais. Hieronymus Wellerus, aluno e discípulo de Martinho Lutero, registrou que muitas vezes ouviu seu mestre dizer de si mesmo que fora assaltado e molestado por todos os tipos de tentações, exceto uma, a da cobiça. Por esse vício, disse ele, jamais, em toda a sua vida, fora seduzido.

Martinho Lutero, vivendo até os sessenta e três anos de idade, continuou escrevendo e pregando por vinte e nove anos. No que se refere à seqüência de sua morte, estas são as palavras de Melancthon que foram transmitidas ao seu auditório em Wittenberg em 1546, d.C.

Na última quarta-feira, dia dezessete de fevereiro, o Dr. Martinho Lutero sofreu uma crise de sua doença, isto é, de pressão de humores no orifício ou abertura do estômago. O mal atacou-o após o jantar. Lutando com veemência, ele pediu para ser isolado num quarto, onde descansou sobre seu leito por duas horas. As dores aumentavam sem cessar. O Dr. Jonas, que repousava no mesmo quarto, viu Lutero acordar e pedir que se levantasse e chamasse Ambrósio, o mestre de seus filhos, para acender o fogo num outro quarto. No momento em que ele foi transferido para este outro quarto, Alberto, Conde de Mansfield, sua mulher e vários outros entraram no aposento. Finalmente, sentindo que sua hora fatal se aproximava, antes das nove horas da manhã do dia dezoito de fevereiro ele recomendou-se a Deus com esta devota oração: "Meu Pai celestial, Deus eterno e misericordioso! Vós me revelastes Vosso querido Filho, nosso Senhor Jesus Cristo. Eu ensinei sobre Ele. Eu O conheci. Eu O amo como a minha vida, a minha salvação, a minha redenção. Os maus O perseguiram, caluniaram e afligiram com injúrias. Atraí minha alma para Vós."

Depois disso repetiu três vezes o seguinte: "Entrego meu espírito em Vossas mãos. Vós me redimistes, ó Deus de Verdade!" "Deus tanto amou o mundo que entregou o Seu único Filho para que todos os que nEle crêem possam viver para sempre". Depois de repetir suas orações várias vezes, ele foi chamado para Deus. Assim, rezando seu espírito inocente calmamente separou-se do corpo terreno.

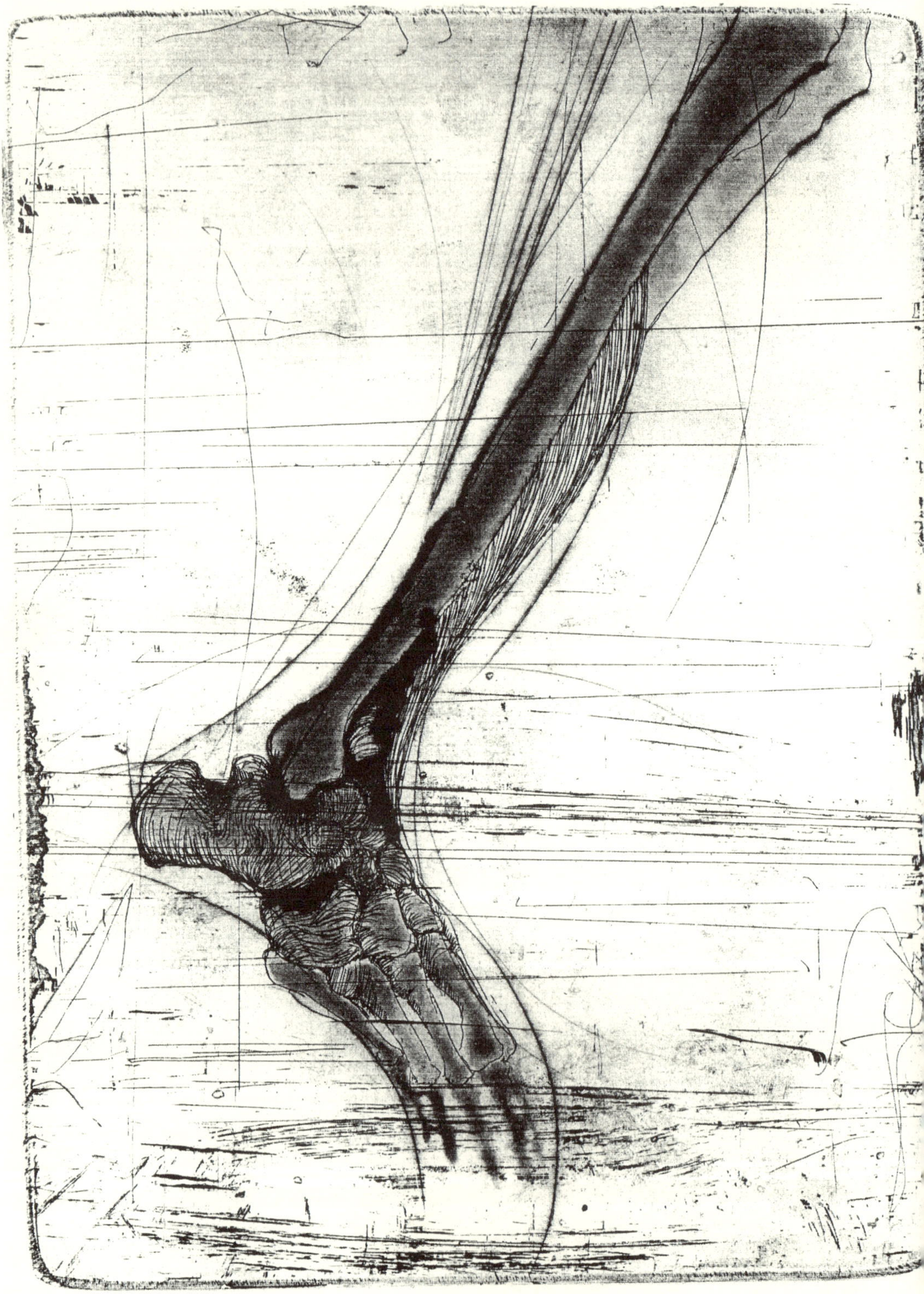

História, Vida e Martírio de Mestre John Hooper, Bispo de Worcester e Gloucester

JOHN HOOPER estudou e graduou-se na Universidade de Oxford. Depois de dedicar-se às ciências com grande aproveitamento graças à sua secreta vocação divina, foi tomado por um ardente desejo de amar e conhecer as Escrituras. Como nas suas leituras e pesquisas não lhe faltou diligência associada à compenetrada oração, assim também não lhe faltou a graça do Espírito Santo para realizar seu desejo e mostrar-lhe a luz da verdadeira teologia.

Assim Mestre Hooper, amadurecendo cada vez mais, pela graça de Deus, em entendimento espiritual e mostrando algumas cintilações do seu fervoroso espírito, logo teve contra si o desagrado e ódio de alguns rabinos de Oxford, que passaram a persegui-lo. Em conseqüência disso, especialmente por instigação do Dr. Smith, ele foi obrigado a evitar a Universidade. Deixando Oxford, foi acolhido na casa de Sir Thomas Arundel, de quem foi empregado até que seu patrão, tomando consciência de suas opiniões e convicções religiosas, que ele de modo algum apoiava, embora protegesse muito a pessoa de seu subalterno, achou um jeito de enviá-lo com um recado ao Bispo de Winchester. Arundel escreveu uma carta pessoal ao bispo para saber se ele de algum modo poderia beneficiar John Hooper. Mas pedia que de qualquer modo lhe enviasse o servo de volta.

Winchester, depois de conversar com Hooper por quatro ou cinco dias seguidos, percebeu que não estava em condições de lhe fazer o bem de que se imaginara capaz e que o outro também não queria aprender nada com ele. Sem poder satisfazer o pedido de Mestre Arundel, ele enviou-lhe de volta o servo, elogiando muito seu conhecimento e perspicácia, mas ainda guardando em seu peito um sentimento de má vontade para com ele.

Como a malícia sempre busca a perseguição, não muito tempo depois desses fatos Mestre Hooper foi informado de que devia abrir os olhos porque estava sendo cercado pelo perigo. Por essa razão ele deixou a casa de Mestre Arundel, pediu emprestado o cavalo de um amigo (cuja vida ele salvara da forca), viajou para o litoral com a intenção de entrar na França e de lá mandou de volta o cavalo.

Mestre Hooper foi para Paris onde não se deteve por muito tempo. Voltou para a Inglaterra e foi acolhido por Mestre Sentlow até ser de novo molestado. Desta vez ele se viu obrigado a disfarçar-se de capitão de um navio de partida para a Irlanda e assim lançou-se ao mar. Fugiu pela França (mas não sem enfrentar perigos extremos de morrer afogado) para as regiões altas da Alemanha, onde fez amizade com pessoas ilustradas, sendo recebido com amizade e carinho pelo Mestre Bullinger, seu particular amigo, em Basiléia e especialmente em Zurique. Ali também se casou com uma mulher da Borgonha e dedicou-se com muita assiduidade ao estudo do hebraico.

Quando aprouve a Deus dar-nos o Rei Eduardo para dirigir este reino, com alguma paz e descanso para o seu Evangelho, houve muitos exilados ingleses que voltaram para casa. Também Mestre Hooper, seguindo o impulso de sua consciência, achou que não devia continuar ausente. Pelo contrário, quando viu que o tempo e a ocasião eram propícios, ofereceu-se para fazer avançar a obra do Senhor até o limite máximo de sua capacidade. Assim, apresentou-se ao Mestre Bullinger e a outros seus conhecidos (como era seu dever) para agradecer-lhes pela singular bondade e gentileza que muitas vezes lhe fora demonstrada, e com igual humanidade se dispôs a despedir-se deles. Mestre Bullinger dirigiu-lhe a palavra nos seguintes termos:

— Mestre Hooper — disse ele — embora estejamos tristes por perder a sua companhia, temos, contudo, motivos muito maiores para nos rejubilar, seja por você, seja, sobretudo, pela causa da verdadeira religião de Cristo, com a notícia do seu retorno neste momento, depois de uma longa ausência forçada, para a sua terra natal. Lá não apenas você poderá desfrutar de sua liberdade pessoal, mas também a causa e a condição da Igreja de Cristo, por meio de você, poderá beneficiar-se. Nós não duvidamos de que assim será.

— Outro motivo, também, para nos rejubilar com você e por você é o seguinte: você não apenas deixa o exílio em busca da liberdade, mas deixa aqui uma terra estéril, triste e desagradável, rude e selvagem, em troca de uma terra onde fluem leite e mel, repleta de fertilidade e prazeres.

— Todavia, com esse nosso júbilo sentimos um temor: de que você, estando ausente e tão distante de nós ou então por encontrar-se no meio de tanta abundância e atingir prosperidade e glória, talvez tornando-se até mesmo a ser um bispo, e cercado por tantos novos amigos, venha a esquecer-se de nós, seus velhos amigos e simpatizantes. Apesar de tudo, por mais que você se esqueça de nós e nos abandone, disso tenha certeza, de que nós não nos esqueceremos do nosso velho amigo e colega Mestre Hooper. E se você não nos esquecer, então eu lhe peço: mande notícias.

Em seguida Mestre Hooper respondeu que nem a natureza de sua terra, nem os prazeres e comodidades, nem as novas amizades iriam induzi-lo ao esquecimento de tais amigos e benfeitores. — E portanto — disse ele — de tempos em tempos eu vou escrever para vocês e contar como vou indo. Mas a última de todas as notícias eu não vou poder enviar, pois quando — disse ele, segurando a mão de Mestre Bullinger — hei de sofrer as maiores atrocidades, então sabereis que fui queimado e reduzido a cinzas.

Já em Londres, Mestre Hooper pregava sem cessar: na maioria das vezes dois sermões por dia; no mínimo, um, sem nunca falhar. O povo acorria em grandes bandos para ouvir sua voz, como se fosse o som mais melodioso da harpa de Orfeu, como reza a lenda. Tanto assim que muitas vezes durante sua pregação a igreja ficava tão cheia que ninguém conseguia ultrapassar a soleira das portas. Era sério em sua doutrina, eloqüente em seu falar, perfeito nas Escrituras, infatigável em seus sacrifícios.

Chegou ao fim de sua vida do mesmo modo que a iniciou. O trabalho e o cansaço não conseguiam derrubá-lo, nem a promoção mudá-lo, nem os pratos refinados corrompê-lo. Sua vida era tão pura e boa que nenhum tipo de calúnia conseguia atribuir-lhe falha alguma. Tinha um físico forte, uma saúde muito sólida, uma perspicácia muito fértil, uma paciência capaz de agüentar qualquer desgraça sinistra da fortuna e adversidade. Era firme em seu julgamento, um bom distribuidor de justiça, frugal em sua dieta, mais frugal em suas palavras e frugalíssimo no uso do tempo. Era muito liberal na administração da casa, às vezes mais do que lhe permitia seu estilo de vida. Sempre havia em seu semblante e na fala uma certa graça e severidade, o que poderia talvez sugerir que melhor seria se ele tivesse sido um pouco mais popular. Mas ele, melhor que ninguém, conhecia o seu dever.

A propósito, julguei que eu devia anotar o fato seguinte. Certa vez, um cidadão honesto, que não me era desconhecido, tendo um certo mal-estar de consciência, veio até a porta de Mestre Hooper para aconselhar-se. Mas, desconcertado pelo seu olhar austero, não teve coragem de entrar e foi embora, indo buscar remédio para a sua mente atribulada junto a outra pessoa. Em minha opinião, quem dirige o rebanho de Cristo e tem de instruir suas ovelhas deveria conduzir sua vida, modos, semblante e comportamento exterior de tal maneira que nem deveria mostrar-se muito familiar e leviano, o que o tornaria desprezível, nem deveria, por outro lado, parecer mais altivo e austero do que convém para a edificação das simples ovelhas de Cristo.

Finalmente, e não sem grande proveito de muitos, Mestre Hooper foi convidado a pregar perante Sua Majestade o Rei e logo em seguida foi feito bispo de Gloucester. Exerceu esse ofício por dois anos, e comportou-se tão bem que seus próprios inimigos (a não ser que acusassem suas boas ações e a firme correção do pecado) não conseguiram apontar nele falha alguma. Depois disso, foi feito bispo de Worcester.

Não sei dizer que litígio sinistro e infeliz referente à ordenação e consagração dos bispos e à sua indumentária, bem como outras frivolidades semelhantes, começou a atrapalhar o bom e feliz começo do piedoso bispo. Na verdade, apesar da piedosa reforma da religião que então se iniciara na Igreja da Inglaterra, além de outras cerimônias mais ambiciosas do que proveitosas ou voltadas para a edificação, eles costumavam usar paramentos e indumentária como os dos bispos papistas. Primeiro, uma sobrepeliz por cima e um roquete branco por baixo; depois, um barrete matemático formando quatro ângulos, dividindo todo o universo em quatro partes. Essas bobagens, mais tendendo para a superstição do que para outra coisa, ele nunca soube acatar, de modo que não havia jeito de convencê-lo a usá-las. Por isso ele interpôs um pedido a Sua Majestade o Rei, suplicando humildemente que Sua Alteza o dispensasse ou do bispado ou dessas disposições cerimoniais. O pedido foi imediatamente aprovado.

Todavia, os bispos ainda se posicionavam firmes na defesa das referidas cerimônias, dizendo tratar-se apenas de um detalhe e que a falha estava no abuso das coisas e não nas coisas em si. Acrescentavam também que ele não devia ser tão teimoso numa questão tão pequena e que não se poderia tolerar obstinação nesse caso.

Enquanto os dois lados brigavam ultrapassando os limites do bom senso, dava-se azo a que os verdadeiros cristãos lamentassem e os adversários rissem. Esse litígio teológico chegou à seguinte conclusão: visto que os bispos tinham mais força, Mestre Hooper mostrou-se disposto a aceitar que às vezes em seus sermões ele se apresentaria enfeitado como os outros bispos. Conseqüentemente, após ser indicado para pregar perante o Rei, como um novo ator vestindo um figurino diferente, ele apresentou-se no palco. Vestia por cima uma longa sobrepeliz escarlate que descia até os pés e, por baixo, um roquete de linho branco que lhe cobria totalmente os ombros. Usava um barrete geométrico, isto é, de quatro bicos, apesar de sua cabeça ser redonda. Qualquer um pode facilmente imaginar a vergonha que essa estranha indumentária causou nesse dia àquele bom pregador.

Após tomar posse de sua diocese, Mestre Hopper foi tão cuidadoso no trabalho pastoral que nunca evitou sofrimento algum, nunca deixou de buscar o melhor método para conduzir o rebanho de Cristo na verdadeira palavra da salvação. Nenhum pai no seio de sua família, nenhum jardineiro em seu jardim, nenhum agricultor em seu vinhedo ocupou-se mais ou melhor do que ele em sua diocese, no meio de seu rebanho, percorrendo cidades e vilas, ensinando e pregando ao povo.

Quando não estava ocupado com a pregação, empregava seu tempo ouvindo e resolvendo problemas públicos, ou então estudando, orando e visitando escolas. Ao contínuo ensinamento de sua doutrina acrescentava discretamente as correções que se faziam necessárias. Não era severo com ninguém, exceto com aqueles que, pela abundância de suas riquezas e pela sua condição de ricos, julgavam-se no direito de fazer o que bem entendiam. Não poupava ninguém, não fazia distinção alguma: era imparcial com todos, ricos e pobres. Sua vida, em resumo, foi tal que poderia servir como luz e exemplo para a Igreja e todos os eclesiásticos; e para os demais poderia servir como uma lição e sermão permanentes.

Embora dedicando a maior parte de seu trabalho ao rebanho de Cristo, pelo qual deu seu próprio sangue, todavia, ele não deixava de providenciar uma boa criação para os seus próprios filhos passando-lhes ensinamentos e boas maneiras. Tanto isso é verdade que não era possível saber se ele merecia mais elogios por sua atuação em casa como pai ou por suas atividades fora dela como bispo, pois em todas as partes ele tinha uma única religião numa única e uniforme doutrina e integridade. Assim, se você entrasse em seu palácio episcopal, poderia imaginar-se no interior de alguma igreja ou templo. Em cada canto percebia-se o odor da virtude, do bom exemplo, da conversação honesta ou da leitura da santa Escritura. Não se via em sua casa nenhuma diversão ou passa-tempo, nenhuma pompa; nem se ouvia nenhuma palavra desonesta, nenhum palavrão.

Quanto às receitas de seus dois bispados, nada era embolsado por ele. Tudo era gasto em hospitalidade. Duas vezes, eu me lembro, estive em sua casa em Worcester. Ali, no salão de recepções, vi uma mesa bem servida, toda ocupada por mendigos e pobres. Quando perguntei aos empregados o significado daquilo, disseram-me que era hábito de seu senhor e patrão almoçar na companhia de um certo número de pobres da cidade. Quatro atendentes por vez serviam-lhes uma refeição quente e sadia. Depois que os pobres eram servidos (não sem serem antes examinados por ele ou seus representantes sobre a oração do Senhor, os artigos de sua fé e os dez mandamentos), então ele se sentava para almoçar, nunca antes.

Depois da morte do Rei Eduardo e da coroação de Mary como Rainha da Inglaterra, este bom bispo foi um dos primeiros a ser convocado a comparecer em Londres. Embora Mestre Hooper não ignorasse os perigos que corria (ele fora avisado por certos amigos seus para fugir e mudar-se por iniciativa própria), todavia nada fez para evitá-los. Pelo contrário, permaneceu no seu posto e dizia: — Uma vez eu fugi e saí correndo. Mas agora, pelo lugar que ocupo e por minha vocação, estou absolutamente persuadido a ficar para viver e morrer com as minhas ovelhas.

Chegado o dia em que devia apresentar-se, primeiro de janeiro de 1553, ele veio para Londres e foi recebido com muitos opróbrios. Espontaneamente e sem medo algum, ele expôs seu caso e justificou-se. Mas, resumindo, eles concluíram que deviam mandar prendê-lo. Antes de dispensá-lo, disseram-lhe que a razão da prisão era uma certa quantia em dinheiro que ele devia à Rainha e não algum motivo religioso.

No dia dezenove de março do ano seguinte, 1554, ele foi novamente intimado a comparecer à presença de Winchester e outros comissários da Rainha. O Chanceler perguntou-lhe se era casado. — Sim, Excelência — respondeu Mestre Hooper — e não me descasarei até que a morte me descase. — Os comissários puseram-se a gritar, rir e gesticular de um modo nada adequado ao local. O Bispo de Chichester,

Dr. Day, com palavras veementes e uma atitude de desprezo, chamou-o de "hipócrita". O Bispo Tonstal chamou-o de "animal", no que foi acompanhado por Smith, por um dos secretários do conselho e diversos outros circunstantes.

Tonstal, Bispo de Durham, perguntou a Mestre Hooper se ele acreditava na presença corporal no sacramento do altar. Mestre Hooper disse de forma explícita que tal presença não existia e que não acreditava nessas coisas. Então Winchester quis saber que autoridade o levava a não acreditar na presença corporal. Ele disse que era a autoridade da Palavra de Deus. Em seguida, eles mandaram os escrivães anotar que ele era casado e dissera que não abandonaria a sua esposa nem acreditava na presença corporal no sacramento do altar. Portanto, ele merecia ser destituído de seu bispado.

O Verdadeiro Relatório da Detenção de Mestre Hooper na prisão Fleet, redigido de seu próprio punho no dia sete de janeiro de 1555.

No dia primeiro de setembro de 1553, eu fui entregue à carceragem da prisão Fleet de Richmond para ser tratado como condenado à prisão aberta. Seis dias mais tarde, paguei ao administrador da prisão cinco libras esterlinas como taxa pela minha liberdade. Imediatamente após esse pagamento, ele queixou-se com Stephen Gardiner, Bispo de Winchester, e eu fui transferido para a prisão fechada ocupando um aposento na Torre da prisão Fleet onde fui tratado com extremo rigor.

Depois, graças à intervenção de uma boa senhora, tive a liberdade de poder descer na hora do almoço e do jantar. Mas não me era permitido falar com nenhum dos meus amigos. Pelo contrário, terminada a refeição, eu devia voltar ao meu aposento. Apesar de tudo isso, quando eu descia para as refeições, o administrador e sua esposa achavam jeito de brigar comigo e sem razão queixavam-se de mim a seu grande amigo, o Bispo de Winchester.

Depois de pouco mais de três meses, Babbington, o administrador, e sua esposa desentenderam-se comigo por causa da maldita missa. Imediatamente ele procurou o Bispo de Winchester e com ele conseguiu trancar-me numa cela comum, onde estou há muito tempo. A minha cela era imunda e mal cheirosa; a cama não era mais que uma camada de palha embaixo de um lençol podre e uma fronha contendo algumas penas; até que por intervenção divina algumas pessoas generosas me mandaram roupas de cama de verdade.

Num dos lados da prisão está o esgoto e o lixo da casa, no outro, corre o fosso da cidade, de modo que o fedor do local infectou-me com várias doenças. Durante o tempo em que estive enfermo, as portas, travas, cadeados e correntes sempre ficaram fechados e trancados. Eu gemia, chamava e gritava pedindo ajuda. Mas o administrador, muitas vezes sabendo que eu estava às portas da morte e ouvindo outros presos pedindo-lhe que me socorresse, dava ordens para que as portas continuassem trancadas e ninguém de seus homens viesse me ver. Dizia ele: — Deixem que fique sozinho. Seria bom livrar-se dele.

Sempre paguei ao administrador como um barão tanto pelas taxas quanto pela minha alimentação, o que correspondia a vinte xelins por semana, além de pagar pelas refeições do meu secretário, até quando injustamente me privaram do bispado. Desde esse dia venho lhe pagando a taxa mais alta que um cavaleiro despende nesta casa. Mesmo assim, sou mal tratado e de um modo mais grosseiro do que um escravo.

O referido administrador também prendeu o meu secretário, William Downton, e lhe arrancou toda a roupa à cata de cartas. Mas nada conseguiu encontrar a não ser uma pequena lista de nomes de pessoas bondosas que com suas esmolas aliviaram minha vida na prisão. Querendo arruinar também a elas, o administrador entregou a lista a Stephen Gardiner, inimigo de Deus e meu.

Estou sofrendo neste cárcere há quase dezoito meses. Fui privado de meus bens, meu meio de vida, meus amigos e meu conforto. A Rainha me deve, segundo um cálculo justo, oitenta libras ou mais. Ela me pôs na prisão e nada faz para que meu caso seja julgado. Também estou proibido de receber qualquer visita que possa me trazer algum alívio. Estou na companhia de um homem e uma mulher cruéis, de modo que não vejo remédio algum (excetuado o socorro divino) que impeça de eu ser trancafiado na prisão antes de ser julgado. Mas entrego minha causa a Deus, Cuja vontade será feita, seja pela vida ou seja pela morte.

No dia vinte e dois de janeiro do ano seguinte, 1555, Babington, o administrador da Fleet, recebeu ordens para trazer Mestre Hooper à presença do Bispo de Winchester e de outros bispos e comissários, na residência de Winchester em Santa Maria Overy´s. O Bispo insistiu muito para que Mestre Hooper abandonasse a sua doutrina perversa e corrupta (como ele a definiu), pregada nos dias do Rei Eduardo VI, e voltasse para a unidade da Igreja católica e reconhecesse que Sua Santidade o Papa é a cabeça dessa mesma Igreja, segundo a determinação de todo o parlamento. Prometeu-lhe que, assim como ele e outros irmãos haviam recebido a bênção do Papa e a misericórdia da Rainha, assim também a mesma misericórdia podia ser estendida a Hooper e outros, se ele aceitasse a santidade do Papa.

Mestre Hooper respondeu que, pelo fato de o Papa ensinar uma doutrina totalmente contrária à de Cristo, ele não era digno de ser a cabeça da Igreja.

Por isso, ele de modo algum aceitaria qualquer jurisdição usurpada. Tampouco considerava que a Igreja, da qual ele é chamado de cabeça, era a igreja católica de Cristo, pois a Igreja ouve apenas a voz do seu esposo que é Cristo e foge dos estranhos. — Seja como for — disse ele — se nalgum ponto, sem sabê-lo, eu ofendi a majestade da Rainha, com a maior humildade hei de me submeter à sua misericórdia, se for possível obtê-la sem prejudicar a minha consciência e sem desagradar a Deus. Responderam-lhe que a Rainha não teria misericórdia para com os inimigos do Papa. Em seguida Babington recebeu ordens para reconduzi-lo à prisão.

No dia vinte e oito de janeiro, Winchester e seus comissários novamente sentaram-se para julgar em Santa Maria Overy´s, onde Mestre Hooper se apresentou pela tarde. Ali, depois de muitos arrazoados, disputas, considerações e reconsiderações, Hooper recebeu ordens para aguardar até que Mestre Rogers (que também se apresentara) houvesse sido interrogado. Terminado esse interrogatório, os dois xerifes de Londres foram solicitados, por volta das quatro horas da tarde, para conduzi-los à prisão Compter, que é a dos endividados, em Southwark, onde deveriam permanecer até a manhã seguinte, para ver se abandonavam sua inflexibilidade e retornavam ao seio da Igreja católica.

Mestre Hooper foi na frente com um dos xerifes e Mestre Rogers vinha atrás com o outro. Na saída da igreja Mestre Hooper olhou para trás e esperou um pouco até Mestre Rogers se aproximar. Disse-lhe então: — Vamos, irmão Rogers! Será que nós dois devemos ser os primeiros a alimentar essa fogueiras?

— É isso mesmo, meu senhor — disse Mestre Rogers — com a graça de Deus.

— Não duvide — disse Mestre Hooper — de que Deus nos dará forças.

E assim foram caminhando pelas ruas no meio de uma multidão que se rejubilava com a constância deles. Era tanta gente que ficava difícil avançar.

No dia seguinte eles foram trazidos outra vez pelos dois xerifes à presença do referido bispo e dos comissários. Depois de uma conversa longa e séria, quando se percebeu que Mestre Hooper de forma alguma iria mudar de posição, eles o condenaram a ser rebaixado e leram-lhe a condenação. Feito isso, Mestre Rogers foi trazido à presença deles e tratado de igual maneira. Assim ambos foram entregues ao braço secular, os dois xerifes de Londres, que decidiram conduzi-los para a Clink, uma prisão que não distava muito da residência do Bispo de Winchester, onde permaneceriam até o anoitecer.

Depois que escureceu, Mestre Hooper foi conduzido por um dos xerifes, acompanhado de muitas alabardas e outras armas, primeiro pela residência do Bispo de Winchester, e depois por sobre a Ponte de Londres, passando pelo centro, até Newgate. Durante o trajeto alguns dos sargentos decidiram ir na frente e apagar as luzes dos vendedores ambulantes, que habitualmente ficavam sentados com velas acesas ao longo das ruas. É provável que eles temessem que o povo fizesse alguma tentativa de livramento dos condenados à força ao vê-los sendo conduzidos à prisão; ou então, sentindo a consciência pesada, eles julgaram talvez que a escuridão fosse a atmosfera mais adequada para esse tipo de atividade.

Mas, apesar dessa medida, o povo que de algum modo já sabia da passagem de Mestre Hooper saiu às ruas em grande número trazendo luzes e veio cumprimentá-lo, louvando a Deus por sua constância na verdadeira doutrina que ele lhes ensinara, e desejando-lhe que Deus o fortalecesse nela até o fim. Mestre Hooper foi avançando e pedindo ao povo que fizesse orações sinceras por ele. E assim foi passando por Cheapside até o local indicado, onde foi entregue ao carcereiro de Newgate como condenado à prisão fechada. Ali ficou por seis dias, sem poder ver ninguém e falar com ninguém a não ser com os guardas e pessoas que ali trabalhavam.

Durante esse período, o Bispo de Londres e outros indicados por ele fizeram-lhe muitas visitas para tentar, por todos os meios imagináveis, convencê-lo a ceder e a tornar-se um membro de sua igreja anticristã. Tudo o que eles conseguiram inventar eles tentaram: assim, além das alegações de testemunhos das Escrituras e de antigos escritores distorcidos e mal-interpretados, de acordo com seu método costumeiro, eles também usaram de toda a gentileza aparente e gestos amistosos, fazendo muitas ofertas e promessas de comodidades mundanas, sem omitir também as mais pesadas ameaças, quando não conseguiram prevalecer com a gentileza: mas ele sempre se mostrou firme e imutável.

Ao perceberem que de modo algum poderiam recuperá-lo para a sua causa com os argumentos e ofertas usadas para convertê-lo, então procuraram, por meio de falsos rumores e relatos, jogar no descrédito a ele e à doutrina de Cristo por ele professada. Assim, depois que foi espalhada essa boataria que alguns dos mais fracos acreditaram por causa das freqüentes visitas do Bispo de Londres e de outros, o caso finalmente chegou aos ouvidos de Mestre Hooper, que não ficou nem um pouco magoado ao saber que havia pessoas que acreditavam nesses falsos rumores. "O relato que circula por aí (segundo informações confiáveis que tenho) diz que eu, John Hooper, homem condenado pela causa de Cristo, teria agora, depois de receber uma sentença de morte (estando preso em Newgate, aguardando diariamente a minha execução) repudiado e renegado aquilo que preguei até o presente. Essa conversa origina-se do seguinte fato de que o Bispo de Londres e seus capelães vêm me procurar. Tenho conversado com eles quando aparecem, pois não temo os argumentos deles e a morte não me parece terrível. Com essas visitas fico mais fortalecido ainda na verdade que tenho pregado até hoje. Abandonei todas as coisas deste mundo e sofri grandes penas e prisão e, graças a Deus, estou tão disposto a enfrentar a morte quanto isso é possível a um homem mortal. Até aqui ensinei a verdade com a língua e a pena; daqui para o futuro deverei confirmá-la com meu sangue, pela graça de Deus."

Na segunda-feira, dia vinte e quatro de fevereiro, seu guarda deu-lhe a entender que ele seria mandado para Gloucester onde deveria morrer. Com essa notícia ele rejubilou-se muito, erguendo os olhos e as mãos ao céu e louvando a Deus que houve por bem enviá-lo para o seio do povo de quem ele fora pastor para lá confirmar com sua morte a verdade que ele antes lhes ensinara. Ele não duvidava de que o Senhor lhe daria forças para realizar esse feito para a Sua glória. Imediatamente mandou buscar suas botas, esporas e capa na casa de seu servo para estar de prontidão quando fosse chamado.

No dia seguinte, por volta das quatro horas da manhã, antes do romper do dia, os guardas e outros vieram até ele e o examinaram, assim como examinaram sua cama, à cata de qualquer coisa que ele houvesse escrito. Depois ele foi conduzido pelos xerifes de Londres e seus oficiais para fora de Newgate rumo a um local escolhido, não muito distante da igreja de St. Dunstan na Fleet Street, onde seis membros da guarda da Rainha tinham a incumbência de recebê-lo e conduzi-lo até Gloucester, onde o entregariam a Lorde Chandos, Mestre Wicks e outros comissários, incumbidos de providenciar sua execução.

Os guardas o trouxeram até o Anjo onde ele quebrou seu jejum com uma refeição abundante como há tempo não fazia. Quando estava prestes a amanhecer, ele foi até seu cavalo, montou animado e sem ajuda alguma. Vestia um capuz sobre a cabeça, por baixo do chapéu, para não ser reconhecido. E assim, animado, empreendeu sua jornada para Gloucester. Ao longo do caminho os guardas sempre se informavam sobre os locais onde ele costumava parar e hospedar-se, e sempre o conduziam para outra estalagem.

Na quinta-feira seguinte ele chegou a uma cidade de sua diocese chamada Cirencester, a quinze milhas de Gloucester, por volta das onze horas. Ali almoçou na casa de uma senhora que sempre odiara a verdade e sempre dissera as piores coisas de Mestre Hooper. Essa mulher, dando-se conta da razão de sua vinda, mostrou-lhe toda a amizade de que foi capaz e lamentou sua situação com lágrimas. Confessou que ela no passado muitas vezes dissera que se ele fosse posto à prova não defenderia sua doutrina.

Depois do almoço ele continuou sua viagem e chegou a Gloucester por volta das cinco horas da tarde. Uma milha antes de entrar na cidade havia muita gente reunida, chorando e lamentando a sua condição, de modo que um dos guardas foi correndo para a cidade a fim de pedir o socorro do prefeito e dos xerifes por temer que Mestre Hooper fosse resgatado pelo povo. Os oficiais e sua comitiva dirigiram-se armados à porta da cidade e ordenaram que as pessoas não deixassem suas casas. Mas não houve ninguém que desse sinal algum de resgate ou violência.

Assim ele foi levado para uma das casas de Ingram em Gloucester. Naquela noite (como fizera durante todo o percurso) fez sua refeição em silêncio e dormiu profundamente o seu primeiro sono, conforme relataram os guardas e alguns outros. Depois do primeiro sono, passou toda a noite em oração até o amanhecer, quando pediu para isolar-se no quarto contíguo (uma vez que os guardas também estavam no aposento onde ele se encontrava), para que ali, sozinho, pudesse orar e falar com Deus. Assim todas as horas daquele dia, excetuado o breve tempo das refeições e rápidas conversas incidentais com quem obtinha dos guardas permissão para falar com ele, Mestre Hooper as passou em oração.

Um dos que, entre outros, conversaram com ele foi o Cavaleiro Sir Anthony Kingston, que aparentemente fora no passado seu grande amigo e era agora indicado, por cartas da Rainha, para ser um dos comissários que deveriam cuidar de sua execução. Mestre Kingston foi conduzido ao seu aposento e o encontrou imerso em orações. Assim que o viu, prorrompeu em pranto. De relance Mestre Hooper não o reconheceu. Então disse Mestre Kingston: — Ora, excelência, não me reconhece? Sou um velho amigo seu, Anthony Kingston.

Hooper: — Sim, Mestre Kingston, eu o conheço bem e me alegro ao vê-lo gozando de boa saúde e louvo a Deus por isso.

Kingston: — Mas eu lamento vê-lo nesta situação, pois entendo que veio para cá a fim de morrer. Mas, ai! Considere que a vida é doce e a morte amarga. Portanto, sendo que a vida está a seu alcance, queira viver, que a vida daqui por diante pode ser boa.

Hooper: — De fato, é verdade, Mestre Kingston. Eu vim para cá a fim de encerrar esta vida e aqui enfrentar a morte, uma vez que não quero negar a velha verdade que até hoje ensinei entre vós nesta diocese e em outras partes. Eu lhe agradeço pelo conselho amigo, mesmo que não seja tão amigável como eu gostaria. É verdade, Mestre Kingston, que a morte é amarga e a vida é doce. Mas, ai! Considere que a morte futura é mais amarga e a vida futura mais doce. Portanto, pelo desejo e amor que sinto por esta e pelo terror e medo que tenho daquela, não atribuo muita importância a esta morte nem estimo tanto esta vida. Estou decidido, com a força do Espírito Santo, a pacientemente enfrentar os tormentos e violentas crueldades do fogo que me espera. Prefiro isso a negar a verdade da Sua Palavra. Peço que, nesse meio tempo, o senhor assim como outros me recomendem à misericórdia de Deus em suas orações.

Kingston: — Bem, excelência, então vejo que não há remédio e portanto me despeço do senhor agradecendo a Deus por tê-lo um dia conhecido. Foi Deus que escolheu o senhor para me resgatar quando eu era um filho perdido.

Hooper: — Louvo muito a Deus por isso e rezo para que o senhor viva sempre no temor de Deus.

Depois dessas e de muitas outras palavras, eles se despediram. Mestre Kingston chorava lágrimas amargas, e as lágrimas também escorriam pelas faces de Mestre Hooper. Na hora da despedida Mestre Hooper disse-lhe que todos os sofrimentos que provara na prisão não o haviam feito expressar tanta dor.

Na tarde do mesmo dia, um rapaz cego, depois de muito insistir com os guardas, obteve permissão para conversar com Mestre Hooper. Não muito tempo antes esse mesmo rapaz fora preso em Gloucester por confessar a verdade. Depois de examinar sua fé e a causa de seu aprisionamento, Mestre Hooper fitou-o longamente e (com lágrimas assomando-lhe aos olhos) disse: — Ah, meu pobre rapaz! Deus lhe tirou a visão exterior por algum motivo que Ele conhece melhor que nós. Mas deu-lhe uma outra visão mais preciosa, pois dotou sua alma com o olhar do conhecimento e da fé. Que Deus lhe dê a graça de dirigir a Ele suas orações incessantes para não perder esta visão, porque neste caso você ficaria cego de corpo e alma!

À noite os guardas, ao desincumbirem-se de suas obrigações, entregaram-no aos cuidados dos xerifes de Gloucester. Estes, com o prefeito e vereadores da cidade, foram até os aposentos de Mestre Hooper e apertaram-lhe a mão.

Hooper dirigiu-lhe a palavra nos seguintes termos: — Digníssimo prefeito, quero agradecer-lhe de todo o coração, assim como aos demais seus irmãos, por terem se dignado de apertar a mão de um prisioneiro e condenado. Esse gesto, para minha grande alegria, deixa muito claro que seu amor e amizade por mim não se extinguiram totalmente. Espero também que não se esqueçam da doutrina que lhes ensinei no passado quando, pelo piedoso Rei já falecido, fui indicado para ser seu bispo e pastor. Por aquela doutrina, a mais sincera e verdadeira; por não considerá-la agora heresia e falsidade, como fizeram muitos, fui enviado para cá (como certamente os senhores sabem), por ordem da Rainha, para morrer. Volto ao lugar onde a ensinei a fim de confirmá-la com o meu sangue. E agora, senhores xerifes, eu soube por estes bons homens, meus verdadeiros amigos (referia-se aos guardas), em cujas mãos no caminho até aqui encontrei todo o apoio e gentileza que um prisioneiro pode desejar (pelo que agradeço a eles de todo o coração), que estou sendo posto sob a custódia dos senhores para me acompanharem amanhã até o local da execução. Meu pedido é apenas este: que seja um fogo rápido para que o fim seja breve. Enquanto isso, ser-lhes-ei obediente em tudo. Se perceberem que estou agindo de modo inadequado em qualquer ponto, bastará que levantem a mão para eu corrigir o erro. Pois não vim para cá na condição de alguém forçado ou compelido a morrer (todos sabem que eu poderia ter salvado a minha vida com vantagens mundanas), mas sim como alguém disposto a oferecer e dar a vida pela verdade em vez de concordar com a perversa religião papista do Bispo de Roma, acatada e imposta pelos magistrados da Inglaterra, para grande desagrado e desonra de Deus. Pela confiança que deposito na graça de Deus, amanhã, eu poderei morrer como um servo fiel do Senhor e um verdadeiro e obediente súdito da Rainha.

Essas palavras dirigiu Mestre Hooper aos xerifes e vereadores, e muitos lamentaram o caso. Apesar de tudo, os dois xerifes estavam decididos a conduzi-lo ao cárcere comum da cidade, chamado Northgate. Mas os guardas intercederam intensamente por ele, declarando como ao longo do caminho ele agira de modo tranqüilo, manso e paciente. Acrescentaram também que qualquer criança poderia tomar conta dele e que eles mesmos preferiam ter o incômodo de passar a noite em vigília ao seu lado a vê-lo conduzido para o cárcere comum.

Assim ficou decidido que ele continuaria na casa de Robert Ingram. Os xerifes, sargentos e outros oficiais ofereceram-se para passar aquela noite com ele. Seu pedido foi poder ir dormir cedo dizendo que tinha muitas coisas de que se lembrar. E assim ele foi para a cama às cinco da tarde, dormiu o primeiro sono profundamente e dedicou o resto da noite à oração. Depois de levantar-se pela manhã pediu que ninguém entrasse em seu aposento: queria ficar sozinho até a hora da execução.

Por volta das oito horas, chegou Sir John Bridges, Lorde Chandos com muitos outros homens, Sir Anthony Kingston, Sir Edmund Bridges e os comissários escolhidos para levar a cabo a execução. Às nove sugeriram que Mestre Hooper se preparasse, pois a hora se aproximava. De imediato foi trazido de seu aposento pelos xerifes que o acompanharam com alabardas, gládios e outros instrumentos. Ao ver tantas armas, disse ele: — Senhores xerifes, não sou um traidor. Nem teria sido preciso darem-se ao trabalho de me conduzir até o local do meu sofrimento. Se me tivessem pedido, eu teria caminhado sozinho para a fogueira sem incomodar nenhum dos senhores. — Formou-se uma multidão de sete mil pessoas, pois era dia de feira, e muitos vieram ver como ele se portaria perante a morte.

Assim ele avançou entre os dois xerifes (como um cordeiro conduzido ao matadouro) vestindo uma capa de seu anfitrião, tendo na cabeça o seu chapéu e uma bengala na mão direita para equilibrar-se: a dor da ciática, contraída na prisão, obrigava-o a mancar um pouco. Olhava muito alegre para as pessoas conhecidas: nunca fora visto, durante o tempo passado entre elas, com um semblante mais alegre e afogueado do que nesse momento. Chegando ao lugar indicado para a sua execução, sorrindo contemplou a fogueira e os preparativos que o aguardavam, junto ao grande olmo, na frente da faculdade dos padres onde ele costumava pregar. O espaço em volta das casas e os galhos da árvore estavam cheios de gente. No aposento sobre o portão da faculdade estavam os ferozes sanguessugas e vampiros, os padres da escola.

Então ajoelhou-se ele, uma vez que não lhe foi permitido dirigir a palavra ao povo. Depois de concentrar-se bastante em sua oração, apresentaram-lhe uma caixa, colocada sobre um banquinho. Nela estava o seu indulto (ou pelo menos fizeram de conta que era seu indulto) enviado pela Rainha, caso ele quisesse retratar-se. Ao vê-lo ele gritou: — Se amais a minha alma, tirai isso daqui! Se amais a minha alma, tirai isso daqui!

Terminada a oração, Mestre Hooper preparou-se para a fogueira. Despiu-se da capa de seu anfitrião e a entregou aos xerifes pedindo-lhes que fosse devolvida ao seu proprietário. Tirou depois o resto de suas roupas até ficar só de calças e gibão com os quais desejava ser queimado. Mas os xerifes não lhe permitiram isso, tal era a ganância deles: para agradar-lhes o bom homem, muito obediente, submeteu-se a eles. Foram-lhe tirados o gibão, o colete e as calças. Então, só de camisa, retirou das calças algo que prendeu entre as pernas onde trazia numa bolsa uma libra de pólvora. Tinha debaixo de cada um dos braços a mesma quantidade, que lhe fora entregue pelos guardas. Assim, pedindo ao povo para rezar com ele a Oração do Senhor e orar por ele (o que foi feito entre lágrimas durante todo o tempo dos seus sofrimentos), encaminhou-se para a fogueira. Foi trazida a argola de ferro preparada para prender-lhe a cintura. Mas quando se ofereceram para prender-lhe também o pescoço e as pernas com outras duas argolas, ele recusou a proposta de modo taxativo.

Quando estava pronto, olhou para todas as pessoas, que podiam vê-lo muito bem (pois ele era alto e estava sobre um banco): tudo o que se via em cada canto era gente chorando e lamentando. Então, erguendo os olhos e as mãos aos céus, rezou consigo mesmo. Logo em seguida, o encarregado de fazer a fogueira aproximou-se dele e pediu-lhe perdão. Mestre Hooper perguntou-lhe por que deveria perdoá-lo, dizendo que nunca soubera ter recebido dele alguma ofensa. — Ah, Excelência! — disse o homem — sou o encarregado da fogueira. — Respondeu-lhe Mestre Hooper: — Tu em nada me ofendes com isso. Deus te perdoe teus pecados. Cumpre teu dever, eu te peço.

Então os feixes de juncos foram ajeitados. Mestre Hopper recebeu dois deles em suas mãos, abraçou-os, beijou-os e colocou-os debaixo de cada um dos braços. Gesticulando com as mãos mostrava como deviam ser dispostos os outros feixes, indicando o lugar onde ainda cabia algum.

Em breve veio a ordem para que se acendesse a fogueira. Porém, sendo que havia na fogueira uma quantidade grande de juncos verdes, o fogo não pegou logo, levando um certo tempo até queimar os gravetos sobre a lenha. No fim, o fogo se acendeu à sua volta, mas o vento soprava muito forte no local (era uma manhã carrancuda e fria), carregando as chamas para longe dele. Assim de certo modo ele foi apenas chamuscado.

Pouco depois foram trazidas algumas achas de lenha seca e um novo fogo foi aceso (pois já não havia mais juncos queimando), e este queimou-lhe as partes inferiores, mas não tinha força para queimar em cima por causa do vento: apenas chamuscou-lhe o cabelo e inchou-lhe um pouco a pele. Durante este segundo fogo, assim como fizera durante as primeiras chamas, ele orava dizendo suavemente e em voz não muito alta (como alguém que não sente dor alguma): — Ó Jesus, Filho de Davi, tem piedade de mim e recebe a minha alma! — Depois que o segundo fogo se apagou, ele esfregou os olhos com as mãos e, olhando para o povo, disse com voz tranqüila: — Pelo amor de Deus, minha gente boa, tragam mais fogo! — Durante todo esse tempo suas partes inferiores iam queimando: a lenha era tão pouca que a chama não ardia forte nas partes superiores.

Depois de um certo tempo um terceiro fogo foi aceso, mais poderoso que os outros dois. Então as bolsas de pólvora explodiram, o que pouco lhe adiantou pois estavam mal colocadas e o vento tinha muita força. No meio do fogo ele orava em voz bastante alta: — Senhor Jesus, tem piedade de mim! Senhor Jesus, tem piedade de mim! Senhor Jesus, recebe o meu espírito! — Estas foram as últimas palavras que ele pronunciou. Quando sua boca ficou preta e a língua inchada e ele já não conseguia falar, seus lábios ainda se movimentaram até que se retraíram descobrindo-lhe as gengivas. Então batia com as mãos no peito até que um dos braços caiu e ele continuou batendo com o outro. Nesse ponto, a gordura, o líquido e o sangue pingavam da ponta dos dedos, até que, renovado o fogo, sua força se exauriu e, ao bater, sua mão colou-se firme à argola de ferro sobre seu peito. Então, caindo imediatamente para a frente, ele entregou seu espírito.

Assim, ele ficou no fogo por três quartos de hora ou mais. Exatamente como um cordeiro, suportou com paciência o sofrimento extremo do fogo, sem mover-se para a frente ou para trás ou para o lado. Morreu calmo como uma criança em sua cama. E agora reina, não duvido, como um mártir bem-aventurado no gozo celestial preparado para os fiéis em Cristo antes das fundações do mundo. Por sua constância todos os cristãos devem louvar a Deus.

Um Pastor Paroquial Fiel: A História do Dr. Rowland Taylor, de Hadley

A CIDADE DE HADLEY foi uma das primeiras a receber a Palavra de Deus na Inglaterra. Ali o Evangelho de Cristo fez um sucesso tão grande e cresceu tão forte que muitos cristãos daquela paróquia, tanto homens quanto mulheres, se tornaram muito versados nas Santas Escrituras. Muitos deles haviam lido a Bíblia inteira várias vezes e sabiam recitar de cor inúmeras passagens das Epístolas de São Paulo e com grande competência e prontidão citavam frases apropriadas sobre qualquer assunto controverso. As crianças e os serviçais também eram criados e treinados com tal diligência no caminho certo da Palavra de Deus que toda a cidade mais parecia uma universidade de gente ilustrada do que um povoado de tecelões ou trabalhadores. Mas o que é mais digno de louvor é que eram na sua maioria fiéis seguidores da Palavra de Deus em seu estilo de vida.

Nessa cidade estava o Dr. Rowland Taylor, o qual, desde o dia em que assumiu seu benefício eclesiástico, não procedeu como geralmente fazem os beneficiados, alugando o benefício a um rendeiro para que se encarregue de recolher os lucros e instalando um padre ignorante e inculto para servir como cura de almas, de modo que eles tenham a lã sem nada se preocupar com a alimentação do rebanho. Pelo contrário, ele abandonou o Arcebispo de Cantuária, Tomás Crammer, com quem coabitava antes, e estabeleceu sua residência na paróquia de Hadley, entre a gente confiada aos seus cuidados. Ali, qual bom pastor, morando com suas ovelhas, entregou-se totalmente ao estudo das santas Escrituras. O amor de Cristo operou nele de tal forma que não passava nenhum domingo nem dia-santo, nem outra ocasião em que ele pudesse reunir os fiéis, sem que ele lhes pregasse a Palavra de Deus, a doutrina da sua salvação.

E não apenas a sua palavra servia-lhes de pregação mas também toda a sua vida e suas conversas eram exemplos de sincera vida cristã e verdadeira santidade. Despojado de qualquer orgulho, era humilde e manso como uma criança, de modo que ninguém era tão pobre que a ele não recorresse sem medo como quem recorre a seu pai. Tampouco era sua humildade infantil ou tímida. Pelo contrário, conforme o exigisse a ocasião, a hora e o lugar, era duro em suas censuras contra os malfeitores. Ninguém era tão rico que ele não lhe denunciasse claramente o erro, com repreensões sérias e graves como convém a um bom pastor e cura de almas. Era um homem muito suave, destituído de qualquer rancor, ressentimento ou má vontade, sempre disposto a fazer o bem em benefício de todos, a perdoar prontamente a seus inimigos, sem nunca querer praticar o mal contra ninguém.

Para os pobres que eram cegos, cochos, doentes, entrevados, ou que tinham muitos filhos, ele era um pai, um zeloso protetor, um diligente provedor. Tanto isso é verdade que ele motivou os seus paroquianos a fazer uma provisão geral para os pobres, e ele mesmo (além de sempre lhes oferecer alívio em sua casa) contribuía com uma porção anual razoável para a caixa de esmolas da comunidade. Sua esposa também era matrona sóbria, discreta e honesta; e seus filhos eram bem-alimentados e criados no temor de Deus e com boa educação.

Ele era o bom sal da terra, pungindo com gosto os hábitos corruptos dos maus. Era uma luz na casa de Deus, acesa sobre um candeeiro, para que todos os bons pudessem imitá-lo e segui-lo.

Assim continuou esse bom pastor no meio do seu rebanho, liderando e conduzindo as ovelhas por meio do deserto deste mundo perverso durante todos os dias do reinado do inocentíssimo e santo rei Eudardo VI, de abençoada memória. Mas, quando a Deus aprouve levar o Rei Eduardo deste vale de miséria para o seu abençoadíssimo descanso, a fim de viver com Cristo e reinar em eterno gozo e felicidade, os papistas violentamente subverteram a verdadeira doutrina do Evangelho e perseguiram com fogo e espada a todos os que não concordavam em acatar novamente o Bispo de Roma como cabeça suprema da Igreja universal, aceitando todos os erros, superstições e idolatrias que antes haviam sido desaprovados e com justiça condenados pela Palavra de Deus.

Na fase inicial dessa fúria do Anticristo, um certo cavalheiro muito mesquinho chamado Foster conspirou com um fulano chamado John Clerk para reintroduzir o Papa e sua idolatria na igreja de Hadley. Até então o Dr. Taylor havia mantido em sua comunidade o piedoso serviço religioso e a reforma do Rei Eduardo, e com máxima fidelidade e zelo pregava contra a corrupção papista, que havia infectado todo o território a seu redor.

Assim, os mencionados Foster e Clerk contrataram um certo John Averth, vigário de Aldham, idólatra romano, para que viesse a Hadley e ali começasse novamente a celebração da missa papista. Com essa finalidade foi construído, a toque de caixa, o altar, com a intenção de reintroduzir a sua missa na segunda-feira da Semana Santa. Mas esse expediente não surtiu efeito, uma vez que no meio da noite o altar foi derrubado, razão pela qual eles o ergueram pela segunda vez e montaram guarda com toda diligência, para evitar que alguém o derrubasse. No dia seguinte vieram Foster e John Clerk trazendo com eles o sacrificante papista, que veio com todos os seus apetrechos e paramentos para encenar o seu suntuoso cortejo, sob a guarda dos dois e de seus homens armados com espadas e escudos, para evitar que alguém o perturbasse durante o seu sacrifício da missa.

Quando o Dr. Taylor que, segundo seu costume, estava debruçado sobre seus livros estudando a Palavra de Deus, ouviu o toque dos sinos, levantou-se e foi para a igreja imaginando que era hora de realizar algum ofício pastoral. Ao chegar à igreja, deparou-se com as portas fechadas e trancadas, com exceção da porta da sacristia, que estava apenas fechada com trinco. Por ali entrou e na sacristia viu um sacrificante papista em seus paramentos, com uma enorme tonsura recém-raspada, pronto para iniciar seu sacrifício papista, tendo ao redor espadas desembainhadas e escudos, para evitar que alguém se aproximasse e o perturbasse.

Disse então o Dr. Taylor: — Quem lhe deu essa coragem de entrar nesta igreja de Cristo e profaná-la e conspurcá-la com essa abominável idolatria? — Ao ouvir essas palavras Foster teve um sobressalto, e com semblante irado e furioso respondeu ao Dr. Taylor: — Seu traidor! Que faz aqui, obstruindo e perturbando as ordens da Rainha? — Retrucou o Dr. Taylor: — Não sou traidor! Sou o pastor que Deus, meu Senhor Jesus Cristo, designou para alimentar este rebanho. Por isso, tenho autoridade para estar aqui, e eu lhe ordeno, em nome de Deus, deixe este lugar e não pense que vai aqui envenenar o rebanho de Cristo.

Disse então Foster: — Você, seu herege traidor, você quer criar confusão e resistir com violência às ordens da Rainha?

Respondeu-lhe Taylor: — Não estou causando confusão nenhuma. São vocês papistas que criam confusão e tumulto. Eu apenas resisto com a Palavra de Deus contra as suas idolatrias papistas, que são contrárias à Palavra de Deus, à honra da Rainha e tendem para a total subversão deste seu reino da Inglaterra.

A essa altura Foster, com seus homens armados, apanhou o Dr. Taylor e o conduziu à força para fora da igreja. E o prelado papista deu andamento a sua idolatria romana. A esposa do Dr. Taylor, que entrara no recinto seguindo o marido, ao vê-lo violentamente atirado para fora da sua igreja, ajoelhou-se, ergueu as mãos e disse em voz alta: — Eu vos imploro, ó Deus, Juiz justo, para vingar este insulto que o idólatra papista está cometendo contra o sangue de Cristo. — Em seguida ela também foi atirada para fora, e as portas foram trancadas, pois eles temiam que o povo estraçalhasse o seu sacrificante.

Assim, leitor, você pode perceber como, sem o consentimento do povo, a missa papista foi novamente instaurada com um aparato de guerra, em meio a espadas e escudos, violência e tirania.

Dois ou três dias depois, com toda pressa possível, Foster e Clerk apresentaram uma queixa contra o Dr. Taylor, por meio de uma carta endereçada a Stephen Gardiner, Bispo de Winchester e Chanceler da Inglaterra.

Ao tomar conhecimento desses fatos, o bispo enviou uma carta ao Dr. Taylor, ordenando-lhe para comparecer à presença dele dentro de um certo prazo.

Quando os amigos do Dr. Taylor souberam disso, sentiram e lamentaram muitíssimo. Antevendo o desfecho que o caso teria, foram procurá-lo e insistiram muito para que ele fugisse.

Disse-lhes ele então: — Queridos amigos, de todo o coração lhes agradeço pelo carinho que têm por mim. Mas embora eu saiba que não se pode esperar nem justiça nem verdade das mãos dos meus adversários, mas sim prisão e morte cruel, todavia, eu sei que minha causa é muito boa e justa e que a verdade do meu lado é tão forte que eu, com a graça de Deus, comparecerei à presença deles e, na cara deles, resistirei aos seus falsos procedimentos.

Disseram-lhe então os seus amigos: — Senhor Doutor, não achamos que esta seja a melhor coisa a fazer. O senhor já cumpriu seu dever na medida suficiente e deu testemunho à verdade com seus piedosos sermões e também opondo resistência ao vigário de Aldham e seus acompanhantes que aqui vieram para trazer de volta a missa papista. E visto que Cristo, nosso Salvador, quer e ordena que nós, quando somos perseguidos numa cidade, fujamos para outra, achamos que desta vez o melhor para o senhor é fugir e preservar-se para outra ocasião, quando a igreja muito precisará de mestres tão diligentes e tão piedosos pastores.

— Bem — disse o Dr. Taylor — que querem que eu faça? Já estou velho, já vivi demais. Não quero os dias terríveis e mais perversos do presente. Fujam vocês, sigam os ditames de sua consciência. Eu estou totalmente decidido (com a graça de Deus) a ir ter com o bispo e dizer-lhe na cara que ele procede mal. Deus no futuro fará surgir do seio de seu povo novos mestres que, com maior diligência e sucesso do que tive, hão de lhes ensinar. Pois Deus não abandonará a Sua igreja, embora no presente Ele nos esteja testando e corrigindo. Quanto a mim, perante Deus eu creio que jamais serei capaz de servi-Lo tão bem como agora; jamais terei um chamado tão glorioso como tenho agora; jamais Deus me oferecerá misericórdia tão grande como neste momento. Por isso eu lhes imploro a vocês e a todos os outros amigos meus, orem por mim. E eu não duvido de que Deus me dará a força e o Seu Espírito santo.

Ao vê-lo tão firme e perfeitamente determinado a apresentar-se ao bispo, eles, com lágrimas nos olhos, o recomendaram a Deus.

O Dr. Taylor, acompanhado por um de seus servos chamado John Hull, iniciou sua jornada para Londres. Ao longo do caminho, John Hull muito se esforçou tentando persuadi-lo com seus conselhos a fugir e não apresentar-se ao bispo. Ofereceu-se para acompanhá-lo e servi-lo, enfrentando todos os perigos, pondo em risco a própria vida por ele e com ele. Mas de forma alguma o Dr. Taylor consentiu. Pelo contrário, respondeu: — Ah, John! Devo ceder a este seu conselho e convicção mundana e deixar o meu rebanho neste perigo? Lembre-se de Cristo, o bom pastor, que não apenas alimentou o seu rebanho mas também morreu por ele. A Ele é que eu devo seguir e, com a graça de Deus, é o que farei.

Logo em seguida apresentou-se ao Bispo de Winchester, Stephen Gardiner, que era então Chanceler da Inglaterra. Ao vê-lo, Gardiner, insultou-o como de costume, chamando-o de velhaco, traidor, herege, e acrescentando outros insultos grosseiros. Depois de ouvir tudo pacientemente em silêncio, o Dr. Taylor por fim disse: — Meu Senhor, não sou nem traidor nem herege, mas sim um súdito leal e um cristão fiel. E vim até aqui, conforme suas ordens, para saber por que razão Vossa Excelência mandou me chamar.

Disse então o bispo: — Então você veio, seu vilão? Como ousa olhar-me no rosto sem sentir vergonha? Sabe quem eu sou?

— Sei — respondeu o Dr. Taylor — sei quem é Sua Excelência. É o Dr. Stephen Gardiner, Bispo de Winchester e Chanceler da Inglaterra. E, contudo, é um homem mortal, suponho eu. Mas se eu devo temer seu semblante solene, por que o senhor não teme a Deus, o Senhor de todos nós? Que vergonha! Como ousa Sua Excelência olhar para o rosto de qualquer cristão, sabendo que o senhor abandonou a verdade, negou a Cristo, nosso Salvador, e a Sua Palavra e procedeu contra o seu próprio juramento e declaração escrita? Com que semblante, Excelência, comparecerá perante o tribunal do juízo de Cristo e prestará contas de seu juramento primeiro ao Rei Henrique VIII, de famosa memória, e depois a seu filho, o Rei Eduardo VI?

Respondeu o bispo: — Histórias! Aquilo foi o juramento de Herodes, foi ilegítimo. E, portanto, merecia ser quebrado. Fiz bem em quebrá-lo e agradeço a Deus por estar novamente de volta ao seio da Igreja Católica de Roma. Gostaria que você também voltasse.

Respondeu-lhe o Dr. Taylor: — Devo eu deixar a Igreja de Cristo, assentada sobre a verdadeira fundação dos apóstolos e profetas, para aprovar aquelas mentiras, erros, superstições e idolatrias que o Papa e seu séquito atualmente aprovam de modo tão blasfemo? Não, que Deus não permita. Que o Papa e os seus retornem para Cristo, nosso Salvador, e para a Sua Palavra; que ele expulse da Igreja as abomináveis idolatrias que mantém, e então os cristãos voltarão para ele.

Vossa Excelência escreveu a verdade sobre ele e contra ele prestou um juramento.

— Já lhe expliquei — disse o Bispo de Winchester — foi o juramento de Herodes, ilegítimo. Portanto, devia ser quebrado e não mantido, e nosso santo padre, o Papa, me desobrigou dele.

Disse então o Dr. Taylor: — Mas o senhor não será desobrigado perante Cristo, que sem dúvida o exigirá de Vossa Excelência. Homem algum pode desobrigar-se de obedecer a Ele, nem o Papa, nem ninguém dos dele.

— Vejo — disse o Bispo — que você é velhaco e arrogante e um verdadeiro tolo.

— Excelência — disse Taylor — pare de me insultar, o que não é decoroso para alguém com a sua autoridade. Sou um cristão, e o senhor sabe que "quem proferir um insulto a seu irmão estará sujeito a julgamento do tribunal; e quem lhe chamar: Tolo, estará sujeito ao inferno de fogo".

Disse então o Bispo: — Você se opôs às ordens da Rainha e não quis permitir que o vigário da Aldham (um padre muito virtuoso e devoto) dissesse missa em Hadley.

Respondeu o Dr. Taylor: — Excelência, eu sou o vigário de Hadley. E é contra todo direito, consciência e todas as leis a entrada de qualquer pessoa em meu domínio que queira infectar o rebanho que me foi confiado com o veneno da missa idólatra dos papistas.

Ao ouvir essas palavras o bispo ficou muito furioso e disse: — Você é realmente um herege blasfemo. Você fala contra o bendito sacramento e se pronuncia contra a santa missa, que é oferecida como sacrifício pelos vivos e pelos mortos.

Respondeu o Dr. Taylor: — Não, eu não blasfemo contra o sacramento que Cristo instituiu. De fato, eu o respeito como todo cristão o faz por respeito e confesso que Cristo ordenou a santa comunhão em memória de Sua paixão e morte. Cristo entregou-se para morrer sobre a cruz para a nossa redenção. Seu corpo então oferecido foi o sacrifício propiciatório, pleno, perfeito e suficiente para a salvação de todos os que crêem nEle. Esse sacrifício Cristo, nosso Salvador, ofereceu na Sua própria pessoa uma vez por todas. E nenhum sacerdote pode oferecê-Lo outra vez, e não precisamos mais de outro sacrifício propiciatório.

Então o bispo chamou seus subalternos e disse: — Retirem este sujeito daqui e levem-no para o tribunal do Rei. Digam ao carcereiro para vigiá-lo com rigor.

Então, caindo de joelhos e erguendo as mãos, disse o Dr. Taylor: — Santo Deus, eu vos agradeço. Da tirania do Bispo de Roma e de todos os seus detestáveis erros, idolatrias e abominações, livrai-nos, bom Senhor. E que Deus seja louvado pelo bom Rei Eduardo.

O Dr. Taylor permaneceu preso por quase dois anos. Passava todo o tempo em oração, lendo as santas Escrituras, escrevendo, pregando e exortando os presos e os que o visitavam ao arrependimento e à emenda de suas vidas.

No dia vinte e dois de janeiro de 1555, o Dr. Taylor, o Mestre Bradford e o Mestre Saunders foram novamente chamados à presença do Bispo de Winchester e dos Bispos de Norwich, Londres, Salisbury e Durham. Foram de novo acusados de heresia e cisma. Conseqüentemente, exigiu-se deles uma resposta precisa. Ou eles se submetiam ao Bispo de Roma, renunciando a seus erros; ou então, de acordo com as leis, os bispos encaminhariam o processo de sua condenação.

Quando o Dr. Taylor e seus colegas ouviram isso, responderam com firmeza e coragem que eles não se afastariam da verdade que haviam pregado nos dias do Rei Eduardo e não se submeteriam ao Anticristo Romano. Mas agradeciam a Deus que, por sua grande misericórdia, os chamava para que fossem dignos de sofrer pela Sua Palavra e pela verdade.

Ao vê-los tão arrojados, firmes e fixos na verdade de modo inabalável, os bispos leram-lhes a sentença de morte.

O Dr. Taylor foi conduzido à prisão denominada Clink. Quando o carcereiro chegou com ele, o povo se apinhava para vê-lo. Disse ele então: — Louvado seja Deus, meu bom povo. Venho impoluto do meu encontro com eles e com o meu sangue vou confirmar a verdade. — Assim, ele ficou confinado nessa prisão até perto do anoitecer, quando foi removido para a prisão Compter, perto de Poultry.

Depois que ele havia passado mais ou menos duas semanas nessa prisão, no dia quatro de fevereiro de 1555, d.C, Edmund Bonner, Bispo de Londres, veio com outros para rebaixá-lo, trazendo consigo os ornamentos que fazem parte da pantomima da missa deles. Pediu que o Dr. Taylor fosse trazido a sua presença. Ao vê-lo, disse o bispo: — Digníssimo Doutor, eu gostaria que o senhor se emendasse e retornasse ao seio de sua mãe, a santa igreja. Espero que o senhor se comporte condignamente, e eu intercederei pelo seu perdão.

Ao que respondeu o Dr. Taylor: — Eu gostaria que o senhor e seus colegas seguissem Cristo. Quanto a mim, não seguirei o Anticristo.

— Bem — disse o bispo — estou aqui para rebaixá-lo. Portanto, vista esses paramentos.

— Não — disse o Dr. Taylor — eu me recuso.

— O senhor se recusa? — disse o bispo. — Pois eu o farei vesti-los antes de me retirar.

Disse o Dr. Taylor: — Com a graça de Deus, não o fará.

Então o bispo ordenou que os vestisse em nome do seu dever de obediência. Mas ele se recusou, e o bispo teve de ordenar que alguém os pusesse sobre seu corpo. Quando o Dr. Taylor estava completamente paramentado, começou a caminhar de um lado para o outro, de mãos caídas junto ao corpo, dizendo: — Que me diz, Excelência? Não sou um belo palhaço? Que acham, meus senhores? Se eu estivesse num circo, não faria a criançada rir com esses atavios simiescos e essas quinquilharias engraçadas?

Ouvindo isso, o bispo torcia os dedos e as mãos e coçava a cabeça.

Finalmente, chegado o momento em que o bispo deveria golpear o peito do Dr. Taylor com seu báculo episcopal, disse-lhe seu capelão: — Excelência, não o golpeie pois ele certamente irá revidar. — Ao que o Dr. Taylor emendou: — Sim, por São Pedro, é o que farei. A causa é de Cristo, e eu não seria um bom cristão se não entrasse na briga do meu Mestre. — Assim, o bispo pronunciou sobre ele sua maldição, mas não o golpeou. Disse então o Dr. Taylor: — Embora o senhor me amaldiçoe, Deus me abençoa. Tenho o testemunho de minha consciência de que Vossa Excelência agiu contra mim de modo injusto e violento. Contudo, rezo para que Deus, se esta for Sua vontade, o perdoe. Mas da tirania do Bispo de Roma e de suas detestáveis barbaridades, livrai-nos, Senhor Deus! — Ao retornar ao seu aposento, contou ao Sr. Bradford, com quem dividia o espaço, que deixara o Bispo de Londres com medo. — Pois é — disse ele entre risadas — seu capelão o aconselhou a não me golpear com o báculo episcopal pois eu revidaria; e dou-lhe a minha palavra — disse ele esfregando as mãos — eu o fiz acreditar que de fato revidaria.

Na noite seguinte ao seu rebaixamento, sua esposa, o filho Tomás e seu servo, John Hull, foram visitá-lo e, pela gentileza dos guardas, puderam jantar com ele. Quando entraram no aposento, puseram-se de joelhos, oraram e recitaram a ladainha. Depois de jantar, andando de um lado para o outro ele agradecia a Deus que, por Sua graça, lhe dera forças para manter-se fiel a Sua santa palavra. Entre lágrimas oraram juntos e se beijaram. A seu filho Tomás deu um livro em latim, que continha frases famosas de antigos mártires. No fim do livro ele escreveu seu testamento:

"Quero dizer a minha esposa e a meus filhos que o Senhor me deu vocês e o Senhor me tirou de vocês e vocês de mim: bendito seja o nome do Senhor! Eu creio que são abençoados os que morrem no Senhor. Deus cuida dos pardais e dos cabelos de nossa cabeça. Ele sempre foi para mim mais fiel e generoso do que qualquer pai ou marido. Confiem portanto nEle pelos méritos de Cristo, nosso Salvador. Creiam nEle com amor e temor. Orem a Ele, pois Ele prometeu ajudar. Não me considerem morto, pois eu certamente viverei e nunca morrerei. Vou na frente, e vocês virão depois, para a nossa casa duradoura.

Quero dizer a meus queridos amigos de Hadley, e a todos os que me ouviram pregar, que parto deste mundo com uma consciência tranqüila no tocante a minha doutrina, pela qual eu peço para agradecer a Deus comigo. Pois eu, de acordo com o meu pequeno talento, expus aos outros as lições que aprendi no livro de Deus, a abençoada Bíblia. Portanto, se eu, ou um anjo do céu, devesse vos pregar algum outro Evangelho diferente daquele que vós recebestes, que a grande maldição de Deus caia sobre tal pregador!

Partindo daqui cheio de firme esperança, sem dúvida alguma da salvação eterna, eu agradeço a Deus, meu Pai celestial, por Jesus Cristo, meu certo Salvador."

Na manhã seguinte o xerife de Londres e seus dois oficiais vieram à prisão às duas horas da madrugada e dali tiraram o Dr. Taylor, para conduzi-lo sem luz alguma até Woolsack, uma estalagem nas imediações de Aldgate. A esposa do Dr. Taylor, suspeitando que seu marido seria levado embora aquela noite, vigiou o tempo todo do pórtico da igreja de São Bartolfo perto de Aldgate, tendo consigo suas duas filhas: Elizabeth, de treze anos (uma órfã de pai e mãe que o Dr. Taylor criara desde os três anos de idade), e Mary, filha do próprio Dr. Taylor.

Aconteceu que, quando o xerife e sua comitiva chegaram à igreja de São Bartolfo, Elizabeth se pôs a gritar dizendo: — Ó meu querido pai! Mãe, mãe, estão levando o pai. — Então sua esposa gritou: — Rowland, Rowland, onde está você? — pois estava muito escuro de modo que ninguém podia ver ninguém. Respondeu o Dr. Taylor: — Querida esposa, estou aqui — e parou. Os auxiliares do xerife queriam que ele continuasse andando, mas o xerife interferiu dizendo: — Parem um pouco, cavalheiros, por favor. Deixem que ele fale com sua mulher. — E então pararam.

Ela foi até ele levando Mary em seus braços. Ele, sua esposa e Elizabeth ajoelharam-se e disseram a Oração do Senhor. Diante da cena, o xerife de imediato chorou e o mesmo fizeram vários membros da comitiva. Depois de orar, ele se pôs de pé, beijou a esposa e apertou-lhe a mão dizendo: — Adeus, minha querida esposa. Tenha coragem, pois eu estou com a consciência tranqüila. Deus providenciará um pai para os meus filhos. — Em seguida, beijou a filha Mary e disse: — Deus te abençoe e faça de ti Sua serva. Peço-vos que todos fiqueis fortes e firmes em Cristo e na Sua Palavra. — Então disse a esposa: — Que Deus esteja contigo, querido Rowland. Com a graça de Deus, hei de te ver em Hadley.

E assim Dr. Taylor foi conduzido para Woolsack, e sua esposa o seguiu. Assim que chegaram, ele foi acomodado num dos aposentos onde foi custodiado por quatro alabardeiros da guarda real e pelos oficiais do xerife. Assim que entrou no seu quarto, o Dr. Taylor caiu de joelhos e entregou-se completamente à oração. O xerife então, ao perceber que a esposa dele lá se encontrava, de modo algum permitiu que ela voltasse a falar com o marido. Gentilmente pediu-lhe que fosse para a casa dele e a tomasse como propriedade dela. Garantiu-lhe que nada lhe faltaria e mandou que dois oficiais a acompanhassem. Apesar de tudo, ela preferiu ir para a casa de sua mãe, para onde os oficiais a conduziram, e pediram que sua mãe cuidasse dela até eles voltarem.

Assim o Dr. Taylor ficou na estalagem Woolsack, vigiado pelo xerife e seus homens, até as onze horas, quando o xerife de Essex estava pronto para recebê-lo. Puseram-no então sobre um cavalo dentro da estalagem, a portas fechadas.

Quando ele saiu pelo portão, John Hull, de quem já falamos, estava junto às grades com Tomás, o filho do Dr. Taylor. Quando este os viu, chamou-os dizendo: — Venha cá, Tomás, meu filho. — E John Hull ergueu o menino e o colocou sobre o cavalo diante do pai. Dr. Taylor tirou o chapéu e disse às pessoas que tinham os olhos nele: — Gente boa, este é o meu filho. — Em seguida, ergueu os olhos para o céu e orou por ele; pôs seu chapéu sobre a cabeça da criança e a abençoou. Depois entregou-a a John Hull, cuja mão ele apertou dizendo: — Adeus, John Hull. Você é o servo mais fiel que alguém já teve. — E depois seguiram adiante, o xerife de Essex, com quatro alabardeiros da guarda real e dois oficiais do xerife conduzindo o Dr. Taylor.

E assim chegaram a Brentwood, onde mandaram fazer um capuz fechado para o Dr. Taylor, com dois furos para os olhos e uma fenda para a boca a fim de que ele pudesse ver e respirar. Fizeram isso para que ninguém o reconhecesse nem falasse com ele. Era uma prática usada também com outros. Temiam que, se o povo o ouvisse falar ou se visse seu rosto, alguém pudesse ficar muito mais fortalecido com suas piedosas exortações para resistir com firmeza na Palavra de Deus e fugir das superstições e idolatrias do papado.

Durante todo o percurso o Dr. Taylor sentiu-se alegre e animado, como alguém que se considera a caminho de um agradabilíssimo banquete ou uma festa de bodas. Disse muitas coisas notáveis ao xerife e aos alabardeiros que o conduziam, levando-os várias vezes às lágrimas com sua sincera insistência para que se arrependessem de suas faltas e emendassem sua vida pecaminosa. Várias vezes ele os fez maravilhar-se e exultar ao vê-lo tão constante e firme, sem medo algum, de coração cheio de gozo e feliz por morrer.

Em Chelmsford o xerife de Suffolk veio ao encontro da comitiva, para receber o Dr. Taylor e conduzi-lo à cidade. Durante o jantar, o xerife de Essex, esforçando-se muito, insistiu para que ele voltasse para a religião papista. Pensando que o persuadiria com belas palavras, disse: — Meu bom doutor! Estamos muito tristes pelo senhor. Deus lhe deu grande erudição e sabedoria. Por isso, gozou de grande prestígio e reputação no passado junto ao conselho e aos mais altos magistrados do reino. Além disso, o senhor é um homem de grande personalidade, em pleno vigor físico, e pelas leis da natureza é provável que tenha muitos anos de vida pela frente. O senhor é amado por todos, seja por suas virtudes, seja por sua erudição. Eu acho que seria lamentável se o senhor perdesse a si mesmo, deliberadamente, e tivesse uma morte penosa e vergonhosa. Seria muito melhor revogar suas opiniões. Eu e estes seus amigos intercederemos pelo seu perdão, que, sem dúvida, o senhor há de obter.

O Dr. Taylor fez uma breve pausa, como quem estuda uma possível resposta. No fim, disse o seguinte: — Senhor Xerife e meus senhores todos, eu de coração lhes agradeço pela sua boa-vontade. Ouvi bem suas palavras e analisei os seus conselhos. E para ser sincero com os senhores, percebo que me enganei a mim mesmo e que é provável que acabe enganando a muitos em Hadley, frustrando suas expectativas.

Ouvindo tais palavras todos exultaram. — Isso mesmo, meu bom mestre e doutor — disse o xerife. — Que Deus abençoe o seu coração! Mantenha-se nessa posição. É a palavra de maior conforto que ouvi de sua boca. Quê! Desperdiçar sua vida em vão? Faça o papel de um homem inteligente, e eu lhe garanto que o senhor encontrará proteção. — Assim, eles se alegraram muito com suas palavras e sentiam-se muito felizes. Por fim, disse o xerife: — Meu bom senhor, que quis dizer quando afirmou que vai frustrar as expectativas de muitos em Hadley?

— Gostariam de saber exatamente o que eu quis dizer? — perguntou ele.

— Exatamente — disse o xerife. — Bom doutor, explique de modo claro.

Disse então o Dr. Taylor: — Vou dizer-lhes como me enganei e como, pelo que percebo, vou enganar a muitos. Conforme podem ver, sou um homem que tem uma carcaça muito grande, e eu imaginava que ela seria enterrada no cemitério de Hadley, se eu morresse em meu leito, como esperava que fosse acontecer. Mas nesse ponto me enganei, e há um grande número de vermes no cemitério de Hadley, para os quais a minha carcaça seria um belo banquete, aguardado por eles por tanto tempo. Mas agora nós nos enganamos, eles e eu, pois esta carcaça deverá ser queimada e transformada em cinzas. E assim eles não terão seu tão esperado petisco.

Quando o xerife e os demais ouviram essas palavras, entreolharam-se confusos, admirados perante a firmeza de sua mente que, em tais circunstâncias, sem medo algum, simplesmente transformava num chiste o cruel tormento e a morte já próxima. Assim, a expectativa deles foi totalmente frustrada.

Em Lavenham, um grande número de cavalheiros e magistrados, montados em grandes cavalos, vieram ter com o Dr. Taylor. Todos haviam sido designados para auxiliar o xerife. Esses cavalheiros esforçaram-se muito para reconduzi-lo à religião Romana, prometendo-lhe seu indulto — que — disseram eles — temos aqui para o senhor. — Prometeram-lhe grandes promoções, isso mesmo, um bispado, se ele aceitasse. Mas em vão foram todos os seus esforços e lisonjas.

Quando estavam a duas milhas de Hadley, o Dr. Taylor quis descer do cavalo. Já no chão, deu um ou dois giros saltitantes como soem fazer o dançarinos. — Ora, senhor doutor — disse-lhe o xerife — como está se sentindo? — Respondeu ele: — Bem, Deus seja louvado, senhor xerife. Nunca me senti melhor, pois agora estou quase em casa. Não há mais que duas cercas a ultrapassar, e então vou estar exatamente na casa de meu Pai. Mas, senhor xerife — perguntou ele — não vamos passar por Hadley? — Sim — respondeu o xerife — o senhor vai passar por Hadley. — Disse ele então: — Ó Senhor, eu Te agradeço. Hei de ver mais uma vez o meu rebanho ou então morrer. Tu sabes, Senhor, que eu amei esse rebanho de todo o coração e lhe ensinei a verdade. Senhor, abençoa as minhas ovelhas e mantém-nas firmes na Tua Palavra e verdade.

Quando agora chegaram a Hadley e iam passar pela ponte, junto à cabeceira aguardava um pobre homem com seus cinco filhinhos. Este, quando viu o Dr. Taylor, caiu com seus filhos de joelhos e, erguendo as mãos, gritou: — Ó pai querido e bom pastor, Dr. Taylor! Que Deus o ajude e socorra, como o senhor tantas vezes me socorreu a mim e a meus pobres filhos.

As ruas de Hadley estavam apinhadas de ambos os lados de homens e mulheres que o aguardavam. Ao vê-lo conduzido para a morte, com olhos lacrimejantes e vozes chorosas gritavam uns para os outros: — Ah, Senhor! Lá vai o nosso bom pastor para longe de nós, ele que tão fielmente nos ensinou, tão paternalmente preocupou-se conosco, tão piedosamente nos dirigiu. Ó Deus misericordioso! Que faremos nós, pobres ovelhas dispersas? Que será deste mundo tão perverso? Senhor, dá-lhe força e conforto.

E o Dr.Taylor não se cansava de dizer ao povo: — Eu vos preguei a Palavra de Deus e a verdade, e hoje volto para confirmar tudo com o meu sangue.

Chegando aos asilos, que ele conhecia tão bem, atirou aos pobres o que lhe restava do dinheiro recebido na prisão. (Quanto ao seu benefício eclesiástico, este lhe havia sido tirado desde o início do encarceramento, de modo que durante todo o tempo que passou preso ele foi mantido pelas caridosas esmolas das bondosas visitas.) Assim, pusera o dinheiro que lhe sobrava dentro de uma luva e agora o distribuía entre os pobres que aguardavam às portas de suas casas para vê-lo passar. Ao chegar à última casa e não vendo os pobres que ali moravam perguntou: — O cego e a cega que moravam aqui ainda estão vivos? — Responderam-lhe que sim, que eles estavam no interior da casa. Então atirou-lhes sua luva pela janela.

Foi assim que esse bom pai e provedor dos pobres despediu-se daqueles por quem, durante toda a vida, tivera uma singular preocupação e dedicação.

Por fim, ao chegar à comuna de Aldham, local designado para a sua execução, e ao ver uma grande multidão ali reunida, perguntou: — Que lugar é este e o que significa toda essa multidão aqui reunida? — Responderam-lhe: — É a comuna de Aldham, o local de sua execução, e o povo veio aqui para vê-lo. — Disse ele então: — Graças a Deus. Estou em casa. — E assim desceu do cavalo e com as duas mãos rasgou o capuz que lhe cobria a cabeça.

Quando as pessoas viram seu rosto reverendo, de barba branca e comprida, não contiveram as lágrimas e gritavam: — Deus te salve, bom Dr. Taylor! Que Jesus Cristo te dê força e te ajude e o Espírito Santo te conforte! — Nesse momento ele queria falar ao povo, mas os alabardeiros da guarda real estavam tão preocupados com ele que assim que ele abriu a boca um deles lhe enfiou uma alabarda entre os dentes e de modo algum permitiu-lhe falar.

O Dr. Taylor de imediato sentou-se. Quando viu um fulano chamado Soyce, chamou-o e lhe disse: — Soyce, por favor tire-me as botas e leve-as para usá-las no seu trabalho. Você as queria há tanto tempo e agora pode levá-las. — Em seguida levantou-se e despiu-se até a camisa e distribuiu suas roupas. Feito isso, disse alto e bom som: — Meu bom povo! Eu lhes ensinei apenas a santa Palavra de Deus e aquelas lições que aprendi no abençoado livro de Deus, a santa Bíblia. — Após essas palavras, Homes, um dos alabardeiros da guarda, que tratara o Dr. Taylor com muita crueldade o tempo todo, desferiu-lhe uma forte pancada na cabeça. Ele então caiu de joelhos e pôs-se a orar. Uma pobre mulher saiu dentre o povo e orou com ele. Mas ela foi empurrada sob ameaças de ser pisoteada pelos cavalos da guarda. Ela, porém, não se moveu e permaneceu onde estava orando com ele. Depois, ele foi até a fogueira, beijou-a e posicionou-se dentro de um barril de piche que haviam preparado para ele e ali ficou ereto, de costas para a fogueira, de mãos cruzadas, com os olhos voltados para o céu, orando.

Em seguida ele foi amarrado com correntes e o xerife chamou um certo Richard Donningham, um açougueiro, e ordenou-lhe que ateasse fogo à lenha. Mas Donningham se recusou dizendo: — Estou aleijado, senhor, e não consigo erguer uma acha de lenha. — O xerife ameaçou-o com a prisão. Mesmo assim, o açougueiro se recusou.

Então o xerife indicou Mulleine, Soyce, Warwick e Robert King para ajeitar a lenha e atear o fogo, o que eles fizeram com o máximo empenho. Warwick cruelmente atirou um pedaço de madeira contra o Dr. Taylor, ferindo-lhe a cabeça e o rosto que ficou ensangüentado. Ouviu então estas palavras: — Meu amigo, para que isso? Já estou bastante machucado.

Pior ainda, Sir John Shelton, que estava entre os circunstantes, assim que o Dr. Taylor começou a rezar o salmo "Miserere" em inglês, golpeou-lhe os lábios dizendo: — Seu velhaco, fale latim. Comigo você vai aprender.

No fim, a fogueira foi acesa. O Dr. Taylor, erguendo as duas mãos, invocava a Deus dizendo: — Misericordioso Pai celestial, pelo amor de Jesus Cristo, meu Salvador, recebe em Tuas mãos a minha alma. — Assim permaneceu ele quieto, de mãos cruzadas, sem gritar ou mover-se, até que Soyce desferiu-lhe um golpe de alabarda na cabeça espalhando seus miolos, e o corpo caiu na fogueira.

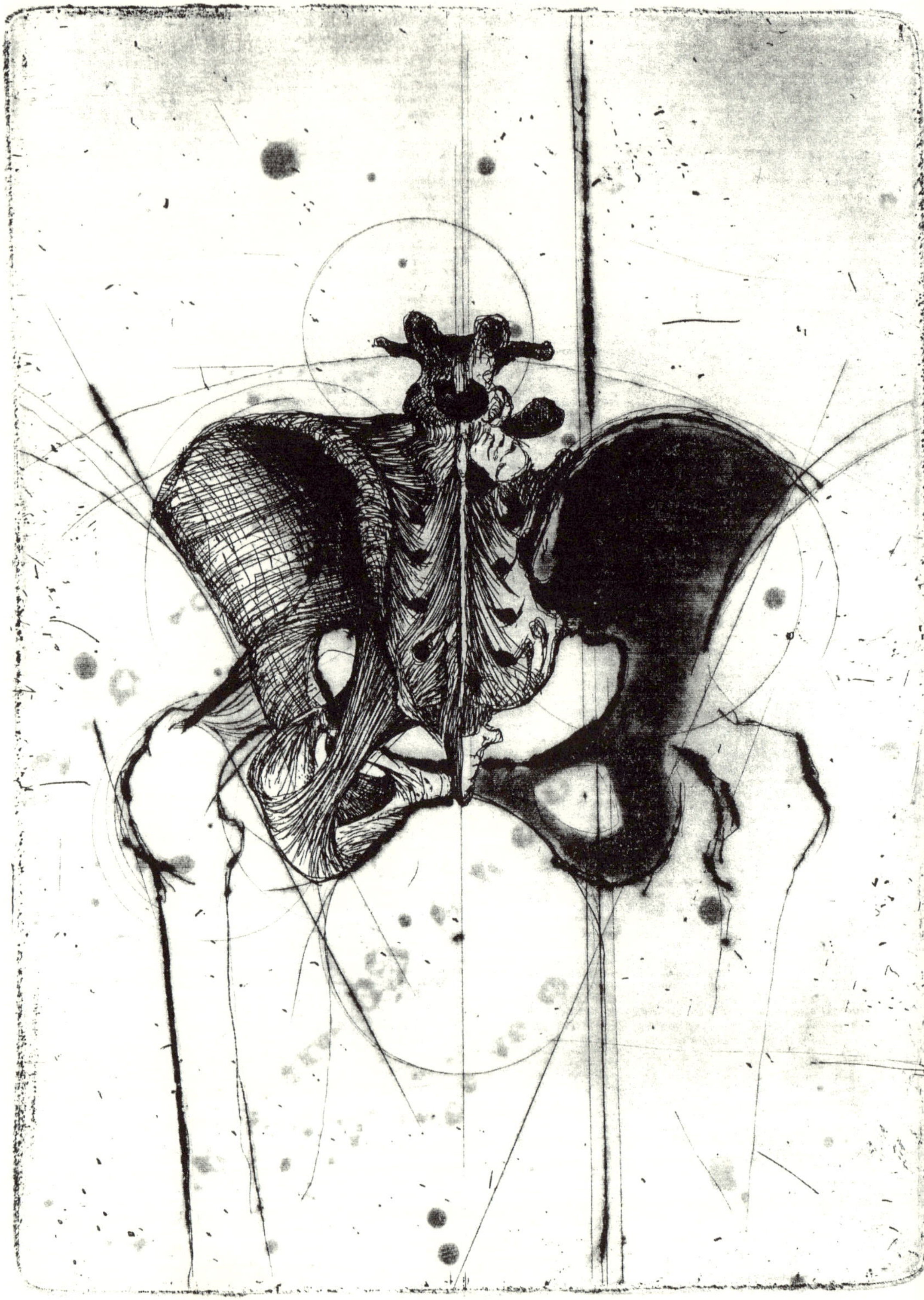

Os Mártires da Escócia

DA MESMA FORMA que em todos os recantos da Alemanha, da Itália ou da França apareceram ramificações nascidas daquela fecundíssima raiz de Lutero, assim também não faltaram nesta ilha da Inglaterra seus ramos e seus frutos. Entre estes estava Patrick Hamilton, de vinte e um anos de idade, um escocês nascido de elevada e nobre família de sangue real, de excelentes aptidões, chamado abade de Ferne. Deixando seu país juntamente com mais três colegas em busca de piedosa erudição, Hamilton dirigiu-se para a Universidade de Marburg na Alemanha, recém-fundada por Filipe, Conde de Hesse. Consultando homens de grande erudição, especialmente Frances Lambert, ele tanto avançou em conhecimento e discernimento que, estimulado por Lambert, foi o primeiro daquela universidade a apresentar publicamente conclusões sobre fé e obras para serem objeto de uma discussão aberta. Caso esse jovem tivesse escolhido levar uma vida no estilo dos outros cortesãos, em meio a todo tipo de libertinagem, talvez tivesse sido elogiado sem nenhum risco ou punição. Mas, por mais que ele somasse religiosidade à sua nobreza e virtude à sua idade, de modo algum conseguiu escapar das mãos dos perversos.

Pois não há nada seguro e certo neste mundo a não ser a maldade e o pecado.

Quem já viu os cardeais ou bispos enfurecerem-se e usarem suas cruéis inquisições contra a folia, a ambição, a jogatina, a bebedeira e a roubalheira? Mas quando alguém realmente se entrega ao amor e à prática da religiosidade, confessando ter em Cristo seu único protetor e advogado, excluindo os méritos dos santos, reconhecendo a justificação gratuita mediante a fé em Cristo, negando o purgatório (por esses artigos Hamilton foi queimado), eles não poupam nem idade nem parentesco, e não haveria nenhum poder tão grande neste mundo capaz de resistir-lhes a majestade e autoridade.

Que grande glória para o reino britânico poderia ter sido esse excelente jovem, nobre e erudito, dotado de tanta religiosidade e de uma disposição e inteligência tão singulares, se os escoceses não tivessem ressentimentos contra o seu próprio bem!

O erudito Patrick, crescendo dia a dia em conhecimento e sentindo-se inflamado de piedade, no fim começou a ponderar consigo mesmo a hipótese de voltar para o seu país, cheio que estava de desejo de partilhar com os seus conterrâneos alguns dos frutos colhidos no exterior. Assim, persistindo em seu piedoso intento, escolheu um dos três companheiros que trouxera da Escócia, e voltou sem maiores delongas. Não suportando a mísera ignorância e cegueira dos escoceses, corajosamente ensinando e pregando a verdade, ele foi acusado de heresia. Depois, resistindo com firmeza na luta do Evangelho de Deus contra o pontífice e Arcebispo de St. Andrews, chamado James Beaton, foi intimado a comparecer perante o prelado e seu colegiado de padres no dia primeiro de março de 1527, d.C. Sendo ele dotado não apenas de ardorosa erudição mas também de espírito ardente, não quis aguardar e apresentou-se de manhã bem cedo antes da hora marcada. Então, em meio a uma discussão acalorada contra os seus opositores, quando eles não conseguiram convencê-lo com as Escrituras, com a força o esmagaram. E assim, lavrada contra ele a sentença condenatória, no mesmo dia depois do almoço, com toda a pressa do mundo, ele foi levado para a fogueira e queimado.

Foi assim que o nobre Hamilton, abençoado servo de Deus, sem nenhuma justa causa, foi eliminado por seus cruéis adversários, mas não sem produzir muitos frutos para a Igreja de Cristo. O grave testemunho de seu sangue fixou ainda mais a verdade de Deus e a confirmou nos corações de muitos de tal forma que ela nunca mais pôde ser arrancada. Tanto isso é verdade que diversos escoceses que defendiam a posição de Hamilton suportaram depois o mesmo martírio.

Alguns anos após o martírio do Mestre Patrick Hamilton, um certo Henry Forest, jovem nascido em Linlithgow que, pouco antes, abraçara a ordem beneditina (como dizem eles), afirmou que o Mestre Hamilton morreu como mártir. Por essa afirmação foi preso e trancafiado no cárcere por James Beaton, Arcebispo de St. Andrews, que, logo em seguida, mandou que um frade chamado Walter Laing o ouvisse em confissão. Depois que Henry Forest lhe havia declarado o que tinha na consciência, isto é, como ele achava que Mestre Patrick era um homem bom, e não um herege, e como fora injustamente condenado à morte, o frade foi contar ao bispo tudo o que ouvira em confissão, revelando um fato que não era plenamente conhecido. Aconteceu então que, sendo sua confissão aduzida como prova suficiente contra ele, concluiu-se que Henry Forest era um herege, semelhante em iniqüidade ao Mestre Patrick Hamilton, e assim foi entregue ao braço secular para ser julgado e executado.

Chegado o dia de sua morte, quando devia antes ser rebaixado, ele foi conduzido à presença do clero reunido num campo verdejante, entre o castelo de St. Andrews e um outro lugar chamado Monymaill. Assim que chegou ao local e viu o rosto dos clérigos, percebendo o que pretendiam fazer com ele, pôs-se a gritar assim: — Fora com a falsidade! Fora com os falsos frades, reveladores de confissões! Que a partir de hoje ninguém jamais confie nos falsos frades, que desprezam a Palavra de Deus e enganam os homens. — Depois do rebaixamento, ele foi executado por seu fiel testemunho à verdade de Cristo e ao Seu Evangelho, no lado norte da igreja da abadia de St. Andrews, para que todos os habitantes de Forfar pudessem ver a fogueira e assim tivessem medo de ceder à doutrina que eles chamam de heresia.

Um ano após a morte de Henry Forest, ou mais ou menos isso, James Hamilton, de Linlithgow, sua irmã Katherine Hamilton, esposa do capitão de Dunbar, juntamente com outra mulher honesta de Leith, David Straton, da casa de Lauriston e Mestre Norman Gurley foram convocados a comparecer à igreja da abadia de Holyrood House em Ebimburgo, por James Hay, Bispo de Ross, comissário do Arcebispo James Beaton, perante o Rei James V, que estava todo de vermelho. James Hamilton foi acusado de defender a posição do Mestre Patrick, que era seu irmão. O Rei aconselhou-o a desaparecer e não apresentar-se, porque os bispos o haviam persuadido de que a causa da heresia não estava de forma alguma sob *sua* jurisdição. Assim, Hamilton fugiu e foi condenado como herege, e todos os seus bens e terras foram confiscados.

Katherine Hamilton, sua irmã, apresentou-se na tribuna e foi acusada de uma terrível heresia, a saber, de que suas obras não poderiam salvá-la. Ela concordou com a acusação. Depois de muito discutir com o advogado John Spens, ela concluiu da seguinte forma: — Obras aqui, obras acolá, que tipo de obras isso tudo representa? Sei muito bem que nenhum tipo de obra pode me salvar, exceto a obra de Cristo, meu Senhor e Salvador. — Ouvindo tais palavras, o rei virou-se para o lado e riu. Depois a chamou para si e a fez retratar-se porque ela era sua tia.

O sr. Norman Gurley foi acusado de ter dito que não existia isso que chamam de purgatório e que o Papa não era um bispo, mas sim o Anticristo, e não tinha jurisdição sobre a Escócia. Também foi condenado David Straton por ter dito que não existia o purgatório; o que existe é a paixão de Cristo e as tribulações deste mundo. E também porque, quando o sr. Robert Lawson, vigário de Eglesgrig, pediu-lhe o dízimo da pesca, ele atirou-lhe os peixes lá do barco. Por isso, foi acusado como quem dissesse que não se deve pagar dízimo algum. Estes dois, por terem-se negado a retratar-se, apesar das insistentes solicitações do Rei, foram condenados pelo Bispo de Ross como hereges, e foram queimados num campo entre Leith e Edimburgo, para que os habitantes de Fife vissem a fogueira e, tomados de medo, não agissem como eles.

Logo depois da execução de David Straton e do sr. Gurley, um cônego de St. Colm´s Inche chamado Dom Tomás Forret, passou a pregar todos os domingos a seus paroquianos sobre a epístola ou o evangelho do dia, escolhendo o mais adequado. Na época era uma grande novidade o fato de alguém pregar sem ser um frade dominicano ou franciscano. Por isso, os frades ressentiram-se contra ele e o acusaram de heresia ao Bispo de Dunkeld (em cuja diocese ele residia), acrescentado que se tratava de alguém que mostrava os mistérios das Escrituras às pessoas comuns em inglês, com o intuito de tornar o clero detestável aos olhos do povo. O Bispo de Dunkeld, levado pela incitação dos frades, chamou o referido Dom Tomás e disse-lhe: — Meu querido Dom Tomás, eu gosto muito do senhor e por isso mesmo preciso dar-lhe uns conselhos sobre como conduzir-se e comportar-se. — Respondeu-lhe Tomás: — Agradeço-lhe, Excelência, de coração. — Então o Bispo começou a aconselhá-lo da seguinte forma:

Bispo: — Meu querido Dom Tomás! Soube que o senhor prega a seus paroquianos sobre a Espítola ou o Evangelho todos os domingos, e que o senhor não recolhe o dízimo de seus paroquianos sobre o gado e sobre os tecidos, o que é muito prejudicial para os eclesiásticos. Como também é demais pregar todos os domingos, pois agindo assim pode levar o povo a pensar que nós também deveríamos fazer o mesmo. É suficiente que o senhor, quando encontrar um bom Evangelho ou uma boa Epístola, exponha a liberdade da santa Igreja, que pregue isso e deixe o resto em paz.

O Mártir: — Excelência, creio que nenhum dos meus paroquianos vai se queixar pelo fato de eu não cobrar o dízimo sobre o gado ou sobre os tecidos. Mas eles de bom grado me dão esses dízimos junto com qualquer outra coisa de sua propriedade. E eu, de minha parte, comunico-me com eles e lhes dou tudo aquilo que eu tenho. Assim, Excelência, nós combinamos muito bem e não há discórdia entre nós. Quanto àquilo que Sua Excelência disse, não é demais pregar todos os domingos. Na verdade, eu acho que é de menos e gostaria que Sua Excelência fizesse o mesmo.

Bispo: — Não, não, Dom Tomás. Deixe as coisas como estão, uma vez que não fomos ordenados para pregar.

O Mártir: — Quando Sua Excelência me aconselha a pregar nas ocasiões em que eu tiver uma boa Epístola ou um bom Evangelho, digo-lhe, Excelência, que de fato eu li todo o Novo e todo o Velho Testamento, todas as Epístolas e todos os Evangelhos, e entre eles nunca encontrei uma Epístola ruim ou um Evangelho ruim. Mas se Sua Excelência me mostrar as boas Epístolas e os bons Evangelhos, e depois as Epístolas ruins e os Evangelhos ruins, então eu pregarei o que é bom e omitirei o que é ruim.

Bispo: Falando com rispidez, disse então Sua Excelência: — Eu agradeço a Deus por nunca ter descoberto o que é Velho e o que é Novo Testamento. Portanto, Dom Tomás, não sei nada mais que meu portuesse e meu pontifical. Siga o senhor o seu caminho e esqueça todas essas fantasias, pois, se insistir nas suas opiniões errôneas, arrepender-se-á depois quando já não puder corrigi-las.

Mártir: — Confio que minha causa é justa perante Deus. Portanto, não peso muito as conseqüências.

E assim se despediram então Sua Excelência e Dom Tomás Forret. Logo em seguida uma intimação assinada pelo Cardeal de St. Andrews e pelo Bispo de Dunkeld foi recebida por Dom Tomás e alguns outros. No dia em que se apresentaram foram condenados, sem possibilidade alguma de retratação, porque, segundo foi alegado, eles eram heresiarcas: ou chefiavam hereges ou ensinavam heresias. E sobretudo porque muitos deles estiveram presentes no casamento de um padre (era o vigário de Tulibothy, perto de Stirling) e comeram carne na Quaresma durante o banquete de bodas. Assim, foram todos queimados no Morro do Castelo em Edimburgo.

Houve um Decreto do Parlamento durante o governo do Lorde Hamilton, Conde de Arran, concedendo a todos os homens do reino da Escócia o privilégio de ler as Escrituras na sua língua materna, excluindo-se, todavia, qualquer discussão, conferência ou convocação de povo para ouvir a leitura ou explicação das Escrituras. Essa liberdade de leitura privada não deixou de dar seus frutos, de modo que em várias partes da Escócia abriram-se os olhos dos eleitos de Deus para ver a verdade e enfastiar-se com as abominações papistas. Entre os frutos contam-se alguns representantes da cidade de St. John.

Nessa época houve um sermão proferido por Frei Spence na cidade de St. John, também denominada Perth, no qual se afirmava que a oração aos santos é necessária, que sem ele não poderia haver esperança de salvação para os homens. Essa doutrina blasfema não foi tolerada por um dos habitantes da cidade chamado Robert Lamb, que em audiência pública acusou o frade de doutrina errônea e o esconjurou, em nome de Deus, a proferir a verdade. Tomado de medo, o frade prometeu fazê-lo. Mas a confusão, o tumulto e a agitação do povo cresceram tanto que ele não pôde ter sua audiência.

Nessa mesma época, no ano de 1543, d.C., os inimigos da verdade conseguiram que John Charterhouse, que defendia a verdade e era preboste de Perth, fosse deposto de seu cargo por autoridade do governador e que um papista chamado Sr. Alexandre Marbeck fosse escolhido para ocupar seu lugar, a fim de que eles pudessem mais facilmente levar a termo seu perverso e ímpio empreendimento.

No dia de São Paulo vieram para a cidade de St. John o governador, o cardeal, o Conde de Argyle, junto com outros membros da nobreza. Embora muitos fossem acusados do crime de heresia (como dizem eles), todavia apenas os seguintes foram presos: Robert Lamb, William Anderson, James Hunter, James Ravelson, James Finlason e sua mulher Helen Stirke. Todos estes passaram a noite trancados na Torre Spay.

Ao amanhecer, quando todos foram trazidos para serem julgados, eles foram acusados de violar o Decreto do Parlamento apresentado acima, promovendo conferências e assembléias para ouvir a explicação das Escrituras, o que contrariava o teor do Decreto. Lamb foi especialmente acusado por interromper o frade no púlpito, fato que ele não apenas confessou mas confirmou com convicção dizendo que ninguém que conhecesse a verdade tinha o dever de ouvir ataques contra ela sem contradizê-los. Por isso mesmo, vários dos que estavam presentes àquele julgamento e escondiam seu conhecimento da verdade deveriam sentir o peso da presença de Deus por consentir com aquilo.

O mencionado Robert, William Anderson e James Ravelson foram acusados de pendurar a imagem de São Francisco por uma corda, pregando-lhe chifres de bode na cabeça e um traseiro de vaca nas costas, e por comerem um ganso na véspera do Dia de Todos os Santos.

James Hunter, homem simples e sem erudição cuja profissão era a de açougueiro, não podia ser acusado de grandes conhecimentos doutrinários. Todavia, sendo que muitas vezes fora visto na companhia dos outros, também foi acusado.

A mulher chamada Helen Stirke também foi acusada porque durante seus partos não costumava invocar a Virgem Maria, conforme era aconselhada pelos seus vizinhos, mas apenas a Deus por amor de Jesus Cristo. E também por ter dito que se ela mesma tivesse existido no tempo da Virgem Maria, Deus poderia ter voltado para a sua humildade e condição simples, do mesmo modo que olhou para a Virgem, para fazê-la mãe de Cristo, querendo com isso dizer que não havia méritos na Virgem que lhe merecessem a honra de ser feita mãe de Cristo de preferência a todas as outras mulheres. Foi apenas a livre misericórdia de Deus que a elevou para aquele estado. Tais palavras, pronunciadas perante os membros do clero e de toda uma multidão, foram consideradas execráveis ao extremo.

O mencionado James Ravelson, ao construir uma casa, colocou no alto do quarto patamar da escada um diadema com uma tríplice coroa esculpida em madeira. O cardeal interpretou o fato como uma zombaria de seu chapéu de cardeal. Lavrada a sentença, todos tiveram suas mãos amarradas. Os homens foram tratados com crueldade. Vendo isso, a mulher quis ser igualmente amarrada junto a seu marido por amor a Cristo.

Houve uma grande intercessão da cidade junto ao governador em prol das vidas dessas pessoas. Ele pessoalmente dispunha-se a libertálas. Mas estava tão preso à sanha cruel dos padres que não pôde fazer o que preferia. Isso mesmo, eles ameaçaram colaborar com os inimigos dele para o depor, caso ele não apoiasse a sua crueldade.

Os mártires foram conduzidos por uma grande tropa armada (temia-se uma rebelião na cidade caso não houvesse a proteção dos soldados) para o local da execução, o mesmo local comum a todos os ladrões a fim de com isso tornar sua causa mais odiosa aos olhos do povo. Cada um deles confortando o outro e tendo certeza de que iriam cear juntos no Reino dos Céus naquela noite, eles se recomendaram a Deus e morreram firmes no Senhor.

A mulher desejava ardentemente morrer com o marido, mas isso não lhe foi dado. Todavia, acompanhando-o até o lugar da execução, ela o confortava exortando-o a perseverar com paciência pelo amor de Cristo. Ao despedir-se dele com um beijo, disse: — Marido, alegre-se, pois passamos juntos dias felizes; mas o dia de hoje, quando nós dois devemos morrer, há de ser o nosso dia mais feliz, pois haveremos de alcançar o gozo eterno. Portanto, não lhe digo boa-noite, já que logo nos encontraremos no gozo do Reino do Céu. — A mulher, depois disso, foi retirada do local e levada para morrer afogada. Tinha consigo uma criança de peito, mas o fato não comoveu os corações cruéis dos inimigos. Assim, depois que ela recomendara seu filho aos vizinhos da cidade pelo amor de Deus e entregara a criancinha à sua babá, selou a verdade com sua morte.

Com o máximo carinho considere, gentil leitor, a forma nada caridosa da acusação do mestre George Wishart, efetuada pelos cruéis inimigos da fé em Cristo. Pondere a raiva furiosa e a crueldade trágica da maldosa Igreja na perseguição desse abençoado homem de Deus. Pondere também, no sentido contrário, suas respostas extremamente piedosas e humildes, sem medo algum, sem respeitar as arrogantes ameaças e violentas insinuações deles, mas respondendo com caridade e sem vacilações verbais, sem mudar de fisionomia.

Eu julguei pertinente deter-me um pouco sobre a vida e conversação desse homem de Deus, de acordo com o que recentemente chegou às minhas mãos, confirmado por escrito por um dos alunos dele chamado Emery Tylney, cujas palavras são as seguintes:

Por volta do ano do Senhor de 1543, havia na Universidade de Cambridge um certo mestre George Wishart, geralmente chamado de Mestre George da Faculdade Benet. Era um homem de estatura alta, cabeça raspada, que usava sempre uma boina francesa redonda da melhor qualidade. Era considerado um tipo melancólico por sua fisionomia, cabelos pretos, barba longa e personalidade agradável. Era bem falante, como são os escoceses, cortês, humilde, amável, ensinava com prazer, aprendia com avidez e viajava muito. Vestia-se com uma beca de frisa que descia até os pés, um jibão preto de fustão, meias pretas lisas, camisas de linho cru e punhos brancos dos quais pendiam fitas brancas.

Ele era um homem modesto, temperado, que temia a Deus e detestava a cobiça. Sua caridade nunca tinha fim, nem de noite nem de dia. Abstinha-se de uma em cada três refeições e jejuava um dia em cada quatro, tomando apenas alguma coisa para conforto da natureza. Dormia sobre um pufe duro de palha coberto por lençóis de algodão cru, e quando os trocava desfazia-se deles. Tinha geralmente uma tina de água junto ao leito, na qual, quando os seus estavam na cama, a vela apagada e tudo em silêncio, ele costumava banhar-se. Tinha um grande carinho por mim e eu por ele. Lecionava com grande modéstia e seriedade de modo que alguns de seus alunos o consideravam severo e queriam matá-lo. Mas o Senhor era a sua defesa. E ele, depois de corrigir-lhes devidamente a malícia por meio de boas exortações, conseguia emendá-los, e depois seguia seu caminho. Como eu queria que o Senhor não o tivesse levado de mim, seu pobre servo! Como eu queria que ele tivesse terminado o que iniciara! Mas ele foi para a Escócia com vários outros membros da nobreza que se apresentaram ao Rei Henry para selar um tratado.

Se eu quisesse mostrar seu amor por mim e por todos os homens, sua caridade com os pobres que ele expressava dando, cuidando, ajudando, provendo, isso mesmo, sempre procurando meios de fazer o bem a todos sem ferir ninguém, as palavras me faltariam antes de se esgotarem os motivos justos de elogiá-lo.

Enquanto o Mestre George Wishart se encontrava preso no Castelo de St. Andrews, foi ter com ele o deão da cidade que, seguindo as ordens e perversos conselhos do cardeal, intimou o mestre a comparecer na manhã seguinte perante o juiz para então explicar sua sediciosa e herética doutrina.

Na manhã seguinte, o cardeal fez seus servos ataviarem-se com seu aparato mais belicoso: jaqueta de couro, capacete, armadura de malha, lança e machadinha. Pareciam mais preparados para uma guerra do que para a pregação da Palavra do Senhor. Depois que esses campeões armados, marchando em formação de combate, acompanharam os bispos em sua entrada na igreja da Abadia, mandaram buscar o Mestre George Wishart, que foi levado para a igreja pelo capitão do Castelo, acompanhado de cem homens igualmente vestidos para a guerra. Como um cordeiro eles o conduziram para o sacrifício. Quando entrava pela porta da igreja, viu um pobre que ali jazia, sofrendo graves enfermidades, pedindo esmolas: atirou-lhe sua bolsa. Quando chegou à presença de Sua Excelência o cardeal, o subprior da Abadia, chamado John Winryme, ocupou o púlpito e fez um sermão perante toda a congregação ali reunida.

Terminado o sermão, fizeram Mestre George subir ao púlpito para ali ouvir sua acusação. Contra ele postou-se John Lander, um membro do rebanho que o mestre alimentara, cheio de maldições contidas num escrito que agora segurava em suas mãos: um rolo comprido e repleto de ameaças, maldições e palavras de rancor diabólico e maldade. Dirigiu ao inocente Mestre George tantos termos cruéis e abomináveis, ferindo-o de forma tão rancorosa com as fulminações do Papa, que o povo ignorante temia que a terra o engolisse ali mesmo, no ato. Não obstante isso tudo, o acusado se mantinha imperturbável, ouvindo aquelas palavras sem mover-se, sem mudar de fisionomia uma vez sequer.

Quando essa porca bem alimentada terminou a leitura de suas ameaças mentirosas, o suor lhe escorrendo pela cara e a boca espumando como a de um varrão, ele cuspiu no rosto de Mestre George dizendo: — Que respondes tu a essas palavras? Seu renegado, traidor e ladrão, nós temos tudo bem provado contra ti. — Ouvindo isso, Mestre George ajoelhou-se no púlpito. Terminada sua oração, dócil e cristãmente respondeu a todos da seguinte forma:

— É justo e razoável que suas consciências conheçam minhas palavras e minha doutrina e o que ensinei para agora morrer injustamente, com grande perigo para as almas dos senhores. Por isso, tanto para a glória de Deus quanto para o bem-estar espiritual dos senhores e salva-guarda de minha vida, eu imploro que suas consciências me dêem ouvidos. Enquanto isso, apresentarei minha doutrina sem nenhuma distorção.

Subitamente, aos gritos, interrompeu o acusador, a porca bem alimentada: — Seu herege, renegado, traidor e ladrão! Tu não tinhas direito de pregar. Tu tomaste o poder em tuas próprias mãos, sem a autorização da Igreja.

Então, toda a congregação dos prelados com seus cúmplices disse: — Se nós lhe concedermos permissão para pregar, ele é tão astuto e tão versado na santa Escritura que persuadirá o povo de suas opiniões e todos se levantarão contra nós.

Mestre George, percebendo o maldoso intento dos circunstantes, apelou à autoridade do governador contra Sua Eminência, o cardeal, para que ele agisse como juiz imparcial e justo. Grunhindo, respondeu-lhe o acusador John Lander: — Por acaso Sua Eminência, o cardeal não é a segunda pessoa deste reino, Chanceler da Escócia, Arcebispo de St. Andrews, Bispo de Mirepois, Comendador de Aberbroshok, *legatus natus, legatus à latere?* — E foi recitando tantos títulos de desprezíveis distinções que eles seriam suficientes para carregar um navio e muito mais um asno. — Por acaso — disse John Lander — ele não é um bom juiz na tua opinião? Quem queres que seja teu juiz?

A isso respondeu esse homem humilde dizendo: — Eu não rejeito Sua Eminência, o cardeal, mas desejo que meu juiz seja a Palavra de Deus e o poder temporal, e que alguns dos senhores sejam meus auditores, pois estou aqui como prisioneiro de Sua Excelência, o governador.

Ouvindo isso os orgulhosos e desdenhosos circunstantes riram-se dele. E sem demoras o teriam sentenciado se alguns homens não tivessem aconselhado o cardeal a reler os artigos de acusação e ouvir as respostas do acusado e assim evitar que o povo se queixasse de sua condenação injusta.

Eles retiraram do local o povo comum cujo desejo sempre fora ouvir o pronunciamento daquele inocente. Então os filhos das trevas pronunciaram sua sentença definitiva sem respeito algum pelo julgamento de Deus. Depois que isso fora dito e feito, o cardeal mandou que os torturadores reconduzissem o manso cordeiro para o Castelo onde ele devia aguardar até que a fogueira estivesse pronta. No Castelo vieram procurá-lo um frade com um colega dizendo: — Senhor, vós deveis confessar-vos conosco. — Respondeu ele: — Não me confessarei convosco.

Quando a fogueira e o patíbulo estavam prontos, Sua Eminência o Cardeal, temendo que Mestre George viesse a ser libertado por seus amigos, ordenou que toda a artilharia do Castelo se dirigisse para o local da execução e deu ordens expressas para que todos os atiradores ficassem de prontidão junto às suas armas até a hora em que ele estivesse queimado. Tomadas essas providências, amarraram as mãos de Mestre George atrás das costas e o conduziram com seus soldados para o local da perversa execução. Ao sair da porta do Castelo, ele encontrou-se com alguns mendigos pedindo uma esmola pelo amor de Deus. Respondeu-lhes ele: — Não tenho mãos com que lhes dar uma esmola. Mas que o misericordioso Deus que, pela benignidade e abundância de sua graça, alimenta todos os homens, digne-se suprir vossas necessidades, quer do corpo, quer da alma. — Em seguida vieram ao seu encontro dois frades dizendo: — Mestre George, reze à Nossa Senhora, para que ela seja mediadora entre o senhor e seu Filho. — Respondeu-lhe George pacientemente: — Parem com isso! Não me tentem, meus irmãos! — Em seguida, foi conduzido para a fogueira com uma corda ao pescoço e uma corrente de ferro em volta da cintura.

Ao chegar à fogueira, ele caiu de joelhos e depois levantou-se, repetindo três vezes estas palavras: — Ó Tu, Salvador do mundo! Em Tuas santas mãos entrego o meu espírito. — Feita essa oração, ele voltou-se para o povo e disse: — Por amor à Palavra e ao verdadeiro evangelho, que me foi dado pela graça de Deus, hoje padeço nas mãos dos homens, não com mágoa, mas sim com alegria em meu coração e mente. Por esta causa eu fui enviado para padecer neste fogo por amor de Cristo. Olhai, contemplai o meu rosto, e não me vereis mudar de cor. Deste fogo terrível eu não tenho medo. Sei com certeza que minha alma hoje à noite participará de um banquete com Cristo, meu Salvador.

O carrasco indicado para executá-lo caiu de joelhos dizendo: — Senhor, peço que me perdoe, pois não sou culpado de sua morte. — Ele ouviu a seguinte resposta: — Venha cá. — Quando o carrasco se aproximou o mártir beijou-lhe o rosto e disse: — Veja, este é o sinal do meu perdão. Meu amigo, faça o seu serviço. — Depois ele foi posto sobre o cadafalso, enforcado e transformado em cinzas. Contemplando a grande tortura, o povo não conseguiu controlar suas lamentações e dor, chorando o abate de um cordeiro inocente.

O Mestre George Wishart, homem abençoado por Deus, foi levado à morte por David Beaton, o cruel Arcebispo e Cardeal da Escócia, no dia primeiro de março de 1546, d.C. Não muito tempo depois, David Beaton, graças à justa vingança do poderoso juízo de Deus, foi assassinado dentro do seu próprio Castelo de St. Andrews pelas mãos de um certo Leslie e outros senhores, que, movidos pelo Senhor, subitamente atacaram o arcebispo em seu leito e o assassinaram no último dia de maio do mesmo ano, enquanto ele gritava: — Socorro! Socorro! Não me matem. Eu sou um sacerdote! — E assim, como um açougueiro ele viveu e como um açougueiro morreu. Ficou mais de sete meses insepulto. No fim foi enterrado numa esterqueira como uma carniça.

A David Beaton sucedeu John Hamilton como Arcebispo de St. Andrews. Este, não querendo de modo algum ficar atrás do predecessor na tarefa de aumentar o número de santos mártires de Deus, convocou para ser julgado um certo pobretão com o nome de Adam Wallace. Aqui estão a natureza e forma de sua história:

Sobre um cadafalso bem perto do muro da chancelaria da igreja dos Beneditinos de Edimburgo, ocupando assentos ali dispostos, instalou-se Sua Excelência o Governador. Atrás dele estava todo o senado. Ocupava o púlpito Mestre John Lander, vigário de Marbotle, como acusador, vestindo uma sobrepeliz e um capuz vermelho.

Foi introduzido Adam Wallace, em aparência um homem pobre e sozinho, conduzido por John de Cumnock, um servo do Bispo de St. Andrews e colocado no meio do cadafalso. Ordenaram-lhe que olhasse para o acusador, que lhe perguntou qual era o seu nome. Respondeu ele: — Adam Wallace. — O acusador perguntou-lhe em seguida onde ele havia nascido. — A duas milhas de Fayle — disse ele. — Em Kyle. — Disse então o acusador: — Lamento que um sujeito pobre como você cause hoje tanto embaraço com suas vaidosas palavras. — Mas eu devo falar — disse ele — conforme a graça que Deus me dá, e creio que não disse nada para ofender ninguém. — Oxalá — disse o acusador — você nunca tivesse falado. Pois hoje você foi intimado a apresentar-se aqui por crimes tão horríveis de heresia nunca antes imaginados neste país.

Wallace respondeu que ele não dizia nada que não estivesse de acordo com a Santa Palavra como ele a entendia. E ele manteria essa posição até o dia em que recebesse melhores instruções das Escrituras, enfrentando até a morte. — Se os senhores me condenarem por defender a Palavra de Deus, terão de prestar contas por meu sangue inocente quando houver o julgamento perante o tribunal de Cristo.

Então o condenaram e entregaram ao Preboste de Edimburgo para ser queimado no Morro do Castelo. O preboste mandou trancá-lo na casa mais elevada da cidade, com ferros prendendo-lhe as pernas e o pescoço, e encarregou Hugh Terry, um ignorante ministro de Satanás e dos Bispos, para cuidar da chave da casa. Terry enviou ao coitado dois frades franciscanos para que lhe dessem instruções, uma vez que ele não queria comunicar-se com ele. Logo em seguida foram enviados dois frades beneditinos, um frade inglês e um outro que era um sofista sagaz, chamado Arbuthnot. O sofista quis discutir com o frade inglês e expor sua fé de acordo com as Escrituras, mas o frade não tinha autorização para entrar em discussões com ele, e por isso foi embora.

Depois lhe enviaram um homem com muita experiência de vida e um certo entendimento piedoso da verdade, o Deão de Restalrig, que lhe trouxe consolo cristão e o exortou a acreditar na realidade do sacramento do altar depois da consagração. Mas Wallace não estava disposto a aceitar coisa alguma que não fosse comprovada pelas santas Escrituras e assim passou a noite inteira cantando e louvando a Deus, ocupando os ouvidos de vários circunstantes. Para seu consolo aprendera de cor o Saltério de Davi, pois lhe haviam tirado a sua Bíblia que ele sempre carregava consigo, mesmo depois de condenado.

Depois de saber que ele tinha consigo alguns livros que lia para seu conforto espiritual, Hugh Terry veio furioso e os tirou dele, numa tentativa de fazê-lo perder a paciência e a esperança em Cristo seu Salvador. Mas Deus não permitiu que ele se abalasse com isso.

Adam Wallace passou a manhã seguinte em ferros, enquanto se davam ordens para que se providenciasse a fogueira para o dia seguinte. Nesse dia o Deão de Restalrig veio novamente ter com ele para discutir. As respostas foram as mesmas de antes: que ele sobre a fé não diria nada que não estivesse de acordo com as Escrituras, mesmo que um anjo viesse do céu para persuadi-lo do contrário. Depois voltou Hugh Terry e o examinou de acordo com seu velho método. Disse que antes do anoitecer expulsaria de Wallace os demônios. Ouviu a seguinte resposta: — Melhor seria se o senhor fosse um homem piedoso para me consolar em minha aflição. Quando eu soube que o senhor viria, orei a Deus para poder resistir às suas tentações. E agora agradeço a Ele por ter-me capacitado para isso. Portanto, rogo-lhe que me deixe em paz. — Perguntou em seguida a um dos oficiais presentes: — A fogueira já está pronta? — A resposta foi que estava. Disse ele então: — Como é do agrado de Deus. Estou pronto agora ou mais tarde, conforme for do Seu agrado.

Ao se retirar, o preboste proibiu com palavras cheias de ameaças que Adam Wallace falasse com quer que fosse ou que alguém falasse com ele. Durante seu translado da cidade para o Morro do Castelo, as pessoas comuns do povo comentavam: — Que Deus tenha piedade dele. — E de vocês também — respondeu Wallace. Junto à fogueira, ergueu os olhos aos céus duas ou três vezes e disse ao povo: — Que ninguém se ofenda com o fato de eu hoje sofrer a morte por amor à verdade, pois o discípulo não é maior que o seu Mestre. — Quando a corda já estava em volta de seu pescoço, a fogueira foi acesa e assim ele partiu para Deus, resoluto e sereno.

Quanto ao resto dos mártires da Escócia, não se pode calar sobre a maravilhosa firmeza de Walter Mill. De suas cinzas surgiram milhares de cristãos que preferiram morrer a continuar pisoteados pela tirania cruel, ignorante e brutal de bispos, abades, monges e frades.

No ano do Senhor de 1558, o referido Walter Mill (que na juventude fora um papista), depois de passar um tempo na Alemanha onde ouviu a doutrina do Evangelho, retornou para a Escócia. Abandonando todo o papismo, contraiu matrimônio, fato que o tornou suspeito de heresia aos olhos de todos os bispos da Escócia. Depois de ter sido vigiado por muito tempo, ele foi apanhado por dois padres papistas e levado para St. Andrews onde foi trancado no castelo. Os papistas o ameaçaram com a morte e outras torturas físicas, no intuito de fazê-lo abandonar a verdade. Mas vendo que nada conseguiam com esses métodos e que ele permanecia firme e constante, eles se esforçaram para persuadi-lo com belas promessas e ofereceram-lhe o dote vitalício de um monge na Abadia de Dunfermline, desde que se retratasse e negasse o que havia ensinado e admitisse que se tratava de heresias. Ele, porém, continuou na verdade até o fim, desprezando tanto as ameaças quanto as belas promessas.

Walter Mill foi conduzido à igreja metropolitana de St. Andrews, onde foi colocado no púlpito perante os bispos para ser acusado. Vendo que ele era uma pessoa tão frágil e debilitada, em parte por causa do trabalho e da idade e em parte por causa dos maus tratos recebidos, eles perderam a esperança de poder ouvi-lo, dada a fraqueza de sua voz. Mas quando ele começou a falar, fez a igreja ecoar novamente com tal coragem e força que os cristãos presentes se sentiram exultantes na mesma proporção em que seus adversários ficaram confusos e envergonhados. Estando ele ajoelhado sobre o púlpito, orando, Andrew Oliphant, um dos padres do Arcebispo ordenou-lhe que se levantasse dizendo: — Sir Walter Mill, levante-se e responda às acusações, pois o senhor está detendo Sua Excelência por um tempo demasiado longo. — Terminada sua oração, Walter Mill respondeu-lhe: — O senhor me chama de Sir Walter; pode chamar-me simplesmente Walter; eu fui um dos cavaleiros do Papa por um tempo demasiado longo. Agora, diga o que o senhor tem a dizer.

Oliphant: — O senhor diz que não há sete sacramentos.

Mill: — Eu fico com a ceia do Senhor e o batismo, e o senhor pode levar os outros e dividi-los entre os seus colegas.

Oliphant: — O senhor é contra o bendito sacramento do altar e diz que na missa há algo de errado, que é idolatria.

Mill: — Um senhor ou rei convidou muitos para um jantar. Quando a refeição estava pronta, ele mandou tocar o sino e os convidados se reuniram na sala e se sentaram para participar do jantar. Mas o anfitrião, dando-lhes as costas, comeu tudo sozinho e zombou deles. Assim fazem os senhores.

Oliphant: — O senhor nega que o sacramento do altar seja o verdadeiro corpo de Cristo realmente presente em carne e sangue.

Mill: — Quanto à missa, está tudo errado, pois Cristo foi oferecido uma vez sobre a cruz pelos pecados dos homens e nunca mais será oferecido, pois naquela ocasião ele consumou todo o sacrifício.

Oliphant: — O senhor faz pregações secretas e privadas em residências particulares e também prega publicamente em campo aberto.

Mill: — Sim, senhor, e também no mar quando viajo de barco.

Oliphant: — O senhor não renuncia as suas opiniões errôneas?

Mill: — Não renunciarei à verdade, pois eu sou trigo e não palha. Não me deixarei levar pelo vento nem explodirei ao ser malhado. Suportaria a ambas as cosias.

Então Oliphant pronunciou contra ele a sentença condenando-o a ser entregue ao braço secular e punido como herege, o que significava ser queimado.

Apesar disso, sua firmeza e constância comoveram tanto o coração de muitos que o preboste da cidade chamado Patrick Lermont recusou-se a ser seu juiz secular. A causa caberia a ele se fosse justa.

Também o tesoureiro do bispo, ao receber tal incumbência, não quis de modo algum assumir essa missão tão impiedosa. De fato, a cidade toda sentia-se tão ofendida com essa condenação injusta que os servos do bispo não conseguiram comprar por dinheiro nenhum sequer um pedaço de corda para amarrá-lo à fogueira ou um barril de piche para queimá-lo. Foram obrigados a cortar as cordas do pavilhão do bispo para executar essa função.

Todavia, um servo do bispo mais ignorante e cruel que os outros, de nome Alexander Somervaile, que se aventurava no ofício de juiz secular naquela região, conduziu Walter Mill para a fogueira. Ali, contrariando toda razão natural do ser humano, sua coragem e resistência cresceram dentro dele muito mais, o que deixou claro aos olhos do povo que sua causa era justa e que estava sendo executado um inocente.

Quando tudo estava pronto para a sua execução, ele foi conduzido até a fogueira por homens armados, e Oliphant ordenou que ele entrasse no fogo. Mas ele disse: — Não! Se o senhor me puser no fogo com suas próprias mãos e colaborar para a minha morte, verá que morrerei feliz. Mas, pela lei de Deus estou proibido de agredir-me a mim mesmo. — Então Oliphant colocou-o na fogueira e ele aceitou de bom grado dizendo: — Subirei ao altar do Senhor. — Pediu um instante para dirigir a palavra ao povo, o que Oliphant e outros carrascos lhe negaram dizendo que ele já havia falado demais, e os bispos estavam muito injuriados com a longa demora do processo. A essa altura, alguns jovens mandaram ao diabo tanto os carrascos quanto os bispos seus superiores, dizendo que haveriam de lamentar aquele dia e pedindo que Walter dissesse o que tinha a dizer.

E assim, depois de fazer de joelhos sua humilde súplica a Deus, levantou-se, manteve-se de pé sobre as brasas e disse o seguinte:

"Queridos amigos! A causa pela qual eu padeço neste dia não se refere a nenhum crime imputado contra mim (embora eu seja um miserável pecador perante Deus), mas refere-se apenas à defesa da fé em Jesus Cristo que nos é apresentada no Novo Testamento. Por essa fé, como os fiéis mártires de bom grado se sacrificaram na certeza de que, depois da sua morte corporal, teriam a felicidade eterna, assim eu hoje louvo a Deus que por Sua misericórdia me escolheu, dentre os Seus servos, para selar a Sua verdade com a minha vida. Vida que eu dEle recebi e assim, de bom grado, ofereço para a Sua glória. Portanto, para fugir à morte eterna, não vos deixeis seduzir pelas mentiras de padres, monges, frades, priores, abades, bispos e todo o resto da seita do Anticristo. Contai apenas com Jesus Cristo e Sua misericórdia, para que possais vos livrar da condenação."

Durante a sua fala houve um grande pesar e lamentação na multidão. Diante de sua paciência, força, coragem, constância e resistência, o povo não apenas se sentiu comovido mas também estimulado, e os corações estavam inflamados. Depois de sua oração, ele foi posto sobre a fogueira. Já estava no fogo quando disse: — Senhor, tem piedade de mim! Orem todos, ó povo, enquanto é tempo! — E assim ele partiu.

Depois disso, graças ao justo juízo de Deus, no mesmo lugar onde Walter Mill foi queimado, na época da Reforma foram queimadas as imagens da grande igreja da abadia, insuperáveis em número e preciosidade.

Vida, Atos e Feitos do Mestre Hugo Latimer, Famoso Pregador e Mártir de Cristo e do Evangelho

ESTE VELHO E EXPERIENTE soldado de Cristo, Mestre Hugo Latimer, era filho de Hugo Latimer, conhecido e próspero lavrador de Thurkersson no condado de Leicester, onde ele nasceu e cresceu até a idade de mais ou menos quatro anos, quando seus pais, que nele tinham na época seu único filho entre seis filhas, percebendo sua rápida, vivaz e aguçada inteligência, decidiram proporcionar-lhe erudição e o conhecimento da boa literatura. Nesse campo ele tanto avançou em sua juventude nas escolas comuns da região que, na idade de catorze anos, foi enviado à Universidade de Cambridge. Ali, após dar prosseguimento ao exercício de outras matérias, entregou-se ao estudo da teologia, dentro das limitações da ignorância impostas por aquela época.

Zeloso era ele então na religião papista e a praticava com tanto escrúpulo, como ele mesmo confessou, que, sendo sacerdote, dizia a missa observando tão servilmente os decretos romanos que julgava nunca ter misturado corretamente o vinho da missa com a água. Achava então que jamais seria condenado se conseguisse ser um frade professo. Nutria várias dessas fantasias supersticiosas. Cego em seu zelo, era um verdadeiro inimigo do Evangelho de Cristo, como mostra claramente o discurso proferido por ele contra Filipe Melancthon para obter seu bacharelado em teologia.

Apesar de tudo, tal foi a bondade e misericórdia do plano divino que, quando ele julgou ter destruído completamente os seguidores do Evangelho e da verdadeira Igreja de Cristo, ele é que foi apanhado na rede abençoada da Palavra de Deus armada por um dos membros dessa mesma Igreja. De fato aconteceu que Mestre Tomás Bilney, na época um dos avaliadores das sutilezas de Satanás e um dos destruidores secretos do reino do Anticristo, ao perceber como Mestre Latimer, apesar de sua ignorância, era zeloso em seus procedimentos, foi tomado de compaixão por ele e pensou nos melhores meios de conquistar esse zeloso, embora ignorante, irmão para o verdadeiro conhecimento de Cristo. Apresentou-se então no gabinete de Mestre Latimer e lhe pediu para ser ouvido em confissão, o que lhe foi de bom grado concedido. Ao ouvir-lhe a confissão, Mestre Latimer sentiu-se tão tocado pelo bom Espírito divino que abandonou seus estudos anteriores voltados para os doutores escolásticos e outras bobagens a fim de tornar-se um verdadeiro estudioso da verdadeira teologia. De modo que ele, antes um inimigo e praticamente um perseguidor de Cristo, tornou-se então um de Seus sinceros seguidores, trocando o antigo método de caluniar por uma diligente discussão com Mestre Bilney e com outros.

Depois de conquistado para Cristo, ele não se satisfez com sua simples conversão, mas, como um verdadeiro discípulo do Bom Samaritano, compadeceu-se da miséria dos outros e durante três anos passou a pregar publicamente e a ensinar em suas atividades privadas dirigindo-se a seus irmãos dentro da universidade. Parte de seu tempo ele passava falando latim entre os eruditos e parte entre as pessoas simples falando sua língua materna vulgar. Uma vez que Satanás jamais dorme quando vê seu reino perder terreno, assim agora, ao perceber que esse digno membro de Cristo seria um inimigo sagaz, instigou seus filhos a molestá-lo e causar-lhe problemas.

Entre eles estava um frade agostiniano que aproveitou a ocasião oferecida por um certo sermão que Mestre Latimer proferiu na época do Natal, em 1529, d.C., para indispor-se com ele. Naquele sermão, Latimer, servindo-se de uma prática comum na época natalina, distribuiu alguns cartões com citações extraídas dos capítulos cinco, seis e sete de São Mateus, para que os fiéis pudessem meditar sobre elas não apenas nas festas natalinas mas ao longo do ano inteiro. Seu cartão principal, o mais importante de todos, limitava-se a falar do coração, apresentando-o como o órgão mais importante para servir a Deus. Com isso ele descartava todas as cerimônias externas que não se destinassem ao embelezamento da santa Palavra de Deus e dos sacramentos. Para melhor conseguir seus objetivos, ele expressava o desejo de que as Escrituras fossem apresentadas em inglês a fim de que as pessoas comuns pudessem conhecer seus deveres para com Deus e o próximo.

A questão foi tratada com tanta habilidade e de um modo tão agradável por parte de Latimer que, além de mostrar a vivacidade da inteligência do pregador, ela também produziu muitos frutos entre os seus ouvintes, colaborando para a destruição de superstições papistas e o estabelecimento da perfeita religião.

No domingo que antecedeu o Natal ele foi para a igreja, mandou tocar o sino, subiu ao púlpito e convidou e exortou a todos a servir ao Senhor no íntimo de seus corações, com verdadeiro sentimento, e não com cerimônias externas. Com isso queria dizer que o Senhor deve ser adorado e servido na simplicidade do coração e na verdade e que nisso consiste a verdadeira religião, e não simplesmente nas obras exteriores da letra da lei ou na exibição espetacular de tradições, indulgências, peregrinações, cerimônias, votos, devoções, trabalhos voluntários, obras extraordinárias, fundações, oblações e na supremacia do Papa. Todas essas coisas são desnecessárias quando a fé está presente ou então não têm valor algum numa comparação com ela.

Seria necessário um longo tratado para mostrar a agitação que houve em Cambridge depois desse sermão de Mestre Latimer. Foi como se Satanás começasse a sentir-se a si mesmo e a seu reino atacado em pontos muito sensíveis e, portanto, julgasse que era hora de começar a preocupar-se e preparar seu exército para a guerra.

Primeiro apresentou-se Buckenham, o prior dos Beneditinos, declarando que não era oportuno que as Escrituras fossem apresentadas em inglês para evitar que os ignorantes corressem o risco de abandonar a sua vocação. O lavrador, por exemplo, quando tomasse conhecimento de que no Evangelho "Nenhum homem que, tendo posto as mãos no arado, olha para trás é apto para o reino de Deus", poderia talvez abandonar sua vida de lavrador. Da mesma forma, o padeiro, quando soubesse que um pouco de fermento altera a massa toda, poderia eventualmente deixar nosso pão sem nenhum fermento, e assim nossos corpos sofreriam. Também poderia acontecer que um simplório, ao ouvir no Evangelho as palavras "Se teu olho te faz tropeçar, arranca-o e lança-o de ti", poderia provocar a sua própria cegueira e assim encher o mundo de mendigos.

Ao ouvir esse sermão típico de um frade pronunciado por Buckenham, Mestre Latimer retornou à igreja para fazer sua réplica. Para lá convergiu uma grande multidão de gente da universidade e gente comum, doutores e outros graduados, numa grande expectativa de ouvir o que ele poderia dizer. Na multidão, bem embaixo do púlpito, estava Buckenham com seu capuz de beneditino cobrindo-lhe os ombros.

Então Mestre Latimer tanto refutou o frade, quanto respondeu às suas objeções, bem como ridicularizou as suas desprezíveis premissas do lavrador virando-se para trás e do padeiro deixando de fermentar o pão, que a vaidade do frade pôde aparecer aos olhos de todos. Ficou bem provado e claro que as Escrituras em inglês não representam nenhum temor ou perigo conforme pretendia o frade. No mínimo se exigiria que elas tivessem uma história muito longa na língua inglesa para permitir que os ingleses ficassem loucos a tal ponto que o lavrador não ousasse olhar para trás e o padeiro deixasse de fermentar seu pão. — Toda fala — disse ele — tem suas metáforas e significações figuradas, tão comuns a todos os homens. Tanto assim que até os pintores as pintam nas paredes e nas casas. — Deu depois este exemplo (fixando a cara do frade): — Quando pintam uma raposa pregando sob o capuz de um frade, ninguém é louco a ponto de achar que se trata de uma raposa fazendo um sermão. Todos sabem muito bem o significado do quadro, que é o de nos mostrar quanta hipocrisia, astúcia e sutil dissimulação muitas vezes se esconde sob esses capuzes de frade, querendo com isso nos precaver contra eles.

Em suma, o frei Buckenham ficou tão atordoado com esse sermão que nunca mais teve coragem de erguer os olhos para encarar Mestre Latimer quando ocupava o púlpito e fazia seus sermões.

Além desse Buckenham havia outro frade, não do mesmo hábito, mas do mesmo costume e facção. Era um franciscano, um estrangeiro chamado Dr. Venetus. Ele também em seus sermões de impropérios ralhava contra Mestre Latimer chamando-o de louco e desmiolado e pedindo ao povo para não acreditar nele. Ao responder-lhe Mestre Latimer tomou como ponto de partida as palavras de Cristo nosso Salvador: "Não matarás... etc. Eu, porém, vos digo que todo aquele que se irar contra seu irmão estará sujeito a julgamento e quem proferir um insulto a seu irmão (usando qualquer termo como, por exemplo, *desmiolado*) estará sujeito ao julgamento do tribunal e quem lhe chamar de Tolo estará sujeito ao inferno de fogo". Ele mostrou aos circunstantes que neste mundo os verdadeiros servos e pregadores de Deus são geralmente desprezados e atacados pelos orgulhosos inimigos da Palavra de Deus, que aqui os consideram malucos, loucos, desmiolados e bêbados. O mesmo fizeram, disse ele, segundo narram as Escrituras, com aqueles que na maior pureza pregavam e mostravam a glória da Palavra de Deus. De tal forma confundiu o pobre frade que o fez perder não apenas a compostura mas também o cargo na universidade.

Enxames de frades e doutores opuseram-se a Mestre Latimer saindo de todos os cantos da universidade para pregar e vociferar contra ele. Veio no fim Dr. West, Bispo de Ely. Atacando-o num sermão que fez na Abadia de Barnwell, proibiu-o de pregar nas igrejas daquela universidade. Apesar disso, o Senhor providenciou para que Dr. Barnes, prior dos frades agostinianos, lhe permitisse pregar na sua igreja.

Assim Mestre Latimer, apesar da malícia dos adversários, ainda continuou em Cambridge onde pregou por três anos a fio com tanta aprovação e aplauso das pessoas piedosas e também com tal admiração dos adversários que iam ouvi-lo que o próprio Bispo, quando se predispôs a expor-se ao seu talento, desejou ter ele mesmo um dom assim e foi obrigado a elogiá-lo. Mestre Latimer e Mestre Bilney costumavam passar muito tempo juntos caminhando pelos campos, tanto assim que, anos mais tarde, o local de suas caminhadas ficou conhecido como o Morro dos Hereges. O convívio desses dois foi percebido por muitos na universidade por ser repleto de bons exemplos para todos os que quisessem imitar suas ações, quer visitando os presos, quer aliviando os necessitados, quer alimentando os famintos.

Mestre Latimer menciona um fato que aconteceu em Cambridge e envolveu os dois amigos e uma certa mulher que na época estava presa no Castelo, ou seja, na Torre de Cambridge. Ocorreu que, depois que travara amizade com o Mestre Bilney, foram juntos visitar os prisioneiros. Entre eles havia uma mulher que era acusada de assassinar seu próprio filho, fato que ela negava com toda simplicidade e firmeza. Isso lhes permitiu que investigassem o caso e no fim descobriram que o marido dela não a amava e por isso procurava todos os meios possíveis para livrar-se dela. O caso foi o seguinte: um de seus filhos estivera doente por um ano inteiro e acabara morrendo na época da colheita, aparentemente de tuberculose. Depois de seu falecimento, ela foi procurar os vizinhos para que a ajudassem a sepultá-lo. Mas estavam todos fora trabalhando no campo e assim ela foi obrigada, com pesar no coração, a providenciar sozinha o enterro dele. Ao chegar em casa, o marido, que não a amava, acusou-a de ter assassinado a criança. Esta era a causa da tribulação da mulher. Mestre Latimer, após uma investigação conscienciosa, concluiu que ela não era culpada. Logo em seguida foi convidado a pregar perante o Rei Henrique VIII de Windsor. Após o sermão sua majestade mandou chamá-lo e conversou com ele informalmente. Então Mestre Latimer aproveitou a oportunidade e, caindo de joelhos, expôs todo o caso ao Rei e implorou o indulto para a mulher, documento que Sua Majestade generosamente concedeu e entregou quando Latimer voltou para a sua casa.

Por intermédio do médico do rei, Dr. Buts, homem de bondade singular e grande defensor do procedimento honesto, Mestre Latimer foi incluído entre os que promoviam a causa da supremacia do rei. Assim foi para a corte, onde permaneceu por certo tempo no gabinete do Dr. Buts. Passou então a pregar em Londres com muita freqüência. No fim, cansou-se da corte. Tendo recebido um benefício eclesiástico, oferecido pelo rei a pedido do Lorde Cromwell e do Dr. Buts, muito se alegrou com o fato e, contrariando a idéia do doutor, sentiu-se na obrigação de partir e fixar residência no local do seu benefício.

O benefício situava-se em Wiltshire, sob a jurisdição da diocese de Sarum, na cidade denominada West-Kington. Foi ali que o bom pregador exercitou-se na instrução do seu rebanho, estendendo seus cuidados não apenas ao povo daquela cidade mas também a toda a região ao redor. Em suma, sua diligência era tão grande, sua pregação tão poderosa, seu modo de ensinar tão zeloso que também nesse lugar não pôde trabalhar sem fazer inimigos. Foi intimado a comparecer perante William Warham, Arcebispo de Cantuária, e John Stokesley, Bispo de Londres, no dia vinte e nove de janeiro de 1531. Foi muito molestado e impedido por um longo tempo de exercer seu trabalho pastoral, pois era chamado a comparecer perante os referidos bispos três vezes por semana para dar explicações sobre sua pregação. No fim, muito triste e aborrecido com essas perturbações por parte de pessoas que não queriam elas mesmas pregar e não permitiam que ele cumprisse o seu dever de fazê-lo, escreveu ao Arcebispo alegando estar enfermo e queixando-se deles por afastá-lo do cumprimento do seu dever, sem que houvesse para isso nenhum motivo justo mas apenas por ele pregar a verdade contra certos abusos cheios de vaidade que se insinuaram na religião.

A história seguinte ele mesmo a conta num sermão que pregou no dia nove de outubro de 1550. " Certa vez", disse ele, "eu estava sendo examinado por cinco ou seis bispos e me sentia muito angustiado.

Todas as semanas eu comparecia três vezes para exames cheios de ciladas e armadilhas visando me apanhar em algum ponto. Ora, Deus sabe que eu não conhecia o direito, mas Ele colocava respostas sábias na minha boca. De fato, era Deus. Caso contrário, eu nunca teria escapado deles. No fim fui levado para um aposento amplo cheio de tapeçarias sobre as paredes, onde eu costumava ser examinado. Mas nessa ocasião o ambiente fora alterado. Pois antes sempre havia um fogo aceso na chaminé, e agora o fogo fora removido e havia um tapete caindo sobre a lareira. A mesa ficava junto à chaminé.

Entre os bispos que me examinavam havia um que eu conhecia muito bem e tinha na conta de grande amigo meu. Era um ancião que estava sentado na ponta da mesa. Então, entre outras perguntas ele me fez uma muito sutil e capciosa. De fato era uma pergunta na qual eu não conseguia ver muito perigo. Quando me propus a responder, alguém me disse: — Mestre Latimer, fale alto. Eu não escuto muito bem, e muitos estão sentados longe do senhor. Fiquei surpreso com o fato de me pedirem para falar alto e comecei a desconfiar e a prestar atenção à chaminé. Meu amigo, ouvi uma caneta escrevendo atrás do pano. Alguém havia sido designado para escrever todas as minhas respostas, pois eles tinham certeza de que eu não recuaria perante eles. Não recuei. Deus era o meu Senhor e me dava as respostas. De outra forma eu jamais teria escapado."

A pergunta que lhe foi posta naquela ocasião foi a seguinte: " Se ele em sua consciência achava que era suspeito de heresia." Era uma questão capciosa. Manter-se em silêncio não adiantava, pois seria confessar-se culpado. Responder era extremamente perigoso. Mas Deus, que na necessidade sempre nos dá respostas, o ajudou. Todavia, ele não menciona qual foi a sua resposta nessa ocasião.

O rei Henrique VIII acolheu Mestre Latimer e lhe deu muita proteção. Com seu poder, livrou-o das garras cruéis de seus inimigos. Além disso, pela intervenção em parte do Dr. Buts e em parte do generoso Cromwell, Sua Majestade elevou-o à dignidade de Bispo de Worcester, função que ele desempenhou por alguns anos, organizando sua diocese de acordo com o dever de um pastor diligente e vigilante, na integridade da doutrina e no exemplo de sua perfeita conversação em perfeita harmonia com seus ensinamentos.

Seria muito demorado tratar especificamente de tudo aquilo que aqui poderíamos relatar em louvor a seus esforços, como, por exemplo, sua diligência, prontidão e cuidados contínuos ensinando, pregando, exortando, visitando, corrigindo e reformando, conforme lhe permitiam suas habilidades ou então conforme o tempo de que dispunha. Mas era uma época tão perigosa e incerta que ele não podia fazer sempre o que desejava. Porém, o que lhe era possível ele o fazia com todas as suas forças, de modo que, mesmo não podendo extinguir todas as cintilantes relíquias da antiga superstição, tomou medidas tais que, se não as eliminou, todavia elas seriam usadas com o mínimo de prejuízo e o máximo de lucro possível. Por exemplo, quando não pôde evitar a distribuição da água benta e do pão santo, ele deu instruções para que os fiéis de sua diocese ao recebê-los excluíssem toda a superstição: ordenou a seus ministros para que, na distribuição da água benta e do pão santo, dissessem as seguintes palavras:

Palavras ditas ao Povo na distribuição da Água Benta

Lembra-te das promessas do teu batizado;
Da mercê de Cristo e seu sangue derramado.
Lembra que por sua sacrossanta aspersão
De todos teus pecados tens gratuito o perdão.

Palavras a serem ditas na distribuição do Pão Santo

Do corpo de Cristo isto é sinal.
Na cruz por teu pecado ele foi imolado.
Por isso teu pecado tu deves deixar,
Se da morte de Cristo queres partilhar.

Deve-se supor que ele teria realizado muito mais se a época correspondesse aos seus desejos. Ele não desconhecia o fato de que a instituição da água benta e do pão santo não apenas não se fundamentava nas Escrituras mas também estava repleta de exorcismos e invocações profanas contrárias às normas e aos ensinamentos do Evangelho.

Como anteriormente, tanto na universidade quanto em seu benefício eclesiástico, ele fora perturbado e atribulado por pessoas perversas e cheias de más intenções, assim também em sua diocese ele não se viu livre de alguns que buscavam sua desgraça. Havia um especialmente, e não se tratava de alguma pessoa sem importância, que o acusava perante o rei por causa de seus sermões. Ele conta essa história num sermão proferido perante o Rei Eduardo. Por isso, julguei conveniente usar suas próprias palavras, que são as seguintes:

"Na época do rei que hoje é falecido, muitos dentre nós foram convocados a comparecer à sua presença para expor o que pensávamos sobre certos assuntos. Alguém me acusou de ter pregado doutrinas subversivas. O rei dirigiu-se a mim e disse: — Que diz sobre isso, senhor?

Então caí de joelhos e dirigi-me primeiro ao meu acusador e perguntei-lhe: — Senhor, que tipo de pregação me indicaria para pregar perante um rei? O senhor gostaria que eu não pregasse nada relativo ao rei no sermão real? O senhor tem alguma instrução para mim? Que devo pregar? Além disso fiz várias outras perguntas. Mas ele não respondeu a nenhuma delas. Nada tinha a dizer.

Em seguida, dirigi-me ao rei e me submeti à sua mercê dizendo: — Eu nunca me considerei digno de pregar perante Vossa Majestade e nunca pedi para fazê-lo. Mas fui chamado para essa tarefa e estou disposto (caso eu não lhe agrade) a ceder meu posto a quem for mais digno que eu. Se for do agrado de Vossa Majestade ter outros pregadores, eu me contentaria em segui-los carregando seus livros. Mas, se Vossa Majestade permitir que eu seja seu pregador, gostaria que também me permitisse expressar o que sinto em minha consciência.

E eu agradeço a Deus Todo-Poderoso (Que sempre foi meu remédio) pois minhas palavras foram bem acolhidas pelo rei. Alguns de meus amigos vieram me procurar com lágrimas nos olhos e me disseram que pensaram que eu estaria preso na Torre naquela mesma noite.

Assim, ele continuou em sua laboriosa função de bispo durante alguns anos até a instituição dos Seis Artigos. Então, sentido-se aflito com o rigor da época que o colocava diante do dilema de perder a tranqüilidade de sua consciência ou então abandonar o bispado, ele tomou a iniciativa de abandonar a atividade pastoral. Na ocasião, assim que em seus aposentos se livrou do roquete, deu uma cambalhota de alegria sentindo o pęso que tirava de seus ombros. Apesar de tudo, tribulações e sofrimentos o acompanhavam para onde quer que ele fosse. De fato, pouco tempo depois de renunciar ao bispado, ele se machucou e quase morreu atingido pela queda de uma árvore. Então, vindo para Londres a fim de se tratar, foi molestado pelos bispos e incorreu em sérios perigos. Acabou sendo trancado na Torre, onde permaneceu prisioneiro até a época em que o abençoado Rei Eduardo recebeu sua coroa. Com isso, a boca de ouro desse pregador, por tanto tempo fechada, agora novamente se abria.

Reiniciando o trabalho de arar a terra, ele labutou na seara do Senhor produzindo muitos frutos. Usou seu talento em diversas partes do reino bem como na corte perante o Rei. No mesmo local do jardim interno onde antes se praticavam folguedos lascivos típicos da corte, ali ele proferiu a frutuosa palavra do glorioso Evangelho de Jesus Cristo, pregando perante o Rei e toda a sua corte para edificação de muitos. Nessa penosa tarefa ocupou-se durante todos os dias do Rei Eduardo, pregando geralmente duas vezes todos os domingos. Embora muito machucado pela árvore que lhe caiu em cima e já tendo mais de sessenta e sete anos de idade, ele pouco se preocupava em poupar-se ou descansar. Todas as manhãs, inverno ou verão, por volta das duas horas da madrugada, ele estava debruçado sobre seus livros com a máxima diligência.

Mestre Latimer sempre afirmou que a pregação do Evangelho lhe custaria a vida, e para isso preparou-se com entusiasmo. Após a morte do Rei Eduardo, pouco depois da proclamação da Rainha Mary, um servidor foi enviado para o interior a fim de intimá-lo a comparecer em Londres. Embora tivesse sido avisado do fato, todavia estava tão longe dele a idéia de fugir que se preparou para a viagem mesmo antes que o servidor chegasse à sua casa. Quando o servidor se mostrou surpreso com isso, ele lhe disse: — Meu amigo, você para mim é um mensageiro bem-vindo. E saiba você, e saibam todos, que neste momento vou para Londres, convocado para prestar contas de minhas doutrinas, tão espontaneamente como sempre fui a qualquer lugar deste mundo. Não duvido de que Deus, que me fez digno de pregar Sua Palavra perante dois excelentes príncipes, da mesma forma Ele me habilitará a testemunhar o mesmo perante uma rainha, ou para seu eterno conforto ou para seu eterno desconforto.

Depois de entregar suas cartas, o servidor foi embora dizendo ter ordens para não aguardá-lo. Sua súbita partida deixou claro que eles não queriam que Mestre Latimer se apresentasse, preferindo que ele fugisse e deixasse o reino. Sabiam que sua firmeza iria desmascarar suas tendências papistas e confirmaria os piedosos na verdade.

Assim aconteceu que Mestre Latimer, vindo para Londres passando por Smithfield (onde brincando disse que havia muito tempo Smithfield ansiava por ele), foi apresentado ao conselho e ali pacientemente suportou todas as chacotas e gracinhas dos desdenhosos papistas. Foi trancafiado na Torre, onde, assistido pela graça celestial de Cristo, por muito tempo suportou a prisão, apesar do tratamento desapiedado e cruel dos autoritários papistas. Na época eles julgavam que seu reino jamais ruiria. Ele não apenas se mostrou paciente mas também entusiasmado para enfrentar e superar tudo o que eles quisessem ou de fato fizessem contra ele. Não restam dúvidas de que o Senhor lhe deu um espírito tão valente que ele não apenas desprezava as agruras e tormentos de prisões mas também se ria das iniciativas de seus inimigos.

Quando certa vez o administrador da prisão veio até ele, o idoso padre, confinado sem aquecimento naquele gelado inverno e quase morrendo de frio, brincando mandou o bom homem dizer ao chefe que, se não cuidassem melhor de seu prisioneiro, talvez acabasse sofrendo uma decepção. O administrador da Torre ouviu essas palavras e meditou sobre elas. Temendo que de fato Mestre Latimer estivesse pensando em empreender alguma fuga, passou a vigiar seu prisioneiro com mais rigor. Assim, quando novamente se encontrou com ele, teve de ouvir as seguintes palavras: — Sim, senhor administrador, foi o que eu disse — explicou Mestre Latimer. — Veja bem, suponho que eu deva arder na fogueira. Mas se o senhor não permitir que eu tenha algum aquecimento agora, é provável que eu venha a frustrar suas expectativas, pois posso acabar morrendo de frio.

Muitas outras respostas e arrazoados como esse, divertidos e espirituosos, procedentes não de uma mente vaidosa mas sim de uma razão firme e tranqüila, foram produzidos por Mestre Latimer. Mostram um coração firme e estável que dava pouca importância a todas as fanfarronadas de terríveis ameaças das quais ele chegava a se rir.

Assim foi que ele passou um longo tempo na Torre, de onde foi transferido para Oxford, juntamente com Dr. Cranmer, Arcebispo de Cantuária, e Mestre Ridley, Bispo de Londres, para lá discutirem sobre artigos enviados por Gardiner, Bispo de Winchester. Latimer e seus colegas de prisão foram condenados e trancados novamente no cárcere onde continuaram do mês de abril até o mês de outubro. Ali se ocupavam da forma mais piedosa, ou em conversas fraternais, ou em fervorosa oração, ou produzindo frutuosos escritos. Mestre Latimer, por causa da saúde frágil e idade avançada, escrevia menos que os outros. Mas muitas vezes passava tanto tempo de joelhos orando que não conseguia levantar-se sem ajuda. Aqui estão os três principais motivos de suas orações:

Primeiro, pedia a Deus, que o escolhera para pregar Sua Palavra, também lhe desse a graça de defender sua doutrina até a morte, para que ele pudesse dar por ela o sangue de seu coração.

Segundo, pedia a Deus que, por Sua misericórdia, fizesse de novo florescer o Seu Evangelho na Inglaterra. E essas palavras "de novo, de novo" ele as martelava tanto aos ouvidos de Deus como se Deus estivesse diante dele, falando com Ele face a face.

O terceiro motivo de suas orações era a preservação de Sua Majestade a Rainha então no poder, a Princesa Elizabeth. Com lágrimas nos olhos ele pedia a Deus para transformá-la no consolo de Seu desconsolado reino da Inglaterra. O Senhor com extrema generosidade concedeu-lhe os três pedidos.

Primeiro, sobre sua firmeza na fé, mesmo nos momentos mais extremos, o Senhor generosamente o assistiu. De fato, quando ele estava prestes a ir para a fogueira junto ao portão Bocardo em Oxford, dirigiu-se ao sábio e piedoso bispo, Mestre Ridley e, erguendo os olhos ao céu com uma expressão amável e tranqüila, disse as seguintes palavras: — Deus é fiel. Ele não permite que sejamos tentados acima de nossas forças.

Com que misericórdia o Senhor ouviu seu segundo pedido, restaurando de novo o Seu Evangelho neste reino, os dias atuais podem atestar. E o que dirá então agora a Inglaterra em sua defesa, ela que sendo misericordiosamente visitada e revigorada com a Palavra de Deus, com tanta indiferença e ingratidão considera tanto a sua miséria do passado como o grande benefício divino do presente? Que o Senhor tenha piedade de nós.

Igualmente, no que se refere ao seu terceiro pedido, ele também parece ter sido aceito da maneira mais eficaz para a grande glória de Deus, para a difusão de Seu Evangelho e para indescritível consolo deste reino. Quando tudo era tão desesperador que os inimigos de Deus triunfavam poderosos; quando a Palavra de Deus foi banida, os espanhóis recebidos, e já não havia aqui lugar algum onde os servos de Cristo pudessem se proteger; de repente o Senhor lembrou-se de Sua misericórdia e, esquecendo nossas antigas iniqüidades, pôs um fim a todas essas misérias. A Rainha Elizabeth, por quem o idoso padre havia orado com tanto fervor na sua prisão, foi eleita e ungida. Mediante a sua coroa imperial natural e verdadeira, o brilho da Palavra de Deus foi restabelecido para confundir o reino das trevas e o reino mascarado do Anticristo. O verdadeiro templo de Cristo foi reedificado e os infelizes cristãos foram libertados de seus cativeiros.

(Um relato detalhado do julgamento, condenação e martírio do Bispo Ridley e do Bispo Latimer aparece a partir da p. 259.)

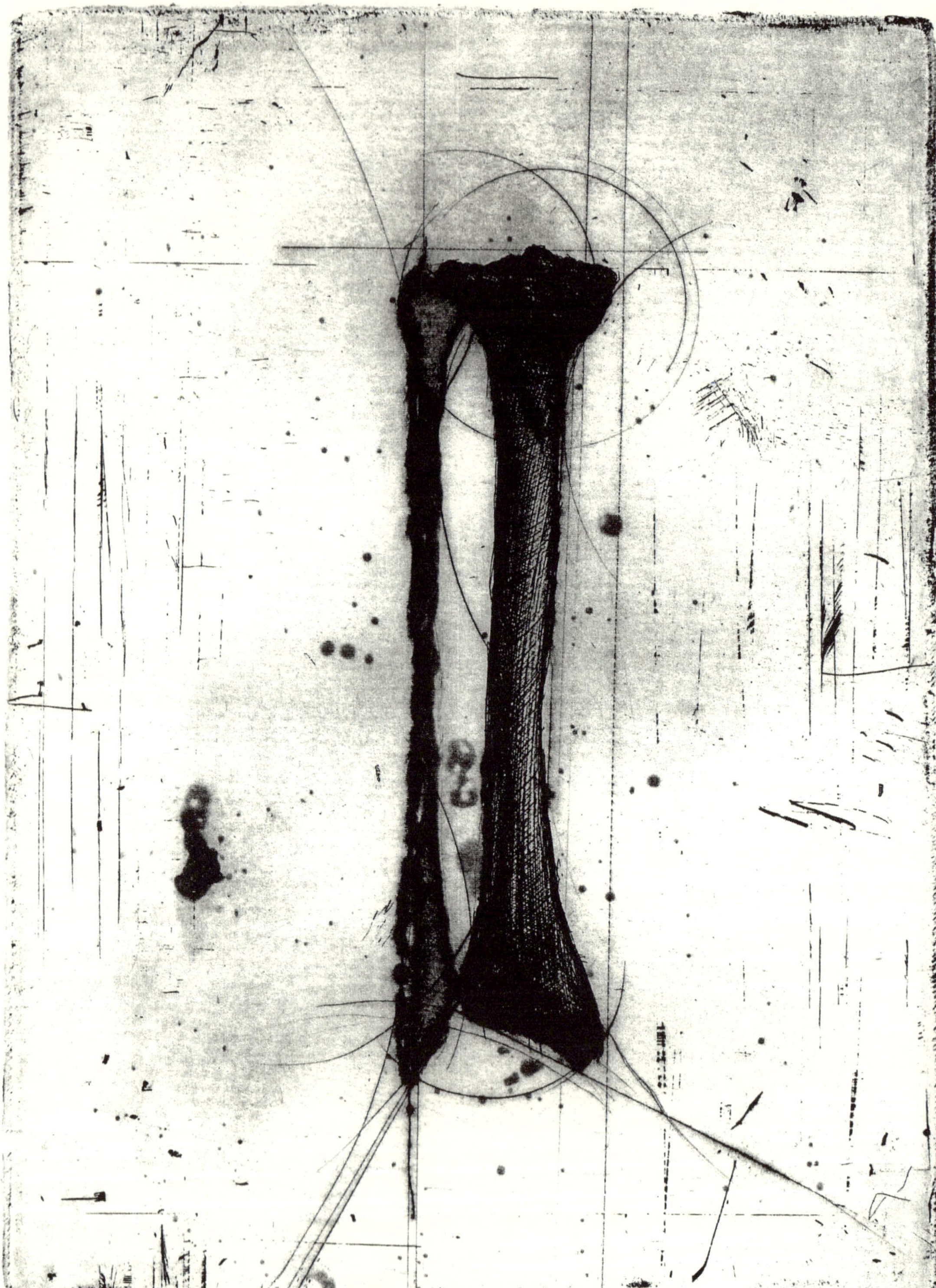

A História do Bispo Ridley

ENTRE MUITAS HISTÓRIAS dignificantes e feitos notáveis de fiéis que foram martirizados pelo verdadeiro Evangelho de Cristo, julguei conveniente registrar a trágica história de Dr. Ridley e assim perpetuar sua memória. Peço-lhe, gentil leitor, que compulse estas páginas com carinho e seriedade, que as considere com diligência e as grave profundamente em seu coração, vendo nele um homem adornado com excelentes virtudes, tão inspirado e ilustrado nas coisas do espírito e de Deus, e agora certamente inscrito no Livro da Vida, coroado e entronizado na companhia gloriosa dos mártires.

Descendendo de uma família muito religiosa, ele nasceu no condado de Northumberland. Aprendeu a gramática com grande habilidade em Newcastle, transferindo-se depois para a Universidade de Cambridge. Ali em breve tempo tornou-se tão famoso que foi convidado para dirigir a Faculdade Pembroke, onde lhe foi conferido o título de doutor em Teologia. Depois trocou Cambridge por Paris. Ao voltar, foi nomeado capelão do Rei Henrique VIII, que o promoveu em seguida para o Bispado de Rochester, de onde foi transferido para a diocese e Bispado de Londres na época do Rei Eduardo.

De tal modo ocupava-se na pregação e ensino da verdadeira e sadia doutrina de Cristo que jamais um bom filho foi mais singularmente amado por seus pais do que ele o foi pelo rebanho de sua diocese. Todos os domingos e dias santificados ele pregava nalgum lugar, exceto quando era impedido por alguma tarefa importante. Aos seus sermões acorria o povo formando ao seu redor verdadeiros enxames em busca das doces flores e do excelente néctar de sua fecunda doutrina, que ele não apenas pregava, mas também exibia em sua vida, que era como uma lanterna cintilante aos olhos e sentidos de cegos. Tudo expunha numa seqüência tão clara que até seus próprios inimigos não poderiam reprová-lo em nada.

Era um homem muito erudito, tinha uma memória prodigiosa e uma leitura tão vasta que com justiça mereceu ser comparado às melhores cabeças de nosso tempo, como atestam seus notáveis trabalhos, vigorosos sermões e debates nas duas universidades. Não é diferente o testemunho de seus adversários, que são unânimes e não menos enfáticos em seus elogios.

Sábios eram seus conselhos, profunda sua inteligência e todas as suas ações eram muito prudentes. Em suma, foi um prelado tal, tão bom, piedoso e espiritualizado sob todos os aspectos, que a Inglaterra com razão lamenta a perda de um tesouro tão valioso.

Era um homem agradável e fisicamente bem proporcionado, quer na sua compleição quer nas suas feições. Via o lado bom em tudo, não alimentando malícia ou rancor em seu coração, mas sempre esquecendo as injúrias e ofensas contra ele cometidas. Era muito bondoso com seus familiares, mas não admitia nada da parte deles que não fosse conforme o que é direito. Sua regra geral para com eles, valendo inclusive para seu irmão e irmã, era a de que se eles agissem de forma errada não deveriam procurar ajuda da parte dele pois seriam tratados como estranhos e desconhecidos. Dizia que seu irmão e sua irmã era quem levasse uma vida piedosa e honesta.

Empregando todas as maneiras de mortificar-se, ele costumava passar muito tempo em oração e contemplação. Invariavelmente todas as manhãs, assim que acabava de vestir-se, punha-se de joelhos no seu quarto e ali orava pelo espaço de meia hora. Feito isso, dirigia-se imediatamente ao escritório, onde permanecia até as dez horas, quando não era interrompido por alguma outra tarefa. Depois apresentava-se para a oração comunitária, hábito diário em sua casa. Terminada a oração, vinha o almoço, durante o qual costumava falar pouco, a não ser que alguém lhe desse algum motivo, quando então conversava de maneira sóbria, discreta, sábia e algumas vezes alegre, conforme o caso o exigisse.

Após o almoço, que não durava muito tempo, costumava passar aproximadamente uma hora conversando ou jogando xadrez. Em seguida, voltava ao escritório de onde não saía até as cinco horas da tarde, a menos que visitantes ou assuntos externos lhe dessem motivo para sair. Depois apresentava-se para a oração comunitária como fizera pela manhã. Terminada a oração, fazia seu jantar comportando-se como no almoço. Depois do jantar distraía-se jogando xadrez pelo espaço de uma hora, após o que voltava ao escritório, onde permanecia até as onze horas, seu horário normal de deitar-se. Então fazia suas orações de joelhos como pela manhã ao levantar-se.

Quando estava em sua casa de campo em Fulham, o que acontecia com freqüência, fazia diariamente uma leitura para a família durante a oração comunitária, começando pelos Atos dos Apóstolos e percorrendo todas as epístolas de São Paulo. A quem soubesse ler dava um exemplar do Novo Testamento, recompensando com dinheiro a quem aprendesse de cor alguns dos principais capítulos, especialmente o capítulo XIII de Atos. Muitas vezes também lia para os membros de sua casa o Salmo CI. Cuidava com zelo extremo de sua família para que todos pudessem ser um espetáculo de virtude e honestidade para os outros. Resumindo, como ele era piedoso e virtuoso assim também nada mais que piedade e virtude reinavam em sua casa, onde todos recebiam dele o alimento de nosso Senhor Jesus Cristo.

Resta dizer uma ou duas palavras sobre sua natureza gentil e bondosa piedade no tratamento dispensado a uma mulher chamada Sra. Bonner, mãe do Dr. Bonner, que por um tempo foi Bispo de Londres. Quando estava em sua casa de campo em Fulham, o Bispo Ridley sempre mandava buscar a referida Sra. Bonner, que morava numa casa ao lado. Convidava-a para almoçar e jantar dizendo: — Vá buscar a minha mãe Bonner. — Ela chegava e era sempre colocada numa cadeira junto à cabeceira da mesa. Dispensava-lhe tanta gentileza como se ele tivesse nascido do corpo dela. Ela jamais era deslocada de seu lugar, mesmo que membros do conselho real estivessem presentes. Quando isso acontecia, ele costumava dizer: — Por favor, excelência, este lugar é de direito e tradição da minha mãe Bonner.

Mas sobre a bela recompensa recebida por ele mais tarde das mãos do referido Dr. Bonner, em troca de sua gentileza e piedade praticamente qualquer criancinha que se arrasta pelo chão sabe se pronunciar. Pois quem mais do que Bonner foi inimigo de Ridley? Quem mais do que ele se esmerou para destrui-lo? Recompensou assim a gentileza com extrema crueldade, como fica bem claro no rigoroso tratamento dispensado à própria irmã de Ridley e a seu marido, Jorge Shipside. Enquanto a gentileza de Ridley foi indulgente para com a mãe, irmã e outros membros da família de Bonner, propiciando-lhes que não apenas desfrutassem de tudo o que haviam recebido de Bonner, mas também recebendo-os em sua casa, dando-lhes provas diárias de muita cortesia e amizade, do outro lado, o Bispo Bonner, ao ser reintegrado em seu posto, comportou-se como um vira-latas contrariando toda lei e honestidade. Com seu poder de extorsão, arrancou do irmão e da irmã do Bispo Ridley todos os meios de vida de que dispunham. Não satisfeito com isso, procurou provocar a morte do referido Shipside, o que teria de fato acontecido durante o tempo em que esteve preso em Oxford se Deus não tivesse outros desígnios e não o libertasse por intermédio do Dr. Heath, que era o Bispo de Worcester.

Por volta de onze de setembro de 1552, Dr. Ridley, na época Bispo de Londres, encontrando-se em sua casa no condado de Hertford, foi visitar Lady Mary (que depois se tornaria a Rainha Mary), que na ocasião se encontrava em Hunsdon, a duas milhas de distância. Ele foi gentilmente recebido e ficou na companhia de Sir Thomas Wharton e outros oficiais até as onze horas aproximadamente. A essa altura do dia a referida Lady Mary compareceu em sua sala de recepções, quando então o bispo saudou sua alteza e disse que viera para cumprir seu dever de visitá-la. Ela lhe agradeceu pelo trabalho que tivera e, durante um quarto de hora, conversou com ele de modo muito agradável. Disse-lhe que o conhecera na corte quando ele era capelão de seu pai. Depois, despediu-se dele para almoçar com seus oficiais.

Após o jantar, ao ser chamado por Lady Mary, o bispo foi novamente encontrar-se com sua alteza, quando ocorreu a seguinte conversa entre eles. Primeiro falou o bispo dizendo assim: — Senhora, eu não vim apenas para cumprir o meu dever de visitar Vossa Alteza, mas também a fim de oferecer-me para pregar em sua presença no domingo, se for do seu agrado ouvir-me.

Ao ouvir isso, o semblante dela alterou-se e, depois de um certo silêncio, ela respondeu o seguinte:

Mary: — Excelência, quanto a este último assunto, peço-lhe que o senhor mesmo ache a resposta.

Bispo: — Senhora, considerando o meu ofício e a minha vocação, tenho o dever de oferecer-me para pregar perante Vossa Alteza.

Mary: — Bem, eu lhe rogo que o senhor mesmo (como já disse) ache a resposta para esse assunto, pois o senhor conhece a resposta muito bem. Mas se não houver outro remédio e eu mesma tiver de responder, esta será a resposta: A porta da paróquia ao lado estará aberta para o senhor se o senhor vier, e poderá pregar à vontade. Mas nem eu nem ninguém dos meus irá ouvi-lo.

Bispo: — Senhora, espero que não irá recusar a Palavra de Deus.

Mary: — Não sei o que o senhor chama de Palavra de Deus. A Palavra de Deus agora não é mais o que era no tempo do meu pai.

Bispo: — A Palavra de Deus é uma só em todos os tempos. Mas em algumas épocas tem sido mais bem entendida e praticada do que em outras.

Mary: — Nos tempos de meu pai o senhor não teria tido a coragem de afirmar que aquilo que o senhor prega hoje é a Palavra de Deus. Correria o risco de perder as orelhas. E quanto aos seus novos livros, eu agradeço a Deus por nunca ter lido nenhum deles. Nunca li, nunca hei de ler.

Depois de muitas palavras duras contra a forma de religião então vigente e contra o governo do reino e as leis decretadas nos primeiros anos do seu irmão (às quais, disse ela, não estava obrigada a obedecer até que ele atingisse a maturidade; só então passaria a obedecê-las), ela perguntou ao bispo se ele era um dos membros do conselho. Respondeu ele que não. — O senhor poderia muito bem sê-lo — disse ela — do jeito que o conselho está hoje em dia.

E por fim concluiu ela com as seguintes palavras: — Excelência, pela gentileza de sua visita, eu lhe agradeço. Mas por sua oferta de pregar em minha presença, eu jamais lhe agradeceria nem um pouco.

Depois o bispo foi conduzido por Sir Thomas Wharton para o local onde jantaram. Ao ser convidado a beber, ele bebeu, fez um pausa e depois saiu-se com estas palavras: — Sem dúvida fiz uma coisa errada. — Como assim? — perguntou-lhe Sir Thomas Wharton. — Eu bebi — disse o bispo — no lugar em que a oferta da Palavra de Deus foi recusada. Na verdade, se eu tivesse lembrado o meu dever, deveria ter ido embora imediatamente e sacudido o pó dos sapatos como protesto contra esta casa. — Essas palavras foram proferidas pelo bispo com tal veemência que alguns dos seus ouvintes mais tarde confessaram ter ficado arrepiados e de cabelo em pé.

Na época, quando o Rei Eduardo, após longa enfermidade, começou a parecer mais frágil e debilitado, concluiu-se um casamento entre Lorde Guilford, filho do Duque de Northumberland, e Lady Jane, filha do Duque de Suffolk; sua mãe, então ainda viva, era filha de Mary, segunda irmã do Rei Henrique, e casou-se primeiro com o Rei da França e depois com Carlos, Duque de Suffolk. Com o Rei piorando a cada dia, a ponto de parecer que de fato não havia para ele esperança de recuperação, aconteceu que ele, com o consenso não apenas da nobreza mas também dos principais juristas do reino, por meio de testamento, nomeou a referida Lady Jane para ser herdeira da coroa da Inglaterra, passando por cima de suas duas irmãs, Mary e Elizabeth. As causas aduzidas contra Lady Mary foram os temores de que ela se casasse com um forasteiro e assim comprometesse a coroa. Temia-se também que ela mudasse completamente a religião, trazendo de volta o Papa, para total destruição do reino.

Pouco tempo depois o Rei Eduardo sucumbiu à veemência da doença aos dezesseis anos de idade. Com ele de certo modo entrou em decadência toda a prosperidade nacional e honra da nação inglesa.

Lady Jane foi imediatamente declarada Rainha em Londres e em outras cidades com grande concentração de gente. Entre essa jovem donzela e o Rei Eduardo era pequena a diferença na idade, embora no aprendizado e conhecimento das línguas ela fosse superior a ele. Se sua sorte tivesse sido tão boa quanto a educação recebida, somando-se à sua refinada inteligência, ela poderia comparar-se não apenas a mulheres como Aspásia e Semprônia (aquela amante de Péricles, esta mãe dos Gracos), ou de fato a qualquer outra mulher digna de altos louvores por sua erudição, mas também aos homens das universidades, detentores de muitos títulos escolásticos.

Enquanto essas coisas aconteciam em Londres, Mary, que tomou conhecimento da morte do irmão, escreveu uma carta aos lordes do conselho na qual reivindicava a coroa. "Meus Senhores, exigimos que vós, pela fidelidade que deveis a Deus e a nós, e a mais ninguém, imediatamente, ao receber esta carta, façais proclamar na cidade de Londres e em outros lugares o nosso direito e título à coroa e ao governo deste reino."

A carta de Lady Mary recebeu dos lordes do conselho a seguinte resposta: "Esta carta tem o objetivo de informar-vos que, uma vez que nossa Soberana Rainha Lady Jane está investida do justo e legítimo título à coroa imperial deste reino, não apenas por estar perfeitamente de acordo com antigas leis do reino mas também por disposições de cartas patentes de nosso último Senhor Soberano, que ele assinou de seu próprio punho e lacrou com o grande selo da Inglaterra, nós devemos, portanto, por máxima obrigação de dever e fidelidade, obedecer à sua alteza e a mais ninguém."

Após receber essa resposta e tomar ciência do que pensavam os lordes, Lady Mary rapidamente fugiu em segredo da cidade, depositando sua esperança na boa vontade do povo e talvez contando ainda com o apoio de alguns nobres. Quando o conselho soube de sua súbita partida e percebeu a obstinação de Lady Mary e viu que nem tudo acontecera como se supunha, reuniu rapidamente um grande número de homens e formou um exército. De início decidiu-se que o Duque de Suffolk deveria assumir a tarefa de comandá-lo. Mas logo depois, mudando de opinião, achou-se que era melhor enviar o Duque de Northumberland com alguns lordes e cavalheiros. O Duque de Suffolk deveria então guardar a Torre, onde Lorde Guilford e Lady Jane se encontravam naquela época.

Mary, enquanto isso, correndo de um lado para o outro numa labuta sem fim para abrir o caminho mais seguro que lhe permitisse as maiores vantagens, retirou-se para Norfolk e Suffolk, onde percebeu que o nome do duque era muito odiado pelos serviços que ele prestara naquela região, na época do Rei Eduardo, visando a repressão de rebeldes. Ali, angariando todo o apoio possível do povo, manteve-se o tempo todo nas imediações do Castelo Framlingham. A ela primeiro se associaram os homens de Suffolk. Sempre pioneiros na promoção das atividades do Evangelho, eles prometeram-lhe seu apoio desde que Mary não quisesse alterar a religião que seu irmão, o Rei Eduardo, havia antes estabelecido mediante leis decretadas publicamente e acatadas por todo o reino. Ela de imediato concordou com isso. Assim Mary, sob a proteção das forças dos puritanos, derrotou o duque e todos os que saíram para atacá-la.

Entrementes, Deus voltou os corações do povo para ela e contra o conselho. Quando os membros do conselho se deram conta desse fato e de que alguns nobres começavam a mudar de lado, eles também viraram a casaca e proclamaram Lady Mary como Rainha.

E assim o Duque de Northumberland foi abandonado e deixado ao desamparo em Cambridge com alguns de seus filhos e uns poucos outros, que foram presos e trancados na Torre de Londres como traidores da coroa.

Mary, ao perceber que tudo estava calmo e que seus inimigos haviam sido derrotados, dirigiu-se no dia três de agosto para Londres, em meio ao grande júbilo de alguns, em meio ao maior medo de muitos e talvez em meio ao máximo fingimento de muitíssimos. Fixou sua residência na Torre, onde a referida Lady Jane e seu marido Lorde Guilford estavam presos, e onde aguardaram a decisão dela durante quase cinco meses. Lady Jane Grey foi executada no dia doze de fevereiro de 1554. Mas o Duque, condenado à morte um mês depois de chegar à Torre, foi conduzido ao cadafalso onde foi decapitado.

Mary, além de assistir à missa na Torre, a cada dia e cada vez mais desagradava o povo declarando sua desaprovação do estado religioso vigente. Aqueles cujas consciências estavam com a verdade perceberam que já se preparava a lenha que depois causaria a destruição de muitos verdadeiros cristãos.

Diversos bispos foram afastados e outros substituídos. Entre eles estava Dr. Ridley. Nos dias da Rainha Jane ele fizera um sermão na igreja da Cruz de Paulo a pedido do conselho. Nessa ocasião declarou ao povo o que pensava a respeito de Lady Mary, mostrando as inconveniências que poderiam advir de sua nomeação como Rainha. Profetizou, por assim dizer, o que depois aconteceria: que ela traria um poder estrangeiro para reinar sobre eles, além de revolucionar a religião cristã. Mostrou que não se podia alimentar outra esperança a seu respeito que não fosse a perturbação e destruição de tudo aquilo que, com tanto esforço, fora implantado e confirmado pelo seu irmão. Pouco tempo depois desse sermão houve a proclamação da Rainha Mary. Ele de imediato dirigiu-se para Framlingham a fim de saudar a Rainha. Mas teve uma recepção tão fria que, após ser despojado de suas dignidades, foi mandado de volta sobre um cavalo manco que o conduziu para a Torre.

Por volta do dia dez de março, Cramner, Arcebispo de Cantuária, Ridley, Bispo de Londres, e Hugo Latimer, que durante algum tempo foi Bispo de Worcester, foram transferidos como prisioneiros da Torre para Windsor e depois para a Universidade de Oxford, a fim de ali debaterem com os teólogos e eruditos das duas universidades, de Oxford e de Cambridge, sobre a presença, a substância e o sacrifício do sacramento do altar. Os artigos a debater eram os seguintes:

Primeiro: Se o corpo natural de Cristo está ou não está realmente presente no sacramento após as palavras do sacerdote.

Segundo: Se no sacramento, depois das palavras da consagração, permanece alguma substância além do corpo e sangue de Cristo.

Terceiro: Se a missa é um sacrifício propiciatório dos pecados dos vivos e dos mortos.

Dr. Ridley respondeu sem nenhuma demora, dizendo que os artigos eram todos falsos e que nasciam de uma raiz amarga e azeda. Suas respostas foram incisivas, sagazes e eruditas. Perguntaram-lhe se ele aceitaria debater ou não. Respondeu ele que, enquanto Deus lhe desse vida, Ele teria não apenas o seu coração mas também sua boca e sua pena para defender Sua verdade. Mas precisava de tempo e livros. Disseram que seu debate seria na quinta-feira e que até a hora marcada ele disporia de livros. Entregaram-lhe então os artigos e ordenaram que escrevesse sobre eles aquela noite.

Relatório de Mestre Ridley sobre o desordenado Debate feito contra ele e seus Colegas de prisão em Oxford

Eu nunca vi, em toda a minha vida, um debate conduzido de modo mais vaidoso e desordenado do que aquele que me envolveu nas escolas de Oxford. De fato, nunca achei que fosse possível encontrar, entre homens que neste reino têm fama de sábios e eruditos, pessoas tão descaradas e desavergonhadas, que se comportam de forma tão desordenada e vaidosa, parecendo mais atores de interlúdios apresentando um espetáculo do que teólogos sérios envolvidos num debate escolástico. Isso não causa grande surpresa, visto que os supostos moderadores e supervisores que deveriam dar bons exemplos em suas palavras e seriedade deram os exemplos piores e, por assim dizer, serviram de estímulo para que os outros bramissem, berrassem, brigassem e se esgoelassem. Por esse motivo, meu bom leitor cristão, tem-se a clara impressão de que eles nunca buscam nenhuma verdade pura e simples, mas visam apenas a glória deste mundo e sua própria vitória exibicionista.

Boa parte do tempo do debate foi vaidosamente consumido em repreensões ofensivas e gracejos insultuosos, entre palmas e assobios, visando conquistar assim a simpatia dos cincunstantes. Quando, com muita dor, percebi a situação toda, protestei publicamente dizendo que essa excessiva e ultrajante desordem não condizia com aquelas escolas e com homens eruditos e graves, e que os autores e promotores de tais atitudes nada mais faziam que denunciar a deficiência e vaidade de sua causa. O efeito dessa minha humilde queixa ficou tão aquém da expectativa que, em troca de meu esforço, fui obrigado a ouvir censuras, repreensões e gracejos tais que nenhuma pessoa honesta deixaria de corar se os ouvisse da boca do pior patife contra o pior facínora.

Logo no início do debate, quando eu devia confirmar minha resposta à primeira proposição em poucas palavras, não pude terminar a primeira demonstração pois até os doutores se puseram a gritar: — Ele blasfema! Ele blasfema! — E quando, de joelhos, lhes implorei, e o fiz de coração, que se dignassem ouvir-me, até mesmo o presidente comoveu-se e disse alto e bom som: — Deixem-no ler! Deixem-no ler! Todavia, mal havia retomado a leitura quando houve tal gritaria, algazarra e tumulto, tal confusão de vozes clamando: — Blasfêmia! Blasfêmia! — que, pelo que me lembro, nunca ouvi nada igual nem li sobre nada semelhante, exceto naquele caso narrado nos Atos dos Apóstolos, provocado pelo ourives Demétrio e outros colegas de profissão que gritavam contra Paulo: — Grande é a Diana dos efésios! Grande é a Diana dos efésios!

Esses gritos e tumultos contra mim foram tão eficazes que me vi forçado a interromper a leitura de minhas demonstrações, embora fossem breves.

Na sexta-feira subseqüente ao debate, dia vinte de abril, os comissionados reuniram-se na igreja de Santa Maria, e Dr. Weston empregou argumentos dissuasivos específicos com cada um dos acusados, não admitindo que eles respondessem de outra forma que não fosse direta e peremptoriamente, segundo suas palavras, para declarar se concordavam ou não com ele. Dirigindo-se primeiro a Arcebispo de

Cantuária disse-lhe que ele fora derrotado no debate. Respondeu-lhe o arcebispo que fora impedido de expor seus argumentos ou de responder conforme dele se exigia, a menos que tivesse travado uma briga com os que o metralhavam com seus arrazoados. Sempre havia quatro ou cinco interrompendo ao mesmo tempo, de modo que ele não pôde falar. Mestre Ridley e Mestre Latimer foram indagados sobre o que pretendiam fazer. Responderam que se ateriam ao que haviam dito. Foram então convocados todos juntos e foi-lhes lida a sentença declarando que já não eram membros da igreja. Portanto, eles, seus protetores e patronos eram condenados como hereges.

Depois disso eles tornaram a falar, um de cada vez.

O Arcebispo de Cantuária: — Contra este julgamento e contra esta sentença eu apelo a Deus Todo-Poderoso, confiando encontrar-me no céu com Ele, por cuja presença no altar sou aqui condenado.

Dr. Ridley: — Embora eu já não faça parte do seu grupo na igreja, todavia não duvido de que meu nome está escrito em outro lugar ao qual esta sentença nos fará chegar mais cedo acelerando o curso da natureza.

Mestre Latimer: — Agradeço a Deus do fundo do meu coração por Ele ter prolongado minha vida até este ponto para que eu possa neste caso dar glória a Deus mediante a morte que me é imposta.

Pronunciada a sentença, eles foram separados. O arcebispo foi reconduzido para a prisão Bocardo. Dr. Ridley foi para a casa do xerife e Mestre Latimer foi com os beleguins.

(Um relato detalhado do martírio do Bispo Ridley encontra-se no capítulo seguinte.)

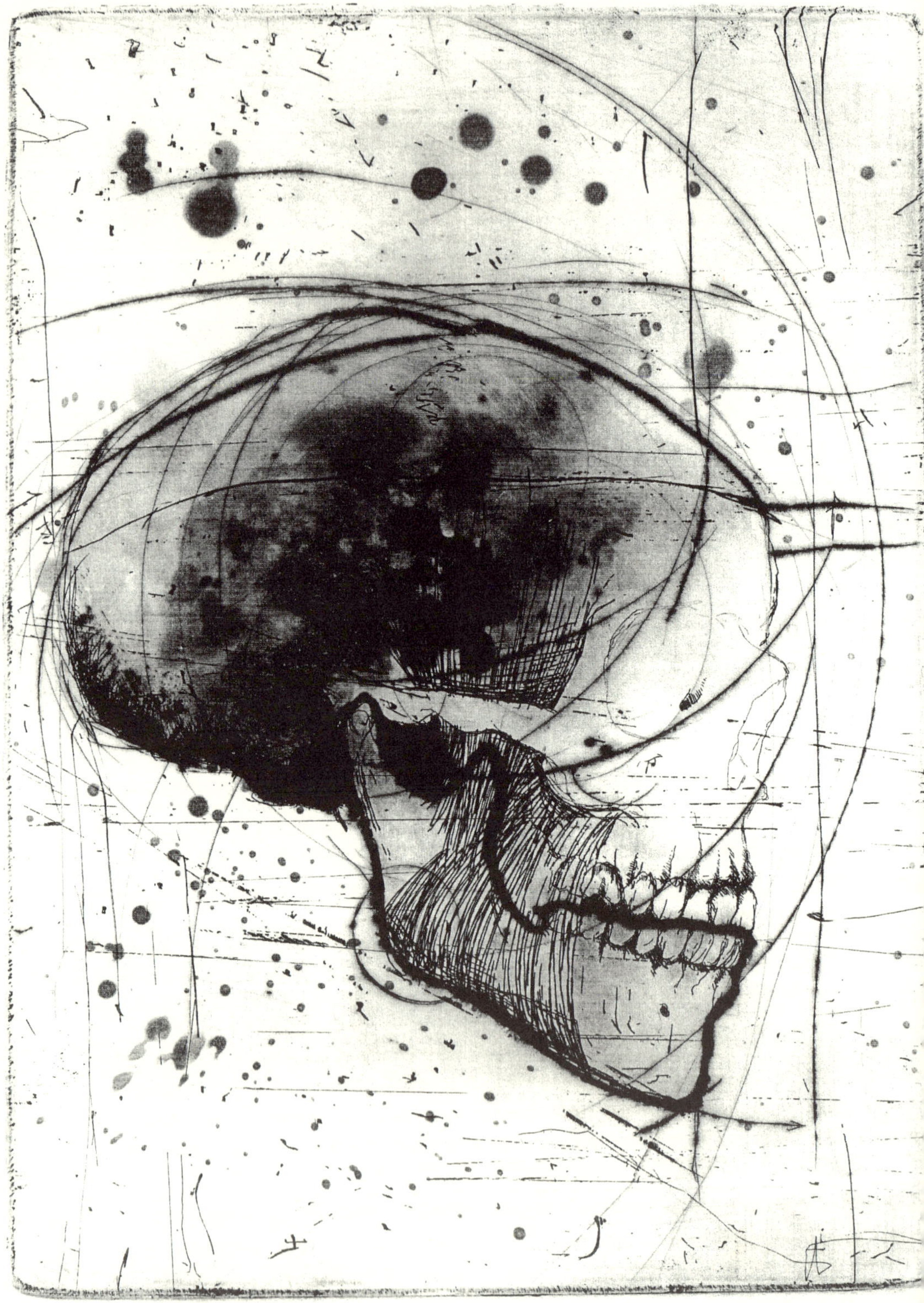

Julgamento, Condenação e Martírio de Ridley e Latimer

E ASSIM, GENTIL LEITOR, você pôde ver as biografias de Mestre Ridley e Mestre Latimer apresentadas separadamente. Agora vamos juntá-los já que foram unidos num único martírio.

No dia vinte e oito de setembro de 1555 foi recebido em Oxford um mandado expedido pelo Cardeal Pole, endereçado a John White, Bispo de Lincoln, Dr. Brooks, Bispo de Gloucester, e Dr. Holyman, Bispo de Bristol, esclarecendo que os três, ou dois deles, teriam plenos poderes para julgar Mestre Hugo Latimer e Mestre Ridley, acusados de defender abertamente diversas opiniões errôneas nos debates realizados em Oxford. Caso eles se retratassem de tais opiniões, então os juízes delegados teriam poderes para receber de volta esses penitentes e de imediato conceder-lhes a reconciliação do santo padre, o Papa. Mas se os referidos Hugo Latimer e Nicholas Ridley mantivessem suas posições errôneas, então os bispos delegados deveriam declará-los hereges, excluindo-os completamente da Igreja e autorizando a punição adequada.

Conseqüentemente, no dia trinta de setembro os referidos bispos aguardavam a postos na escola de teologia de Oxford. O primeiro a apresentar-se foi Mestre Ridley. Assim que entrou na escola, ouviu a leitura do mandado assinado pelo cardeal. Mas Dr. Ridley, que de cabeça descoberta humildemente aguardava a explicação de sua convocação, tão logo ouviu o nome do cardeal e o de sua santidade, o Papa, pôs seu chapéu na cabeça. — A supremacia usurpada e a falsa autoridade do Bispo de Roma, eu absolutamente recuso e a elas renuncio. Não posso de modo algum prestar-lhe obediência ou honrarias, sob pena de ofender com tais atitudes a verdade da Palavra de Deus.

O Bispo de Lincoln, depois de três admoestações inúteis, ordenou que um dos bedéis arrancasse o chapéu da cabeça de Mestre Ridley. Este, curvando-se perante o oficial, gentilmente permitiu que o removesse. Depois disso, num longo discurso o bispo exortou-o a retratar-se e a reconhecer a supremacia do Papa.

Então Mestre Ridley pronunciou-se da seguinte maneira: — No que se refere às palavras de Cristo, das quais vossa excelência deduz a fundação da Igreja sobre Pedro, realmente a passagem não deve ser entendida como o senhor a interpreta. De fato, depois que Cristo havia perguntado a seus discípulos quem os homens julgavam que Ele era, e eles haviam respondido que alguns diziam que Ele era um profeta, outros que Ele era Elias, uns isso, outros aquilo, então disse Ele: — Quem dizeis vós que eu sou? — Então disse Pedro: — Eu digo que Tu és Cristo, o Filho de Deus. — Respondeu-lhe Cristo: — Eu digo que tu és Pedro, e sobre esta pedra edificarei a Minha Igreja. — O que quer dizer, sobre esta pedra — não significando o próprio Pedro, como se constituísse um homem mortal, tão frágil e quebradiço, para ser a fundação de Sua Igreja firme e infalível; mas sim que sobre esta pedra rochosa — isto é, essa tua confissão de que eu sou o Filho de Deus, eu construirei a Minha Igreja. Pois aqui está a fundação e o começo de toda a Cristandade, a confissão com palavra, coração e mente, de que Cristo é o Filho de Deus.

Mas o bispo, ignorando essa resposta, foi em frente: — Nós não estamos aqui para raciocinar com o senhor. Devemos, porém, proceder propondo-lhe alguns artigos sobre os quais exigimos sua resposta de modo direto, dizendo sim ou não a cada um deles, aceitando-os ou rejeitando-os, sem maiores discussões e arrazoados. Os artigos lhe serão lidos agora. Amanhã, às oito horas, na igreja de Santa Maria, nós exigiremos e tomaremos as suas respostas.

Artigos apresentados em conjunto e em separado ao Dr. Ridley e Mestre Latimer pelo Delegado do Papa

1. Nós alegamos contra você, Nicholas Ridley, e contra você, Hugo Latimer, em conjunto e em separado, que você afirmou, defendeu e sustentou publicamente que o verdadeiro corpo natural de Cristo, após a consagração do sacerdote, não está realmente presente no sacramento do altar.
2. Que você afirmou publicamente e defendeu que no sacramento do altar permanece a substância de pão e vinho.
3. Que você afirmou publica e obstinadamente a sustentação de que na missa não ocorre nenhum sacrifício propiciatório para os vivos e os mortos.

Depois que Mestre Ridley foi entregue ao prefeito da cidade, o bispo ordenou que os guardas fizessem entrar o outro prisioneiro. Então Mestre Latimer dobrou um dos joelhos até o solo, segurando o chapéu na mão, exibindo um lenço na cabeça e sobre ele um barrete de dormir e uma grande boina de abas largas pendentes e abotoadas sob o queixo.

Vestia uma surrada sobrecasaca de frisa típica de Bristol, presa ao corpo por um cinto barato, do qual pendia seu Novo Testamento preso a uma longa tira de couro. Trazia os óculos sem estojo algum pendurados ao pescoço e caídos sobre o peito.

Depois de seu gesto, o bispo pôs-se a falar assim:

— O que deveria impedi-lo de confessar o que o reino inteiro confessa, de abandonar o que o rei e a rainha abandonaram e o reino inteiro repudiou? Foi um erro comum, que agora foi confessado por todos: repudiá-lo não deveria causar-lhes mais embaraço do que nos causa a todos nós. Portanto, Mestre Latimer, pelo amor de Deus, lembre-se de que o senhor é um ancião. Poupe seu corpo, não queira apressar a morte e, sobretudo, pense na salvação de sua alma. Se o senhor morresse neste seu estado, seria um sacrifício nauseabundo para Deus; pois é a causa que faz o mártir e não a morte. Considere que se morrer neste estado, o senhor morre sem a graça divina, pois fora da Igreja não há salvação. — O bispo disse que eles não estavam ali para debater com Mestre Latimer, mas para colher suas respostas precisas aos artigos deles. E assim, começou a propor-lhe os mesmos artigos que haviam sido propostos a Mestre Ridley.

No dia seguinte, primeiro de outubro, logo depois das oito horas, as autoridades se dirigiram para a igreja de Santa Maria. Quando estavam a postos num alto trono todo enfeitado com panos de crepe e seda, apresentou-se Mestre Ridley.

Tomou então a palavra o Bispo de Lincoln: — Nós estamos aqui para colher suas respostas precisas aos nossos artigos. Se o senhor trouxe as respostas por escrito, nós a receberemos. Mas se o senhor escreveu qualquer outra coisa, nós não a receberemos.

Então Mestre Ridley retirou do bolso um papel e começou a ler o que havia escrito. O Bispo de Lincoln, porém, ordenou a um dos bedéis que tirasse dele o texto. Mestre Ridley pediu licença para lê-lo, dizendo que nada mais era do que sua resposta. Todavia, o bispo de modo algum quis ouvi-lo.

Ridley: — Ora, excelência, o senhor exige minha resposta e não permite que a manifeste?

Lincoln: — Mestre Ridley, nós primeiro verificaremos o que está escrito e depois, se o considerarmos digno de ser lido, o senhor o tornará público. Mas se antes não nos entregar o texto, nós não consideraremos nenhuma de suas respostas.

Assim Mestre Ridley, vendo que não havia outro remédio, entregou o escrito a um dos oficiais, que o passou ao bispo. Depois que este o conferiu com os outros dois colegas, recusou-se a lê-lo, dizendo que continha palavras blasfemas. Portanto, ele não encheria os ouvidos da platéia com aquilo e assim não abusaria de sua paciência.

O Bispo de Gloucester, bem como o Bispo de Lincoln, pediram com muitas palavras que Mestre Ridley mudasse sua posição. Mas este respondeu taxativamente que estava absolutamente convencido de que a religião defendida por ele se fundava na Palavra de Deus. Portanto, não podia, sem grande ofensa ao Senhor e grande perigo e risco para sua alma, abandonar seu Mestre e Senhor Deus. Todavia, pediu ao Bispo de Lincoln sua permissão, uma vez que sua excelência dissera no dia anterior que ele teria a oportunidade de mostrar a razão pela qual ele não podia, em sã consciência, admitir a autoridade do Papa. O bispo disse-lhe que tinha sua permissão, mas deveria limitar-se a dizer quarenta palavras, e que ele contaria nos dedos. Imediatamente Mestre Ridley começou a falar. Antes porém que terminasse meia frase, os doutores circunstantes gritaram que o número se esgotara e com isso o fizeram calar-se.

De imediato o Bispo de Lincoln leu a sentença condenatória que rebaixava Mestre Ridley de sua dignidade episcopal e sacerdotal e de todas as ordens eclesiásticas, declarando que ele já não era membro da igreja e estava entregue ao poder secular para receber sua punição. Então Mestre Ridley foi entregue como prisioneiro ao prefeito da cidade.

De imediato, mandaram buscar Mestre Latimer, a quem o Bispo de Lincoln pediu que se retratasse, renegasse seus erros e voltasse para a igreja católica.

— Não, excelência — interrompeu Mestre Latimer. — Eu confesso que há uma igreja católica, mas não é aquela que o senhor chama de católica. Esta na verdade deveria chamar-se diabólica. Uma coisa é dizer igreja romana, outra coisa é dizer igreja católica. Devo neste ponto fazer uso do conselho de Cipriano que, na ocasião em que foi interrogado por vários bispos, perguntou aos que o julgavam quem tinha mais probabilidade de ser a Igreja de Cristo, se aquele que era perseguido ou aqueles que o perseguiam. — Cristo — disse ele — previu que seus seguidores devem carregar sua Cruz. Cristo revelou que seus discípulos sofreriam perseguições e hostilidades. Que acham então, excelências? Qual é mais provavelmente a Igreja de Cristo, a sé de Roma, que tem sido uma perseguidora incessante, ou o rebanho que incessantemente tem sido perseguido até a morte?

Depois que Mestre Latimer havia respondido que não podia nem queria negar seu Mestre Cristo e Sua Verdade, o Bispo de Lincoln pediu-lhe que prestasse atenção. Em seguida, quando Mestre Latimer se preparou para ouvir alguma novidade, o bispo leu-lhe a sentença condenatória, após o que os três bispos suspenderam a sessão e dissolveram a assembléia. Mestre Latimer, porém, pediu que o bispo cumprisse a promessa feita no dia anterior, quando dissera que ele teria permissão de explicar livremente por que negava a autoridade do Papa. Mas o bispo disse que não podia ouvi-lo e não falaria com ele. Entregou então Mestre Latimer ao prefeito da cidade dizendo: — Agora ele é seu prisioneiro, senhor prefeito.

Assim Mestre Ridley e Mestre Latimer continuaram na prisão até o dia dezesseis de outrubro de 1555, d.C.

No dia quinze pela manhã, Dr. Brooks, Bispo de Gloucester, e o vice-chanceler de Oxford, Dr. Marshal, com diversos dirigentes da universidade, reuniram-se na casa do Sr. Irish, então prefeito de Oxford, onde Dr. Ridley estava preso em regime fechado. O Bispo de Gloucester informou-lhe a razão do encontro dizendo que mais uma vez sua majestade a Rainha lhe oferecia sua generosa clemência, se ele retornasse à fé de seu batismo. Se ele se retratasse, eles procederiam de acordo com a lei.

— Excelência — disse Dr. Ridley — quanto à doutrina que ensinei, minha consciência me assegura que era perfeita e consoante com a Palavra de Deus. Essa doutrina, com a ajuda de Deus, hei de sustentá-la enquanto minha língua puder vibrar e meu corpo respirar e confirmá-la com o selo de meu sangue.

— Já que o senhor não aceita a clemência da Rainha — disse o Bispo de Gloucester — nós somos obrigados a proceder de acordo com as ordens que temos de rebaixá-lo, privando-o da dignidade do sacerdócio. Portanto, o senhor será entregue ao poder secular e já sabe o que acontecerá depois.

Ridley: — Façam comigo o que aprouver e Deus lhes permitir. Eu me dou por satisfeito em acatar o que decidirem, de todo o coração.

Gloucester: — Tire o chapéu, Mestre Ridley, e vista esta sobrepeliz.

Ridley: — Não, eu não.

Glucester: — Mas é o que o senhor deve fazer.

Ridley: — Não o farei.

Gloucester: — Vai ter de fazê-lo. Portanto, não crie confusão e vista a sobrepeliz.

Ridley : — Sinceramente, só será vestida por mim se for contra a minha vontade.

Gloucester: — O senhor não vai vesti-la?

Ridley: — Não, isso eu não farei.

Gloucester: — Mas ela será colocada sobre o seu corpo de qualquer jeito.

Ridley: — Façam o que lhes aprouver. Ficarei satisfeito com isso e nada mais. "O servo não está acima de seu Senhor." Se nosso Senhor Jesus Cristo foi tratado com tanta crueldade, conforme reza a Escritura, e Ele tudo suportou com paciência, com muito mais razão o mesmo deve acontecer com os Seus servos.

Puseram sobre Ridley toda a parafernália da missa. E ele passou a atacar com veemência o Bispo de Roma e toda aquela fantasia tola, de modo que o Bispo Brooks ficou extremamente furioso e o mandou calar a boca. Dr. Ridley respondeu que, enquanto a língua e os pulmões lhe permitissem, ele falaria contra seus abomináveis feitos, sem se importar com o que pudesse acontecer com ele por agir assim.

Ao ouvir essas palavras, um dos circunstantes, um certo Edridge, que na época ministrava aulas de grego, disse ao Dr. Brooks: — Excelência, segundo a lei ele deveria ser amordaçado. Portanto, que seja amordaçado. — Ouvindo isso, o Dr. Ridley fixou-o com semblante sério, balançou a cabeça e com um suspiro disse: — Ora, ora, ora! — Depois deram prosseguimento às suas atividades. Todavia, ele não parava de repetir coisas desagradáveis aos seus ouvidos, mesmo que um ou outro o mandasse calar a boca para não se ver forçado a fazê-lo contra sua vontade.

Quando chegaram ao ponto em que o Dr. Ridley deveria segurar o cálice e a hóstia grande, chamada pão do cântico, ordenaram-lhe que os segurasse nas mãos. Ele disse que não o faria; por ele, tudo iria parar no chão. Então alguém foi escolhido para segurar o cálice e a hóstia enquanto o Bispo Brooks lia um texto jurídico em latim, cujo teor era o seguinte: — Nós o privamos do ofício da pregação do Evangelho. — Ao ouvir essas palavras o Dr. Ridley emitiu um profundo suspiro e, erguendo os olhos aos céus, disse: — Ó Senhor, perdoai-lhes esta maldade!

Depois que todo esse abominável e ridículo ritual de rebaixamento foi solenemente concluído, o Dr. Ridley dirigiu-se ao Dr. Brooks dizendo: — Se os senhores terminaram, peço permissão para falarmos um pouco sobre o que aconteceu aqui. — Brooks respondeu dizendo: — Mestre Ridley, nós não podemos conversar com o senhor. O senhor está excluído da Igreja, e a lei diz que não podemos falar com ninguém que esteja fora da Igreja. — Disse então Mestre Ridley: — Vendo que os senhores não se dignam conversar comigo e não querem me ouvir, que remédio me resta exceto ter paciência? Ponho a causa nas mãos do meu Pai Celestial. Ele há de reformar o que está errado, quando Lhe aprouver.

Disse então Mestre Ridley: — Peço-lhe, Excelência, que seja meu intermediário junto à Sua Majestade a Rainha, intercedendo por muitos pobres, sobretudo pela minha irmã e seu marido aqui presente. Eles recebiam de mim seus parcos meios de subsistência enquanto eu ocupava a sé de Londres. Agora esses meios lhes foram subtraídos por aquele que ocupa o meu lugar, contra toda lei e consciência. Aqui está o meu pedido para Sua Majestade a Rainha em benefício deles. Vou ler para que o senhor entenda melhor a questão. Quando chegou ao trecho em que se referia nominalmente à irmã, ele chorou, de modo que por um breve espaço de tempo não conseguia falar. Cessado o pranto, disse ele: — Fui traído pela natureza, mas já passou. — Disse então Brooks: — De fato, Mestre Ridley, seu pedido é muito legítimo e honesto. Portanto, tenho o dever de consciência de interceder por eles junto à Rainha.

Quando tudo estava concluído, o Dr. Brooks chamou os guardas, entregou-lhes Mestre Ridley com a ordem de cuidar dele em segurança, sem permitir que ninguém falasse com ele. Deu-lhe instruções para conduzir o prisioneiro ao local da execução quando recebesse ordens para isso.

Na noite anterior à execução, durante o jantar na casa do senhor Irish (sob cuja custódia ele se encontrava), Mestre Ridley convidou sua anfitriã e os demais comensais para as suas bodas. — De fato — disse ele — amanhã devo me casar. — Mostrava-se alegre como nunca. Pedindo que sua irmã comparecesse às bodas, perguntou a seu irmão presente à mesa se ela encontraria forças em seu coração para aceitar o convite. Respondeu ele: — Sim, acredito que sim, com todo o seu coração. — Ouvindo tais palavras, Mestre Ridley disse que se alegrava. Essa conversa fez a senhora Irish chorar.

Mas Mestre Ridley a consolou dizendo: — Senhora Irish, agora vejo muito bem que a senhora não me ama. Suas lágrimas me parecem dizer que a senhora não vai participar de minhas bodas e não está satisfeita com o meu casamento. De fato a senhora não é tão minha amiga como eu pensava que fosse. Mas acalme-se. Embora o café da manhã possa ser ríspido e penoso, tenho certeza de que a ceia será mais agradável e doce.

Quando deixaram a mesa, seu irmão ofereceu-se para vigiar aquela noite com ele. Mas Mestre Ridley respondeu: — Não, não, não é preciso. Pois eu penso que, se Deus quiser, esta noite vou para a cama e dormir tranqüilo como sempre fiz.

Escolheu-se como local da execução a vala existente junto à Faculdade Balliol, na zona norte da cidade. Para evitar qualquer tumulto possível que pudesse impedir a queima dos condenados, Lorde Williams recebeu ordens expressas, por cartas da Rainha, para acompanhar a execução, com plenos poderes. Quando tudo estava pronto, foram trazidos os prisioneiros.

Mestre Ridley vestia uma bela túnica negra forrada, de peles de marta, que ele costumava usar quando era bispo. Usava uma echarpe igualmente forrada em volta do pescoço. Cobria-lhe a cabeça um barrete de dormir e, sobre ele, um chapéu armado. Calçava um par de chinelos. Assim vestido, dirigiu-se à fogueira entre o prefeito e um vereador.

Atrás dele seguia Mestre Latimer vestindo uma pobre sobrecasaca de frisa de Bristol já muito surrada. Na cabeça, um boné abotoado e um lenço. Uma longa túnica cobria-lhe as calças caindo até os pés.

A visão provocou nos circunstantes um sentimento de lástima, contemplando a honra que esses homens tiveram tempos antes e a desgraça que agora sobre eles se abatia.

Mestre Ridley, ao encaminhar-se para o Bocardo, ergueu os olhos para o local onde Mestre Cranmer se encontrava, talvez na esperança de vê-lo à janela e lhe dirigir a palavra. Mas Mestre Cranmer estava ocupado num debate com frei Soto e seus colegas, de modo que não o pôde ver. Olhando para trás, Mestre Ridley viu Mestre Latimer que o seguia e lhe disse: — Ah, você está aí? — É — disse Mestre Latimer — estou seguindo-o o mais rápido possível.— E assim os dois chegaram à fogueira. Dr. Ridley, com semblante muito sério, ergeu as duas mãos e olhou para o céu. Depois, vendo Mestre Latimer, com os olhos cheios de alegria, correu até ele, deu-lhe um abraço e um beijo e o confortou dizendo: — Tenha coragem, irmão, pois Deus vai temperar a fúria das chamas ou então nos dará forças para suportá-las. — Depois, encaminhou-se para a fogueira, ajoelhou-se ao lado dela e a beijou e pôs-se a orar causando a mais profunda emoção nos circunstantes. Atrás deles, Mestre Latimer também estava ajoelhado e invocava a Deus com o mesmo fervor.

Em seguida o Dr. Smith começou a dirigir-lhes um sermão baseado neste texto de São Paulo: "Ainda que eu entregue meu próprio corpo para ser queimado, se não tiver amor, nada disso me aproveitará." Com essas palavras alegou ele que é a boa natureza da causa, e não a forma da morte, que torna uma pessoa santa. E confirmou suas palavras com os exemplos de Judas e de uma mulher de Oxford que se enforcara pouco tempo antes. Terminou com uma breve exortação para que se retratassem e retornassem ao seio da igreja e assim salvassem a alma e a vida.

Disse o Dr. Ridley ao Dr. Latimer: — Você quer responder ou respondo eu? — Disse-lhe Mestre Latimer: — Comece você, por favor. — Pois não — disse Mestre Ridley.

Terminado aquele cruel sermão, o Dr. Ridley e Mestre Latimer ajoelharam-se perante Lorde Williams de Thame, e Mestre Ridley tomou a palavra dizendo: — Eu lhe suplico, excelência, pelo próprio amor de Cristo, deixe-me dizer duas ou três coisas. — Enquanto sua excelência inclinava a cabeça na direção do prefeito e do vice-chanceler, para saber se ele poderia dar-lhe a permissão de falar, os guardas e o vice-chanceler, Dr. Marshal, correram na direção do prisioneiro e taparam-lhe a boca com as mãos dizendo: — Mestre Ridley, se renunciar às suas opiniões erradas e se retratar de seus erros, o senhor terá não apenas a liberdade para falar mas também o benefício de qualquer súdito: isto é, a sua própria vida.

— Não tenho alternativa? — perguntou Mestre Ridley.

— Não tem — disse o Dr. Marshal.

— Bem — disse Mestre Ridley — enquanto o meu corpo respirar, eu jamais negarei o meu Senhor Cristo e Sua verdade manifesta. Seja feita em mim a vontade de Deus.

Logo em seguida eles receberam ordens para preparar-se, o que fizeram com total submissão. Mestre Ridley tirou a túnica e a echarpe para entregá-las ao senhor Shipside, seu cunhado. Algumas peças de seu vestuário de pouco valor ele as doou. Outras os guardas tomaram dele. Diversos pequenos objetos ele também doou a alguns cavalheiros que choravam de compaixão. Por exemplo, o senhor Henry Lea recebeu uma moeda de prata e diversos cavalheiros ligados a Sua Excelência, o Lorde Williams, ganharam lenços ou nozes-moscadas ou raspas de gengibre. Seu relógio, assim como outros objetos que trazia consigo, deu-os a quem estava mais perto dele. Alguns lhe puxavam as pontas das calças, e feliz era quem podia conseguir algum de seus farrapos.

Calmamente, Mestre Latimer permitiu que o seu guarda lhe tirasse as meias e outras peças de seu vestuário, todas muito simples. Trajando apenas sua roupa íntima, surgiu perante os olhos dos circunstantes como uma pessoa de belo porte. Se, quando totalmente vestido, dava a impressão de ser um homem magro e alquebrado, agora aparecia ereto e, visto de relance, era um cidadão garboso.

Mestre Ridley ergueu as mãos e disse: — Ó Pai celestial, eu Te agradeço de todo o coração, pois Tu me chamaste para que eu ensinasse sobre Ti até a morte. Eu Te imploro, Senhor Deus, tem piedade deste reino da Inglaterra e livra-o de todos os seus inimigos.

Depois o ferreiro apanhou uma corrente e passou-a em volta da cintura do Dr. Ridley e de Mestre Latimer. Enquanto ele martelava um grampo para prendê-la, o Dr. Ridley pegou a corrente e a sacudiu dizendo ao ferreiro: — Meu bom amigo, martele bem forte, porque a carne seguirá seu curso. — Em seguida, seu irmão lhe trouxe um pacote de pólvora para prendê-lo em volta do pescoço. Mestre Ridley perguntou-lhe o que era. — É pólvora — respondeu-lhe o irmão. — Então — disse ele — eu a aceito como tendo sido enviada por Deus. Você tem mais um pouco para o meu irmão? — perguntou, referindo-se a Mestre Latimer. — Tenho sim — respondeu-lhe o irmão. — Então leve para ele depressa, senão vai ser tarde demais. — O irmão foi levar da mesma pólvora para o Mestre Latimer.

Trouxeram então um feixe de galhos secos em chamas que foi colocado aos pés do Dr. Ridley, ao qual Mestre Latimer dirigiu-se nestes termos: — Seja forte, Mestre Ridley, aja como homem. Com a graça de Deus, acenderemos hoje na Inglaterra uma chama que, espero, nunca mais se apagará.

Quando o Dr. Ridley viu o fogo subindo, disse em altos brados: — Senhor, Senhor, recebe o meu espírito. — Mestre Latimer gritava com o mesmo vigor do outro lado: — Ó Pai do céu, recebe a minha alma! — acolhendo a chama como se fosse abraçá-la. Em seguida passou as mãos pelo rosto como se o banhasse com fogo, e logo morreu, aparentemente sofrendo pouca ou nenhuma dor.

A fogueira de Mestre Ridley não foi bem feita: as achas de lenha foram colocadas em volta dos juncos formando uma estrutura alta demais, de modo que o fogo queimou primeiro embaixo, não podendo subir por causa das achas de lenha.

Quando Mestre Ridley percebeu isso, pediu pelo amor de Cristo que deixassem que o fogo o atingisse. Ao ouvir sua súplica, mas sem entendê-la direito, seu cunhado quis livrá-lo da dor (razão pela qual o assistia). Como alguém muito angustiado que não sabe o que faz, ele jogou mais lenha sobre a fogueira, praticamente cobrindo Mestre Ridley, o que tornou o fogo tão violento embaixo a ponto de queimar completamente os membros inferiores antes de chegar a tocar as partes superiores. Isso o fazia pedir com insistência que deixassem que o fogo o atingisse dizendo: — Não consigo queimar. — O fato era evidente. Depois de queimadas as pernas, ele exibia o flanco intacto: a camisa não fora tocada pelas chamas. Todavia, em meio a todo esse tormento, ele não se esquecia de invocar a Deus repetindo as palavras: — Senhor, tem piedade de mim — entremeadas com o grito de: — Deixem que o fogo me atinja, não consigo queimar.

Em meio a essas dores lancinantes ele sofreu até que um dos circunstantes com sua alabarda afastou as achas de lenha da parte superior. As chamas subiram e Mestre Ridley fez um esforço para aproximar-se do lado onde elas subiam. Quando o fogo atingiu a pólvora, ele não mais se mexeu.

Centenas de circunstantes comoveram-se até as lágrimas ante esse espetáculo horrível. De fato penso que não havia ali ninguém tão desprovido de sentimento humano e compaixão a ponto de não lamentar ao ver a fúria do fogo avançando sobre aqueles corpos. Em todos os lados havia sinais de dor. Alguns sentiam profundamente ao presenciar a morte daqueles cujas vidas eles estimavam tanto. Outros lamentavam por suas pessoas, sabendo que suas almas não precisavam de lamentos. Pois bem! Eles estão mortos e já receberam a recompensa deste mundo. Que recompensa lhes está reservada no céu, o dia da glória do Senhor, quando Ele vier com seus santos, há de revelar.

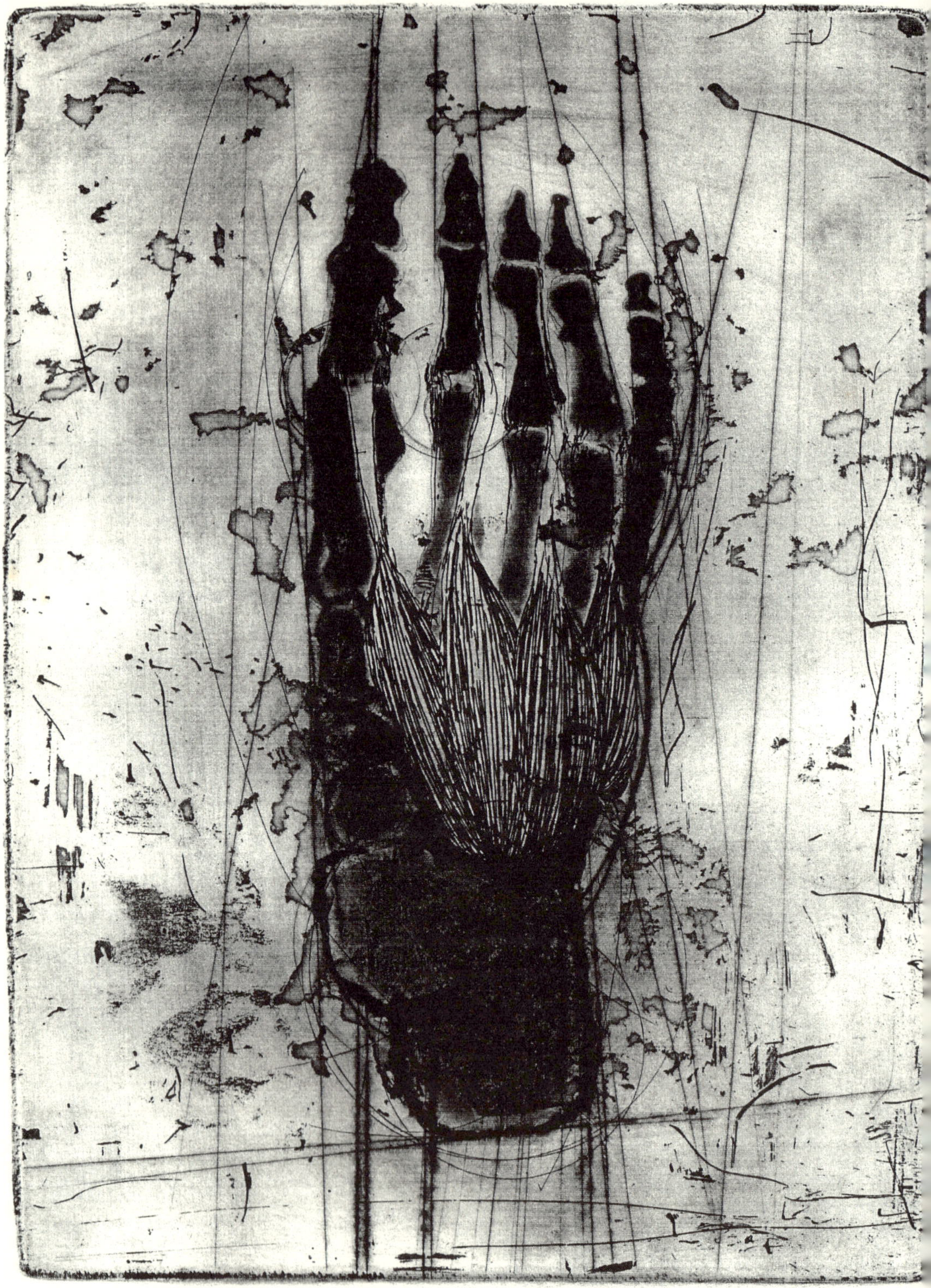

As Fogueiras de Smithfield: Relato sobre Alguns Mártires que com a Vida Selaram seu Testemunho pela Fé Protestante

POR VOLTA DO TERCEIRO ano do reinado de Henrique I foi fundado o hospital de São Bartolomeu em Smithfield, pela ação de um menestrel do rei chamado Rayer. A obra foi depois concluída por Richard Whittington, vereador e prefeito de Londres. Esse local em Smithfield era na época o palco onde os vilões e outros transgressores dos decretos do rei eram executados.

John Badby, Artesão

No ano de 1410 de nosso Senhor, no dia primeiro de março, um sábado, numa casa ou sala no interior do recinto dos frades pregadores de Londres, deu-se o interrogatório de um certo John Badby, artesão, na presença de Thomas Arundel, Arcebispo de Cantuária. Esse John Badby respondeu que era impossível que qualquer sacerdote produzisse o corpo de Cristo mediante a enunciação das palavras sacramentais.

O arcebispo, percebendo que ele de modo algum mudaria de opinião e, além disso, vendo que sua atitude teimosa e coração inabalável aparentemente começavam a convencer outras pessoas, declarou que John Badby era um herege público manifesto e o entregou ao poder secular.

Tendo os bispos concluído essas atividades pela manhã, à tarde o decreto do rei não se fez esperar. John Badby foi trazido para Smithfield, onde foi colocado dentro de um barril vazio e preso a uma fogueira com uma corrente, tendo lenha seca a sua volta. Estava ele nessa situação quando o príncipe, o filho mais velho do rei, demonstrando algum sentimento do bom samaritano, procurou uma forma de salvar-lhe a vida.

Nesse ínterim o prior de São Bartolomeu em Smithfield, precedido por doze tochas acesas, trouxe, com toda a solenidade, o sacramento do corpo de Deus e o exibiu ao pobre coitado junto à fogueira. E então lhe perguntaram o que ele acreditava estar ali presente. Respondeu ele que sabia muito bem que era pão consagrado e não o corpo de Deus. Em seguida atearam-lhe fogo. Quando aquela alma inocente sentiu as chamas gritou: — Piedade! — como se invocasse ao Senhor. Comovido com aquele grito horrível, o príncipe mandou apagar o fogo. Obedecida a ordem, perguntou ao condenado se ele abandonaria a heresia, dizendo-lhe que se o fizesse teria bens suficientes e prometendo-lhe também um estipêndio anual para prover o seu sustento, a ser pago pelo tesouro do rei.

Mas esse corajoso campeão de Cristo recusou a proposta, ignorando as belas palavras do príncipe e também desprezando todos os conselhos dos circunstantes. Ele estava plenamente determinado a preferir expor-se a qualquer espécie de tortura por mais dura que fosse a abraçar tamanha idolatria e perversidade. Por isso o príncipe deu ordens para que ele fosse imediatamente recolocado na fogueira. Mas em nada o alteraram as torturas que lhe impuseram, e ele perseverou invencível até o fim.

William Sweeting e John Brewster

William Sweeting e John Brewster foram queimados juntos no dia dezoito de outubro de 1511, d.C.

A razão principal alegada contra eles foi sua fé em relação ao sacramento do corpo e sangue de Cristo. Levantaram-se também outras razões, como a leitura de certos livros proibidos e o convívio com pessoas suspeitas de heresia. Mas uma ofensa grave e hedionda que superou as demais foi o fato de eles terem deixado de exibir nas roupas a pintura do feixe de juncos que no seu primeiro julgamento haviam sido condenados a usar pelo resto de suas vidas ou pelo tempo que aprouvesse ao seu ordinário determinar.

John Stilman

John Stilman foi acusado de pronunciar-se contra a adoração de imagens com orações e ofertas dirigidas a elas. Também o condenaram por negar a presença carnal e corporal no sacramento em memória de Cristo e, mais ainda, por seus altos elogios e recomendações dirigidos a John Wickliff, afirmando que se tratava de um santo que estava no céu.

Foi entregue aos xerifes de Londres para ser queimado em público em 1518.

Thomas Man

Thomas Man foi preso por professar o Evangelho de Cristo. Ele se pronunciara contra a confissão auricular e negara a presença do corpo de Cristo no sacramento da eucaristia. Acreditava que as imagens não deviam ser adoradas, não acreditava no crucifixo nem tampouco o adorava. Por essas questões passou um longo tempo na prisão e no fim, por medo da morte, aceitou renunciar às suas idéias e submeter-se ao julgamento da igreja romana. Em conseqüência disso exigiram dele não apenas uma retratação pública mas também que, a partir daquele momento, permanecesse preso no mosteiro de Osney perto de Oxford e, como prova de sua conversão, carregasse um feixe de juncos na frente da primeira cruz na próxima procissão geral na universidade. De qualquer modo, pouco tempo depois, quando o bispo precisou que o pobre coitado o ajudasse em trabalhos domésticos, tirou-o do mosteiro e o instalou dentro da própria casa. Apesar de tudo isso, ele fugiu e foi para outras terras procurar trabalho a fim de sustentar-se na pobreza. Viveu na maior simplicidade por um certo tempo em Essex e depois em Suffolk, onde também se reuniu aos mais piedosos professores do Evangelho de Cristo de que tinha notícias. Mas depois de alguns anos, acusado como relapso, foi preso e conduzido à presença do Bispo de Londres. O bispo, porém, queria dar a impressão de que fazia tudo por imposição da justiça e nada contra a lei. Por isso, indicou certos doutores e advogados do tribunal eclesiástico de Cantuária para defendê-lo. Ele foi condenado como herege e entregue ao xerife de Londres que o recebeu montado em seu cavalo em Paternoster-row, em frente ao palácio episcopal (1558, d.C.). O xerife imediatamente conduziu-o para Smithfield e ali, naquela mesma tarde, o "transformou num anjo de Deus". Era o ano de 1518.

John Frith

John Frith foi um jovem tão avançado em todas as áreas do aprendizado e conhecimento que não era fácil encontrar entre seus companheiros alguém como ele. Associava uma vida tão piedosa à sua doutrina que ficava difícil saber em que ponto ele merecia mais elogios. Depois veio a conhecer William Tyndale e por meio de seus ensinamentos ele pela primeira vez recebeu em seu coração a semente do Evangelho e da piedade sincera.

Naquela época Thomas Wolsey, Cardeal de York, preparava a construção de uma faculdade suntuosa ao extremo, que se denominava Frideswide, mas que hoje se chama Igreja de Cristo. Esse ambicioso cardeal reuniu naquela escola as melhores vestimentas, vasos e outros ornamentos que se podiam encontrar no reino, além de suprimentos de tudo o que havia de precioso. Também reuniu um grupo de homens que sobressaíam em qualquer área do aprendizado e conhecimento. Entre eles estava John Frith.

Os membros desse grupo superseleto de jovens, de parecer grave e intelecto aguçado, discutiam entre si os abusos da religião. Por isso, foram acusados de heresia e trancados numa prisão nas profundezas de um porão da própria escola, onde se guardava o peixe em salmoura. Por causa do fedor e da sujeira, ficaram todos infectados e alguns deles, depois de removidos para os seus aposentos, morreram.

Chegou uma carta do cardeal informando que ele não admitia que aqueles jovens fossem tratados com tanto rigor. Assim, John Frith e alguns outros viram-se livres do cárcere sob condição de não se afastarem mais de dez milhas de Oxford. Apesar disso, a segurança de John Frith não continuou por muito tempo por causa do grande ódio e perseguição mortal de Sir Thomas More, na época Chanceler da Inglaterra, que o perseguiu na terra e no mar obstruindo-lhe todas as estradas e portos e, pior ainda, prometendo grandes recompensas a qualquer um que trouxesse informações ou notícias sobre ele.

Assim Frith, cercado de tribulações por todos os lados, desamparado e perdido, procurava um lugar para se esconder. Fugindo de um canto para outro, muitas vezes mudando de roupa e endereço, Frith passou pouco tempo entre amigos, pois não se sentia seguro em lugar algum e acabou sendo preso.

Nenhuma razão resistia à força e crueldade desses furiosos inimigos. Frith foi conduzido à presença dos bispos de Londres, Winchester e Lincoln. Reunidos na catedral de São Paulo, submeteram-no a alguns interrogatórios sobre o sacramento do altar e o purgatório. Quando viram que de forma alguma arrancariam dele uma retratação, o Bispo de Londres condenou-o à fogueira. Quando trouxeram um feixe de juncos, ele o abraçou, demonstrando com isso com que retidão de espírito aceitava a morte pelo amor de Cristo. Era o ano de 1533.

Andrew Hewet queimado com John Frith

Andrew Hewet, natural de Feversham, um jovem de vinte e quatro anos de idade, foi passar um feriado na Rua Fleet nos arredores de São Dunstan. Encontrou-se com um certo William Holt, que era o contramestre do alfaiate do rei. Após uma breve conversa com esse mesmo Holt, um canalha dissimulado, Andrew tornou-se alvo de suspeitas como um dos defensores do Evangelho. Quando um dia ele foi visitar a honesta casa de um livreiro perto da Fleetbridge, Holt calculou que tinha uma boa oportunidade de exibir os frutos de sua malícia. Mandou chamar alguns oficiais que deram uma busca na casa: lá acharam Andrew e o prenderam.

Conduziram-no à presença do chanceler do Bispo de Londres. Quando lhe perguntaram o que ele pensava no tocante ao sacramento da última ceia, respondeu: — Penso exatamente como John Frith. — Então alguns bispos riram-se dele. E Stokesley, o Bispo de Londres, disse-lhe: — Mas Frith é um herege e já foi condenado à fogueira. E se você não renunciar a essa sua opinião, acabará queimado como ele. — De fato — respondeu Hewet — isso me agrada. — De imediato, ele foi trancado na prisão para fazer companhia a Frith. Mais tarde, os dois foram juntos para a fogueira, no ano de 1533.

John Lambert

Esse Lambert, que nasceu e foi criado em Norfolk, estudou na Universidade de Cambridge. Depois de avançar muito no estudo do latim e do grego e de traduzir para o inglês vários textos escritos nesses idiomas, foi forçado pela violência da época a partir para o além-mar, indo ao encontro de Tyndale e Frith. Lá permaneceu por mais de um ano na condição de capelão da Casa Inglesa de Antuérpia, até ser perturbado por Sir Thomas More e, por causa da acusação de um certo Barlow, transladado de volta para a Inglaterra, onde foi submetido a um interrogatório perante Warham, o Arcebispo de Cantuária.

Pouco tempo depois, o arcebispo morreu. Com isso parecia que Lambert por um tempo estava livre. Voltou para Londres onde se ocupou trabalhando para os Stocks, ensinando grego e latim às crianças daquela família.

Depois que John Lambert havia exercido essa vocação por um certo tempo com grande talento e igual proveito para as crianças, aconteceu que, em 1558, ele ouviu um sermão na igreja de São Pedro em Londres. O pregador chamava-se Dr. Taylor.

Terminado o sermão, Lambert foi gentilmente conversar com ele. Toda a questão ou controvérsia dizia respeito ao sacramento do corpo e sangue de Cristo. Mas Taylor, presumivelmente no intuito de satisfazer a Lambert, aconselhou-se com o Dr. Barnes, que parecia não gostar muito da questão.

A partir dessa conversa particular originou-se uma discussão que se tornou pública. Lambert foi convocado pelo Arcebispo Cranmer que o obrigou a defender sua posição publicamente. O arcebispo na verdade ainda não sustentava a doutrina do sacramento, da qual mais tarde seria um professor convicto. Nesse debate, dizem que Lambert apelou à sua majestade, o rei, contra os bispos.

No fim, o próprio rei, todo vestido de branco, apresentou-se como juiz dessa grande controvérsia. À sua direita sentavam-se os bispos; atrás deles, os advogados, vestidos de púrpura. À esquerda, sentavam-se os pares do reino, os juízes e outros nobres em ordem de importância. Atrás desses estavam os atendentes dos aposentos particulares do rei. A forma, a maneira do julgamento era bastante terrível para por si só assustar qualquer inocente. O olhar do rei, seu semblante cruel e o cenho carregado e severo muito contribuíram para aumentar o terror, mostrando claramente um espírito cheio de indignação. Em seguida, dirigindo-se aos seus conselheiros, o rei chamou o Dr. Sampson, Bispo de Chichester, e lhe deu ordens para expor ao povo a razão daquela assembléia.

Terminada sua preleção, o rei se pôs de pé, apoiou-se numa almofada de seda branca e dirigiu-se a Lambert com semblante severo, como se o estivesse ameaçando com algo muito pesado. Disse-lhe as seguintes palavras: — Hei, meu senhor! Qual é o seu nome?

Então o singelo Cordeiro de Deus, pondo-se humildemente de joelhos, disse: — Meu nome é John Nicholson, embora muitos me chamem de Lambert.

— O quê? — disse o rei — Você tem dois nomes? Eu não confiaria em você com dois nomes, nem que fosse meu irmão.

— Nobilíssimo príncipe! — replicou Lambert — seus bispos me forçaram a mudar de nome.

Depois de muita conversa nesse tom, o rei ordenou que ele expusesse seu pensamento no tocante ao sacramento do altar.

Então Lambert, começando a falar livremente, deu graças a Deus por ter de tal forma inclinado o coração do rei, pois sua majestade não desdenhava ouvir e apreciar as controvérsias religiosas.

Então o rei com voz zangada interrompeu seu discurso. — Não vim aqui — disse ele — para ouvir esse tipo de elogios à minha pessoa em minha presença. Seja breve e vá direto ao assunto sem outros detalhes. Responda sobre o sacramento do altar. Você pensa que é o corpo de Cristo ou você o nega? — Ao pronunciar esse nome o rei ergueu o chapéu.

Lambert: — Respondo com Santo Agostinho dizendo que é o corpo de Cristo de certo modo.

O rei: — Não me responda baseado em Santo Agostinho nem em qualquer outra autoridade. Diga-me claramente se você acha que é o corpo de Cristo ou não.

Lambert: — Então eu nego que seja o corpo de Cristo.

O rei: — Preste bem atenção, pois agora você será condenado pelas próprias palavras de Cristo: "Isto é o meu corpo".

Então o rei ordenou que Thomas Cranmer, Arcebispo de Cantuária, refutasse a afirmação de Lambert.

Seria longo demais reproduzir os argumentos de cada um dos bispos e também seria supérfluo, sobretudo levando-se em conta que não foram nada convincentes.

Finalmente, quando o dia chegou ao fim e tochas foram acesas, o rei, pensando em terminar com o debate, dirigiu-se a Lambert nos seguintes termos: — Que diz você agora, depois de todo esse enorme trabalho pelo qual você é responsável e de todos os raciocínios e ensinamentos destes homens eruditos? Você quer viver ou morrer? Que me diz? Você ainda pode escolher livremente.

Respondeu Lambert: —Eu me entrego e me submeto totalmente à vontade de vossa majestade.

Disse então o rei: — Entregue-se nas mãos de Deus e não nas minhas.

Lambert: — Eu entrego minha alma nas mãos de Deus, mas meu corpo eu o entrego e submeto totalmente à sua clemência.

Disse então o rei: — Se você se submeter ao meu julgamento, deverá morrer, pois não serei patrono de hereges. — E dirigindo-se a Cromwell disse: — Cromwell, leia-lhe a sentença condenatória.

Dentre todos os que foram queimados em Smithfield ninguém foi tratado de forma mais cruel e mesquinha do que esse abençoado mártir. De fato, depois que suas pernas queimaram até restarem apenas cotos, os inimigos de Deus retiraram-lhe o fogo de modo que embaixo dele só havia um pequeno bruxuleio. Então dois soldados o espetaram e suspenderam na ponta de suas alabardas. Ele a essa altura, erguendo o que lhe restava das mãos com as pontas dos dedos queimando, gritou estas palavras ao povo: — Ninguém senão Cristo, ninguém senão Cristo! — E assim, retirado que lhe foi o apoio das alabardas, ele caiu no fogo e ali expirou, no ano de 1538.

Stile

Na companhia desses abençoados santos e mártires de Cristo que inocentemente padeceram no reinado do Rei Henrique em testemunho da Palavra de Deus e da verdade, recordo-me de que é preciso incluir outro homem de bem que foi cruelmente esmagado e queimado em Smithfield no fim da época de Cuthbert Tonstall, Bispo de Londres. Seu nome era Stile, segundo um confiável relato que nos foi feito por um digno e antigo cavaleiro chamado Robert Outred, que esteve presente quando ele foi queimado. Stile carregava consigo um exemplar do Apocalipse, que habitualmente lia. Quando viu esse livro amarrado à fogueira para ser queimado com ele, ergueu a voz e disse: — Ó abençoado Apocalipse! Como estou feliz por ser queimado contigo! — E assim esse homem de bem e seu abençoado Apocalipse foram juntos para a fogueira em 1539.

Robert Barnes, Thomas Garret e William Jerome

Quando o valente porta-estandarte e esteio da Igreja da Inglaterra, Thomas Cromwell, foi removido, triste foi contemplar a lamentável carnificina de homens e mulheres de bem que então sobreveio. Agora

Winchester podia dar livre curso ao exercício de sua crueldade. Espantoso foi ver os estragos que ele causou na vinha do Senhor. Ele fez incursões contra Robert Barnes, Thomas Garret e William Jerome; dois dias após a morte de Cromwell ele os fez executar.

Robert Barnes era prior e mestre da casa dos agostinianos em Cambridge, onde fazia leituras públicas das epístolas de Paulo. Sendo que lá se ensinava Cristo e Sua Santa Palavra, ele em pouco tempo formou vários bons teólogos. Assim Barnes, com suas leituras, debates e pregações, tornou-se famoso e poderoso no campo das Escrituras.

Inesperadamente foi enviado a Cambridge um beleguim que o prendeu em público na casa do sínodo para assustar todos os demais. Pela manhã ele foi conduzido até o Cardeal Wolsey em Westminster. Ali, a pedido do Dr. Gardiner, secretário do cardeal, e do Sr. Foxe, chefe da guarda, ele falou na mesma noite com o cardeal, de joelhos, no gabinete particular de sua eminência.

Disse-lhes então o cardeal: — Este é o homem que é acusado de heresia?

— Sim, excelência. Nós esperamos que o considere corrigível, pois se trata de uma pessoa muito erudita e sábia.

— Diga-me, excelentíssimo senhor doutor — disse o cardeal — o senhor não tinha assunto suficiente nas Escrituras para ensinar ao povo? Tinha de ofender-se tanto com meus sapatos dourados, minhas alabardas, minhas colunas, minhas almofadas douradas, minhas cruzes, a ponto de precisar ridicularizar-me perante o povo? Naquele dia riram-se de nós à vontade e com desprezo. Realmente foi um sermão mais adequado para o palco do que para o púlpito. No fim o senhor disse que eu uso um par de luvas vermelhas ("deveria dizer sangrentas", comentou o senhor) para não sentir frio no meio de minhas cerimônias.

Respondeu Barnes: — Não falei nada mais que a verdade das Escrituras, de acordo com a minha consciência e de acordo com os doutores antigos. — Nesse ponto Barnes lhe entregou seis folhas de papel escritas para confirmar suas palavras.

O cardeal recebeu-as com um sorriso e disse: — Percebemos que o senhor pretende defender seus artigos e mostrar seus conhecimentos.

— Exatamente — disse Barnes — é o que pretendo fazer, com a graça de Deus e o consentimento de vossa eminência.

Respondeu o cardeal: — Gente como o senhor tem pouco apreço por nós e pela igreja católica. Vou lhe fazer uma pergunta: O senhor não julga necessário que eu tenha todas essas regalias, considerando que eu represento a pessoa de sua majestade, o rei, em todas as altas instâncias deste reino, para o terror e abatimento de todos os membros perversos e corruptos desta comunidade? Ou prefere que eu seja simples como o senhor gostaria, vendendo tudo isso para distribuir o dinheiro entre os pobres, que rapidamente o desperdiçariam, descartando esta majestade e dignidade principesca, que é um terror para todos os perversos, para seguir o seu conselho nesse respeito?

Respondeu Barnes: — Eu acho necessário vender tudo e distribuir o dinheiro entre os pobres, pois é o que mais condiz com sua vocação.

Replicou então o cardeal: — Eis, senhores doutores! Aqui está o sábio erudito do qual me falaram.

Então eles caíram de joelhos e disseram: — Pedimos a vossa eminência que seja bom com ele, pois poderá corrigir-se.

Disse-lhes então o cardeal: — Ponham-se de pé! Para o bem dos senhores e o da universidade, nós o trataremos bem. Que me diz, senhor doutor? O senhor não sabe que eu posso decidir sobre todas os assuntos de religião no âmbito deste reino, tendo o mesmo poder que tem o Papa?

Respondeu Barnes: — Sei que é assim.

— O senhor então está disposto a acatar as nossas decisões, sabendo que nós tudo faremos para o seu bem e para o bem da universidade?

Respondeu Barnes: — Agradeço à vossa eminência pela boa vontade. Eu me aterei à santa Escritura e ao Livro de Deus, de acordo com o talento simples que Deus me confiou.

— Bem — disse o cardeal — o senhor terá o seu conhecimento minuciosamente testado e depois sofrerá a aplicação da lei.

Depois de passar meio ano na prisão Fleet, Barnes foi liberado daquele cárcere e foi cumprir sua pena em liberdade no convento dos Frades Agostinianos de Londres, de onde foi transferido para Northampton para lá ser queimado. Um certo senhor Horne, tendo conhecimento do decreto real que em breve chegaria condenando-o à morte pelo fogo, aconselhou-o a fingir-se de desesperado. Deveria então escrever uma carta endereçada ao cardeal, a ser deixada sobre sua mesa, expondo aonde fora se afogar; no lugar indicado deixaria suas roupas. Outra carta seria endereçada ao prefeito da cidade, orientando-o a procurar seu cadáver nas águas, porque em volta do pescoço haveria um pergaminho escrito e lacrado para o cardeal. Esse documento ensinaria a todos a acautelar-se contra ele. Assim, eles passaram sete dias procurando seu cadáver. Barnes, porém, foi levado para Londres disfarçado de pobretão. Depois tomou um navio para Antuérpia e foi encontrar-se com Lutero.

O Dr. Barnes voltou no começo do reinado da Rainha Ana, assim como outros, e continuou sua missão de pregador fiel, sendo sempre bem tratado e promovido. Depois, como embaixador do Rei Henrique VIII, foi enviado ao Duque de Cleves para tratar do casamento de Lady Anne de Cleves com o rei. Foi bem recebido na embaixada e aprovado em todos os seus atos até o dia em que Stephen Gardiner veio da França.

Pouco tempo depois, o Dr. Barnes, juntamente com seus irmãos, foi preso e levado à presença de sua majestade, o rei, em Hampton Court, onde foi interrogado. Em seu gabinete particular, o rei pomposamente censurou seus atos. Quando Barnes declarou sua submissão a ele, disse-lhe sua majestade: — Não, não se entregue a mim. Sou apenas um homem mortal. — Ao dizer tais palavras, ergueu-se e voltou-se para o sacramento e, tirando o chapéu, acrescentou: — Lá está o Mestre de todos nós, o Autor da verdade. Entregue-se sinceramente a Ele, e eu defenderei a verdade. Caso contrário, não se entregue a mim. — O rei, procurando meios de salvá-lo, a pedido de Winchester concedeu-lhe a permissão de ir para casa com o bispo e conversar com ele. Aconteceu porém que os dois não se entenderam e Gardiner procurou, usando todos os meios mais sutis, um jeito de apanhar Barnes e seus irmãos. Quando eles receberam a incumbência de pregar três sermões na Páscoa seguinte, Gardiner ouviu cada um deles com a intenção de registrar suas retratações ou então de apanhá-los em suas palavras. Logo em seguida eles foram presos e conduzidos para Hampton Court. De lá foram para a Torre da qual não saíram mais até sua morte.

Passemos agora para a história de Thomas Garret.

No ano do Senhor de 1526, ou mais ou menos isso, Garret, coadjutor da igreja de Honey-lane em Londres, veio para Oxford trazendo consigo a primeira tradução para o inglês do Novo Testamento, feita por Tyndale, e a vendeu a diversos estudiosos. De Londres chegaram notícias de que ele estava sendo procurado como herege e acabou preso e posto sob custódia. Depois foi obrigado a carregar um feixe de juncos numa procissão pública da igreja de Santa Maria até a igreja de Friswide. Em seguida foi enviado para Osney para ser mantido preso até nova ordem.

O terceiro companheiro que foi executado com Barnes e Garret foi William Jerome, vigário de Stepney. Ele foi acusado pelo rei em Westminster de ensinar doutrina errada.

Um certo Dr. Wilson travou um debate com ele, sustentando que as boas obras justificam perante Deus. Jerome respondeu-lhe que todas as obras, não importando quais, não valiam nada, nem por si sós representavam parte alguma da salvação, mas apenas reportavam-se à mercê e ao amor de Deus, que orienta quem as pratica.

Assim Barnes, Jerome e Garret foram enviados para a Torre após a Páscoa e lá permaneceram até o dia 30 de julho, data que ocorreu dois dias após a morte de Lorde Cromwell. Só então eles foram processados. Logo em seguida esses três bons santos de Deus foram conduzidos juntos da Torre para Smithfield, onde se prepararam para ser queimados com várias exortações ao pé da fogueira.

— Não pensem que aqui — disse o Dr. Barnes — estou me pronunciando contra as boas obras: elas são necessárias e quem não as pratica jamais chegará ao Reino de Deus. Precisamos praticá-las porque Deus nos manda fazê-lo para mostrar e exibir nossa fé, não para termos méritos ou direitos, uma vez que isso se restringe à morte de Cristo.

Alguém quis saber sua opinião sobre a oração dirigida aos santos. Disse então o Dr. Barnes: — Em nenhum ponto das Escrituras recebemos ordens para orar a qualquer santo. Por isso eu não posso dizer a vocês que se devem dirigir orações aos santos. Se o fizesse, estaria pregando uma doutrina de minha própria cabeça. Se os santos oram por nós, então eu confio que vou orar por você dentro de meia hora, senhor xerife.

Depois o Dr. Barnes pediu que todos testemunhassem que ele detestava todas as doutrinas contra a Palavra de Deus e que morria acreditando em Jesus Cristo. Igual confissão também fizeram Jerome e Garret. Dando-se as mãos e beijando-se mutuamente, eles mansa e humildemente se entregaram aos torturadores. Assim aceitaram a morte com tal paciência que sua atitude pode muito bem atestar a boa natureza de sua causa e sua tranqüilidade de consciência. Era o ano de 1540.

Anne Askew, filha de Sir William Askew, Cavaleiro de Lincolnshire

Apresentamos em seguida os interrogatórios de Anne Askew, de acordo com o que ela escreveu de seu próprio punho, atendendo aos insistentes pedidos de alguns fiéis.

Primeiro interrogatório perante a Inquisição, realizado no ano de 1545, d.C.

Christopher Dare examinou-me em Sadler's Hall, e perguntou-me se era verdade que eu preferia ler cinco linhas da Bíblia a ouvir cinco missas na igreja. Eu confessei que dissera aquilo mesmo, não em menosprezo da Epístola ou do Evangelho da missa, mas porque a leitura da Bíblia muito me edificava e a missa não me edificava nada. Ele acusou-me de ter dito que se um mau sacerdote celebrasse a missa, a missa era do diabo e não de Deus. Minha resposta foi que eu nunca havia dito coisa semelhante. Minhas palavras tinham sido as seguintes: quem quer que fosse o celebrante, sua conduta negativa não poderia prejudicar a minha fé, e que eu, apesar de tudo, recebia em espírito o corpo e o sangue de Cristo. Ele me perguntou o que eu dizia sobre a confissão. Respondi expressando minha opinião. Conforme disse São Tiago, todos devem confessar seus pecados uns aos outros e orar uns pelos outros. Em seguida ele mandou vir um padre que me perguntou se eu não achava que as missas privadas podiam ajudar as almas dos que partiram. Eu lhe disse que era uma grande idolatria acreditar mais nelas do que na morte de Cristo que morreu por nós.

Passaram então a palavra a sua excelência, o prefeito, que me acusou de ter dito o que eu nunca disse, mas que eles mesmos disseram, perguntando-me se um rato que comesse a hóstia recebia Deus ou não. Não respondi; limitei-me a sorrir.

Então o chanceler do bispo censurou-me e disse que eu merecia muita reprovação por citar as Escrituras, uma vez que São Paulo, disse ele, proibiu as mulheres de proferir ou comentar a Palavra de Deus. Respondi-lhe que conhecia o significado de Paulo tanto quanto ele. Isto é, em 1Cor. 14 fica estabelecido que uma mulher não deveria falar na congregação como forma de ensinar. Em seguida perguntei-lhe quantas mulheres ele havia visto subir ao púlpito e pregar. Respondeu-me que nunca vira nenhuma. Disse eu então que ele não deveria acusar as pobres mulheres, a não ser quando elas houvessem ofendido a lei.

Em seguida fui conduzida para o Compter, o cárcere dos endividados, onde permaneci por onze dias sem que nenhum de meus amigos pudesse vir falar comigo.

Resumo do Interrogatório Perante o Conselho do Rei em Greenwich

Os membros do conselho disseram que o rei desejava que eu expusesse a eles o meu caso. Respondi simplesmente que não o faria. Mas que se o rei quisesse ouvir-me, eu lhe mostraria a verdade. Disseram que não convinha ao rei preocupar-se comigo. Respondi que Salomão foi tido como o mais sábio dos reis que já existiram e, contudo, ele não se recusou a ouvir duas pobres mulheres comuns. Com muito mais razão deveria sua majestade ouvir uma simples mulher que era um de seus leais súditos.

Em seguida Sua Excelência, o chanceler, quis saber minha opinião sobre o sacramento do altar. Minha resposta foi esta: — Acredito que todas as vezes que numa congregação cristã eu recebo o pão em memória da morte de Cristo e em ação de graças, de acordo com Sua santa instituição, eu também recebo com o pão os frutos de Sua gloriosíssima paixão. O Bispo de Winchester pediu-me para responder de forma direta. E eu lhe disse que não cantaria uma nova canção do Senhor em terra estranha. Disse-me ele então que eu falava em parábolas. Respondi que assim era melhor para ele, "pois se eu lhe mostrasse a verdade manifesta — disse eu — vós não a aceitaríeis". Disse-lhe que estava preparada para enfrentar qualquer castigo da parte deles, não apenas censuras, mas também tudo o que viesse depois, sim, tudo com alegria.

Milorde Lisle, Milorde Essex e o Bispo de Winchester insistiram pedindo que eu confessasse que o sacramento era corpo, sangue e ossos. Disse eu então que era uma grande vergonha aconselharem-me a confessar uma verdade contrária àquilo que eles mesmos sabiam.

Então o bispo disse que desejava falar comigo na intimidade. Disse-lhe eu: — Judas fez o mesmo quando traiu a Cristo. — Depois ele pediu para falar comigo a sós. Mas eu me recusei. Perguntou-me por quê. Eu lhe disse que qualquer questão deveria apoiar-se na palavra de duas ou três testemunhas.

Então o bispo disse que eu deveria ser queimada. Respondi que havia examinado todas as Escrituras; contudo, em parte alguma descobri que Cristo ou Seus apóstolos condenaram qualquer criatura à morte. — Ora, ora — disse eu — Deus há de rir-se e zombar de suas ameaças. Em seguida fui enviada para Newgate.

O tratamento que recebi desde a minha saída de Newgate

Deixando Newgate fui levada para uma prisão sob as insígnias da Coroa, onde o senhor Rich e o Bispo de Londres, com todo seu poder e palavras de bajulação, tentaram me persuadir a afastar-me de Deus: mas eu não apreciei sua adulação falsa.

Veio então conversar comigo Nicholas Shaxton que me aconselhou a retratar-me como ele mesmo fizera. Disse-lhe que teria sido bom para ele se nunca tivesse nascido.

Em seguida o Senhor Rich me mandou para a Torre, onde fiquei até à três da tarde.

Então Rich e um dos membros do conselho ordenaram-me, em nome do dever de obediência, a dizer-lhes se eu conhecia alguma mulher de alguma casa senhorial que pertencesse à minha seita. Minha resposta foi negativa. Disseram-me então que o rei estava informado de que, se eu quisesse, poderia mencionar o nome de muitos membros da minha seita. Respondi que o rei estava muito enganado a esse respeito assim como se equivocava em outras questões.

Ordenaram-me então que lhes mostrasse como era tratada no Compter, que é o cárcere dos endividados, e quem me estimulava a defender o meu ponto de vista. Disse-lhes que não havia lá ninguém que me desse forças. E quanto à ajuda recebida naquela prisão, eu a recebera por intermédio da minha criada. Quando ela saía às ruas, lastimava-se com os aprendizes, e eles, por seu intermédio, mandavam-me dinheiro. Mas eu não sabia dizer quem eles eram.

Disseram-me que havia várias damas que me davam dinheiro. Mas eu não sabia seus nomes. Depois disseram que havia diversas senhoras da elite que me haviam enviado dinheiro. Respondi que houve um senhor de casaco azul que me entregou dez xelins dizendo que a soma fora enviada pela Madame Hertford. Outro senhor de casaco violeta me entregara oito xelins dizendo que fora a Madame Denny quem os enviava. Se o que disseram correspondia à verdade eu não sei dizer.

Em seguida puseram-me na roda pelo fato de eu não ter revelado nomes de senhoras e damas que pensavam como eu, e ali fui deixada por um longo tempo. Sendo que fiquei quieta, sem gritar, Milorde Chanceler e o Senhor Rich se deram ao trabalho de me torturar com suas próprias mãos até eu quase morrer.

Em seguida o tenente mandou tirar-me da roda. De imediato desmaiei, mas eles logo me reanimavam. Depois disso passei duas longas horas conversando com Milorde Chanceler sentada no chão. Com muitos agrados ele quis convencer-me a abandonar minhas idéias. Porém, o Senhor meu Deus (sou grata à sua eterna bondade) deu-me a graça de perseverar, e assim espero continuar até o fim.

Conduziram-me depois para uma casa e deitaram-me numa cama. Estava com os ossos tão cansados e doloridos como os do paciente Jó. Agradeço a Deus por isso. Então Milorde Chanceler mandou-me um recado. Se eu abandonasse minha opinião, nada me haveria de faltar; caso contrário, eu seria de imediato enviada para Newgate e depois queimada. Tornei a responder-lhe que preferia morrer a ir contra a minha fé.

Marcado o dia de sua execução, essa boa mulher foi conduzida a Smithfield numa cadeira por não conseguir sustentar-se sobre seus próprios pés por causa das intensas torturas sofridas. Quando ela foi levada à fogueira, teve de ser amarrada com uma corrente para que seu corpo não caísse. A multidão presente era tão extraordinária que o local foi isolado por uma cerca a fim de evitar a pressão popular. Sentados perto da igreja de São Bartolomeu estavam Wriothesley, o Chanceler da Inglaterra, o Duque de Norfolk, o Conde de Bedford, o prefeito e vários acompanhantes. Antes que a fogueira fosse acesa, um dos magistrados, ao saber que os condenados estavam envoltos em pólvora, ficou alarmado e com medo de que pedaços de lenha viessem voando na direção de suas orelhas. Mas o Conde de Bedford explicou-lhe que a pólvora era colocada apenas em volta dos corpos para encurtar o sofrimento dos condenados, e não debaixo da lenha.

Então o Lorde Chanceler Wriothesley ofereceu a Anne Askew o indulto do rei, desde que ela se retratasse. Ela, porém, respondeu que não chegara até aquele ponto para renegar a seu Mestre e Senhor. E assim a boa Anne Askew, envolvida pelas chamas da fogueira como um abençoado sacrifício a Deus, dormiu no Senhor no ano de 1546, d.C, deixando um exemplo singular de constância cristã a ser seguido por todos os homens.

John Lacels, John Adams e Nicholas Belenian

Junto com Anne Askew foram queimados um certo Nicholas Belenian, sacerdote de Shropshire; John Adams, alfaiate; John Lacels, um nobre da corte e da casa do Rei Henrique. Foi bom para eles terem sido executados juntamente com ela, pois, embora eles mesmos fossem fortes e intrépidos, com o exemplo e a exortação de Anne criaram mais coragem e sentiram-se ainda mais fortalecidos para enfrentar as dores e penas de sua morte. Contemplando-lhe a invencível firmeza e estimulados por suas convicções, eles não sentiram medo de espécie alguma.

Mestre John Bradford

John Bradford nasceu na cidade de Manchester, em Lancashire. Seus pais fizeram-no estudar desde a infância, até ele conseguir tal domínio do latim e tal habilidade na escrita que estava apto a ganhar a vida de forma honesta. Passou então a servir o cavaleiro Sir John Harrington, que, envolvendo-se nos grandes afazeres do Rei Henrique VIII e do Rei Jorge VI, chegou a ser administrador das propriedades rurais e dos edifícios reais. Foi então que Sir John percebeu o bom desempenho de Bradford, sua perícia e confiabilidade e passou a preferir seus serviços aos de qualquer outro.

O Senhor, porém, o escolhera para uma função melhor: pregar o Evangelho de Cristo. Então Bradford abandonou seus afazeres mundanos e sua crescente riqueza material para entregar-se totalmente ao estudo das Escrituras. Para melhor realizar seu intento, ele saiu do Templo, que é um colégio de jurisconsultos de Londres onde se estudam as leis temporais, e foi para a Universidade de Cambridge a fim de aprender mediante o estudo das leis de Deus o modo de promover a construção do templo do Senhor. Após completar um ano de estudos, a universidade lhe conferiu o grau de Mestre em Artes. Logo em seguida, o diretor e o Conselho do corpo diretivo de Pembroke Hall ofereceram-lhe um cargo de professor. Na verdade, aquele homem de Deus chamado Martin Bucer com freqüência o exortava a empregar seu talento na pregação. Então Bradford sempre respondia que lhe faltava competência para exercer tal ofício dada a sua falta de erudição. Ao que Bucer costumava retrucar dizendo: — Se você não tem pão de semolina de primeira, dê ao povo pão de centeio ou qualquer outra coisa que o Senhor lhe confiou. — Quando Bradford convenceu-se de que devia exercer o ministério religioso, o Dr. Ridley, Bispo de Londres, o chamou para conferir-lhe a ordem do diaconato; conseguiu-lhe uma licença para pregar e deu-lhe uma prebenda na igreja catedral de São Paulo.

Nesse ofício da pregação, que durou três anos, com que fidelidade Bradford se conduziu, com que diligência se entregou ao trabalho, muitas partes da Inglaterra podem atestar. Com firmeza denunciava e reprovava o pecado, com doçura pregava a Cristo e sua cruz, com energia impugnava heresias e erros, com serenidade persuadia as pessoas a levar uma vida piedosa. Quando a Rainha Mary foi coroada, Bradford ainda continuou sua diligente pregação até ser injustamente privado de seu ofício e liberdade por ela e seu conselho.

O fato foi o seguinte: no dia 13 de agosto, no primeiro ano do reinado de Mary, Dom Bourn, Bispo de Bath, fez um sermão na igreja da Cruz de Paulo pregando a divulgação do papismo na Inglaterra. Conseguiu despertar tal indignação entre o povo que muitos estavam dispostos a arrancá-lo do púlpito. Nem a reverência que o lugar merecia, nem a presença do Bispo Bonner, na época seu superior, nem as ordens do Prefeito de Londres, a quem todos deveriam obedecer, acalmaram a raiva popular. Quanto mais falavam, tanto mais o povo se enfurecia. No fim, Bourn, percebendo a disposição do povo e vendo o perigo que corria (teve uma amostra muito clara na forma de um punhal arremessado contra ele), pediu a Bradford, que estava às suas costas no púlpito, para passar à sua frente, ocupar seu lugar e falar com o povo. O bom Bradford ficou satisfeito com o pedido e dirigiu-se ao povo falando sobre a virtude da obediência piedosa e da calma. Tão logo o viram, todos puseram-se a gritar: — Bradford! Bradford! Deus te salve, Bradford! — Rapidamente toda a fúria cessou, e cada um foi calmo para casa. Bourn pediu que Bradford não se afastasse até que ele estivesse a salvo. Foi o que Bradford prometeu e fez. Enquanto o senhor prefeito e os xerifes acompanharam o Bispo de Bath para o aposento do mestre-escola, ao lado do púlpito, Bradford o escoltava pelas costas, protegendo-o do povo com sua capa.

Na tarde daquele mesmo domingo Bradford pregou na Bow Church em Cheapside: com veemência censurou o povo por seu comportamento rebelde. Três dias depois, ele foi convocado a comparecer na Torre de Londres, onde na época se encontrava a Rainha, a fim de apresentar-se ao seu conselho. Da Torre ele foi conduzido para o Tribunal do rei em Southwark. E depois de sua condenação, foi mandado para a prisão Compter de Londres. Nesses dois lugares, durante o tempo em que esteve preso, pregou duas vezes ao dia, a menos que alguma enfermidade o impedisse. Tal era o número de pessoas que todos os dias se apresentava para ouvir seus ensinamentos que em geral seu aposento estava quase cheio. Pregar, ler e orar era tudo o que fazia na vida. Não fazia mais do que uma refeição por dia, e era sempre uma refeição muito frugal. Durante seu estudo constante ficava sempre de joelhos. Em meio ao jantar com freqüência costumava perder-se em pensamentos, segurando o chapéu sobre os olhos, dos quais geralmente corriam abundantes lágrimas que caíam no seu prato. Muito gentil era ele com adultos e crianças.

De porte físico era bastante alto e esguio, magro e de cor avermelhada com barba castanho-clara. Geralmente não dormia mais que quatro horas por noite. Na cama, enquanto o sono não chegasse, seu livro não lhe saía das mãos. Sua distração principal era uma boa companhia e uma conversa agradável; nisso consumia parte de seu tempo à mesa do jantar. Logo em seguida, voltava à oração e ao seu livro. Considerava mal empregada a hora na qual não fizesse algum bem, fosse com sua pena, seu estudo ou na exortação dos outros. Não era mesquinho com sua bolsa. Costumava dividir com liberalidade o que tinha com os colegas de cárcere. Geralmente uma vez por semana visitava os ladrões, batedores de carteira e outros companheiros de prisão, a quem exortava com bondade e entre os quais distribuía boa parte de seu dinheiro para confortá-los. Nunca houve nenhum colega de cárcere que não se beneficiasse de sua companhia.

Ao entrar certa vez no aposento onde ele era vigiado, a mulher do guarda de repente aproximou-se meio assustada dizendo: — Ó Mestre Bradford, tenho uma grave notícia.

— Que notícia? — perguntou ele. — Virgem Maria! — disse ela — Amanhã o senhor deverá ser queimado. Foram agora mesmo comprar sua corrente, e logo o senhor será levado para Newgate. — Ao ouvir isso Mestre Bradford tirou o chapéu e, erguendo os olhos aos céus, disse: — Eu agradeço a Deus pela notícia. Esperei por isso muito tempo. Portanto, o fato não chega de surpresa, mas como algo esperado a cada dia, a cada hora. Que o Senhor me torne digno desse desígnio.

Eles o conduziram para Newgate por volta de onze ou doze horas da noite, quando julgaram que não haveria ninguém na rua. Contudo, havia em Cheapside e em outros pontos entre a prisão Compter e Newgate uma grande aglomeração de gente que aguardava para vêlo. Com grande carinho as pessoas despediam-se, orando por ele com extrema tristeza e comovidas lágrimas. Ele por sua vez com o mesmo carinho despedia-se delas, orando com todo o fervor por elas e por seu bem-estar. No dia seguinte, às quatro horas da manhã, havia em Smithfield uma multidão de homens e mulheres. Mas já eram nove horas quando Mestre Bradford entrou em Smithfield, acompanhado por um grande pelotão de homens armados, como nunca se vira antes numa execução na fogueira. Chegando ao local, Bradford estirou-se por sobre o chão e fez suas orações ao Deus Onipotente. Em seguida, caminhou para a fogueira, onde foi executado com um jovem de vinte anos, cheio de júbilo e constância, cujo nome era John Leaf.

John Leaf

John Leaf era um aprendiz que trabalhava com o fabricante de velas Hamfrey Gawdy da paróquia da Igreja de Cristo em Londres. Tinha pouco mais de dezenove anos. Conta-se a seu respeito que dois formulários lhe foram enviados na prisão Compter, na Rua Bread, um contendo uma retratação e outro suas convicções, para saber qual dos dois ele assinaria. O formulário de retratação ele o recusou. Do outro ele gostou e, em vez de usar sua pena para assiná-lo, apanhou um alfinete, espetou a própria mão, salpicou o formulário com sangue, querendo com isso mostrar ao bispo que ele já selara sua confissão com sangue.

Quando esses dois condenados chegaram à fogueira, Mestre Bradford apanhou uma acha de lenha e a beijou. Volvendo os olhos para o céu disse: — Inglaterra, Inglaterra, chora os teus pecados, chora os teus pecados. — Em seguida olhou para o jovem que estava sendo executado com ele e disse: — Tenha coragem, irmão. Hoje à noite teremos uma ceia festiva com o Senhor. — E assim eles terminaram suas vidas mortais sem em nada alterar a expressão do rosto, sem nenhum medo. Era o ano de 1535.

Mestre John Philpot

Mestre John Philpot era filho de um cavaleiro, nascido em Hampshire e criado no New College em Oxford. Foi nomeado Arcediago de Winchester e, durante a época do Rei Eduardo, ocupou o cargo com grandes benefícios daquela região. Quando o rei foi levado pela morte e sua irmã Mary tomou seu lugar, ela mandou convocar uma assembléia de prelados e homens eruditos para pôr em prática as suas idéias. Nessa assembléia Mestre Philpot corajosamente defendeu a causa do Evangelho contra a missa. Em conseqüência disso foi convocado para explicar-se perante o Bispo Gardiner. Em seguida foi levado para junto de Bonner e outros comissários com quem teve diversos conflitos.

No fim o bispo, vendo sua inabalável firmeza na verdade, pronunciou contra ele a sentença condenatória. — Agradeço a Deus — disse Mestre Philpot — por ser herege e estar fora da vossa maldita igreja. Não sou herege perante Deus. Mas que Deus vos abençoe e vos dê a graça de lamentar vossos atos iníquos. E que todos se previnam contra a vossa sanguinolenta igreja.

Então os oficiais o entregaram nas mãos do carcereiro de Newgate. Quando seu criado quis acompanhá-lo, ouviu um dos oficias dizer-lhe: — Fora daqui, rapaz! Que é que você está querendo? — Respondeu-lhe o criado: — Gostaria de falar com meu amo. — Mestre Philpot virou-se e lhe disse: — Amanhã você falará comigo. — Disse então o sub-carcereiro a Philpot: — Esse é o seu criado? — Ao receber uma resposta afirmativa, ele permitiu que o criado o acompanhasse. Os dois foram então conduzidos a um pequeno aposento à direita, onde permaneceram por um breve espaço de tempo até que Alexandre, o carcereiro titular, veio procurar Philpot. Ao entrar no aposento saudou-o com estas palavras: — Então, que fez de errado para vir parar aqui?

— Bem — disse Philpot — devo dar-me por satisfeito, pois se trata de um encontro marcado por Deus. E eu vou pedir-lhe uma gentileza, já que você e eu somos velhos conhecidos.

— Bem — disse Alexandre — vou tratá-lo com gentileza e atenção, desde que você acate as minhas ordens.

Respondeu-lhe então Mestre Philpot: — Por favor, diga-me o que gostaria que eu fizesse.

Disse o carcereiro: — Se você se retratar, lhe farei todos os favores que puder.

— Não — disse Mestre Philpot — não vou retratar-me jamais na vida. O que eu disse é a mais pura verdade e para testemunhar essa verdade hei de assiná-la com meu próprio sangue.

Disse então Alexandre: — Isso é o que diz todo esse bando de hereges. — Em seguida mandou que o prendessem ao tronco com todas as correntes que suas pernas suportassem.

— Meu bom Alexandre, seja meu amigo. Esses ferros podem ser dispensados.

— Bem — disse Alexandre — providencie uma propina, e eu mandarei retirá-los. Caso contrário, vai ter de continuar com eles.

Perguntou-lhe então Mestre Philpot: — Senhor, qual é a propina?

A resposta foi que eram quatro libras.

— Ah! — disse Mestre Philpot — mas eu não tenho tudo isso. Sou pobre e passei muito tempo na prisão.

— Quanto pode me dar? — perguntou Alexandre.

— Senhor — disse Philpot — eu lhe darei vinte xelins. Posso mandar meu criado apanhar esse montante. Ou então posso penhorar minhas roupas como garantia.

Ao ouvir isso Alexandre afastou-se e ordenou que Philpot fosse esquecido na masmorra.

Então um certo Witterence, que trabalhava na prisão, carregou Mestre Philpot nas costas até o porão, sem que o criado soubesse exatamente para onde. Por isso, Philpot lhe disse: — Vá procurar o xerife e conte-lhe como estou sendo tratado. Peça-lhe que me ajude. — E assim seu criado saiu imediatamente levando consigo um sujeito honesto.

O xerife tirou o anel do dedo e o entregou ao homem que acompanhara o criado. Disse-lhe para procurar o carcereiro Alexandre e dizer-lhe para tirar os ferros de Philpot e tratá-lo com mais brandura. Quando chegaram e deram a Alexandre o recado do xerife, ele apanhou o anel e disse:

— Ah, é? Vejo que o xerife o apóia, assim como apóia a todos esses hereges. Então amanhã vou mostrar isso aos seus superiores. — Todavia, às dez horas foi visitar Mestre Philpot e retirou-lhe os ferros.

Na terça-feira, durante a ceia (era o dia 17 de dezembro de 1555), chegou um mensageiro enviado pelos xerifes e pediu que Philpot se preparasse, pois no dia seguinte ele seria executado. Mestre Philpot respondeu: — Estou pronto. Que Deus me dê forças e uma feliz ressurreição. — Dito isso, foi para o seu aposento e abriu a alma para o Senhor Deus, dando-Lhe graças de todo o coração por Ele tê-lo feito digno de padecer pela Sua verdade.

Pela manhã, por volta das oito horas, chegaram os xerifes, e Philpot, cheio de alegria, desceu ao encontro deles. Lá estava seu criado que lhe disse: — Meu querido amo, adeus. — Seu amo respondeu-lhe: — Sirva a Deus, que Ele há de ajudá-lo. — Ao entrar em Smithfield o caminho estava lamacento, e dois oficiais se dispuseram a carregá-lo até a fogueira. Disse ele então jocosamente: — O quê! Vão me fazer de Papa! Posso completar minha jornada a pé.

Quando chegou ao local da execução, disse: — Devo desdenhar padecer nesta fogueira, sabendo que meu Redentor não se recusou a enfrentar a mais ignominiosa morte sobre a cruz por mim? Depois de fazer suas orações, disse aos oficiais: — Que é que vocês fizeram por mim? — E cada um deles contou o que tinha feito, e a todos ele deu algum dinheiro. Em seguida no meio das chamas ele entregou sua alma nas mãos de Deus todo-poderoso.

Sete mártires executados juntos

Lá pelo dia 27 de janeiro de 1556 foram queimadas estas sete pessoas: o sacerdote Thomas Whittle, o nobre Bartlet Green, os artesãos John Tudson e John Went, Thomas Brown, a dona de casa Isabel Foster e a doméstica Joan Warne, aliás Lashford.

Os terríveis maus-tratos sofridos por Whittle e as bofetadas que o Bispo Bonner lhe deu no rosto, tudo isso aparece claramente em sua própria narrativa enviada a um amigo:

"O bispo mandou que viessem me apanhar e me levassem da casa do porteiro onde eu passara a noite deitado no chão sobre uma enxerga. Estava mal como nunca. Quando me apresentei a ele, perguntaram se eu teria assistido à missa naquela manhã caso ele me tivesse convidado. Respondi-lhes que eu teria vindo ao seu encontro atendendo as suas ordens. — Mas quanto à sua missa — disse eu — não gosto muito dela. — Essa resposta o deixou muito ofendido, e ele disse que eu passaria a receber apenas pão e água. Enquanto o seguia por um vasto salão, ele virou-se e bateu-me na cara, primeiro numa face depois na outra. Em seguida conduziu-me para o depósito de sal onde não havia nem uma cama de palha. Tive de passar duas noites sobre uma mesa, mas graças a Deus dormi profundamente."

Whittle, confortado pela graça de Deus, resistiu forte e inabalável. Por isso foi levado à fogueira com os outros seis.

Bartlet Green, o cavaleiro, era de uma boa família e fora enviado à Universidade de Oxford. Por freqüentar as aulas de Peter Martyr, ele viu a verdadeira luz do Evangelho de Cristo.

Ao ser conduzido para Newgate encontrou-se com dois senhores que eram seus amigos íntimos e queriam confortar seu irmão perseguido. Mas seus corações cheios de amor e amizade foram traídos pela abundância de suas lágrimas de compaixão. Disse-lhes então Green: — Ah, meus amigos! É esse o conforto que vieram me trazer neste pesaroso momento? Devo eu, que sou quem precisa de consolo, ser agora vosso consolador?

Quando foi espancado com varas pelo Bispo Bonner, ele muito se alegrou. Todavia, sua recatada modéstia era tanta que em nenhum momento expressou sinal algum do que sentia, para não parecer gloriar-se de si mesmo. Limitou-se a revelar seus sentimentos a um amigo, um certo senhor Cotton do Templo, pouco antes de morrer.

Foi o primeiro do grupo a ser preso, mas o último a ser condenado, o que aconteceu no dia 15 de janeiro. Foi queimado com os outros seis mártires no dia 27 do mesmo mês, em 1556.

Thomas Brown residia na paróquia de St. Bride, na Rua Fleet. Pelo fato de ele não freqüentar a igreja paroquial, o condestável do local o apresentou a Bonner. Conduzido à prisão de Fulham, foi intimado a entrar na capela para ouvir missa. Recusando-se a fazê-lo, deixou o local e foi para o viveiro dos coelhos onde se ajoelhou no meio das árvores. Por isso foi severamente acusado perante o bispo.

— Brown, você já foi muitas vezes trazido à minha presença, e eu me esforcei muito para arrancá-lo de seus erros. Mesmo assim você e gente como você ficam dizendo que eu estou querendo o seu sangue.

— Exatamente, milorde — retrucou Brown — vós sois uma sanguessuga — e eu gostaria que meu sangue fosse tão abundante como a água do mar para satisfazer vosso apetite.

E assim ele foi entregue para ser queimado.

Joan Lashford era filha de Robert Lashford, um cuteleiro, que foi perseguido por causa do Evangelho de Deus até ser queimado na fogueira. Depois dele foi executada sua mulher; e depois dela, a mencionada Joan Lashwood, sua filha. Quando tinha aproximadamente vinte anos e cuidava de seus pais na prisão, descobriu-se que ela era da mesma doutrina. Sua confissão foi que ela se recusava a assistir ao serviço da missa papista e a confessar-se.

Cinco piedosos mártires queimado numa única fogueira

Nesta história de mártires que sofreram perseguição seguem pela ordem outros cinco que foram queimados no ano do Senhor de 1557, no dia 12 de abril: Thomas Loseby, Henry Ramsey, Thomas Thirtel, Margaret Hide e Agnes Stanley. Todos foram presos por não freqüentarem suas igrejas paroquiais.

Thomas Thirtel disse ao Bispo Bonner: — Milorde, se vossa excelência me declarar herege, estará declarando que também foram hereges Jesus Cristo e os doze apóstolos.

Margaret Hide disse: — Milorde, gostaria que me instruísse sobre algum ponto da Palavra de Deus e que não viesse com ensinamentos sobre pão santo e água benta, pois são coisas que não fazem parte das Escrituras.

Agnes Stanley deu a seguinte resposta: — Milorde, quanto àqueles que vossa excelência diz que são queimados por serem hereges, eu acredito tratar-se de verdadeiros mártires perante Deus. Portanto, hei de ater-me à minha opinião e fé enquanto viver.

Todos juntos, na mesma fogueira, com muita firmeza e alegria, esses cinco mártires terminaram sua vida temporal e assim receberam a vida eterna.

John Hallingdale, William Sparrow e Richard Gibson

Estas fiéis testemunhas do testamento do Senhor foram torturadas e executadas no dia 18 de novembro de 1557.

John Hallingdale disse que Cranmer, Latimer, Ridley, Hooper e em geral todos os que recentemente haviam sido queimados como hereges não eram absolutamente hereges, uma vez que pregaram a verdade do Evangelho. Essa pregação era o fundamento de sua fé e consciência. William Sparrow respondeu ao Bispo Bonner: — Se cada cabelo de minha cabeça fosse um homem, preferiria queimá-los todos a afastar-me da verdade.

Os mártires de Islington Fields

Secretamente, num sítio afastado perto da cidade Islington, reuniu-se um grupo de quarenta pessoas inocentes e piedosas. Eram homens e mulheres que ali passavam o tempo orando e meditando sobre a santa Palavra de Deus. Lá chegou um senhor desconhecido que os saudou dizendo que eles pareciam pessoas que não tinham más intenções. Alguém do grupo perguntou-lhe se ele sabia dizer de quem era o sítio em que se encontravam e se eles podiam tomar a liberdade de descansar por ali. — Sem dúvida — disse ele — uma vez que vocês me parecem pessoas sem má intenção alguma. — Dito isso, foi-se embora.

Um quarto de hora mais tarde veio o condestável de Islington com seis ou sete acompanhantes, um trazendo um arco, outro uma alabarda e outros com outras armas.

O condestável deixou seus acompanhantes para trás num lugar recluso, pedindo que ficassem de prontidão para alguma emergência, enquanto ele abordava o grupo dos quarenta. Depois de observar o que estavam fazendo, ele mandou que lhe entregassem seus livros. Eles, sabendo que ele era o condestável, não se recusaram a obedecer. Àquela altura surgiram seus acompanhantes dando ordens para que todos se pusessem de pé e não deixassem o recinto. Responderam que acatariam as ordens e iriam para onde fossem mandados. E assim foram primeiro levados para uma cervejaria que ficava nas imediações, enquanto alguns dos acompanhantes do condestável foram à procura de um juiz que morava próximo. Mas ele não estava em casa. Por isso o grupo foi levado para o Lorde Roger Cholmley. Entrementes, algumas das mulheres fugiram. No fim, vinte e dois foram para a prisão de Newgate onde esperaram durante sete semanas até serem interrogados. Dos vinte e dois, treze foram queimados: seis em Brendford e sete em Smithfield.

Os nomes destes sete são os seguintes: Henry Pond, Reinald Eastland, Robert Southam, Matthew Ricarby, John Floyd, John Holiday e Roger Holland. Somente o interrogatório de Roger Holland chegou às nossas mãos.

Roger Holland era um alfaiate de Londres que fora aprendiz de um mestre chamado Kempton, da casa Black Boy, na Rua Watling. Naquela época gostava de bailes, lutas de esgrima, banquetes e más companhias. Certa ocasião foi-lhe confiada uma quantia de dinheiro que era de seu patrão, num total de trinta libras. Acabou perdendo tudo no jogo de dados. Por isso pretendia transferir-se para além-mar, na França ou em Flandres.

De manhã bem cedo foi procurar uma criada da casa, uma jovem discreta chamada Elizabeth, que professava o Evangelho e levava uma vida condizente com sua fé. Disse-lhe o rapaz: — Elizabeth, lamento não ter seguido seus delicados conselhos e amáveis censuras. Se o tivesse feito, nunca teria chegado a esta situação vergonhosa e lamentável em que me encontro. Perdi trinta libras do meu patrão e não estou em condições de pagar o que devo. Mas eu lhe suplico, peça a minha patroa para que ela faça esta promissória chegar às mãos de meu patrão. Se um dia eu reunir condições, eu lhe pagarei. Peça a ele que mantenha silêncio sobre o caso, pois se isso chegasse aos ouvidos de meu pai, certamente seus cabelos grisalhos conheceriam o túmulo antes do tempo. E assim ele se dispunha a partir.

A criada, considerando que a viagem poderia significar sua total destruição, disse-lhe: — Espere um pouco. — Tinha ela uma certa quantia de dinheiro que recebera pela morte de um parente. Apanhou trinta libras e disse: — Roger, aqui está a quantia necessária. Você pode ficar com ela e eu guardarei a promissória. Mas você precisa me prometer de abandonar todas as más companhias e deixar de falar palavrões. Se um dia eu souber que você apostou um centavo jogando dados ou cartas, então vou mostrar a promissória ao seu patrão. Mais ainda, você deve prometer-me que vai freqüentar todos os dias a preleção na igreja de Todos os Santos e, todos os domingos, o sermão na igreja de Paulo; vai jogar fora todos os livros de assuntos papistas e baladas vãs e arranjar um Novo Testamento e um Livro dos Serviços Religiosos; vai ler as Escrituras com reverência e temor, sempre invocando a Deus para que Sua graça o conduza na Sua verdade; vai rezar a Deus com fervor pedindo-Lhe que perdoe suas ofensas passadas e esqueça os pecados de sua juventude; e vai sempre temer desobedecer Suas leis ou ofender Sua majestade. Então Deus o protegerá e lhe concederá o que seu coração deseja.

Dentro de seis meses Deus havia operado tal transformação nesse homem que ele se tornara um zeloso professor da verdade. Foi então para Lancashire visitar seu pai e levou consigo vários bons livros que distribuiu entre os amigos. Assim seu pai e seus amigos começaram a saborear o Evangelho e a detestar a missa, a idolatria e a superstição. No fim seu pai lhe deu uma quantia de dinheiro para ele começar a vida. Era uma soma de cinqüenta libras esterlinas.

Então Roger voltou para Londres outra vez e foi visitar a criada que lhe emprestara o dinheiro para pagar seu patrão. Disse-lhe ele: — Elizabeth, aqui está o dinheiro que você me emprestou. Pela sua amizade e boa vontade, pelos bons conselhos que me deu, eu não estou em condições de recompensá-la, a não ser fazendo de você a minha esposa. — E logo em seguida se casaram. Era o primeiro ano do reinado de Mary.

Depois disso ele continuou no convívio dos fiéis até que, no último ano da Rainha Mary, ele e os outros seis mencionados acima foram presos.

Depois de Roger Holland graças a Deus não houve mais ninguém executado em Smithfield em testemunho do Evangelho.

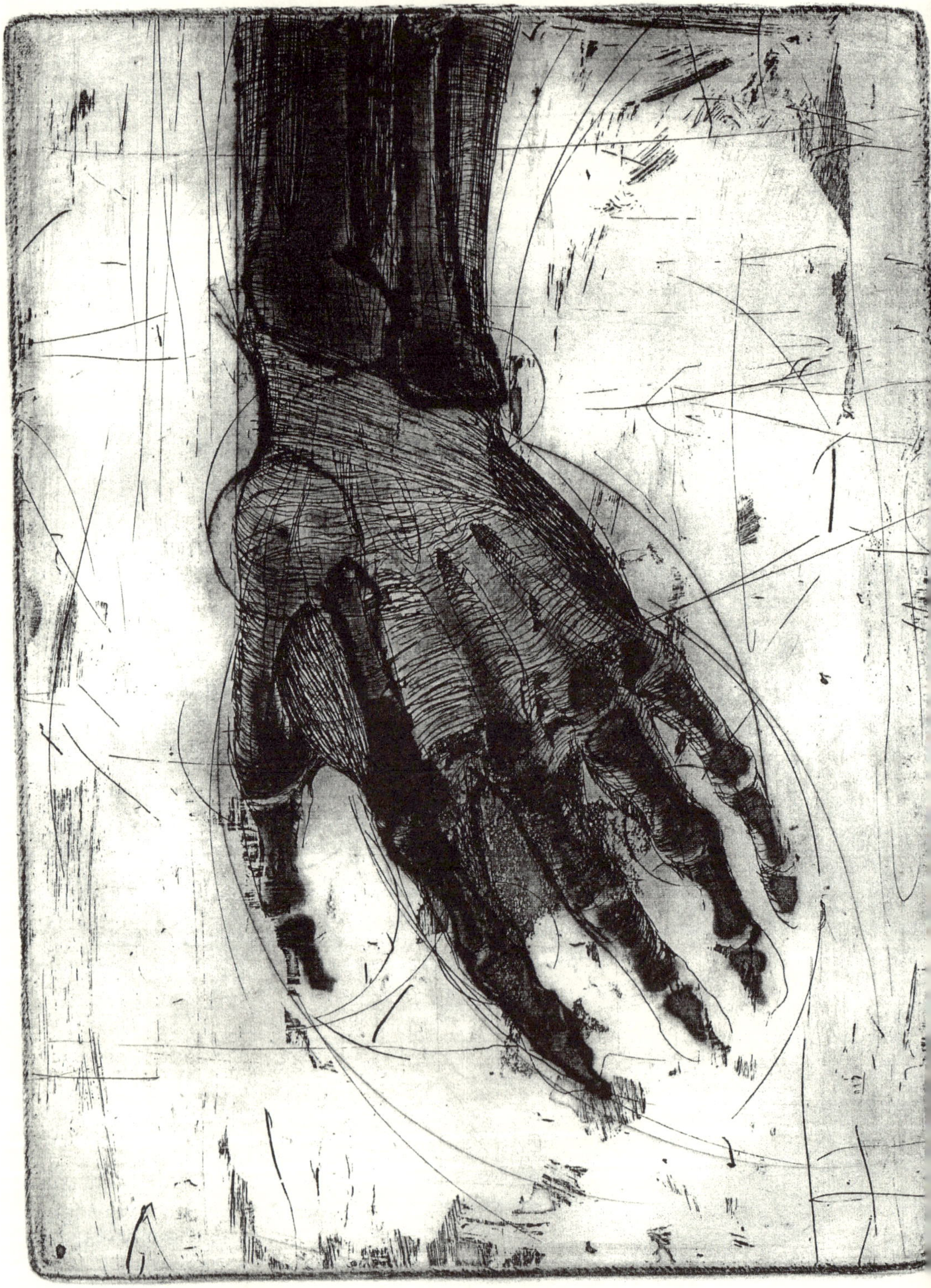

Vida, Caráter e História do Venerável e Prelado Thomas Cranmer, Arcebispo de Cantuária

THOMAS CRANMER, descendente de uma família antiga presumivelmente dos tempos da Conquista, nasceu numa aldeia chamada Aslacton, no condado de Nottingham. Com o passar do tempo chegou à Universidade de Cambridge e foi selecionado para trabalhar na Faculdade de Jesus. O estudo das línguas e de outras disciplinas estava pouco a pouco ressurgindo naquela universidade, e as obras de Faber e Erasmo eram muito lidas e tidas em alta consideração. Deleitando-se com esses autores, Cranmer ia ao poucos eliminando seu velho ranço, usando-os qual pedra de amolar até que no fim, quando Martinho Lutero se insurgiu, dias mais iluminados e felizes para o conhecimento de Deus despertaram as mentes humanas para a luz da verdade. Nessa época, aproximadamente aos trinta anos de idade, Cranmer abandonou todos os antigos estudos e empregou toda a sua capacidade mental no debate de questões de religião. Percebendo que não poderia avaliar essas matérias sem investigar as fontes de que provinham, antes de entregar sua mente a qualquer opinião, passou três anos inteiros lendo e relendo os livros das santas Escrituras. Depois de posta essa fundação tão feliz quanto sábia, quando se julgou suficientemente preparado e munido de maior maturidade para julgar, como um comerciante que cobiça todos os bons artigos, ele entregou-se à leitura de todos os tipos de autores.

Ao longo desse tempo, sem vincular-se a nenhum grupo ou época, Cranmer ponderava as opiniões de todos e as avaliava em silêncio. Lia os autores antigos sem desprezar os novos; durante todo esse ínterim, analisava e comparava as opiniões de vários autores. Era um leitor lento mas um observador sério. Nunca abordava um autor sem ter à mão pena e tinta, embora não usasse a memória menos que a pena. Sempre que surgia alguma controvérsia, recolhia os pareceres de todos os autores de forma resumida e anotava seus diversos questionamentos em cadernos preparados para esse fim; ou então, se o texto era longo demais para transcrevê-lo, anotava os dados da obra com o número da página para com isso ajudar a memória.

E assim, já mestre em artes e contratado pela Faculdade de Jesus, veio a casar-se com a filha de um nobre. Em conseqüência disso, perdeu seu posto naquela escola e tornou-se um leitor da Faculdade de Buckingham. Para dedicar-se com mais diligência ao ofício do ensino, acomodou a esposa numa estalagem de Cambridge denominada "O Delfim", cuja proprietária era um dos parentes dela. Por causa disso e pelo fato de que ele com freqüência visitava a mulher na estalagem, Cranmer foi observado por alguns comerciantes papistas, e isso deu origem a um boato, que logo se espalhou por toda a parte quando ele foi guindado ao bispado de Cantuária: dizia-se que ele era apenas um hoteleiro e portanto não tinha erudição alguma.

Enquanto Mestre Cranmer desenvolvia sua atividade docente na Faculdade de Buckingham, sua esposa veio a falecer. O diretor e seus antigos colegas da Faculdade de Jesus, querendo tê-lo novamente ao seu lado, voltaram a indicá-lo para lecionar naquela escola. Ali em poucos anos ele tornou-se professor de teologia e gozava de tal reputação em toda a universidade que, sendo doutor em teologia, era normalmente indicado como um dos responsáveis para examinar os candidatos que anualmente faziam sua solene profissão de fé para cursarem o bacharelado ou o doutorado em teologia. A aprovação desses letrados equivalia a um aval conferido pela universidade para prosseguirem rumo à obtenção do grau acadêmico; já a reprovação significava sua rejeição pela instituição, até que estivessem munidos de maiores conhecimentos.

Como examinador, o Dr. Cranmer, sempre defendendo ferrenhamente o conhecimento das Escrituras, nunca permitia que alguém avançasse nos estudos de teologia sem dominar muito bem a história da Bíblia. Por causa disso, certos frades e outros religiosos, educados sobretudo no aprendizado de autores didáticos sem respeito algum pela autoridade das Escrituras, eram geralmente reprovados por ele. Tanto assim que, por seus severos exames, ele era alvo de muita indignação e ódio. E, contudo, no fim acontecia que vários dos reprovados, sendo compelidos a estudar as Escrituras, transformavam-se em conhecedores e amantes da matéria; assim, quando se tornavam doutores em teologia, não se cansavam de exaltar a bondade do Mestre Dr. Cranmer, que os havia retido por um tempo para que pudessem buscar maiores conhecimentos e perfeição.

Enquanto o Dr. Cranmer desenvolvia seu trabalho em Cambridge, a grave causa do Rei Henrique VIII — seu divórcio com Lady Catarina, herdeira da Espanha — entrou em discussão, depois de ser debatida de vários pontos de vista pelo espaço de dois ou três anos entre estudiosos do Direito Canônico e outros letrados. Aconteceu que o Dr. Cranmer, por causa da peste que grassava em Cambridge, retirou-se para Waltham Abbey, hospedando-se na casa de um certo Sr. Cressy, cuja esposa era uma parente sua. Dois filhos de Cressy eram alunos de Cranmer em Cambridge. Assim, ele ficou descansando com eles durante o verão de 1529. Ocorreu que o rei também deixara Londres para passar um ou dois dias em Waltham, e o Dr. Stephen Gardiner, seu secretário, com o Dr. Foxe, seu tesoureiro, estavam hospedados na casa do mencionado Sr. Cressy.

Na hora do jantar, os três doutores se encontraram. Como eram velhos conhecidos, o secretário e o tesoureiro conversaram com o Dr. Cranmer sobre a causa do rei, querendo saber o que ele pensava sobre o assunto.

O Dr. Cranmer respondeu que, na sua opinião, fazia-se mais barulho movendo um processo contra a lei eclesiástica do que era necessário. — Na minha opinião — disse o Dr. Cranmer — a questão de um homem poder ou não casar-se com a esposa do irmão deveria ser decidida à luz da Palavra de Deus, e assim a consciência do príncipe poderia ser tranqüilizada. Isso seria melhor do que prolongar a questão ano após ano com frustrantes protelações para ganhar tempo. Só há uma verdade no caso, e a Escritura logo a deixará clara se for bem examinada por pessoas eruditas, o que se pode fazer aqui nas universidades da Inglaterra ou em Roma. Seguindo esse método vocês já poderiam ter concluído a questão há muito tempo.

Os ouvintes do Dr. Cranmmer apreciaram muito seu conselho, e pensaram em utilizá-lo para instruir o rei, que na época estava decidido a pedir a Roma um novo mandado. No dia seguinte, quando o rei deslocou-se para Greenwich com a cabeça perturbada e disposto a pôr um termo em seu longo e tedioso caso, convocou o Dr. Stephen e o Dr. Foxe e lhes disse: — E agora, meus senhores, que vamos fazer nesse meu caso que não tem fim? Precisamos de um novo mandado de Roma, e só Deus sabe quando isso vai acabar. — Respondeu-lhe o Dr. Foxe: — Confiamos que haverá recursos melhores para Vossa Majestade. Por acaso nos hospedamos em Waltham na casa do Sr. Cressy na noite passada, onde nos encontramos com um velho conhecido nosso que se chama Dr. Cranmer. Na opinião dele o caminho mais curto seria tranqüilizar a consciência de Vossa Majestade com a orientação de analisar o caso à luz da autoridade da Palavra de Deus e com base nela decidir a sentença final. — Perguntou o rei: — Onde está esse Dr. Cranmer? Ainda está em Waltham? — Responderam-lhe que lá o haviam deixado. — Pelos céus! — disse o rei — esse homem acertou na mosca. Seu eu tivesse conhecimento desse seu conselho dois anos atrás, teria economizado um monte de dinheiro e evitado muitas chateações.

Logo em seguida o Dr. Cranmer foi convocado. Mas ao chegar a Londres pôs-se a brigar com seus dois conhecidos dizendo que, por causa deles, ele fora convocado para incomodar-se com um assunto sobre o qual ele não havia estudado nada. Portanto, mais do que depressa pediu-lhes que apresentassem suas desculpas para que ele pudesse ser liberado sem ter de comparecer à presença do rei. Mas foi tudo em vão, pois quanto mais eles insistiam para desculpar a ausência do Dr. Cranmer mais o rei os censurava, de modo que nenhuma desculpa foi aceita e ele relutando apresentou-se na corte. — Senhor Doutor — disse-lhe o rei — eu lhe peço e, mais ainda, pois o senhor é meu súdito, eu lhe ordeno que deixe de lado todos seus outros afazeres para trabalhar no meu caso e fazer tudo o que estiver a seu alcance para levá-lo a bom termo segundo o seu próprio conselho, para que em breve eu possa saber onde posso depositar a minha confiança. Pois diante de Deus e do mundo eu protesto que não estou procurando divorciar-me da minha rainha, se, por qualquer outro meio, eu puder com justiça ser persuadido de que este nosso casamento é inviolável e não contra as leis de Deus. Pois se não for contra as leis de Deus, nunca houve motivo para me levar a buscar uma saída tão extrema. Nem jamais houve tampouco um príncipe que tivesse uma esposa e companheira mais gentil, obediente e carinhosa do que a minha Rainha, nem eu tampouco sob qualquer aspecto jamais imaginei uma mulher melhor que ela, até surgir essa minha dúvida. Eu lhe asseguro que, em vista das singulares virtudes com que ela é dotada, sem tecer considerações em torno de sua nobre linhagem, eu me daria por muito feliz por continuar com ela, se essa fosse a vontade e o desejo de Deus Onipotente.

O Dr. Cranmer pediu a sua alteza, o rei, para confiar o exame da questão à luz da Palavra de Deus aos mais eruditos das duas universidades de Oxford e Cambridge. — É um bom conselho — disse o rei — e eu estou satisfeito. Todavia, eu quero que especialmente o senhor expresse por escrito o que pensa sobre o caso. — Depois que o rei se retirou, o Dr. Cranmer incontinenti escreveu o que pensava sobre a questão real, acrescentando a sua opinião pessoal de que o Bispo de Roma não tinha autoridade que lhe permitisse dispensar a Palavra de Deus. Quando o Dr. Cranmer entregou seu escrito ao rei, ouviu dele a seguinte pergunta: — O senhor se propõe a defender o que aqui está escrito perante o Bispo de Roma? — Tentarei fazê-lo com a ajuda de Deus — disse o Dr. Cranmer — se Vossa Majestade para lá me enviar. — Pelos céus! — exclamou o rei — Vou enviá-lo exatamente para lá numa verdadeira embaixada.

E assim, graças ao tratamento que o Dr. Cranmer dispensou à matéria, nas duas universidades de Oxford e Cambridge concluiu-se que nenhum matrimônio como esse era legítimo segundo a Palavra de Deus.

Logo em seguida enviou-se uma solene embaixada ao Bispo de Roma, que então se encontrava em Bolonha, da qual fizeram parte o Dr. Cranmer e vários outros eruditos e nobres. Era o ano de 1530. Quando chegou o momento de apresentarem a razão da presença da embaixada em Roma, o bispo, sentado em seu trono exibindo vestes solenes e ricos atavios, ofereceu o pé para que os embaixadores o beijassem. O Conde de Wiltshire, indignado, manteve-se ereto sem fazer nenhuma mesura, de modo que todos os demais também se abstiveram dessa forma de idolatria. Seja como for, não se pode omitir um fato que por acaso aconteceu envolvendo o cão do Conde de Wiltshire. O animal estava postado entre o Conde e o Bispo de Roma, quando este estendeu o pé para o beijo. O cão imediatamente avançou contra o pé do Papa e não apenas o beijou de forma indelicada mas também mordeu com força o dedão do pontífice, que depressa recolheu o pé, enquanto os nossos disfarçavam o riso.

Sem mais cerimônias, o Papa deu ouvidos aos embaixadores, que declararam que nenhum homem poderia ou deveria desposar a mulher do seu irmão, e que o Bispo de Roma de modo algum deveria conceder uma dispensa no sentido contrário. Fizeram-se diversas promessas e marcaram-se várias datas para debater a questão. Mas quando o nosso grupo estava preparado para responder, ninguém se apresentava a fim de debater a questão. Então no fim o Papa, distribuindo sorrisos aos nossos embaixadores e premiando o Dr. Cranmer com o ofício de cardeal penitenciário com poderes para decidir sobre o caso, despediu-se deles sem debate algum.

O caso evoluía em benefício do Dr. Cranmer quando Warham, Arcebispo de Cantuária, partiu desta vida. Sendo que o posto com sua dignidade na época estava nas mãos do rei, ele foi imediatamente oferecido ao Dr. Cranmer, considerado digno dessa promoção graças à sua atuação e empenho.

Ligada a essa questão do casamento do rei surge uma outra questão — a da autoridade do Papa. Grandemente beneficiou-se o novo arcebispo de sua velha coleção de notas, que ele utilizou em seu estudo, uma vez que todo o fardo dessa questão foi posto sobre os seus ombros. Ele sozinho então refutou todas as objeções dos papistas. Mostrou que a autoridade do Papa não fora introduzida por nenhuma autoridade das Escrituras, mas pela ambiciosa tirania dos homens; que o poder supremo neste mundo pertence ao imperador, aos reis e outros potentados, a quem os bispos, padres, papas e cardeais, por imposição divina, estão tão sujeitos quanto qualquer cidadão comum; que não havia motivo para o Bispo de Roma ter uma autoridade superior a de outros bispos e, portanto, era melhor que a ambiciosa soberania desse bispo, depois de expulsa da Inglaterra, fosse confinada dentro de sua própria Itália, como um rio deve confinar-se dentro de suas margens.

Logo em seguida, o rei e a rainha foram intimados pela lei eclesiástica a apresentar-se em Dunstable perante o Arcebispo de Cantuária e Stephen Gardiner, Bispo de Winchester, na condição de juízes, para ouvir a sentença da Palavra de Deus sobre a questão do seu casamento. O rei não se recusou a comparecer, mas a rainha apelou para o Bispo de Roma. Sendo porém que a autoridade do Papa fora banida do reino e que a autoridade pública decretara que ninguém do reino poderia apelar a Roma em caso algum, sem perda de tempo o juízes, a partir da Palavra de Deus, declararam que o casamento era ilegítimo e decretaram o divórcio. Como o nome e a autoridade do Papa haviam sido abolidos, o arcebispo empenhou-se para também abolir do reino seus erros, heresias e corrupção. Não se contentando com isso, obteve do rei, em parte graças a seu pedido pessoal e em parte pela insistência de outros, que alguns bispos mais eruditos organizassem um livro de instituições eclesiásticas expurgado de todas as superstições papistas. Esse livro, devido ao título de seus autores passou a ser conhecido como *O Livro dos Bispos*. Parece que o Arcebispo de Cantuária não estava na época bem instruído na doutrina do sacramento do altar, pois nessa obra se aceita a presença real. Acrescentou-se também um artigo sobre a adoração de imagens, que não foi lavrado por nenhum dos bispos mas sim adicionado pelo rei que o escreveu de seu próprio punho.

Passou-se então a falar da abolição dos mosteiros. O desejo do rei era que todas as terras das abadias fossem para os seus cofres. O arcebispo e outros eclesiásticos achavam que estava mais de acordo com o ministério cristão pensar que todos os bens dos mosteiros (que eram enormes) deveriam ser postos a serviço dos pobres e da construção de escolas. Em conseqüência disso, o rei, que até certo ponto discordava do arcebispo e de outros que defendiam sua doutrina, publicou os Seis Artigos que contêm o resumo da religião papista e, com o pleno consentimento do Parlamento, os decretou. Supérfluo seria repetir que uma grande carnificina decorreu a partir desses Seis Artigos pelo espaço de oito anos.

O Arcebispo de Cantuária entregava-se ao estudo incessante. Às cinco da manhã já estava debruçado sobre seus livros e assim continuava estudando e orando até as nove horas. Em seguida, quando as atividades do príncipe não lhe tomavam o tempo, dedicava-se até a hora do almoço ao atendimento das partes envolvidas em processos e ao despacho de questões atinentes a seu cargo espiritual, deixando seus afazeres temporais aos cuidados de seus funcionários.

Depois do almoço, se algum requerente o aguardava, dava-lhe toda a atenção necessária e despachava de tal modo que todos elogiavam-lhe a brandura e gentileza, embora às vezes o caso exigisse que alguns dos que o procuravam fossem por ele condenados à prisão. Quando não havia requerentes, passava mais ou menos uma hora após o almoço jogando xadrez ou observando quem era bom nesse jogo. Depois voltava outra vez ao seu estudo habitual. Geralmente estudava de pé, poucas vezes se sentava. Nessa tarefa prosseguia até as cinco horas, quando participava da oração comunitária. Depois passava o tempo caminhando ou na prática de alguma outra atividade honesta até a hora do jantar.

À hora do jantar, caso não tivesse apetite (de fato, ele muitas vezes não jantava), mesmo assim sentava-se à mesa. Quando sua refeição normal era servida, fazia questão de estar em boa companhia. Calçava luvas para ir superando, por assim dizer, o hábito de ingerir alimentos. Apesar disso, porém, entretinha quem estivesse com ele com uma conversa tão frutífera que alimentava e muito alegrava os seus ouvintes. Assim, a hospitalidade estava bem provida e a caixa de esmolas para aliviar os pobres nunca se esvaziava. Depois do jantar, passava pelo menos uma hora caminhando ou praticando algum passatempo honesto. Depois novamente ocupava-se com algum estudo até as nove. Assim, não passava nenhuma hora do dia em vão; todas eram empregadas em cuidar da glória de Deus, servir o príncipe ou promover o bem da Igreja. Esse bom emprego do tempo proporcionava-lhe a alegria de ouvir bons comentários de todos, atestando que ele era irrepreensível em suas conversas, como convém a um ministro de Deus.

Exige-se que "um bispo não seja teimoso". Desse tipo de defeito não se pode acusar o arcebispo, a não ser que se queira cometer uma grande injustiça. Sua natureza era tal que não havia ninguém mais gentil que ele ou que fosse mais facilmente convencido a aceitar um caso ou propósito honesto, especialmente em questões em que sua palavra, escrito, conselhos ou ações pudessem agradar a algum nobre ou pessoa bem-nascida, ou ser útil a alguma pessoa comum, ou então aliviar os pobres e necessitados. Apenas nas causas que diziam respeito a Deus e a seu príncipe, mais do que ninguém ele era resoluto, firme e difícil de vencer. As concessões que fazia, fazia-as sem dar a entender que esperava alguma retribuição ou recompensa. Assim só se poderia culpá-lo por excesso de bondade e gentileza.

Se excesso de paciência for considerado um vício, esse homem pode porventura ser motivo de escândalo. Teve, de fato, inimigos cruéis. Não que os merecesse, mas por causa da religião. E contudo, fosse quem fosse a pessoa que quisesse prejudicá-lo, em seus bens, em sua estima ou pondo em risco sua vida, se essa pessoa numa conversa com ele se mostrasse minimamente disposta a abrandar a sua posição e desculpar-se, o arcebispo esquecia a ofensa cometida e dava tais mostras de alegria que se criou o seguinte provérbio a seu respeito: "Ofenda sua excelência, o Arcebispo de Cantuária, ou pregue-lhe uma boa peça, e então você o terá como amigo enquanto ele viver."

Sua calma era tal que ele jamais se irritou com qualquer um dos empregados da casa a ponto de chamar o menor deles de velhaco ou tratante num momento de raiva. E de modo algum reprovaria um estranho com palavras de censura.

Todos os que o conheceram sabem e podem atestar que ele não foi nada mesquinho. Sua liberalidade para com todos era tal que ninguém que ele pudesse ajudar com uma doação ou um empréstimo ficava desamparado. E, mesmo assim tal era também sua ponderação que, quando foi preso e conduzido pela Rainha Mary para a Torre de Londres, não devia um centavo a ninguém, ao passo que várias pessoas lhe deviam somas não desprezíveis, que ele espontaneamente perdoou e cancelou rasgando promissórias e declarações de dívida antes de ter seus direitos civis suspensos. Quando percebeu que o destino fatal do Rei Eduardo lhe traria conseqüências negativas, afetando seu corpo e seus bens, ele incontinenti convocou seus administradores e ordenou-lhes que de qualquer maneira pagassem cada centavo de suas dívidas, o que de imediato foi feito. Em seguida disse ele: — Agora, graças a Deus, sou um homem livre.

Alguns membros do Conselho tentaram indispor o rei contra o arcebispo, declarando que o reino estava tão infectado de heresias que era perigoso para sua majestade permitir que a situação continuasse sem uma reforma. Poderia vir a acontecer que, dada a prolongada tolerância, uma grave discórdia pudesse tomar conta do reino, capaz de gerar agitação e motins horríveis, como os que aconteceram em algumas partes da Alemanha. A enormidade do problema, na opinião deles, não se podia imputar a ninguém mais que ao Arcebispo de Cantuária. Ele, com suas pregações pessoais e as de seus coadjutores, infestara todo o reino com várias heresias perniciosas. O rei disse que precisava ouvir os acusadores. Responderam que, por ser o arcebispo um membro do conselho, ninguém ousaria assumir a tarefa de acusá-lo. Mas, se fosse do agrado de sua majestade prendê-lo na Torre por um tempo, apareceriam acusações e provas suficientes contra ele. Caso contrário, não haveria depoimentos e testemunhos justos.

O rei deu-lhes permissão para que no dia seguinte o prendessem na Torre para um julgamento. À meia-noite, mandou que Sir Anthony Denny fosse até Lambeth para procurar o arcebispo e pedir-lhe que viesse imediatamente encontrar-se com o rei no palácio. O arcebispo, ao entrar na galeria onde o rei estava caminhando, ficou parado no aguardo. Disse-lhe sua majestade: — Ah, Vossa Excelência de Cantuária! Tenho notícias para o senhor. Por causa de várias considerações graves, foi determinado por mim e pelo conselho que amanhã, às nove horas, o senhor seja conduzido para a Torre. Conforme informação que nos foi passada, o senhor e seus coadjutores ensinaram, pregaram e disseminaram pelo reino várias heresias execráveis. Por isso o conselho solicitou-me permissão para confiná-lo na Torre a fim de que a questão possa ser julgada. Se o senhor não fosse preso, ninguém ousaria apresentar-se como testemunha nessa questão, sendo o senhor um dos meus conselheiros.

Depois que o rei deu seu recado, o arcebispo ajoelhou-se e disse: — De todo o coração estou disposto, se for do agrado de vossa majestade, a ser preso por ordens suas. Com a máxima humildade agradeço a vossa majestade pelo fato de eu poder ser julgado, pois há muitas pessoas que me caluniaram e agora, ao ser julgado, espero provar que não mereço o que se diz de mim.

Ao perceber a retidão desse homem, acompanhada de tamanha simplicidade, disse o rei: — Ó céus! Que tipo de homem é o senhor! Que simplicidade é essa? Não sabe quantos inimigos poderosos o senhor tem? O senhor não pensa em como é fácil achar três ou quatro tratantes para testemunhar contra o senhor? O senhor pensa que terá melhor sorte do que a que teve seu Mestre Cristo? Pelo que vejo o senhor iria correndo ao encontro de sua própria destruição se eu o permitisse. Os seus inimigos não hão de prevalecer contra o senhor porque eu pessoalmente tomei a decisão de livrá-lo das mãos deles. Apesar de tudo, porém, amanhã quando o conselho mandar buscá-lo, vá ter com eles, e se eles o mandarem para a Torre, exija deles, uma vez que o senhor é um conselheiro, que seus acusadores sejam trazidos à presença do conselho e que o senhor possa responder às acusações diante de todos, sem nenhum constrangimento. Use a seu favor todas as boas formas de persuasão que puder encontrar. E se nenhum rogo ou pedido razoável surtir efeito, então entregue-lhes este meu anel (o rei deu então seu anel ao arcebispo) e diga-lhes o seguinte: Se não há nenhum outro remédio, meus senhores, e julgam que eu devo ir para a Torre, então eu retiro dos senhores a minha causa e apelo para a própria pessoa do Rei mediante este seu sinal para todos os senhores. Continuou o rei: — Pois assim que virem este meu anel, hão de reconhecê-lo tão bem e saberão que eu assumi pessoalmente esta causa com muita firmeza e que eu os destituí dela.

O arcebispo, ao perceber a benignidade do rei, mal pôde conter as lágrimas.

No dia seguinte, por volta das nove horas da manhã, o conselho mandou um nobre acompanhante apanhar o arcebispo. Quando sua excelência chegou à sala do conselho, não pôde entrar. Aparentemente de propósito, foi obrigado a esperar sozinho entre pajens, lacaios e serviçais. O medico do rei, Dr. Buts, ao passar pelo local e percebendo como o Arcebispo de Cantuária estava sendo tratado, dirigiu-se a sua alteza real e disse: — sua excelência, o Arcebispo de Cantuária, como vossa graça deve saber, foi promovido. Agora ele se tornou um lacaio ou um serviçal, pois lá está entre eles há meia hora, do lado de fora da porta do conselho. — Não deve ser isso, penso eu — disse o rei. — Os conselheiros não podem ser tão destituídos de discernimento a ponto de tratar o arcebispo metropolitano do reino dessa forma, especialmente sendo ele um dos conselheiros. Mas deixa estar — disse o rei — que cedo teremos outras notícias.

Logo em seguida o arcebispo foi convidado a entrar na sala do conselho onde ouviu acusações anteriormente ensaiadas. Ele respondeu conforme as orientações recebidas do rei, e quando percebeu que nenhuma forma de persuasão ou pedido surtiria efeito, entregou-lhes o anel do rei, transferindo sua causa para as mãos do soberano. O conselho inteiro ficou um tanto surpreso perante o fato. Então o Conde de Bradford falando aos berros e confirmando suas palavras com uma solene imprecação disse: — Quando começaram essa questão, meus senhores, eu lhes disse onde isso iria terminar. Os senhores acham que o rei permitirá que um dedinho desse homem seja machucado? Com muito mais razão, eu lhes garanto, ele defenderá sua vida contra velhacos valentões! Os senhores só prejudicam a si mesmos dando ouvidos a histórias e fábulas contra ele. — E assim, incontinenti, após receberem o anel, todos se levantaram e foram levá-lo ao rei.

Quando estavam na presença do monarca, com semblante severo disse-lhes sua majestade: — Ah, meus senhores! Eu pensava ter homens mais sábios no meu conselho. Que discernimento foi esse que os levou a fazer o primaz do reino, um dos que ocupam o mesmo cargo dos senhores, a aguardar junto à porta da sala do conselho entre serviçais? Eu protesto e afirmo que se um príncipe pode mostrar-se reconhecido ao seu súdito, pela fé que devo a Deus, eu considero que este homem aqui, sua excelência, o Arcebispo de Cantuária, é dentre todos os outros o nosso súdito mais fiel. — Diante disso um ou dois dos principais membros do conselho, apresentando suas desculpas, declararam que a situação constrangedora imposta ao arcebispo devia ser interpretada como uma provação e purgação por causa dos conhecidos boatos e calúnias do mundo, e não como fruto de alguma malícia concebida contra ele. — Muito bem, meus senhores — disse o rei — levem-no e tratem-no bem, como ele merece, sem criar mais confusão. — Então todos eles deram a mão ao arcebispo.

Mas vejam, porém, que onde reina a malícia não podem prevalecer a razão e a honestidade. E assim conseguiram os velhos inimigos do arcebispo que não apenas os cônegos da sua igreja catedral em Cantuária mas também os mais famosos juízes de paz do condado levantassem acusações contra ele. Os artigos foram entregues a sua alteza, o rei, por alguns intermediários do conselho. Após analisar o texto, o rei o fechou e guardou na sua manga. Depois, enquanto ele repousava sobre as águas do Tâmisa, seu barco com músicos a bordo ia passando por Lambeth na direção de Chelsea. O som da música fez o arcebispo sair para a ponte a fim de saudar o seu príncipe. Quando o rei o viu logo deu ordens aos barqueiros para que atracassem e ele foi até o convés.

— Ah, meu capelão! — disse o Rei ao arcebispo — Entre no barco comigo. — O arcebispo declarou que tomaria o seu próprio barco e escoltaria sua majestade. — Não — disse o rei — o senhor deve entrar no meu barco pois precisamos conversar. — Quando o rei e o arcebispo já estavam lado a lado, totalmente sozinhos, disse-lhe o monarca: — Tenho notícias de Kent para o senhor, excelência. — Respondeu o arcebispo: — Boas, eu espero, se for do agrado de vossa alteza. — Pelos céus! — disse o rei — São tão boas que agora sei quem é o maior herege de Kent. — E assim dizendo tirou da manga o texto dos artigos que acusavam o arcebispo e seus coadjutores e o entregou a ele, pedindo-lhe que o examinasse.

Ao ler os artigos e percebendo o tratamento descortês que recebia dos cônegos de sua catedral e de vizinhos que ele muitas vezes ajudara como os juízes de paz, o arcebispo ficou muito triste. Apesar disso, ajoelhou-se perante o rei e implorou que sua majestade concedesse um mandado a alguém da sua escolha para verificar a verdade da acusação. — De fato, realmente — disse o rei — é o que pretendo fazer. E o senhor mesmo será o mandatário chefe. Deverá encontrar mais outros dois ou três que o senhor mesmo julgue competentes. — Mas nesse caso — disse o arcebispo ao Rei — vão dizer que o julgamento não é imparcial, majestade, que eu seria o meu próprio juiz assim como os meus coadjutores. — Pois bem — disse o rei — não aceitarei nenhum outro que não seja o senhor mesmo e quem o senhor escolher. Pois eu tenho certeza de que o senhor não me falhará em nada, mesmo que seja levado a acusar a si mesmo. E se conduzir a questão com sabedoria, descobrirá uma bela conspiração armada contra o senhor. Quem quer para colaborar nessa tarefa? — Respondeu o arcebispo: — Quem vossa graça houver por bem indicar. — Disse-lhe o rei: — Eu escolho o Dr. Belhouse em primeiro lugar, escolha o senhor um outro que seja competente para o caso. — O meu chanceler, Dr. Coxe, e Hussy, o meu escrivão — disse o arcebispo — são peritos no exame dessas questões delicadas. — Pois bem — disse o rei — que seja expedido o mandado, e vá logo para Kent. Mantenha-me informado sobre o andamento das atividades.

Os mandatários vieram para Kent e passaram três semanas reunidos tentando descobrir quem fora o motivador da primeira acusação, pois esse era o fato principal que o rei precisaria saber. Todos esconderam suas garras e ninguém se dispunha a confessar coisa alguma sobre o caso, pois o Dr. Coxe e Hussey, que eram amigos dos papistas, conduziram o caso de modo a não permitir que fato algum relevante viesse à tona. Essa situação foi muito bem detectada por um dos servos do arcebispo, o seu secretário, que imediatamente escreveu ao Dr. Buts e ao Sr. Denny, esclarecendo que se sua majestade, o rei, não enviasse alguma outra pessoa em socorro de sua excelência, além dos que já estavam investigando com ele, seria impossível alguma coisa vir à tona. Portanto, ele gostaria que o Dr. Lee, ou alguma outra pessoa corajosa e com experiência em questões eclesiásticas do rei, fosse enviada em socorro do arcebispo.

Assim que foi convocado pelo rei, o Dr. Lee pediu que o arcebispo nomeasse uns doze ou quinze de seus funcionários e cavaleiros, que fossem discretos, sagazes e corajosos, a quem ele pediu, por ordem do rei, para examinar as bolsas, gavetas e aposentos de todos os que eram suspeitos de fazer parte da conspiração, quer dentro quer fora da igreja catedral. Todas as cartas e escritos que encontrassem deveriam trazer para exame por parte dele e do arcebispo. Em quatro horas toda a conspiração foi desmascarada!

Entre outras, chegaram às mãos de sua excelência duas cartas, uma do bispo sufragâneo de Dover e outra do Dr. Barber, a quem o arcebispo tinha em conta de conselheiro para questões jurídicas. Esses dois homens, que graças a ele haviam recebido boas promoções, eram tratados por ele com tal familiaridade que, quando o sufragâneo, detentor de uma prebenda em Cantuária, vinha visitá-lo, ele sempre o fazia sentar-se à sua mesa, enquanto o Dr. Barber nunca ocupava uma mesa muito distante. Eram pessoas que lhe proporcionavam grande prazer e conforto quando surgiam momentos de preocupações mais graves. Mas o que eles fizeram foi sempre dissimulado, e o demônio parecia um anjo de luz, embora os dois fizessem parte da conspiração.

Quando sua excelência tinha as cartas deles em suas mãos, convocou o bispo sufragâneo e o Dr. Barber a comparecerem em seu escritório, dizendo: — Venham encontrar-se comigo, pois preciso de seu conselho sobre um problema. — Quando estavam todos reunidos em seu escritório, disse-lhes ele: — Vocês dois são homens em quem eu depositei muita fé e esperança. Agora vocês precisam me dar alguns bons conselhos, pois eu fui vergonhosamente caluniado por uma ou duas pessoas às quais em diversas ocasiões revelei todos os meus segredos e em quem eu confiava como em mim mesmo. A situação agora é tal que eles não apenas revelaram os meus segredos mas também tomaram a iniciativa de me acusar de heresia e estão testemunhando contra mim. Peço-lhes, portanto, seus bons conselhos sobre como devo comportar-me em relação a eles. Vocês dois são meus amigos, são pessoas a quem eu sempre recorri quando precisei de orientação. Que me dizem sobre essa questão? — perguntou o arcebispo.

— Pelos céus! — disse o Dr. Barber — Esses vilões e tratantes (com perdão das palavras) são dignos da forca, imediatamente, sem nenhum apelo legal.

— A forca seria suave demais — disse o sufragâneo — e se não houvesse outro, eu mesmo seria o carrasco.

Ao ouvir essas palavras, o arcebispo ergueu as mãos aos céus e disse: — Ó Senhor, Deus de infinita misericórdia, em quem se pode confiar nos dias de hoje? Jamais um homem foi tratado como eu. Mas, Senhor, Tu sempre me defendeste, e por isso louvo o Teu nome! — E então retirou do peito as duas cartas e perguntou: — Conhecem estas cartas, meus senhores?

Diante disso, eles caíram de joelhos pedindo perdão e explicaram como um ano antes haviam sido tentados a fazer aquilo. E assim, lamentando profundamente seus atos, puseram-se a chorar, implorando que sua excelência os poupasse e perdoasse. — Bem — disse o gentil arcebispo — Deus fez de vocês homens bons! Eu nunca mereci isso de ninguém, mas peçam perdão a Deus, contra Quem vocês cometeram uma ofensa grave. Se homens como vocês não merecem confiança, que devo fazer eu nesta vida? Cheguei ao ponto em que a minha mão esquerda acusa a minha mão direita. — E assim os dispensou com palavras suaves e de conforto.

Essa foi a última estocada desferida contra o arcebispo durante a vida do Rei Henrique VIII, pois depois disso ninguém mais ousou mover uma acusação contra ele.

Até a entronização do Rei Eduardo, parece que Cranmer praticamente não se persuadira da doutrina correta sobre o sacramento. Mas logo em seguida, convencido por uma conversa com o Bispo Ridley, tomou para si a defesa de toda aquela doutrina, refutando o erro dos papistas segundo o qual os homens comem o corpo natural de Cristo.

O Rei Eduardo, ao perceber que sua morte se aproximava e sabendo que sua irmã Mary estava totalmente vinculada ao erro da religião papista, legou sua sucessão a Lady Jane (que era sobrinha do Rei Henrique VIII), com o consentimento de todo o conselho do reino. Após assinarem esse testamento do rei, os nobres e juízes mandaram chamar o arcebispo e pediram que ele também o assinasse. Ele, porém, disse que a determinação do testamento do Rei Henrique era outra e que ele havia jurado a favor da sucessão de Mary, como herdeira mais próxima, e que esse juramento o comprometia. Ele não era juiz de nenhuma consciência a não ser da sua própria. Quanto a assinar o documento, antes de falar pessoalmente com o rei, recusava-se terminantemente a fazê-lo. O rei disse-lhe que os nobres e os advogados o aconselharam a fazer aquele testamento, e a muito custo o arcebispo o assinou. Pouco tempo depois, em 1553, o Rei Eduardo morreu, na idade de quase dezesseis anos. Ordenou-se que Lady Jane fosse proclamada rainha, o que muito desagradou ao povo em geral. Mary procurou os seus direitos e logo prevaleceu. Veio para Londres e fez executar os dois "pais", o Duque de Northumberland e o Duque de Suffolk. Depois da constatação de que Lady Jane, de tenra idade e inocente desse crime, de modo algum abandonaria as suas convicções e fé, ela também foi decapitada juntamente com o seu marido.

O Arcebispo de Cantuária, embora pedisse perdão, não conseguiu nenhum indulto, tanto assim que a rainha nunca lhe concedeu sequer uma entrevista, tal era o ressentimento que nutria contra ele por causa do divórcio de sua mãe, que ela trazia escondido no fundo do coração. Além desse divórcio, ela não esquecia a mudança da religião. Por tudo isso o arcebispo era considerado o principal responsável.

Enquanto essas coisas iam acontecendo, corria de boca em boca o boato de que o arcebispo, para cair nas boas graças da rainha, havia prometido celebrar uma missa, segundo a tradição, no funeral do irmão dela, o Rei Eduardo. Nem tampouco faltou quem relatasse que ele já celebrara missa em Cantuária. Sendo que o boato rapidamente se estabeleceu, Cranmer emitiu uma nota por escrito para desmenti-lo. Essa nota, exposta ao público numa janela de seus aposentos, acabou chegando aos ouvidos de Scory, o Bispo de Chichester. Depois de ler seu teor, ele pediu uma cópia ao arcebispo. Quando Scory emprestou sua cópia a um amigo, várias outras foram feitas, e o documento se espalhou entre as pessoas comuns do povo. Tanto isso é verdade que quase todos os copistas dos tabelionatos estavam ocupados na reprodução daquela nota. Algumas cópias chegaram aos mandatários de Roma, o caso ficou conhecido, e o arcebispo foi intimado a apresentar-se para dar explicações.

Imediatamente Cranmer compareceu perante os mandatários. Um bispo do conselho particular da rainha, fazendo menção à nota, disse o seguinte: — Excelência, há uma nota publicada em seu nome, segundo a qual o senhor parece não gostar de reinstituir a celebração da missa. Nós não duvidamos de que o senhor lamenta essa publicação. — Respondeu-lhe o arcebispo dizendo: — Não nego que eu mesmo tenha sido o autor dessa nota. Eu pretendia afixá-la na porta da Igreja de Paulo e nas portas de todas as igrejas de Londres, com a minha própria assinatura aposta ao documento. — Quando viram a firmeza desse homem, eles o dispensaram.

Pouco tempo depois, ele foi enviado para a Torre e condenado por traição. A rainha, não podendo em sã consciência negar-lhe seu indulto, visto que todos os outros acusados foram inocentados, perdoou-lhe o ato de traição, mas acusou-o de heresia, fato que muito agradou ao arcebispo, pois aconteceu como ele queria, uma vez que a causa não era dele próprio, mas sim de Cristo; não era da rainha, mas sim da igreja. Ficou estabelecido que ele seria levado a Oxford, para lá debater com os doutores e teólogos. Embora a rainha e os bispos houvessem antes decidido o que lhe aconteceria, quiseram que a questão fosse debatida e argumentada a fim de que, sob uma honesta exibição de debate, o assassinato desse homem ficasse disfarçado.

Passemos agora ao julgamento final e à espécie de condenação lavrada no dia 12 de setembro de 1555, dezoito dias antes da condenação do Bispo Ridley e do Mestre Latimer. Consideremos como foi injusto o tratamento dispensado aos três bispos prisioneiros. Eles foram forçados ao debate, mas não lhes foi permitido falar, a não ser nos momentos determinados por seus adversários. E quando eles começavam a tecer algumas considerações ou a expandir-se um pouco por iniciativa própria, logo recebiam a ordem do alto da cátedra do presidente da sessão para irem direto ao ponto. Quando eles expunham seus argumentos com algum detalhe, logo ouviam o recado: — Argumentos breves, senhor doutor! Argumentos breves, senhor doutor!

E assim, após a condenação, levaram o arcebispo para a prisão acompanhado de um grande número de lanceiros e alabardeiros.

Cranmer era um homem de estatura média, de pele sem manchas e um tanto avermelhada. À época de sua morte, tinha a cabeça calva, mas exibia uma longa barba branca e espessa. Tinha sessenta e seis anos de idade quando o queimaram. Mas, apesar de ser um homem alquebrado pelos estudos, em toda a sua vida nunca fez uso de óculos de espécie alguma.

Depois dos debates de Oxford entre os doutores das duas universidades e os três nobres bispos, Cranmer, Ridley e Latimer, estes foram considerados hereges e entregues ao prefeito e aos xerifes daquela cidade. Mas, sendo que a sentença lavrada contra eles era juridicamente nula (pois naquela época a autoridade do Papa não era aceita no reino), outro mandado veio de Roma para a condenação desses três homens veneráveis, piedosos e eruditos.

A recepção dos mandatários de Roma ocorreu numa quinta-feira, no dia 12 de setembro de 1555, na extremidade leste da igreja de Santa Maria. Junto ao altar-mor foi erigido um tablado solene, suntuosamente enfeitado com panos nas cores oficiais, para o delegado do Papa, o Bispo Brooks, em seus paramentos pontificais. Sua cátedra foi disposta de forma que ele pudesse sentar-se sob o sacramento do altar. À direita do delegado do Papa, abaixo dele, sentava-se o Dr. Martin, à esquerda o Dr. Story, ambos representantes do rei e da rainha. Mas abaixo estavam outros doutores com o coletor do Papa e um monte de gente da mesma laia.

Mandaram trazer o arcebispo à presença deles. Ele deslocou-se da prisão para a igreja de Santa Maria escoltado por alabardas e espadas para impedir-lhe a fuga. Vestia um belo traje acadêmico preto, com um capuz caindo-lhe sobre os ombros, típico dos doutores em teologia da universidade. Na mão direita trazia um cajado branco. Quando viu os bispos com suas vestes pontificais, não tirou o chapéu para nenhum deles. Ficou parado aguardando que o chamassem. Logo em seguida, um dos representantes do Papa disse:

— Thomas, Arcebispo de Cantuária, queira apresentar-se e responder às acusações que lhe foram feitas; isto é, de blasfêmia, incontinência e heresia. Responda aqui ao Bispo de Gloucester, que representa a pessoa do Papa.

Quando foi conduzido para perto do tablado, divisou onde se encontravam os representantes do rei e da rainha. Tirou então o chapéu e humildemente flexionou os joelhos até o chão prestando-lhes suas homenagens.

Feito isso, olhando firmemente para os olhos do bispo, tornou a pôr o chapéu na cabeça sem lhe dar sinal algum de obediência. Diante do fato, o bispo sentiu-se ofendido e disse que lhe parecia muito justo, considerando-se a autoridade por ele representada, que o cumprimentasse com o devido respeito. Ao ouvir essas palavras, o Dr. Cranmer respondeu-lhe que fizera um juramento solene de nunca mais aprovar a readmissão da autoridade do Bispo de Roma no reino da Inglaterra e que, com a graça de Deus, pretendia cumpri-lo. Portanto, nada faria por meio de sinais ou gestos que pudesse pôr em dúvida o seu consentimento sobre a aceitação de tal autoridade.

Depois de ouvirem suas respostas a todas as objeções que lhe fizeram, eles o intimaram a apresentar-se em Roma dentro de oitenta dias para fazer seu depoimento pessoal. Respondeu ele que, se o rei e a rainha o enviassem para lá, ele se apresentaria com satisfação. Em seguida ele foi conduzido novamente à prisão, onde permaneceu, apesar da ordem recebida de apresentar-se em Roma. O Papa, contrariando todo o bom senso e justiça, enviou uma carta pessoal ao rei e à rainha ordenando o seu rebaixamento e privação de todas as dignidades, o que de fato aconteceu não dentro do prazo de oitenta dias, mas antes que se passassem vinte!

Depois de recebida essa sentença definitiva do Papa, uma outra sessão foi marcada para que o arcebispo se apresentasse no dia catorze de fevereiro perante certos mandatários enviados pela rainha, sob a chefia do Bispo de Ely, o Dr. Thirleby. Juntamente com ele fora designado o Dr. Bonner, Bispo de Londres. Esses dois vieram para Oxford como delegados do Papa e ordenaram que o arcebispo comparecesse à sua presença no coro da Igreja de Cristo, diante do altar-mor. O primeiro começou, como acontece em casos semelhantes, a ler o mandado que lhes conferia plena autoridade para efetuar a destituição e o rebaixamento do acusado e assim, depois de aplicar-lhe a excomunhão, entregá-lo ao braço secular.

Bonner, que, durante muitos anos alimentara, ao que parece, pouca boa vontade para com o arcebispo e que agora se alegrava em ver que era chegado o dia em que lhe era possível derrotá-lo e tripudiar sobre ele, começou a exibir sua eloqüência ao iniciar seu discurso perante assembléia da seguinte forma:

"Este é o homem que sempre desprezou a santidade do Papa, e agora vai ser julgado pelo Papa; este é o homem que derrubou tantas igrejas, e agora está aqui para ser julgado numa igreja; este é o homem que desprezou o bendito sacramento do altar, e agora está aqui para ser condenado perante o bendito sacramento presente ali no altar; este é o homem que como Lúcifer sentou-se no lugar de Cristo sobre um altar para julgar os outros, e agora está diante de um altar para ser ele mesmo julgado."

Bonner prosseguia com suas repetições retóricas, todas começando com as palavras "Este é o homem, este é o homem", até que no fim o Bispo de Ely várias vezes puxou-lhe a manga para que acabasse com aquilo e depois, na hora do jantar, o censurou por não cumprir a sua promessa: o Bispo de Ely lhe pedira com insistência para que tratasse o arcebispo com respeito.

Depois disso, com muito alvoroço passaram para a cerimônia do rebaixamento. Primeiro tiraram-lhe das mãos o báculo, que ele segurou com firmeza e se recusava a entregar. Naquele momento, imitando o exemplo de Martinho Lutero, ele tirou da manga esquerda uma apelação que no ato lhes entregou dizendo: — Eu apelo para o próximo Concílio Geral. — Esse apelo foi apresentado ao Bispo de Ely, que disse: — Excelência, o nosso mandado diz que devemos tomar providências contra o senhor.

Quando chegou o momento de tirarem-lhe o pálio (que é uma vestimenta solene usada por arcebispos), disse ele: — Quem dos senhores tem um pálio para ter o direito de privar-me do meu? — Isso equivalia a dizer que eles, por ocuparem uma posição inferior à sua, não tinham competência para serem seus juízes. Então um deles disse que, se por um lado eles eram apenas bispos, e portanto seus inferiores e sem competência para julgá-lo, por outro lado eram delegados do Papa, podendo portanto tirar-lhe o pálio. E assim fizeram. Tiraram-lhe cada peça de suas vestimentas na ordem inversa em que fora vestida. Em seguida, um barbeiro tosou-lhe o cabelo em volta da cabeça e o Bispo Bonner raspou-lhe as pontas dos dedos que haviam sido ungidas. Nesse procedimento esse bispo comportou-se com rudeza e deselegância, na medida inversa da suavidade e gentileza do seu colega. Por último arrancaram-lhe a beca e vestiram-no com um roupão de camponês totalmente despojado e quase gasto que logo se via como era mal feito. Na cabeça puseram-lhe um boné comum, e assim o entregaram ao poder secular.

Depois dessa pantomima de rebaixamento, sua excelência, o Bispo Bonner dirigiu-se ao arcebispo dizendo: — Agora o senhor não mais é nenhuma excelência. — E assim, com grande dor por parte de todos os presentes, ele foi conduzido à prisão. Acompanhou-o um senhor do condado de Gloucester que lhe perguntou se ele não queria algo para beber. O arcebispo respondeu dizendo que se ele tivesse um pedaço de peixe salgado preferia comer um pouco, pois o dia tinha sido muito atribulado e ele quase não se alimentara. — Mas agora meu coração já passou por tudo — disse ele — e está bem tranqüilo. Ao ouvir isso o homem entregou dinheiro aos beleguins circunstantes e lhes disse que se eram pessoas de bom coração eles o entregariam ao arcebispo "pois sua excelência, o Bispo de Cantuária, não tinha um centavo em sua bolsa de que se socorrer."

Enquanto o arcebispo se encontrava no cárcere, onde o mantiveram por quase três anos de sua vida, os doutores e teólogos de Oxford fizeram tudo o que lhes foi possível para convencê-lo a retratar-se. Para poder dobrá-lo mais facilmente, conduziram-no para a casa do deão da Igreja de Cristo, onde não lhe faltavam pratos refinados, onde ele participava de jogos com bolas de madeira, desfrutava do prazer de caminhadas e de outras atividades que pudessem afastá-lo de Cristo. Eles perceberam o tamanho do golpe que sofreriam se o arcebispo se mantivesse firme em sua posição e notaram também como seria grande o lucro deles se ele, como principal porta-estandarte, fosse derrubado. Por causa disso os astutos papistas formavam bandos ao seu redor, assediando-o com ameaças, com elogios, com súplicas e promessas. Alimentavam-lhe a esperança de que ele não apenas pouparia sua própria vida mas também seria reconduzido à sua antiga dignidade. Não haveria nada no reino que a rainha não lhe facilitasse, fosse riqueza, fosse dignidade. Mas se ele se recusasse, não haveria para ele esperança de salvação ou perdão, pois a rainha estava determinada a ter um Cranmer católico ou então não existiria Cranmer nenhum. Por fim o arcebispo, vencido, acabou cedendo.

Os doutores e prelados mandaram imediatamente imprimir sua retratação e distribuíram cópias para que todos a vissem. Durante todo esse tempo Cranmer não tinha garantias certas de vida, apesar da promessa em contrário que lhe fizeram os doutores. A rainha, que agora via uma oportunidade para vingar seu velho ressentimento, recebeu a retratação com muito prazer. Mas nada a fazia desistir de seu intento de condená-lo à morte. Cranmer encontrava-se numa situação lastimável, sem paz interior de consciência, sem ajuda exterior da parte de seus adversários. De um lado, elogios; do outro, desprezo; de ambos os lados, riscos. Assim ele não podia morrer honestamente, nem tampouco viver de forma desonesta.

Aconselhando-se em segredo sobre como tirar Cranmer do seu caminho, a rainha, que simplesmente queria vê-lo morto, designou o Dr. Cole e lhe deu pessoalmente a ordem de preparar um sermão funerário para o dia 21 de março, quando Cranmer seria queimado.

Logo em seguida, o Lorde Williams de Thame, o Lorde Chandos, Sir Thomas Bridges e Sir John Brown, com outros respeitáveis cidadãos e juízes de paz, receberam ordens em nome da rainha para estarem em Oxford naquele mesmo dia, com seus servos e comitiva, a fim de evitar que a morte de Cranmer causasse algum tumulto.

Cole voltou para Oxford, disposto a desempenhar seu papel, no dia anterior ao da execução. Foi visitar Cranmer na prisão para verificar se ele se mantinha na fé católica como quando ele o vira pela última vez. Cranmer lhe disse que, graças a Deus, ele estaria cada vez mais confirmado na fé católica. Cole nessa ocasião nada lhe informou sobre a sua morte que já estava preparada. Na manhã escolhida para a execução, Cole veio vê-lo e perguntou-lhe se ele tinha consigo algum dinheiro. Ao receber uma resposta negativa, deu-lhe quinze coroas para distribuir entre os pobres. Depois, com exortações para que o arcebispo permanecesse na fé, despediu-se dele.

O arcebispo começou a perceber o que estava acontecendo.

Depois, já que a hora do dia não ia muito adiantada e os lordes e cavaleiros que deviam presenciar os fatos ainda estavam sendo aguardados, veio visitá-lo o frade espanhol, a testemunha de sua retratação, trazendo-lhe um papel contendo os artigos que Cranmer deveria professar publicamente em sua retratação perante o povo. Pediu-lhe com insistência para que o arcebispo escrevesse o texto de seu próprio punho, apondo-lhe sua assinatura. Feito isso, o frade pediu que fizesse outra cópia do mesmo texto para guardar consigo, o que também foi feito.

O arcebispo, que tinha consciência da direção para a qual esses expedientes apontavam, julgando estar perto a hora em que ele já não poderia esconder sua profissão de fé diante do povo de Cristo, guardou em segredo sobre o peito com sua oração outro papel contendo uma exortação que pretendia fazer ao povo antes de ler sua última profissão de fé. Tinha medo de que, se lhe ouvissem primeiro a confissão de fé, não lhe permitiriam depois exortar o povo.

Logo em seguida, por volta das nove horas, Lorde Williams, Sir Thomas Bridges, Sir John Brown e outros juízes, com alguns nobres do conselho da Rainha, chegaram a Oxford acompanhados por um grande séquito de atendentes. Havia também uma multidão de outras pessoas provindas de todos os cantos. Era grande a expectativa. Os que estavam do lado do Papa alimentavam grandes esperanças de ouvir naquele dia algo da boca de Cranmer que pudesse comprovar a vaidade das opiniões deles. Os do outro lado tinham certeza de que o arcebispo, após contínuo estudo e trabalho por tantos anos pregando a doutrina do Evangelho, não iria querer nem poder no gesto supremo de sua vida renunciar ao seu papel.

Cranmer finalmente deixou a prisão do Bocardo para dirigir-se à igreja de Sta. Maria numa procissão assim formada: na frente ia o prefeito; atrás dele vinham os vereadores; em seguida, aparecia Cranmer conduzido por dois frades, que iam resmungando alguns salmos, um respondendo ao outro, até chegarem à porta da igreja, onde começaram a recitar a canção de Simeão, o *Nunc Dimittis*. Já no interior da igreja, os frades conduziram o arcebispo ao seu lugar e ali o deixaram. Havia um palco montado na frente do púlpito, à meia altura do chão, onde Cranmer se mantinha de pé, aguardando o sermão que seria feito por Cole.

A vista da figura lamentável desse homem sério proporcionava um triste espetáculo aos olhos de todos os cristãos que o contemplavam. Ele que até bem pouco tempo era o Arcebispo Metropolitano e o Primaz da Inglaterra, o conselheiro pessoal do rei, trajando agora uma simples túnica surrada e outras peças maltrapilhas, tendo sobre a cabeça um chapéu quadrado, exposto ao desprezo de todos, servia como uma advertência para os homens não apenas sobre sua desgraça pessoal, mas também sobre a condição e a sorte de cada um. Pois quem lamentaria o caso dele e choraria o destino que ele teve sem sentir medo do que pudesse vir a acontecer-lhe pessoalmente? Um prelado como aquele, um conselheiro tão grave, por tanto tempo honrado, depois de tantas dignidades, ali estava aos olhos de todos, privado na velhice de sua condição, despido de seus recentes ornamentos para trajar uma roupagem vil e esfarrapada, condenado à morte e terminando a vida de forma tão penosa.

Depois de ficar parado por um tempo sobre o palco, voltando-se para um pilar adjacente, Cranmer ergueu as mãos ao céu e orou a Deus, até que por fim o Dr. Cole subiu ao púlpito e começou o sermão.

Na parte final ele dirigiu-se ao arcebispo, confortando-o e encorajando-o a aceitar bem a própria morte, seguindo o exemplo das três crianças, para as quais Deus fez as chamas de fogo parecerem um agradável orvalho. Acrescentou o exemplo do paciente São Lourenço sobre a grelha. Assegurou-lhe que Deus, para aqueles que morrem na Sua fé, ou suavizaria a fúria das chamas ou concederia forças para suportá-las.

Com que enorme sofrimento mental Cranmer ficou ouvindo aquele sermão, as aparências externas de seu corpo e semblante mostravam melhor do que homem algum sabe dizer. Ora erguia as mãos e os olhos aos céus, ora as deixava cair envergonhado. Podia-se ver nele a imagem viva do sofrimento perfeito. Mais de vinte vezes as lágrimas jorraram de seus olhos, caindo-lhe sobre o rosto venerável. A compaixão tomava conta do coração de todos os circunstantes ao contemplarem seu semblante tão grave.

Terminado o sermão, Cole convidou o povo, que já se dispunha a ir embora, para que todos orassem: — Irmãos — disse ele — para que ninguém duvide da conversão sincera deste homem, ouvireis a palavra dele de sua própria boca. Por isso eu lhe peço, Mestre Cranmer, expresse publicamente a verdadeira profissão de sua fé, para que todos compreendam que o senhor é de fato um católico.

— Eu o farei — disse o arcebispo — e de boa vontade. — Começou a falar assim ao povo: "Uma vez que cheguei ao fim de minha vida, do qual depende toda a minha vida futura, ou para viver com meu Mestre Cristo na felicidade eterna, ou então para sofrer eternamente com os perversos demônios do inferno, vejo na minha frente o céu preparado para receber-me e o inferno disposto a tragar-me. Quero, portanto, declarar perante vós minha verdadeira fé, sem máscara ou dissimulação alguma, pois esta não é a hora de disfarçar, independentemente do que eu disse ou escrevi no passado.

Eu acredito em Deus, Pai todo-poderoso, criador do céu e da terra. E eu acredito em cada palavra e frase ensinada pelo nosso Salvador Jesus Cristo, por Seus apóstolos e profetas, no Velho e no Novo Testamento.

E agora chego à questão mais importante, que tanto atribulou minha consciência, acima de qualquer outra coisa que fiz ou escrevi em toda a minha vida. Refiro-me a publicações de escritos contrários à verdade. Agora e aqui eu renuncio a elas e as rejeito como algo escrito pela minha mão, mas que é contrário à verdade em que sempre acreditei no meu coração. Escrevi aquilo por medo da morte e, se fosse possível, para salvar a minha vida. Estou falando de todos aqueles bilhetes e textos que escrevi ou assinei de meu próprio punho desde a minha degradação. Ali escrevi muitas coisas falsas. E pelo fato de que minha mão direita pecou ao escrever contra o meu coração, ela será a primeira a chegar ao fogo, a primeira a ser queimada.

Quanto ao Papa, eu o rejeito, como inimigo de Cristo, como anti-Cristo, com todas as suas falsas doutrinas."

A essa altura os circunstantes, perplexos, olhavam uns para os outros: sua expectativa fora tão visivelmente frustrada. Alguns começaram a lembrá-lo de sua retratação e a acusá-lo de falsidade. Era um espetáculo ver os doutores frustrados em sua grande esperança. Acho que a crueldade nunca foi oportunamente desmascarada de forma tão notável e eficaz. Esperavam uma grande vitória e um triunfo definitivo na retratação desse homem. Tão logo ouviram suas palavras, começaram a abaixar as orelhas, a reagir frementes e furibundos. E tudo era agravado pelo fato de que eles já não tinham como ameaçá-lo ou feri-lo, pois o mais miserável dos homens só pode morrer uma única vez.

Quando ele se dispôs a falar mais sobre o sacramento e o papado, alguns dentre eles puseram-se a gritar aos brados e berros. Cole sobretudo gritava-lhe aos ouvidos: — Calem a boca desse herege e levem-no daqui. — Arrastado do palco, Cranmer foi conduzido à fogueira, acompanhado pelos dois frades, que o molestavam, atormentavam e ameaçavam do modo mais cruel. Ele não lhes respondia nada. Tudo o que dizia era para o povo.

Chegando ao local onde os santos bispos e mártires de Deus, Hugo Latimer e Nicholas Ridley, haviam sido queimados antes dele, ajoelhou-se e orou a Deus. Sem prolongar-se muito em sua oração, despediu-se de suas vestes ficando apenas de camisa, e preparou-se para a morte. Sua camisa era longa, caindo-lhe sobre os pés. Estava descalço e tinha a cabeça descoberta. A barba, longa e espessa, deixava-lhe o rosto maravilhosamente grave.

Então os frades espanhóis, João e Ricardo, começaram a exortá-lo e a desempenhar de novo seu papel, mas em vão perderam seu tempo. Cranmer, determinado a manter-se firme em sua profissão de doutrina, estendeu a mão a alguns anciãos e a outros circunstantes, despedindo-se deles.

Quando pensou em fazer o mesmo com Ely, este retirou a mão e recusou-se dizendo que a lei lhe proibia de saudar hereges, especialmente alguém que falsamente retomara opiniões antes renegadas. Acrescentou que se houvesse sabido antes que o arcebispo se comportaria daquele jeito, ele nunca teria privado de sua companhia com tanta intimidade. Também censurou os sargentos e cidadãos que não se recusaram a dar a mão a Cranmer. Esse Ely fora ordenado sacerdote recentemente. Era um dos membros do corpo diretivo da Faculdade de Brasenose, onde estudava teologia.

Em seguida Cranmer foi amarrado com uma corrente de ferro. Quando ficou claro que sua firmeza não permitiria que ele fosse demovido de suas palavras, mandaram que lhe ateassem fogo.

Quando a lenha foi acesa e o fogo começou a queimar perto dele, estendendo o braço, pôs a mão direita no meio das chamas e ali a segurou firme, imóvel (exceto quando a recolheu para passá-la sobre o rosto). Ele queria que todos pudessem ver a mão queimada antes que seu corpo fosse tocado pelas chamas. O corpo resistiu ao fogo com tal firmeza que se tinha a impressão de que ele não se movia mais do que a estaca a que estava preso. Tinha os olhos erguidos para o céu e foi repetindo as palavras "sua indigna mão direita" enquanto a voz lhe permitiu. Pronunciando algumas vezes as palavras de Estêvão, "Senhor Jesus, recebe o meu espírito", no ardor das chamas entregou sua alma.

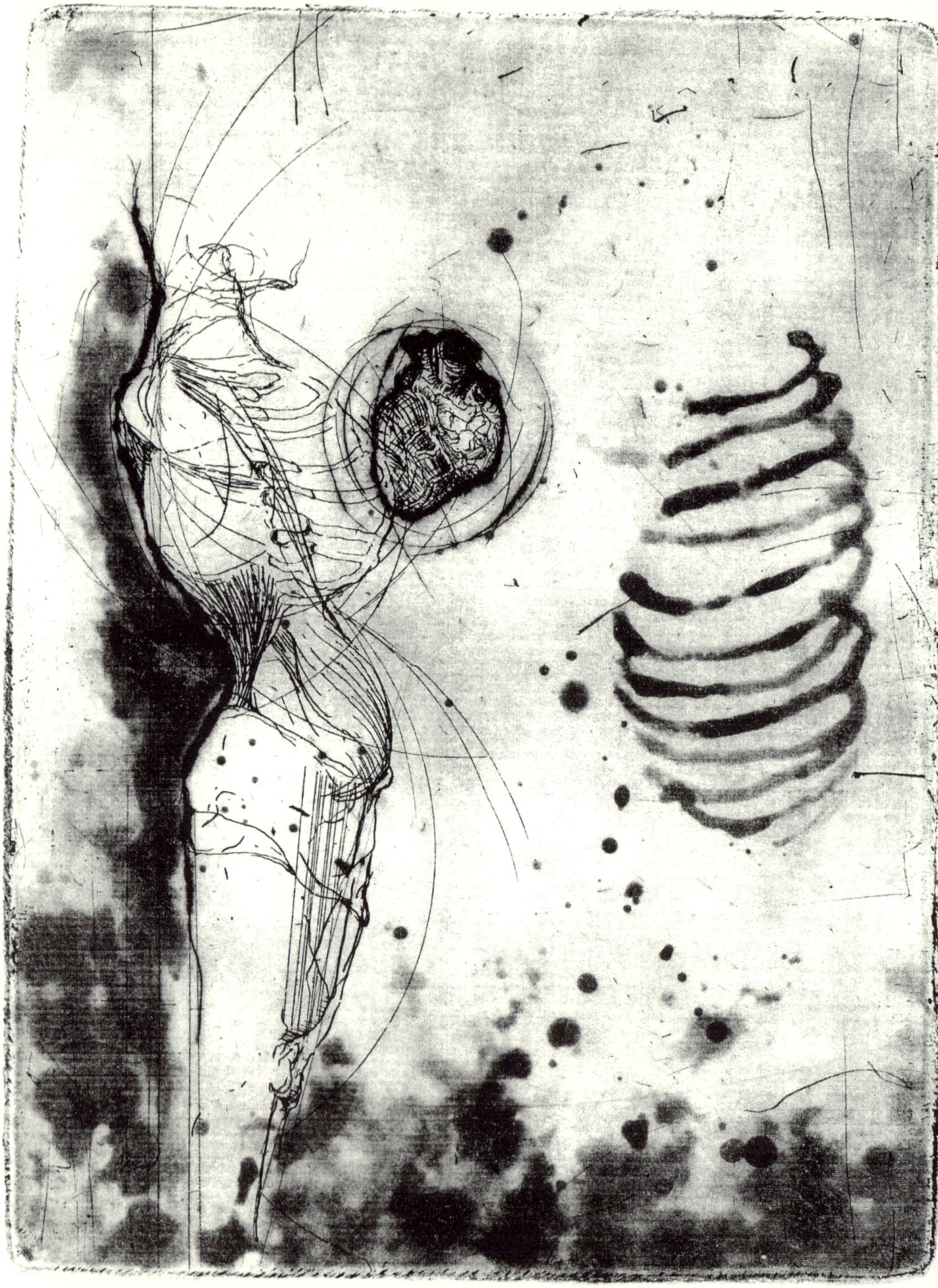

Anedotas e Frases Famosas de Outros Mártires

QUANDO FOI LAVRADA a sentença contra Jerônimo de Praga, foi-lhe trazida uma mitra grande e alta feita de papel, na qual estavam estampados diabos vermelhos. Depois de contemplá-la, jogando ao chão entre os prelados o seu capuz, ele a apanhou e pôs sobre a cabeça dizendo: — Nosso Senhor Jesus Cristo, quando estava prestes a morrer por mim, um mísero pecador, usou uma coroa de espinhos. Eu, por Seu amor, em vez daquela coroa, de boa vontade usarei esta mitra e chapéu. Constância, 1416.

Veio visitar Jorge Carpenter um mestre-escola de São Pedro dizendo: — Meu amigo Jorge! Você não tem medo da morte e da punição que o espera? Se fosse solto, você voltaria para a sua mulher e filhos?

Ao que respondeu ele: — Se eu fosse posto em liberdade, para onde preferiria ir? Obviamente voltaria para a minha esposa e filhos bem-amados.

Disse então o mestre-escola: — Revogue o seu depoimento anterior, mude sua opinião e terá a liberdade.

A isso respondeu Jorge: — Minha esposa e meus filhos me são caros e muito os amo. Não os daria a ninguém nem por todas as riquezas e posses do Duque da Bavária. Mas, por amor ao Senhor meu Deus, eu de boa vontade os abandonarei. Munique, 1527.

E assim saíram e chegaram ao local da execução, onde Anthony Peerson, com semblante alegre, estreitava em seus braços a estaca à qual seria amarrado e, beijando-a, dizia: — Seja agora bem-vinda, minha doce esposa! Pois no dia de hoje estaremos casados no amor e na paz de Deus. — E puxando a palha para junto de si, pôs parte dela sobre a cabeça dizendo: — Este é um chapéu divino. Agora estou vestido como um verdadeiro soldado de Cristo. Unicamente por Seus méritos eu confio ingressar hoje no seu gozo. Windsor, 1543.

Quando Giles Tilleman foi conduzido ao local onde seria queimado, ao ver uma grande pilha de lenha exigiu que boa parte dela fosse levada para ser distribuída entre os pobres. — Para mim — disse ele — um pouco já será suficiente. Igualmente, ao passar por um pobre que estava descalço deu-lhe os seus sapatos. Melhor assim — disse ele — do que queimá-los e deixar o coitado morrer de frio. De pé, preso à estaca, o carrasco se dispôs a estrangulá-lo antes de atear-lhe fogo. Mas Tilleman não aceitou dizendo que não era preciso mitigar-lhe o sofrimento. — E não temo o fogo — disse ele. — Faça portanto o que lhe mandaram. — E assim o abençoado mártir, erguendo os olhos para o céu em meio às chamas, morreu, para grande consternação de todos os circunstantes. Bruxelas, 1544.

Pedro Miocius foi deixado no fundo de uma masmorra, sob o fosso do castelo, infestada de sapos e animais nocivos. Pouco depois, o senado começou a examiná-lo sobre certos artigos de religião. Sempre que ele se dispunha a responder de forma corajosa e direta sobre algum ponto, eles interrompiam para mandá-lo responder em duas palavras, sim ou não. — Então — disse ele — se os senhores não me permitem responder por mim mesmo em questões de tanta importância, mandem-me de volta para a masmorra, entre os sapos e as rãs, que não me interrompem enquanto eu falo com o meu Senhor e meu Deus. Dornick, 1545.

Disse o sr. Wingfield a Kerby: — Lembre-se de que o fogo queima. Tome cuidado com o que o senhor está fazendo. Não assuma mais responsabilidades do que o senhor pode honrar. O terror é grande, a dor será extrema, e a vida é doce. Melhor seria aceitar o perdão enquanto é possível, enquanto há vida e esperança, do que agir precipitadamente e depois ter de recuar.

Respondeu-lhe Kerby: — Ah, sr. Wingfield! Esteja presente quando eu for queimado, que então dirá: "Ali está queimando um soldado cristão." Pois eu sei que o fogo, a água, a espada e outras coisas estão nas mãos de Deus, e Ele não permitirá que eles nos sobrevenham em intensidade superior à força que Ele nos dará para suportá-los. Ipswich, 1545.

Quando a corda foi passada em volta do corpo de Ann Audebert, ela a chamou de seu cinto nupcial com que se casaria com Cristo. Sendo que ela deveria ser queimada num sábado, na véspera da festa de São Miguel, dizia ela: — Num sábado casei-me pela primeira vez; e num sábado hei de me casar de novo. Orleães, 1549.

Por volta das dez horas chegou o xerife em seu cavalo com muitos outros cavalheiros e sua comitiva escolhidos para assisti-lo. Entre eles estava Christopher Wade, amarrado sobre o seu cavalo, ao lado de uma certa Margery Polley de Tunbridge. Os dois vinham cantando um salmo. Assim que ao longe vislumbrou uma multidão reunida no local onde ele seria executado que aguardava sua chegada, disse-lhe Margery em alto e bom som: — Alegre-se, Wade. Veja quanta gente reunida para celebrar hoje o seu casamento.

Wade, indo direto para a estaca, tomou-a nos braços, beijou-a e, de costas contra ela, ficou de pé dentro de um barril de piche.

Tão logo estava assim posicionado, ergueu as mãos e os olhos para o céu e com voz entusiasmada recitou o último verso do Salmo 86: —

— "Mostra-me um sinal do teu favor, para que o vejam e se envergonhem os que me aborrecem; pois Tu, Senhor, me ajudas e me consolas —." O xerife com freqüência o interrompia dizendo: — Acalme-se, Wade, e enfrente a morte com paciência. — Eu estou calmo — respondia ele — graças a Deus, estou calmo, senhor xerife, e assim espero morrer. — Puxando para junto de si os juncos que o rodeavam, ele os abraçava e com as mãos fazia uma abertura diante do rosto para que ouvissem sua voz. Percebendo isso os seus torturadores iam atirando lenha na direção da abertura, que ele contudo afastava como podia, com o rosto já ferido por uma acha que o atingiu. Quando lhe atearam fogo, ele dirigiu-se a Deus, gritando: — Senhor Jesus, recebe a minha alma! — Mas não deu mostras ou sinais de impaciência diante do fogo. Dartford, 1555.

Quando chegou a hora em que o sr. Rogers devia ser trazido de Newgate para Smithfield, veio ter com ele o sr. Woodroofe, que lhe perguntou se ele revogaria sua opinião negativa sobre o sacramento do altar. Respondeu-lhe o sr. Rogers: — O que preguei eu hei de selar com o meu sangue.

— Então — disse o sr. Woodroofe — o senhor é um herege.

— Isso é o que saberemos — disse Rogers — no dia do juízo.

— Bem — disse o sr. Woodroofe —, eu nunca hei de orar por você.

— Mas eu hei de orar por *você* — disse o sr. Rogers.

Sua mulher e onze filhos (dez que podiam andar e uma criança de peito) encontraram-se com ele que ia seguindo para Smithfield. Esse doloroso espetáculo de sua própria carne e sangue não conseguiu comovê-lo em absoluto. Com firmeza e alegria ele aceitou sua morte. Quando o fogo tomara conta das pernas e ombros, Rogers, como alguém que não sente as queimaduras, lavava as mãos nas chamas como se fossem água fresca. Smithfield, 1555.

Quando os piedosos mártires Cardmaker e John Warne foram trazidos para o local de sua execução, os xerifes chamaram Cardmaker à parte e conversaram longamente com ele em particular. Enquanto isso Warne teve tempo de fazer suas preces, ser amarrado à estaca e deixar que dispusessem os juncos e a lenha em sua volta. Já não faltava nada, mas Cardmaker continuava conversando com os xerifes.

Diante desse procedimento, as pessoas, que haviam ouvido dizer que Cardmaker iria se retratar, estavam muito desanimadas e tristes, achando que ele faria sua retratação enquanto Warner seria queimado. Finalmente Cardmaker deixou os xerifes e veio em direção à estaca e, vestido como estava, ajoelhou-se, fez uma longa prece em silêncio.

Mas as pessoas em suas fantasias ainda acreditavam na sua retratação, vendo-o assim vestido, orando em segredo e não havendo sinal algum de fogo.

Terminadas as preces, ele levantou-se, despiu-se até ficar apenas de camisa, dirigiu-se para a fogueira com intrépida coragem e a beijou com carinho. E assim entregou-se com grande alegria para que o amarrassem. As pessoas, vendo o que de repente acontecia o que contrariava-lhes as temerosas expectativas, como quem se liberta de uma grande dúvida gritaram de alegria: — Deus seja louvado! Que o Senhor lhe dê forças, Cardmaker! Que o Senhor Jesus receba o seu espírito! Smithfield, 1555.

Quando esse homem bondoso, Rawlins White, a caminho da fogueira passou pelo local onde sua pobre mulher e filhos estavam aos prantos, sentiu o súbito encontro como uma punhalada no coração e as lágrimas banharam-lhe o rosto. Mas logo em seguida, aparentemente indignado com essa sua fraqueza, passou a comportar-se como se estivesse muito zangado consigo mesmo. De fato, golpeando o peito com as mãos dizia estas palavras: — Ah, carne! Tu queres me deter? Gostarias de triunfar? Pois bem, faz o que quiseres. Com a graça de Deus, tu não terás a tua vitória. — Em seguida avançou com entusiasmo e alegria e postou-se de costas contra a fogueira. Cardiff, 1555.

Thomas Hauker foi amarrado à estaca e atearam-lhe fogo. Depois de queimar por muito tempo, a violência das chamas deixou-o sem fala, repuxou-lhe toda a pele e consumiu-lhe os dedos. Todos os presentes tinham certeza de que estava morto, quando de repente, contra todas as expectativas, o abençoado servo de Deus num gesto portentoso ergueu as mãos em chamas sobre a cabeça para o Deus vivo e, aparentemente com grande júbilo, bateu palmas três vezes. Esse gesto ele o prometera a alguns amigos. Ficara secretamente combinado que, se a fúria da dor causada pelo fogo fosse suportável, ele ergueria as mãos sobre a cabeça na direção do céu antes de entregar seu espírito. Coggeshall, 1555.

Uma piedosa carta de John Bradford: "Aos meus queridos Pais: Dr. Cranmer, Dr. Ridley e Dr. Latimer.

O nosso querido irmão Rogers deu a arrancada inicial. Hoje, me parece, ou será no máximo amanhã, o corajoso Hooper, o sincero Saunders e o confiável Taylor encerram seu curso mortal e recebem sua coroa. O seguinte serei eu. A cada hora aguardo o porteiro que me abrirá as portas para segui-lo e ingressar no almejado repouso. Que Deus me perdoe a ingratidão para com sua imensa misericórdia. Aprouve-lhe escolher-me a mim, entre tantos milhares, para que eu fosse aquele em quem ele irá padecer. Ah! Quem sou eu, Senhor, homem vil e miserável que sempre fui, quem sou eu para que Tu me exaltes? É este o Teu modo de proceder, mandar apanhar alguém tão mísero e hipócrita como eu numa carruagem de fogo assim como fizeste com Elias? Ah, queridos pais, sejam gratos por mim e orem por mim a fim de que eu sempre possa ser considerado digno para que em mim o Senhor queira santificar o Seu santo nome. E quanto aos senhores, fiquem preparados, pois nós somos apenas seus batedores: 'As bodas do Cordeiro estão preparadas. Venham para as bodas'." Smithfield, 1555.

Quando trouxeram Robert Samuel para ser queimado, algumas testemunhas ouviram-no contar sobre coisas estranhas que lhe aconteceram durante o tempo passado na prisão. Primeiro, depois de ter passado muita fome por ficar sem comer por dois ou três dias seguidos, ele adormeceu e ficou por assim dizer num estado de torpor.

Pareceu-lhe então ver diante de si alguém todo de branco que o consolava com as seguintes palavras: — Samuel, Samuel, anime-se e crie coragem, pois a partir de hoje tu nunca mais passarás fome ou sede.

Não menos memorável e não menos digno de nota é o episódio das três escadas que ele afirmou a vários ouvintes ter visto em seu sono. Estavam apoiadas no céu, mas uma delas era um pouco mais comprida que as demais. No fim, porém, as três se encontravam e, por assim dizer, se juntavam numa só.

Enquanto o piedoso mártir se encaminhava para a fogueira, uma donzela aproximou-se dele, enlaçou-lhe o pescoço e o beijou. Conforme ela mesma me informou depois, no dia seguinte ela foi procurada por alguns dos presentes que notaram seu gesto e a queriam presa para ser depois queimada. Todavia, de acordo com os desígnios divinos, ela fugiu daquelas mãos sedentas de fogo e por um bom tempo manteve-se escondida na cidade.

Mas, assim como essa donzela, cujo nome é Rose Nottingham, foi milagrosamente preservada pela providência divina, duas outras mulheres honestas sucumbiram ao furor e à fúria daquela ocasião: a esposa de um cervejeiro e a de um sapateiro. Mas agora as duas estão unidas, depois de desposar um novo marido, Cristo.

A donzela mencionada acima conhecia muito bem e era amiga das duas mulheres. Certa vez, quando ela aconselhava uma das duas a esconder-se por uns tempos enquanto lhes era possível, recebeu de imediato a seguinte resposta: — Sei muito bem que é legítimo fugir, e você pode usar esse expediente se quiser. Mas o meu caso é outro. Estou vinculada ao meu marido e, além disso, tenho crianças pequenas em casa. Por isso, pelo amor a Cristo e a Sua verdade, estou decidida a resistir até o extremo nessa questão.

E assim no dia seguinte, depois da execução de Samuel, essas duas piedosas mulheres (Anne Potten, esposa do cervejeiro, e Joan Trunchifield, esposa do sapateiro Michael Trunchifield de Ipswich) foram presas e conduzidas juntas para a mesma prisão. Como por seu sexo e natureza fossem um tanto delicadas, tiveram no início dificuldades para suportar as agruras do cárcere. De modo especial a mulher do cervejeiro sofreu grandes angústias e tribulações mentais. Mas Cristo, atento à fragilidade de Sua serva, não deixou de ajudá-la em sua necessidade. No fim as duas foram executadas depois de Samuel, no dia dezenove de fevereiro de 1556. Não há dúvidas de que eram elas as duas escadas que foram vistas apoiadas no céu por Samuel, o abençoado servo de Cristo executado no dia trinta e um de agosto de 1555.

Era voz corrente entre alguns dos que estiveram presentes e viram Samuel na fogueira que seu corpo, ao queimar, brilhava aos olhos dos circunstantes, emitindo uma luz e assumindo uma cor de prata polida. Norwich, 1555 e 1556.

Foi executada na cidade de Derby uma mulher pobre, piedosa e honrada, cega de nascença, solteira, que tinha cerca de vinte e dois anos de idade e se chamava Joan Waste. Era filha de William Waste, homem pobre e honesto, barbeiro por profissão, que às vezes também fabricava cordas. Ela nascera cega. Quando tinha doze ou catorze anos aprendeu a tricotar luvas, polainas e outros artigos que, com o passar do tempo, ela fazia muito bem. Além disso, conforme se apresentasse a ocasião, ajudava o pai a trançar cordas e a fazer outras coisas que sabia. Jamais ficava ociosa.

Durante o reinado de Eduardo VI, de abençoada memória, ela adquiriu o hábito de ir diariamente à igreja para o serviço religioso que era conduzido na língua vernácula. Assim, ouvindo homilias e sermões, ela acabou ficando muitíssimo apegada à religião que era ensinada na época. No fim, tendo conseguido com o seu trabalho dinheiro suficiente para comprar um Novo Testamento, encomendou um exemplar para si mesma. Embora não tivesse instrução e pela cegueira não pudesse ler, ela, graças ao seu grande desejo de gravar na memória as palavras da santa Escritura contidas no Novo Testamento, estabeleceu contato com um certo John Hurt, que então estava preso na delegacia de Derby por causa de dívidas. Como esse John Hurt era um septuagenário que no cárcere tinha muito tempo livre na sua solidão, graças ao insistente pedido dela, à guisa de exercício pessoal, lia-lhe diariamente um ou outro capítulo do Novo Testamento.

Se nalguma ocasião John Hurt estava ocupado com outra atividade ou impedido por doença, ela recorria a outra pessoa que soubesse ler. Às vezes pagava um pêni ou dois (dependendo daquilo de que dispunha) para alguém que não se dispunha a ler de graça. Determinava de antemão quantos capítulos do Novo Testamento deveriam ser lidos ou quantas vezes um determinado capítulo deveria ser repetido mediante um determinado preço.

Além disso, ocorria com Joan Waste um fato notável: apesar de totalmente cega, ela conseguia, sem o auxílio de guia nenhum, chegar a qualquer igreja na cidade de Derby ou a qualquer outro lugar onde ela faria seu exercício de leitura. Com isso ela muito se beneficiou. Sabia de cor muitos capítulos do Novo Testamento. Por outro lado, sabia combater com competência, usando várias passagens das Escrituras, tanto o pecado como outros abusos religiosos que na época estavam muito em voga entre muita gente.

Apesar da recaída geral da maior parte do reino no antigo papismo, essa mulher pobre e cega, firme em sua consciência, sempre continuou com o seu antigo exercício. Derby, 1556.

Então os dois bispos se cansaram desse William Tyms, que os atormentara por seis ou sete horas. A essa altura eles começaram a compadecer-se de Tyms e passaram a fazer-lhe agrados dizendo: — Ah, meu amigo! — disseram eles — você é corajoso e de índole boa e independente. Que bom seria se você também fosse mais instruído.

— Eu lhes agradeço, meus senhores — disse Tyms. — O senhores são pessoas instruídas. Que bom seria se tivessem uma boa índole. — Londres, 1556.

O manco Hugo Laverock e o cego John Apprice foram levados de Newgate para Stratford-le-Bow numa carroça. Sem nenhum alarde, louvando a Deus, foram queimados e nas mãos dEle entregaram suas almas. Hugo Laverock, depois de acorrentado, jogou fora as muletas e, confortando seu colega de martírio John Apprice, disse-lhe: — Anime-se, meu irmão, pois o dono de Londres é o nosso médico. Em breve ele nos há de curar: você deixará de ser cego e eu já não serei coxo. Stratford-le-Bow, 1556.

Houve depois, nessa feliz e abençoada seqüência de mártires, onze homens e duas mulheres, provenientes de várias localidades em Essex. Seus nomes eram os seguintes: Henry Adlington, Laurence Parnan, Henry Wye, William Hallywel, Thomas Bowyer, George Searles, Edmund Hurst, Lyon Cawch, Ralph Jackson, John Derifall, John Routh, Elizabeth Pepper e Agnes George.

Depois que os treze foram condenados e a data da execução marcada, foram divididos em dois grupos e alojados em duas salas separadas.

O xerife dirigiu-se a um dos grupos e lhes disse que os do outro grupo se haviam retratado e, conseqüentemente, teriam suas vidas poupadas. Exortou-os assim a que fizessem o mesmo e não desperdiçassem a própria vida. Responderam-lhe eles que sua fé não se baseava nos homens. Estava construída sobre Cristo crucificado.

Então o xerife, percebendo que com eles não conseguiria nada, dirigiu-se ao outro grupo e disse-lhes a mesma coisa: que os do outro grupo com quem estivera antes haviam-se retratado e, portanto, não seriam executados. Aconselhava-os a que fizessem o mesmo e a agir como pessoas sensatas e não se suicidar por teimosia. Responderam-lhe eles como haviam antes respondido os seus irmãos, dizendo que sua fé não estava construída sobre os homens mas sim sobre Cristo e Sua palavra segura.

Ora, quando percebeu que era inútil tentar persuadi-los, pois eles estavam, graças a Deus, firmemente apoiados na Rocha de Jesus Cristo, o xerife os conduziu para o local de sua execução. Ali, todos juntos, com a máxima sinceridade oravam a Deus e com alegria caminharam para a estaca e abraçando-a beijaram-na com entusiasmo.

Os onze homens foram amarrados a três estacas, e as mulheres ficaram soltas no meio deles. E assim foram todos queimados numa única fogueira, demonstrando tal amor uns pelos outros e tanta firmeza em Cristo, nosso Salvador, que todos os circunstantes ficaram maravilhados. Stratford-le-Bow, 1556.

Um menino cego chamado Tomás Drowry sofreu seu martírio em Gloucester. O Dr. William, na época chanceler daquela cidade, apresentou ao menino certos artigos, como soía acontecer em casos semelhantes:

Chanceler: — Você não acredita que, depois das palavras da consagração pronunciadas pelo sacerdote, o corpo real de Cristo está presente no sacramento do altar?

Respondeu-lhe o menino cego: — Não, nisso eu não acredito.

Chanceler: — Então você é um herege e será queimado. Mas quem lhe ensinou essa heresia?

Tomás: — Foi o senhor, chanceler.

Chanceler: — Onde? Diga-me, por favor.

Tomás: — Ali, exatamente naquele lugar — e apontava para o púlpito.

Chanceler: — Quando ensinei isso?

Tomás: — Quando o senhor pregou um sermão perante todo o mundo sobre esse sacramento. O senhor disse que o sacramento devia ser recebido como algo espiritual, pela fé, e não como verdadeira carne, como os papistas sempre ensinaram.

Chanceler: — Faça como eu fiz e você viverá e se livrará da fogueira.

Tomás: — Embora o senhor possa facilmente desobrigar-se e zombar de Deus, do mundo e de sua consciência, isso para mim eu não quero.

Chanceler: — Então, que Deus tenha piedade de você, pois agora vou ler a sentença da sua condenação.

Tomás: — A vontade de Deus será cumprida.

O escrivão, bastante comovido, levantou-se e disse ao chanceler:

Escrivão: — Que vergonha, meu senhor! O senhor vai ler a sentença contra ele e condenar a si mesmo? Abandone o caso, ache algum substituto para julgá-lo e lavrar a sentença.

Chanceler: — Não, senhor escrivão. A lei será cumprida, e eu mesmo lavrarei a sentença de acordo com o meu cargo. Gloucester, 1556.

Sir Richard Abridges mandou que trouxessem Julius Palmer aos seus aposentos. Ali amigavelmente o exortou a renunciar a sua opinião, a poupar sua juventude, perspicácia e erudição. — Se você for obediente e mostrar que sinceramente está arrependido e pode emendar-se — disse ele — eu prometo que lhe darei comida e bebida, livros e dez libras anuais pelo tempo que você morar na minha casa. E se você decidir casar-se, eu lhe arranjarei uma esposa e um sítio e o ajudarei a montá-lo e equipá-lo para você. Que me diz disso?

Palmer agradeceu-o cortesmente, mas com muita modéstia e reverência concluiu que, como ele já havia em dois lugares renunciado à sua vida por causa de Cristo, assim, com a graça de Deus, estava disposto a entregar e dar também sua vida por ele, quando Deus lhe propiciasse a ocasião.

Quando Sir Richard percebeu que de modo algum ele cederia, disse-lhe: — Bem, Palmer, então eu vejo que um de nós dois deverá ser condenado, pois temos duas fés diferentes, e eu tenho certeza de que apenas uma fé conduz à vida e salvação.

Palmer: — Ah, meu senhor, eu espero que nós dois sejamos salvos.

Sir Richard: — Como? Isso seria possível?

Palmer: — Perfeitamente, meu senhor. Pois assim como aprouve ao nosso misericordioso Salvador, segundo a parábola do Evangelho, chamar-me na terceira hora do dia, da mesma forma eu confio que Ele o chamou, e há de chamá-lo na undécima hora de sua velhice e lhe dará a vida eterna como quinhão.

Sir Richard: — Você pensa assim? Muito bem, Palmer, muito bem. Gostaria de tê-lo comigo por um mês em minha casa. Não duvido que eu converteria você ou então você me converteria.

Disse então o senhor Winchcomb: — Tenha pena de seus anos dourados e das flores agradáveis da robusta juventude, antes que seja tarde demais.

Palmer: — Meu senhor, eu almejo aquelas flores que estão prestes a se abrir e que nunca hão de murchar. Newbury, 1556.

Agnes Bongeor, que deveria ter sido executada com os seis que deixaram a prisão de Mote, foi naquela ocasião retida porque no decreto o seu nome não estava escrito corretamente. Quando os seis foram chamados para ir ao encontro de seu martírio e Agnes Bengeor viu-se separada de seus colegas de prisão, como foi comovente seu choro, como foi amargo seu pranto, que estranhos pensamentos vieram-lhe à mente, como se sentiu desolada e despojada e em que estado de desespero mergulhou sua pobre alma! Era um espetáculo portentoso e comovente. Tudo isso acontecia pelo fato de ela não poder estar com eles e entregar sua vida em defesa de seu Cristo. De tudo o que existia no mundo, a vida era o que menos lhe interessava.

De fato, naquela manhã em que foi retida e não pôde seguir para a fogueira, ela vestira uma blusa preparada exclusivamente para a ocasião. Ela também já havia tomado providências a respeito de uma criancinha de peito de quem cuidara com grande carinho durante todo o tempo de sua prisão: ela a havia enviado a outra babá e agora se preparava para entregar-se em testemunho do glorioso Evangelho de Jesus Cristo. Preocupava-se tão pouco com esta vida, e os dons de Deus operavam nela de tal forma superando a natureza, que morrer lhe parecia muito mais vantajoso que viver.

Estando ela em grande confusão mental, veio visitá-la um amigo que lhe perguntou se a obediência de Abraão fora aceita aos olhos de Deus por ele ter sacrificado seu filho Isaque ou por ele ter mostrado sua disposição de oferecê-lo em sacrifício. Respondeu-lhe ela: — Eu sei que a vontade de Abraão foi aceita como um fato aos olhos de Deus, uma vez que ele teria oferecido o sacrifício se o anjo de Deus não o detivesse. Mas eu — disse ela — sinto-me frustrada pelo fato de que o Senhor não me considera à altura de sua dignidade. Portanto, o caso de Abraão e o meu não são iguais.

— Por quê? — perguntou-lhe o amigo. — Você não teria de boa mente acompanhado os seus colegas, se Deus o tivesse permitido?

— Teria — disse ela — de todo o coração. E o fato de não tê-lo feito é agora o meu principal e mais profundo sofrimento.

Disse-lhe então o amigo: — Minha querida irmã, eu lhe peço que analise o caso de Abraão e o seu, e você verá que os dois casos são iguais.

— Não, infelizmente não é assim — disse ela. — Há um fato muito importante no caso de Abraão que não ocorre no meu. Abraão foi provado com o oferecimento de seu próprio filho, eu não. Portanto, os casos não são iguais.

— Minha boa irmã — disse-lhe o amigo — pondere a questão com imparcialidade. Concordo que Abraão teria oferecido o seu filho. Mas você não fez a mesma coisa com o seu bebezinho de peito? Considere também, minha boa irmã, que enquanto Abraão recebeu a ordem de oferecer apenas o filho, você está triste a acabrunhada por não ter oferecido a si mesma, o que de certa forma afeta mais a sua pessoa do que Abraão foi afetado pela sua obediência. Portanto, o seu sacrifício, irmã, não é menos aceito e bem-vindo aos olhos de Deus. — Depois dessa conversa, ela passou a controlar-se um pouco e entregou-se totalmente à leitura e oração, onde encontrou muito conforto.

Depois de pouco tempo chegou de Londres um decreto determinando a sua execução na fogueira. O decreto foi cumprido. Colchester, 1557.

Elizabeth Cooper foi condenada à fogueira juntamente com Simon Miller. Quando o fogo a atingiu, retraindo-se um pouco ela soltou um grito: — Ah! — Ao ouvir-lhe a voz, Simon Miller estendeu-lhe a mão e pediu-lhe para que fosse forte e se alegrasse. — De fato, querida irmã — disse ele — vamos ter uma ceia gostosa e festiva. — Então ela, aparentemente fortalecida por aquelas palavras, ficou parada e em silêncio como alguém que se alegrava por levar a bom termo o que antes havia começado com extrema alegria. Norwich, 1557.

O Sr. Tyrrel foi com um de seus acompanhantes até o aposento onde se encontravam o pai de família Sr. Mount e sua esposa e pediu-lhes que levantassem. — Pois — disse ele — vocês precisam ir ao castelo de Colchester. — Ouvindo aquilo, a Sra. Mount, muito adoentada, pediu que a filha lhe trouxesse um pouco de água. Acrescentou que se sentia muito mal.

O Sr. Tyrrel consentiu. A filha, Rose Allin, uma donzela, com um pote de pedra numa das mãos e uma vela acesa na noutra, foi apanhar água para a mãe. Ao voltar para casa, encontrou-se com Tyrrel que lhe pediu para dar uns bons conselhos a seus pais e lhes dizer para se comportarem como bons católicos.

Rose: — Meu senhor, eles são mais instruídos do que eu, pois o Espírito Santo é quem lhes ensina, e espero que ele não permita que eles cometam erro algum.

— Como assim? — disse o Sr. Tyrrel. — Você ainda pensa dessa forma, sua doméstica malcriada? Pelos céus! Está na hora de dar um jeito nesses hereges.

Rose: — Meu senhor, com aquilo que o senhor chama de heresia eu presto adoração ao Senhor Deus. Estou lhe dizendo a verdade.

Tyrrel: — Vejo então que você vai ser queimada com os outros, sua tagarela, por amor ao seu grupo.

Rose: — Não, meu senhor. Não pelo amor ao meu grupo, mas sim pelo amor a Cristo, caso eu seja forçada. Confio que Ele, na Sua misericórdia, me dará forças para suportar o sacrifício, caso eu seja escolhida para isso.

Dirigindo-se aos seus acompanhantes, disse Tyrrel então: — Senhores, essa tagarela vai para a fogueira, não acham? — Pelos céus! — disse um deles — Submeta-a a uma prova e verá o que logo há de acontecer.

Então o cruel Tyrrel, tomando-lhe a vela, segurou-a pelos pulsos e passou-lhe a chama pelo dorso da mão até que os nervos estalaram e se partiram. Durante essa crueldade, ia repetindo: — Então, não vai chorar? Não vai chorar? — Ao que ela sempre respondia que, graças a Deus, não tinha motivos senão para antes rejubilar-se. Ele — dizia ela — teria mais motivos para chorar do que ela, se analisasse bem o caso. — No fim, ele a empurrou violentamente para longe.

Mas ela, suportando sua fúria com calma, disse no fim: — Meu senhor, já terminou o que pretendia fazer?

Disse ele: — Exato. E se você acha que não está bem, conserte o que for preciso.

— Consertar? — disse Rose. — Não, o Senhor que conserte você e lhe dê arrependimento, se for de Seu agrado. E agora, se julgar conveniente, comece pelos pés e queime até a cabeça. Aquele que o contratou para o trabalho algum dia haverá de pagar-lhe o salário, eu lhe garanto.

Em seguida foi levar água para a mãe, cumprindo seu dever. Colchester, 1557.

Quando esses seis irredutíveis mártires haviam terminado suas orações, levantaram-se e prepararam-se para a fogueira. Elizabeth Folkes tirou a anágua e quis entregá-la à sua mãe, que viera até a fogueira para beijá-la e exortá-la a permanecer firme no Senhor.

Mas os malvados funcionários não lhe permitiram isso. Portanto, ela apanhou a anágua e atirou para longe de si dizendo: — Adeus, mundo! Adeus, Fé! Adeus, Esperança! — Depois, abraçando o poste da fogueira, disse: — Sê bem-vindo, amor!

Já na fogueira, quando um dos oficiais foi pregar a corrente que a prendia, ao golpear um grampo errou o alvo e acertou-lhe o ombro com uma violenta martelada. Ela, de repente, virou a cabeça, ergueu os olhos para o Senhor e orou sorrindo. Em seguida pôs-se novamente a exortar o povo.

Quando todos os seis estavam igualmente pregados às suas estacas, e o fogo os envolvia, bateram palmas de alegria no meio das chamas. Os circunstantes, estimados em milhares, gritavam: — Que o Senhor lhes dê força; que o Senhor os conforte; que o Senhor derrame Suas graças sobre eles. — Era maravilhoso ouvi-los repetir palavras como essas. Colchester, 1557.

O Sr. Rough, que havia presenciado a execução de Austoo em Smithfield, voltava para casa quando se encontrou com um certo Sr. Farrar, mercador de Halifax, que lhe perguntou onde ele estivera. — Estive — disse ele — num lugar aonde eu não teria ido para salvar um dos meus olhos. Mas fui lá. — Onde você esteve? — insistiu o Sr. Farrar. — Na verdade — disse ele — fui aprender o caminho. — Depois lhe contou que fora assistir à execução na fogueira de Austoo, onde logo em seguida ele também foi queimado. Smithfield, 1557.

John Fetty, passou quinze dias na prisão junto a um tronco, ora amarrado por uma perna e por um braço, ora por uma perna, ora pelas duas. Ocorreu que um de seus filhos (um menino de oito anos de idade) veio até o residência do bispo para ver se obtinha a permissão de conversar com seu pai. Chegando lá, encontrou-se com um dos coadjutores do bispo, que lhe perguntou se precisava de alguma coisa e com quem ele queria falar. A criança respondeu que viera visitar seu pai. O coadjutor quis saber quem era seu pai. O menino lhe disse, e, apontando para a Torre dos Lolardos, deu-lhe a entender que seu pai estava naquela prisão.

— Ora — disse o padre — seu pai é um herege.

O menino, que tinha muita coragem e presença de espírito por ter sido criado na piedade e instruído por seu pai no conhecimento de Deus, respondeu dizendo: — Meu pai não é nenhum herege. O senhor é um herege, porque o senhor tem a marca de Balaão.

Depois de ouvir aquilo, o padre pegou a criança pela mão e a conduziu para o interior da residência episcopal. Ali, numa ação conjunta, da forma mais vergonhosa e cruel, desnudaram o pobre menino e o açoitaram até deixar-lhe todo o corpo coberto de sangue. Depois levaram a criança, só de camisa, até seu pai, enquanto o sangue lhe escorria até os calcanhares.

Quando se encontrou com o pai, o menino caiu de joelhos e lhe pediu a bênção. O pobre homem, contemplando o seu filho e vendo-o coberto de tanta crueldade, chorou de dor e disse: — Que maldade, Will. Quem lhe fez isso?

O menino explicou dizendo que estava tentando descobrir como chegar até seu pai quando um padre com a marca de Balaão o levou para a residência do bispo, onde recebeu aquele tratamento. Diante disso, Cluney arrancou a criança das mãos do pai e a reconduziu para o interior da residência episcopal, onde o mantiveram por três dias.

Bonner, ponderando consigo mesmo sobre o perigo que a criança corria por causa do açoitamento e sobre as graves conseqüências que o caso poderia ter, achou melhor soltar o prisioneiro Fetty, pedindo-lhe que levasse o menino para casa. Foi o que o pai fez, com muito pesar no coração por ver seu pobre menino num estado tão extremo de dor e sofrimento. Quinze dias mais tarde, a criança morreu. Londres, 1558.

Compartilhe suas impressões de leitura escrevendo para:
opiniao-do-leitor@mundocristao.com.br
Acesse nosso *site:* www.mundocristao.com.br

Preparação de texto: Vicente Gesualdi
Revisão: Luciana Abud
Litogravuras e ilustração da capa: Marcelo Moscheta
Capa: Douglas Lucas
Diagramação: Sonia Peticov
Fonte: Arrus BT
Gráfica Imprensa da Fé
Papel: Pólen Soft 70g/m2 (miolo)
Cartão 250/gm2 (capa)